教育部人文社会科学重点研究基地山东师范大学齐鲁文化研究院"十三五"规划重大项目

山东省中华优秀传统文化转化创新重大理论研究项目

当代视域下的
中国传统政治文化研究

孟祥才 著

人民出版社

责任编辑:宫　共
封面设计:源　源
责任校对:徐林香

图书在版编目(CIP)数据

当代视域下的中国传统政治文化研究/孟祥才 著. —北京:人民出版社,
　2020.12
(中华优秀传统文化的时代价值研究/安作璋,王志民主编)
ISBN 978-7-01-022698-9

Ⅰ. ①当…　Ⅱ. ①孟…　Ⅲ. ①政治思想史-研究-中国　Ⅳ. ①D092

中国版本图书馆 CIP 数据核字(2020)第 232896 号

当代视域下的中国传统政治文化研究

DANGDAI SHIYU XIA DE ZHONGGUO CHUANTONG ZHENGZHI WENHUA YANJIU

孟祥才　著

人民出版社 出版发行
(100706　北京市东城区隆福寺街 99 号)

中煤(北京)印务有限公司印刷　新华书店经销

2020 年 12 月第 1 版　2020 年 12 月北京第 1 次印刷
开本:710 毫米×1000 毫米 1/16　印张:26.25　字数:416 千字

ISBN 978-7-01-022698-9　定价:78.00 元

邮购地址 100706　北京市东城区隆福寺街 99 号
人民东方图书销售中心　电话 (010)65250042　65289539

总　序

  本套丛书是教育部人文社会科学重点研究基地山东师范大学齐鲁文化研究院"十三五"规划重大项目的结项成果。2015年，以安作璋教授、王志民教授为首席专家，入选山东省中华优秀传统文化转化创新重大理论研究项目"中华传统文化思想内涵的时代价值辨析研究"。在实施项目之初，课题组经过反复讨论，决定以十八大报告提出的社会主义经济建设、政治建设、文化建设、社会建设、生态文明建设五位一体总体布局为指导思想，多角度结合中华优秀传统文化的实际，进行课题整体框架设计，于是将该课题分设为五个子课题："中国传统经济体制和经济思想的时代价值辨析研究"；"中国传统政治体制和治国理政思想的时代价值辨析研究"；"中国传统思想文化的时代价值辨析研究"；"中国传统社会管理体制和管理思想的时代价值辨析研究"；"中国传统生态文化及其时代价值辨析研究"。这虽然有利于对课题研究的创新和深入，但也大幅增加了研究的学术难度和完成任务的工作量。

  在首席专家安作璋教授、王志民教授的组织领导下，为完成本课题采取了以下重点措施：一是聘请在相关子课题领域素有研究的较强的骨干研究力量，形成了以孟祥才教授、陈新岗教授、朱亚非教授、王林教授、刘厚琴教授等学术水平高、研究能力强的学者为子课题负责人，并组织起结构合理、研究能力较强的科研团队。二是高度重视了每个子课题的框架布局和提纲设计。在首席专家领导下，多次举行研讨会，发挥团队学术优势，逐一研究、厘定各卷提纲目录，既强调各卷内容的协调，体现项目的整体统一性，又突出各卷的重点和特色，力求从整体上提升项目质量。三是突出坚持和强调以挖掘、阐发时代价值为主线。通过认真学习、深入研讨党的十八大以来习近平总书记的相关论述和党中央有关文件精神，为准确把握、深入阐释优秀传统文化的当代价值做了不懈努力。四是以研讨方式，尽力抓好对各卷的审稿、修改、统稿工作，力求提升整体撰写水平。特别值得提出的是，首席专家安作璋先生，以90多岁高龄，倾力于该项目的研究推进，坚持出席每次会议，给予具体指导。2019年2月20日，安作璋先生因病去世后，在王志民教授的带领下，课题组成员充分发扬了团结协作的学术精神，继续完成课题的后续工作。2020年8月底，五个子课题全部定稿。经课题组成员会议商定，书稿总名为《中华优秀传统文化的时代价值研究》，全书分为五卷，第一卷为《当代视域下的中国传统经济制度与思想研究》，第二卷为《当代视域下的中国传统政治文化研究》，第三卷为《当代视域下的中国传统儒道释文化研究》，第四卷为《当代视域下的中国传统社会管理研究》，第五卷为《当代视域下的中国传统生态文化研究》。

中华传统文化积淀着中华民族最深层的精神追求，代表着中华民族独特的精神标识，是我们今天社会主义新文化建设的文化基因。努力传承与弘扬中华优秀传统思想文化，去其糟粕、取其精华，深入探究、挖掘其时代价值，实现对传统经济、政治、思想文化、社会管理、生态文化的创造性转化与创新性发展，是我们当代学人光荣而艰巨的历史责任。参与本项目研究的校内外13位专家，正是怀着这样一种强烈的使命感、责任感，团结合作，戮力同心，以严肃认真的态度去对待这项重要科研任务，在历经四年的不懈努力后，终于较圆满地完成了本项目的撰写任务。

回顾该项目的编纂出版过程，我们由衷怀念和感谢安作璋先生为本项目作出的重大贡献；衷心感谢山师大历史文化学院副教授秦铁柱博士为该项目的实施所做的大量编务、会务等默默无闻的琐碎工作；感谢学校和齐鲁文化研究院相关领导对项目编纂与出版的鼎力支持；感谢人民出版社王萍主任及相关编辑的辛勤付出。没有各方面的大力支持，本项目能如此顺利出版发行是不可想象的。

在编纂过程中，我们也深深体会到：本项目创新要求高，论述难度大，真正做成高质量、高水平之作，远非易事。我们虽然尽了自己的最大努力，但由于各卷所涉史实既专又广，其中数卷是多人集体之作，在许多问题的把握和研究上，仍存在可修改和完善之处。望学界同仁与读者多予批评、指导是盼。

王志民

2020 年 10 月 16 日于泉城

目　录

导　论

　　《当代视域下的中国传统政治文化研究》这一课题，涉及制度与思想两个方面的问题。从制度层面而言，涉及各种王室、皇室与政府机构的建立和变迁、中央和地方各级政府及其主要部门的运行程序和机制、历史作用和价值评判。从思想层面而言，涉及各种治国理政思想理念的产生、发展变化、历史评价和当今的资鉴作用。在论述中自然也涉及对其局限性的评判，但更要辨析其超越时空的永恒价值及时代转化。

　　本书从中国传统政治制度的建立和发展变迁、中央和地方行政体制的结构和运转、司法制度的建立和运转、监察制度的建立、运转与变迁、教育和人事制度的建立与变迁、军事制度的建立与变迁等六个方面，论述了中国古代传统政治治理在制度层面的优长和缺失。作为政治制度的统一整体，本来还应该涉及税收和财务管理、外交和少数民族事务管理等问题，限于与其他专题的分工，仅在官制设置问题的论述中稍作提及，而将重点放在制度层面的系统辨析。

　　中国传统政治制度经历了很长时间的发展。早在传说中的五帝时期，中国已经建立中央政府和划为十二州或九州的地方政府，开始实施对国家和社会的初步管理。"禹传子，家天下"，开始史称三代的夏、商、周的奴隶社会的王政时期，这时的中央政府是奴隶主贵族专政的王室，地方政府是经过分封的各级诸侯、卿、大夫管理的封国封邑。春秋战国时期，中国在完成奴隶社会向封建社会过渡的同时，各诸侯国也逐渐建立起专制主义中央集权的行政体制。秦朝统一六国后，进而在全国建立起统一的专制主义中央集权的行政体制，这是中国行政体制发展历史上具有里程碑意义的大事，从此中国传统政治制度基本定型。谭嗣同说："二千年之政，秦政也。"① 中国传统政治制度一般就是指秦朝所确立的专制主义中央集权的行政体制。这个体制自秦朝至明清，两千多年来虽然也有发展变化，如中央政府由三公九卿御史台制变为隋唐以后的三省六部御史台制，又变为明朝的内阁首辅六部都察院制，再变为清朝的军机处六部都察院制。地方政府由秦汉时期的郡县二级制变为东汉末年的州、郡、县三级制，又变为唐朝的道、州、县三级制，再变为宋朝的路、府（州）、县三级制，继而变为元、明时期的省、府（州）、县三级制，最后变为清朝的省、道、府（州）、县四级制。但所有这些变化，都没有改变专制主义中央集权的基本模式和内涵。

首先应该探索的是：中国传统政治制度的优长在哪里？

黑格尔曾说过：一切存在的都是合理的，一切合理的都是现实的。"祖龙身死秦犹在……百代都行秦政法。"② 专制主义中央集权的行政体制之所以在中国比较稳定地存在了两千多年，就因为它具有许多合理和优长之处。中国自春秋时期以来，奴隶制的"井田"制度逐渐崩溃，地主土地私有制和一家一户的土地经营模式逐步形成。这种经济基础必然使行政管理权与财产所有权分离，导致夏商周实行的分封制下的王、诸侯、卿、大夫这一行政管理权和财产所有权相统一的行政体制消亡，代之以与财产所有权分离的专制主义中央集权由可以随时任免的官僚管理的行政体制的建立。这样的体制比欧洲近似的中央集权的体制早诞生了近两千年。它的稳定的长期存在说明它与中国自秦朝以来的社会经济基础是相适应的，其合理和优长也一再表现出来。那种认为中国传统的专制主义中央集权的行政体制一无是处的观点，认为它一开始就对中国社会发展起阻碍作用的观点显然是绝对化和失之片面的。很难设想，在一个没有丝毫积极意义的行政体制管理下，古老的中华民族会发展成世界上人口最多的兴旺发达的民族，古代中国的经济总量会一直雄踞世界的最前列，在明代以前中国的科学技术会一直处于世界领先地位，独特的中华文明会成为世界上唯一没有中断的文明系统生生不息、福寿

---

① 《谭嗣同全集》（下），中华书局 1981 年版，第 337 页。

② 《建国以来毛泽东文稿》第 13 册，中央文献出版社 1987 年版，第 361 页。

绵长!

高度专制主义中央集权的行政体制在古代中国历史上至少在以下八个方面显示了它存在的合理性和显著的优长之处。

第一,高度专制主义中央集权行政体制的产生和长期存在,既是历史发展的产物,又是地主土地私有制和自耕农半自耕农占人口大多数的经济基础和生产方式的要求。自从秦朝实行"使黔首自实田"的政策以后,中国封建社会的土地私有制就基本确立。由于土地买卖和诸子析产成为国家和社会认可的制度,中国封建社会的阶级关系就一直处于变动不居状态,地主和自耕农半自耕农处于经常的对流互换中。所谓"三十年河东,三十年河西","富不过三代",财产私有权就不可能凝固于某些家族,行政管理权也就不可能交给某些家族,它只能与财产私有权分离独立出来,作为国家和社会的管理机构单独存在。更由于秦朝统一后的中国一直是一个幅员辽阔、人口众多的国家,国内各地区不仅存在地理、气候、物产和风俗民情的巨大差异,更有众多不同民族构成的生产和生活方式的种种不同,只有高度中央集权的行政体制才能够实现对国家和社会的有效管理与有效掌控。显然,高度专制主义中央集权的行政体制在古代中国历史上较早产生和稳定存在,其必然性深深根植于中国特有的国情,而其合理性也恰恰从这里得到科学的诠释。

第二,高度中央集权的行政体制,使政令统一,法律统一,各种规章制度统一,经常指导行政运行的以皇帝的名义发布的诏、诰、命、令、敕等,利用发达的驿站,能够在很短时间内传递到中国的穷乡僻壤,实现上下联动,左右协调,能够发挥较高的行政效率,容易调动举国之力,攻坚克难,既能有效抵御外侮、平定国内反侧,维护国家的统一和稳定;又能集中庞大的人力、物力和财力,办成利在当代、功垂千秋的大事。中国自秦朝以后的历史,国家统一的时间长,分裂的时间短,在很大程度上得益于中央集权具有的强大控制力。修筑举世闻名的长城和开凿南北走向、连通海河、黄河、淮河、长江四大水系的运河,得益于举国一致的巨大人力资源和财富支撑。作为组织者的秦始皇和隋炀帝的功劳也不能抹杀。唐朝诗人皮日休《汴河怀古》诗云:"尽道隋亡为此河,至今千里赖通波。若无水殿龙舟事,共论禹功不较多。"① 应该是比较客观公允的评价。秦朝与后来许多皇朝实行的多项政策措施，如统一各种制度、法律、规章，统一文字、度量衡、律历等，对于维护国家统一，促进全国各地的经济文化交流，都起了重要作用。反观欧洲，面积与中国差不多，可它最后发展成几十个国家，操着以拉丁字母构成的几十种语言文字，至今还为欧盟内部层出不穷的分歧伤透了脑筋。这与它没有较早时间建立中央集权的行政体制，无法建立统一的国家显然不无关系。

第三，高度中央集权的行政体制，对于维护国家的领土主权安全、维护统一稳定，对于促进各民族的融合发挥了其他行政体制难以发挥的积极作用。中国的中原王朝从建立那天起，就不时受到周边少数民族的袭扰。尤其是不断崛起于北方的游牧民族，匈奴、乌桓、鲜卑、突厥、契丹、西夏、女真、蒙古、满洲，一次次挥师南下，以奔腾的铁骑冲击着汉民族平静的农耕生活。而周边再远一点的日本、俄罗斯，自明清以来更是日夜觊觎着中国的肥田沃野、森林矿产，不时挑起边衅，侵扰中国。没有强大的中央集权的行政体制，很难聚集丰厚的财力物力和强大的军力抵抗侵略，制止扰乱。秦汉时期，中原王朝成功地以武力阻止了匈奴的南侵。唐朝时期，强大的唐军使突厥的活动限于北方边陲。明朝时期，英勇善战的明军将士将日本的侵朝野心终止于朝鲜的汉江南岸。清朝前期，所向披靡的八旗劲旅使沙俄的侵略魔爪停止于黑龙江畔。这些成功卫国的军事行动，没有一个强大的中央集权国家做后盾是不可想象的。特别是，由于中国从来都是一个多民族国家，而正是高度中央集权的行政体制，使这个多民族国家成为民族融合的大熔炉。你看，汉王朝统理中国 400 余载，不仅使中原地区背景各异的民族认同了中华民族这个庞大而雄奇的共同体，以炎黄子孙沾沾自居，而且使中华民族中的主体民族汉族对周边少数民族产生了越来越大的向心力和凝聚力，匈奴、鲜卑、乌桓相继内附，数以百计的西南夷、南越、东越等族接受了汉朝郡县官员的治理，而西域不同民族建立的大大小小的所谓"三十六国"，"五十二国"也在汉朝西域都护的管理下心悦诚服地做了汉王朝的臣民。在 400 多年

---

① 《御定全唐诗》卷六百十五，电子版《文渊阁四库全书》。

的漫长岁月里，在日益密切的经济文化交流中，不知有多少胡人汉化到中原的城市乡村，也不知有多少汉人胡化到北国的草原穹庐和天山脚下的田园牧场。这种不间断的双向融合为日后一些少数民族如匈奴、鲜卑、羯、氐等完全融入汉民族的大家庭创造了条件。这一时期，汉民族进一步继承和弘扬了它的前身华夏民族海纳百川的恢宏气度，形成了善于吸收、包容和改造外来民族和外来文化的民族特性，使它在以后的历史征程中能够较好地以开放的心态对待外来的民族和文化，使这个民族大熔炉熔铸的民族越来越多，使中华民族越来越兴旺发达，也使中国的古老文化在不断吸取外来文化的基础上，日益丰富和发展。魏晋南北朝是中国历史上的所谓"乱世"，然而，正是在这三个半世纪的乱世中，加速了民族融合的步伐。当隋唐再一次使统一降临历史的棋盘之上的时候，曾经活跃于黄河流域的以匈奴、鲜卑、羯、氐、羌为代表的数以十计的少数民族，除了羌人因僻居中国西部而作为一个民族保留下来之外，其余的各个民族都如同急雨洒入大海，瞬间即与海水融为一体，它们的名字只能存在于史书之中了。唐朝再一次成为民族融合的大熔炉。当北宋再一次将五代十国的分裂之局重新统一的时候，原来活跃于北中国的突厥、薛延陀、回纥、靺鞨、沙陀，活跃于西南边陲的南诏等，也都变成了历史名词。北宋时期，曾经雄踞北方的契丹、女真和党项等，在元朝统一中国后融入汉民族。清朝统一中国后，它再一次成为民族融合的大熔炉。尽管在五千年的中华文明史上，中国一直作为多民族国家存在和发展，但由于中央集权体制下民族融合的不断加速，就不仅使汉民族融合了数不清的其他少数民族，而且也使几乎所有现在留存于世的各少数民族，本身也都是多民族的融合体。特别重要的是，中华民族作为一个多民族共同体所产生的日益强固的凝聚力，更是紧紧将各民族永远聚合在一起。

第四，高度中央集权的行政体制，在制度的顶层设计上，体现了比较发达的政治分工与一定程度的制约机制，这既保证了行政的有序运作，又有利于抑制腐败的发生。如中央政府的三公九卿、三省六部、御史台、都察院等机构设置，都有较明确的分工，各机构专司其职；地方各级政府设立与之对口的机构，能够使政令畅通，上下互动，并且实现一定程度的互相制衡。在正常情况下，使国家行政以较高的效率有序运行，维护了社会秩序的和平与稳定。行政、司法、监察等机构也具有一定程度的独立性，它们之间也有一定程度的权力制衡作用，这显然有利于防腐反贪。再如监察制度中，除了中央设立御史台、都察院等最高监察机构外，各级地方政府都设立专门的监察机构和官员专司监察，这些地方监察机构，既接受上级监察机构的垂直领导，又受同级地方政府的领导，此外还有巡视制度、谏官制度、官吏互纠制度、回避制度、法律反贪腐制度、吏民上书制度、对官吏的奖惩制度等与之互相配合，这些制度在正常情况下都对防腐反贪发挥了不同程度的积极作用。

第五，高度中央集权的行政体制，有着比较科学的选官制度和人事任用制度，基本上保证了将社会精英选拔到各级行政岗位上。如秦汉时期实行的征辟、察举制度，隋朝开始一直到明清实行的科举制度，在制度设计上都是着眼于社会精英的选拔。尤其是科举制度，以其严格严密和公平公正享誉中国和世界，在其存在的千年岁月中，选拔了数以十万计的进士和百万左右的举人、贡生，基本上网罗了当时社会上的绝大多数知识精英，主要由他们组成的各级官僚机构，在西方的政治学上称为"文官政府"。这个政府以其众多的成员、严密的组织和较规范化的运作，保证了国家行政、军事、财政、司法和社会生活的正常运行。人事管理方面，对各级官员的选拔、试用、考课、升陟、俸禄、退休等制度的设计也比较严密、全面、系统和适合中国国情。这个制度后来被西方各国相继加以引进、消化和创新，建构了西方行政体制即所谓文官政府的基本模式，至今仍然深深影响着他们的行政和民事运作。

第六，高度中央集权的行政体制，在政府决策制度方面也有一些优长之处。如其中的信息收集与反馈制度，包括上计制度汇集的资料、各级官吏的奏章疏报、监察系统所获情报、朝廷所遣大臣出巡所获情报，纳谏及广开言路所获信息等，这些信息经过朝廷中央的互证互核，互纠互补，在正常情况下基本上能够得到和确认真实信息，为政府决策提供坚实基础。再如朝议制度，即御前会议、宰辅会议、百官会议、内侍参与决策等，也在一定程度上发挥了集思广益的积极作用，使其在一些重大问题的决策上避免了盲目性和随意性。例如，当年汉武帝在决定对匈奴用兵前，就召开过数次百官会议，让参会官员就汉朝对匈奴的方略充分发表意见，最后才决定了武力讨伐的方针并取得了历史性的胜利。清朝政府对于平定"三藩"和准格尔叛乱的正确决策，对于左宗棠进军新疆平定阿古柏叛乱的正确决策，也是经过在朝堂上不同意见的反复辩诘，集思广益，最后才由皇帝批准执行的。

第七，高度中央集权的行政体制，在军队的掌控、调动、指挥和军官的升陟奖惩上实行皇帝专权和多头、多级管理的体制，既保证了军权的集中统一，又保证了各专门机构的各司其职，还使战时前线将领在皇帝授权前提下能够专断灵活的指挥，从而使军队的效能得以较好的发挥，为战争的胜利创造了条件。

第八，高度中央集权的行政体制，在对周边少数民族治理方面规划了比较适宜的制度和政策，积累了比较丰富的经验。因为中国自古以来就是一个多民族的国家，如何治理基本上居于边陲地区的少数民族是关乎国家和社会长治久安的重要问题。中国周边的少数民族，其社会发展大都落后于中原地区，其生产生活方式基本上是游牧，与以农业为生产生活方式的中原王朝既互补交流又矛盾斗争。中原王朝治理他们的制度设计和运作以扩大互补交流、限制减弱矛盾斗争为最理想目标。三代时期，以西周为代表，根据与王畿的距离和亲疏关系划"服"进行治理。对划为"荒服"的少数民族采取比较宽松的管理办法，除了在礼仪上要求他们表示对王室的臣服外，基本上不干预他们本族的内部事务。秦朝存在的时间只有15年，它用战争的手段将对中原威胁最大的匈奴赶出河套地区，修筑长城阻止其侵扰。两汉400多年间，逐渐摸索总结出较适宜的对周边少数民族的治理模式。这一时期，西域各少数民族相继建立了36国和52国，南方和东南方也有南粤和闽越等独立政权，北方有匈奴，东北有夫余、肃慎、高句丽、乌桓、鲜卑等族，都建立了自己的民族政权。两汉朝廷对内附的少数民族，如在西域，设西域都护；在南匈奴，设典属国；对乌桓，设护乌桓校尉等进行管理，但基本不干涉他们的内部事务，从而使汉政权与他们保持了较稳定的经济文化交流的关系。唐朝时期，在东西突厥控制的西北和北方，设西域都护府、北庭都护府；在回纥占据的北方设安北都护府；在渤海国统治的东北地区设置数以十计的府，分别任命各少数民族的首领为都护、将军、都督、刺史进行管理，让他们对唐朝保持朝贡关系，一般不干涉他们的内部事务。对吐蕃、南诏等独立政权，则通过"会盟""和亲"建立联系，维持友好交流的关系。明朝与退居北部边陲的蒙古各部兀良哈、鞑靼、瓦剌有着较多的斗争与交流的关系，明朝册封他们的首领，他们则对明朝朝贡，维持了经济文化交流关系，但也不时以兵戎相见。清朝建立了中国历史上幅员最辽阔的国家，周边地区囊括了众多少数民族。清政府根据各个民族地区不同的特点分别施以不同的治理方针，收到较好的效果。东北是清朝的发祥地，它在这里分设奉天、吉林、黑龙江将军进行管理。对蒙古地区，按八旗组织，设盟、旗进行管理。对新疆地区，分区设伊犁将军、参赞大臣、办事大臣进行管理。在西藏地区，设驻藏大臣进行管理。在西南少数民族众多的云、贵、川、湘、桂地区，先是延续明朝承认原土司的管理，继而仿照明朝进行"改土归流"的改革，废除土司，设府、州、县，派官进行管理。历代中国王朝对少数民族地区的治理，大都遵循了这样五个原则，一是区别于对内地郡县实行的直接治理，充分照顾到各地地域与民族的不同特点，分别实行不同的治理模式；二是充分照顾少数民族，特别是他们首领的利益，基本不改变原有的治理形式和社会结构；三是设立的治理机构和官员如都护、都尉、典属国、都督、将军、大臣、参赞等，其职能在很大程度上是朝廷中央与各少数民族之间的联络与沟通，起着联络机构和联络人的作用，并不在实际上执行行政职能；四是设置的某些实际上具有行政职能的机构和官员，如唐代设置的都督、刺史之类，往往任命各少数民族的首领担任；五是在条件成熟的地区，相机设立由朝廷直属的州县，进行直接治理。所有这些治理措施，对于朝廷有效管理边疆少数民族地区，减少阻力，缓和民族矛盾，增进民族团结，促进民族融和，都起了积极作用。其中的经验，包括某些模式，被近代中国的政府继承，同样发挥了积极作用。

正是因为有以上诸多优长，自秦汉以来建立和逐步发展完善的中央集权的行政体制，才较好地保证了一个幅员辽阔、人口众多、民族多元的东方大国的文明在没有中断的情况下的延续和发展，并在长时间内保持了世界史上的领先地位，以其数度辉煌的文化积淀在与其他文明的不断对话中坦然前行。

在充分肯定中国传统政治制度优长的同时，对它的弊端和缺失也应该有清醒的认识和正确的判断。这些弊端和缺失表现在诸多方面并且与其优长一样鲜明而突出。

第一，皇帝制度有着十分明显的弊端。如皇位终身，皇统世袭；皇权不可让渡，不可转移。如此家国同构，就使天下臣民没有选择最高统治者的权力，不论皇帝如何昏庸无能、荒唐无耻，你都必须推尊他为"圣上"，不能通过一定的程序撤换罢免他。这就形成了"臣罪当诛兮天王圣明"的制度规范和思维定式，皇帝永远正确，永远不为自己的错误承担责任。正如《玉抱肚·官悟》所揭示的："一边是富贵荣华，一边是地网天罗。忠臣义士待如何，自古君王不认错。"又如皇权无限，不受监督和制约，必然使一些皇帝为所欲为，一意孤行，在一些问题上造成错判和误判，作出错误决策，带来不可挽回的损失。即使天资聪慧、远见卓识的皇帝，也难以保证在所有决策上不出现失误。例如，气吞万里、雄视百代的秦始皇，在开始灭楚之役时，就误判李信的轻敌，结果使秦军出师不利。一向英明果断的汉光武帝，在对待南北匈奴的问题上也出现厚南薄北的失误。在庸主或昏妄之辈当国时，自然更是失误连连，荒唐之事必然层出不穷。特别是由于皇帝可以不遵法律任意判人生死，制造冤、假、错案系于一念之差，草菅人命也就在指顾之间。例如张释之在汉文帝时任朝廷的最高法官廷尉，奉命承办一个农民惊吓"圣驾"的案子。他依法判案，没有判这个农民死罪，引得文帝大为不满。张释之说，这个农民犯案时，你作为皇帝，一句话就可以送他进阴曹地府；你交给我处理，我就只能按法律判刑。如果你想让他死，就是你一句话的事，你看着办吧。的确，皇帝对臣民有着不受法律制约的生杀予夺的权力。你看，朱元璋可以在朝堂上随意杖毙大臣，可以令射手将利箭射入刑部尚书钱唐的胸膛，就是因为他不同意朱元璋将孟子赶出孔庙。"戊戌六君子"谭嗣同、杨锐、刘光第、林旭、杨深秀、康广仁，只凭慈禧太后一句话，就"横刀向天笑"，喋血菜市口。

第二，尽管中国的历代王朝都制定了各种法律条文，但是，中国传统政治制度下的国家和社会治理，从本质上讲却是人治而非法治。因为在皇帝眼里，一切事实和法律都可以弃之如草芥，一切法定程序都可以抛之如敝屉。法随言出，言出法随，君主打一个喷嚏就可能变成法律条文。而在行政过程中，总是权大于法，权高于法，权力总像冲入旷野的猛虎一样横行无忌。在权力面前，神圣的法律条文总像受气的婢女一样噤若寒蝉。凡是涉及全国的所有重大问题，无论是政治、军事、经济、文化的决策，还是立储立后和内外大臣的任免，最后由皇帝一人说了算。地方事务，最后由各级主官一人说了算。不少决策盲目而随意，既不科学亦不民主，往往出现大的失误而很难及时纠正，只能靠新老皇帝交替时予以重新审视，平反某些冤、假、错案。而一些失误却永远失去纠正的机会。如秦始皇在统一六国后的一系列错误决策一直不能纠正，造成"天下苦秦久矣"，使阶级矛盾和社会矛盾迅速激化，最后导致秦朝这个庞然大物极度短命，仅存在了 15 个年头就二世而亡。王莽建立新朝以后，异想天开，独断专行，各种决策连连失误。为了满足大汉族主义的自大狂，他下令将汉朝封王的周边各少数民族首领一律贬为侯，引发了与几乎所有少数民族的战争，进一步激化了阶级矛盾和社会矛盾，最后使自己的皇朝灰飞烟灭。秦桧等几个奸佞联手制造的岳飞冤案，在当时就引起朝野的广泛愤怒与不平，但因为上面有宋高宗罩着，谁也奈何他不得。只能等到宋高宗去世，才由他的后继者宋孝宗出来为之平反，追封"鄂王"，在美丽的西子湖畔筑墓建庙，享受绵延不绝的香火。和珅在乾隆时期是人人皆曰可杀的巨奸大憝，其贪腐在清朝历史上创造了空前绝后的纪录。然而，由于他一直得到乾隆皇帝的信用，谁都拿他毫无办法。嘉庆皇帝也只是在乾隆做完三年太上皇寿终正寝之后才能将和珅治罪。鸦片战争中，道光皇帝的决策一误再误，一变再变：今天支持禁烟派，明天支持弛禁派；今天决策抵抗，明天决策和谈，致使前线将士无所适从，最后是一败涂地，签订丧权辱国的《南京条约》。历史上因决策失误而又长期得不到纠正的事例实在太多了，这应该是中国传统政治制度的最大弊端。

第三，在中国传统政治制度下，庞大的官僚机构运行成本太高，百姓不堪重负。中国自秦以后的封建王朝，几乎都逃不过以下三个规律：一是机构、官员的增长快于人口增长，如西汉初年，官吏总数不过数万人，到哀帝是已增至 12 万多人。汉初"漕转关东粟以给中都官，岁不过数十万石"，到汉武帝时就增至 600 万石（《汉书·食货志》）。宋朝中期以后就一直被"冗官""冗兵"困扰。日益膨胀的官僚机构和官僚队伍势必推高行政运行成本。二是在这种情况下,统治者采取的办法就是增加税收,而在自然经济条件下,赋税增长肯定快于生产增长。宋真宗景德年间,"天下财赋等,岁入四千七百二十一万一千匹贯石两",40年后的"庆历八年,天下财赋等,岁入一万三百五十九万六千四百匹贯石两"(《包拯集·论冗官财用等》),增加近两倍。这就是著名的"黄宗羲定律"所揭示的:历史上所有的赋税改革,最后的结果一定是增加百姓的税赋。三是贵族官僚享受欲望的增长快于正常收入的增长,解决的办法除加大税收力度外,再就是通过贪腐自法外获取。这就是为什么每到一个皇朝的中后期贪腐之风愈演愈烈的原因。

第四,在中国传统政治制度下,制约机制不完善,行政、司法、监察尽管有一定程度的独立性却不能完全独立,无法实现真正完全有效的权力制衡,因而不能发挥反腐败的长效作用。皇帝垄断一切,一人掌控行政、司法、监察、军事和财政的所有权力,朝廷中央的行政、司法、监察机构就无法做到真正互相制衡。朱元璋可以亲自审案,凭个人好恶决定一个臣子的生死。郡县主官一人掌控各自负责的一级政府的行政、司法、监察权力,地方政府也无法做到行政、司法、监察等机构的权力制衡。如此一来,国家和政府的反腐败的长效机制就建立不起来,反腐败的成效往往建立在皇帝是否英明和官吏自身是否廉洁与敢于和善于反腐败。唐太宗、明太祖、魏征、包拯、海瑞等在反腐惩贪方面虽然都取得了令人赞叹的政绩,但人亡政息,在这种机制下,多数皇帝和官吏都无法与腐败绝缘。特别在每个皇朝的后期,当腐败之风浸透从中央到地方各级官府的机体时,个别明君和廉吏也无法改变这种趋势,而只能眼睁睁地看着这个皇朝在愈演愈烈的腐败中走向灭亡。东汉后期,耿直派官吏和太学生主导的"清议"已经把官场的腐败揭露得淋漓尽致;明朝后期,东林党人也将阉党魏忠贤把持的朝政之腐败抨击得体无完肤;清朝后期,连封疆大吏张之洞也意识到腐朽的清政府已经病入膏肓,"气数已尽",可是谁也没有办法力挽颓势。这些皇朝也就在顺流而下的腐败狂潮中无可奈何地等待末日的降临。

第五,在中国传统政治制度下,官本位严重:官贵民贱、升官发财、官员秩级是一切其他行业的参照系。社会上人们最重视的是一个人的官位而不是他的贡献，如张衡的墓碑上写的不是"天文学家张衡"，而是"太史令张衡"，其实太史令在当时不过是一个五百石左右的小官，相当于今天的一个副处级干部。张仲景的墓碑上写的是"长沙太守张仲景"，而不是"大医学家张仲景"，其实知道张仲景是长沙太守的没有几个人。再如东汉山东高密人郑玄，是中国经学史上一个划时代的大学者，一生淡漠官位，被朝廷任命为大司农后不几天就辞官返乡了。然而，他的墓碑上依然写着"汉大司农郑玄墓"，仿佛他的价值就是体现在官位上。而事实是，他的贡献主要在经学，做官既非其所长，亦非其所愿。可是，在世人心目中，他只做了几天的这个大司农的官位能体现他的最高价值。人们追求官位的升迁，更追求官位带来的财富，升官与发财紧密联系在一起。张作霖接受招安时，奉天将军署的总参议问他："你为什么要招安？"他回答得十分干脆："禀大人，我想升官发财！"官本位成为一种思维定式，其影响是几乎所有知识分子都热衷对官位的追求，"历代中国文人哪怕是最优秀的，都与权力架构密切相连，即便是逃遁和叛逆，也是一种密切地反向联结。因此，他们的'入世'言行，解构了独立的文化思维；他们'出世'言行，则表现出一种故意。"① 这应该是中国古代社会缺乏科学思维和在近代自然科学上落后的重要原因吧。

第六，在中国传统政治制度下，工商官营，大量工商利润被政府控制收取，用于行政、军事和国君贵族官僚的奢侈生活的开支，既使资本难以实现原始积累，更压制了私营工商业的发展。中国的奴隶社会是"工商食官"，这个传统被秦朝以后的历代皇朝继承下来。汉武帝实行盐铁官营、酒专卖；唐宋以后，专卖行列中又加上茶和糖；明朝以后又加上烟。尽管私营工商业一直存在并且也逐步发展，但它只能作为官营工商业的附庸存在。在城市由国家控制和存在行会制度的情况下，私营工商业很难获得长足发展，这就严重制约了商品经济的发展和资本主义萌芽的成长。许多学者指出，在世界历史上，中国是最早出现资本主义萌芽的国度，有人甚至将萌芽出现的时间推到战国时期。然而，中国的资本主义萌芽却始终处于萌芽状态而不能健康成长为参天大树，原因就在于中国传统的政治制度以及它赖以存在的经济基础

---

① 余秋雨：《行者无疆》，山东教育出版社 2013 年版，第 258 页。

和社会结构严重窒息了商品经济的发展。当西方在十五六世纪经过文艺复兴猛力推进资本主义发展，开始古代社会向现代化转型的时候，中国依然在封建社会夕阳的余晖中悠然蹒跚。这就使中国在明清以后严重落后于西方欧美社会的发展，没有较快地完成社会向现代化的转型，从而造成中国在鸦片战争之后长期处于遭受西方列强侵略奴役的状态，造成中国走向现代化的道路充满艰难和曲折。

　　第七，在中国传统政治制度下，信息难以保持经常畅通，时常出现肠梗阻。官员看君王眼色行事，报喜不报忧，往往隐瞒真相，提供假信息，误导致决策屡屡失准。如秦二世时，关东农民起义的烈火已成燎原之势，但凡是报告真相、认为应该认真对付的儒生都受到惩罚，因为他们的意见有乖"圣治"。叔孙通知道对二世不能说真话，于是投其所好地讲了一通假话：

　　　　诸生言皆非也。夫天下合为一家，毁郡县城，铄其兵，示天下不复用。且明主在其上，法令具于下，使人人奉职，四方辐辏，安敢有反者！此特群盗鼠窃狗盗耳，何足置之齿牙间。郡守尉今捕论，何足忧？[①]

结果是获得二世的奖赏。王莽新朝后期，由于征发频繁，战乱不断，经济残破，农村破产，关中流民已达200万，京城长安的大街小巷也充塞着数以万计的流民，当他们痛彻心扉的呼喊震撼巍巍宫阙时，王莽的一个臣子王业竟然拿肉饼欺蒙他说流民以此为食，而王莽竟然听信他的鬼话，也就出台不了有效的救济措施。再如鸦片战争中前方指挥官谎报军情，甚至将与侵略者签订的条约都隐瞒不报，致使朝廷的决策一误再误，终致一败涂地，不可收拾。

　　显然，中国传统政治制度的优长和缺失都是凸显而鲜明的。弘扬其优长，促使其实现现代转化；检视其缺失，清理和规避其消极影响，对于创新我国现代化的政治体制和治理模式都有不可忽视的积极意义。

---

① 司马迁：《史记》卷九十九《刘敬叔孙通列传》，中华书局1959年版，第2720页。

　　与中国传统政治制度紧密相连的是治国理政思想，即政治制度在思想上的反映和思想对制度的理想化诉求。这种治国理政思想表现在诸多方面。中国传统政治制度在制度层面上的优长和缺失，在很大程度上影响了政治意识的构建。制度和意识，长期互动，既矛盾又统一，既互相制约又互相促进，推动着政府对国家和社会的治理。

　　首先是大一统与多民族共同体的理念。在中国历史上，几乎历代所有帝王和政治家、思想家都一致赞誉国家的大一统，形成了人同此心、心同此理的共识。其中的原因至为明显。第一，自三代以来就形成了中国是一个统一国家的传统观念，"天无二日，民无二王"。春秋战国时期五个半世纪的诸侯国分裂争战，给国家社会特别是百姓造成的灾难使当时的政治家和思想家得出"定于一"的国家必须统一的结论。秦朝实现中国历史上第一次真正的大统一之后，进一步强化了这种统一的观念。所以司马迁在写《五帝本纪》时，不顾传说资料中的许多互相抵牾之处，硬是将所谓五帝编排成血脉紧密相接的世系，开启了统一国家历史的宏大叙事。秦汉以后，所有政治家和思想家以及天下臣民，都认定中国国家统一是常态，分裂是非常态，人人期盼统一的前景。第二，只有国家统一，才能积聚巨大的人力、物力、财力，抵御外侮，从事长城运河之类关系国家安全和经济长远发展的工程建设，造福国家和百姓的未来。第三，中国历史发展的经验和教训表明，只有国家统一才能实现社会稳定，只有社会稳定才能促进生产的发展和经济文化的繁荣。两汉、盛唐、明清时代中国的几度繁荣发展，都是因为国家有一个较长期的统一之局。第四，国家统一和社会稳定，二者互相促进，互为因果。国家统一是社会稳定的基本条件和前提；社会稳定又是国家保持长久统一的基础。二者良性互动，就能够维护百姓安定的生产和生活，保证社会财富的不断增值，人口的稳定增加，促进百姓的福祉不断增进。第五，国家统一是促进民族融合的重要条件和基本保障。因为只有国家统一，才能使各民族之间实现和平并建立互相信任的关系，进行正常的经济文化交流，互通有无，互相学习，实现优势互补，促进各民族对于共同祖国的认同感，增强民族凝聚力。显然，自从孟子首次推出国家统一的观念之后，中国的统一就成为最重要的民族大义而被后世不断丰富、发展和强化。这其中所蕴含的深厚的爱国主义情怀，成为众多志士仁人前赴后继为祖国的统一、独立和富强而不惜流血牺牲、不懈奋斗的原动力，也是中国五千年文明史统一多于分裂、民族英雄得到全社会尊崇的思想理论基础。

与维护国家的统一相联系，对中国多元一体的多民族共同体的认同随着历史的发展日益强化，逐步达成共识。由于中国从远古时代起就是一个多元一体的多民族国家，民族矛盾、民族斗争与民族融合一直是影响国家政治和社会安定的重要因素。长期占据中原皇朝统治地位的华夏民族即后来发展而成的汉族，作为中华民族中人数最多、经济文化最发展的主体民族，其统治者在处理汉民族与其他少数民族的关系中形成了夷夏之防的牢固观念，其核心是"内诸夏而外夷狄"，由此而强调了对少数民族的防范和征服。这种大汉族主义思想显然不利于中华民族大家庭观念的推行。不过，在承认族别的前提下，有些政治家和思想家同时承认汉族和其他少数民族同属中华民族，其所有成员都是皇帝的子民，应该一视同仁，不应该分此疆彼界，而应该受到国家同样的善待和爱护。这种观点是中国古代社会中最为理性、最具进步意义的理念，对于维护国家统一和民族团结都发挥了积极作用。由于汉民族长期占据中原皇朝的统治地位，而在社会发展、文明进步方面又走在各少数民族的前头，因而形成了对其他民族的巨大吸引力，所以不少少数民族的当权者，特别是其中的睿智之士，总是有意拉近自己民族与汉族的亲缘关系。为此，不少人自诩是炎黄子孙，冒认汉族的圣帝名王做自己的祖宗，竭力论证自己的族群与汉族的亲缘关系。有些在中原建立政权，尤其是一些在中国建立统一皇朝的少数民族统治者，如元朝、清朝的皇帝，为了证明自己作为全中国统治者的合法性，竭力泯灭国内各民族的区别，认定汉民族与其他民族的差异仅仅是地域和文化上的不同，以缩小各民族间的畛域。这反映了他们建立中华民族大家庭的美好愿望。随着中国历史上民族融合的不断发展，各民族在经济和文化上趋同的内容日益增多，中国是中国各民族共同祖国的观念，中华各民族一家亲的观念越来越为中国各民族所认可，形成强大的民族向心力和凝聚力，这对维护祖国统一、增进民族团结无疑是一笔无价的财富。

大一统与多民族共同体的理念孕育出深厚的爱国主义情怀以及对民族

英雄的崇拜。明朝以前的爱国主义总是将爱国与忠君联系在一起，这是因为，中国古代社会长期遇到的以"国"与"国"展现的矛盾其实都是国内民族矛盾，所以爱国主义也总是与狭隘民族主义联系在一起，因而其局限性也显而易见。不过，国内民族斗争所展现的爱国主义仍然具有积极意义与合理内核。因为这时的爱国主义一般都和反抗民族入侵、民族奴役、民族压迫联系在一起，受害一方在抗争中涌现的民族英雄和他们坚持的理想无疑具有正义性。从明朝开始，中国境内各民族面对的已经不是单纯国内的民族矛盾，而是西方和东方觊觎中国领土和财富的外国殖民主义者。所以，明朝联合朝鲜的抗倭斗争、戚继光领导的抗倭斗争就具有了近代反抗外国侵略的意义，毋宁可以看作近代中国人民反对外国侵略的先声。明清之际的思想家黄宗羲，第一次提出"国家"和"天下"的区别，实际上提出了国家与皇帝、政府的区别，朦胧意识到国家是指稳定的国土和居住在这片土地上的人民，爱国主义指对这片国土和人民的热爱与忠诚特别是誓死捍卫的矢志忠贞。皇帝和政府可以更替，土地和人民却是永久的。1840 年鸦片战争以后，中国人民在一百多年时间内所进行的反侵略战争，进一步丰富和扩展了爱国主义的内涵，升华了爱国主义的意义。林则徐、关天培、刘永福、邓世昌，特别是那些在抗日战争中奋勇杀敌、壮烈牺牲的将士，他们是更完整意义上的民族英雄。中国悠久的历史所逐步形成和积淀的爱国主义思想，是中国传统文化中最具积极意义的思想遗产。这一思想的核心，是对国家民族的担当意识，是即使牺牲性命也决不使祖国的尊严蒙尘的不屈意志！正由于这一思想遗产的不断发扬光大，使中华民族能够在一次次的民族灾难中不断奋起抗争，将一次次民族灾难变成一次次浴火重生的凤凰涅槃，中华民族历经磨难不仅没有灭亡，而且在一次次崛起中创造新的辉煌，成为屹立于世界民族之林的参天大树，任何暴风雷霆也难以撼动！

其次，是民本思想。民本思想是中国古代政治思想的核心内容之一。它认定民即百姓，主要是农民是国本、政本、君本、官本，是国家和社会赖以存在的基础。因为在自然经济条件下，农业是国民经济的基础部门，提供了整个国家和社会赖以存在和发展的物质基础。正是在这个意义上，孟子才提出了"民为贵，社稷次之，君为轻"的著名论断，成为民本论的核心理念。民本理论在中国古代社会之所以被不断地重复和阐发，就是因为它是一个最普通但又是最重要的政治观念，统治者是否认同和认真实施这个理论决定一个皇朝的盛衰兴亡。在中国古代所有政治思想内容中，它是最具人民性、最贴近百姓生活、最关乎国家和社会稳定与长治久安的一个理念。其他政治理论，如仁政德治、好皇帝和清官、反腐与廉政、举贤与任贤、和谐社会等，基本上都是由民本出发或由民本延伸出来。而所有的重民、爱民、惠民、恤民的具体政策措施，也都是具体落实民本的意蕴。尽管民本与近代西方的民主不是一个概念，但它们却有相通之处，即都承认民作为国家和社会主体的重要性。所以，在中国古代的政治思想中，最易于同现代民主联结的就是民本。无怪乎有的学者断言民本比民主更重要。正因为如此，民本也就当之无愧地成为中国政治思想中精华之中的精华，极具开掘和弘扬的价值。当然，民本与现代民主还有本质的区别，这就是，民主是将民视为国家和社会的主人，与之相对应的官员则是公仆，其职责是为民服务。民本只是承认民对于国家和社会的重要性但并不承认她是国家和社会的主人，因而将民确切地称之为"子民"。同时它将皇帝及其属下的各级官吏视同"为民父母"，让他们承担高居于民之上的治理者和教化者的角色，这就从根本上颠倒了二者之间的关系。所以在阐发民本的精义时也不应该将其与民主等同起来。既然承认民本，就必须承认保民。"保民而王"就成为孟子最重要的政治诉求。从民本出发的保民思想和制度政策设计在中国历史上代代都有，层出不穷。其核心是给主要由农民组成的百姓以稳定的"恒产"，即生产资料，主要是土地。因为几乎所有思维还正常的政治家和思想家都明白，没有恒产，农民就不会稳定；而没有农民的稳定，农业生产就无法顺利进行；而没有农业生产的顺利进行，社会财富就不会稳定增长；而没有社会财富的稳定增长，国家和社会也就失去了存在的基础。在此认识的前提下，政治家和思想家围绕保民设计了一系列的方案，从孟子的"井田"制，董仲舒的"限田限奴""禁民二业"，到后来一个又一个的土地制度设计，基本上都是希图维持农民对一定数量土地的占有权或使用权。与此同时，为了保证农民有充足的生产时间和保有维持生存的生活资料，又推出轻徭薄赋、节俭省刑等一系列的辅助措施。所有这些思想理论、设计方案和一系列的政策措施，剔除其空想成分，凡具有实践价值的都具有一定的积极意义。但是，历史一再出现的情况却是，每个历史时期都有一个在社会财富分配中占尽便宜的既得利益集团，这个集团是保民政策措施能否实施的最大阻力，而当这个阻力占据优势并能使他们的阻碍措施得以贯彻执行时，阶级矛盾和社会矛盾就迅速走向激化。这时，农民起义往往爆发，这实际上就是农民用武力驱除阻力的斗争。而农民起义所造成的改朝换代又往往给新建皇朝实行新的土地政策和其他轻徭薄赋、节俭省刑等一系列措施创造必要条件，历史由此迈开新的前进步伐。应该说，中国古代社会的历史，基本上就是在农民阶级斗争和当权者不断改革的双轮驱动下前进的。在这个意义上，我们应该对所有政治家思想家的保民思想和由此出发的保民措施及各种政策给予肯定的评价。同时，还应该认识到，现在的中国是古代中国的发展，现在中国百姓尤其是农民所遇到的许多民生问题，与古代中国的历史也有着千丝万缕的联系。古代政治家思想家保民的理论、智慧、措施，对我们都有启迪和资鉴的意义。

再次，与民本思想紧密相联的是"德主刑辅"的治国理民的理念，其中蕴含着德法互补的意蕴，着重强调的是"以德治国"。在中国古代以儒学为代表的政治文化中，有着极其丰富的"德治"思想，其中的不少精华之论构成了"以德治国"的理论资源宝库，能够为后世的"以德治国"提供良好资鉴。如：1.治国理民的出发点是民本理念，因而为政必须为民、爱民、养民、富民、教民，为之创造良好的生产生活条件，使之弘扬正气，"有耻且格"，培育良风美俗，淳化社会环境。2.从民本出发，治国理民的基本原则就是"德主刑辅"，教化为先，相信绝大多数百姓能够努力向善。3.君主和百官是社会精英、百姓表率，所以他们必须严于律己，宽以待人，严以治吏，宽以治民，培育良好的政风。4.加强全民的道德教育，注重制度法纪的制约和社会的舆论监督，形成人人奋发自励的社会氛围。5.刑罚不可全废，但只是作为德治的补充；刑罚只能适度使用，更不能将其作为治国理民的唯一手段。不过，由于法家坚持"不分贵贱亲疏一断于法"的理念深入人心，而"外儒内法"的行政实践又为历代统治者所钟爱，所以法制意识总是如影随形地伴随着德治观念。

当然，由于中国古代的"德治"思想都是在长期的奴隶社会与封建社会中产生和发展的，因而不可避免地带有时代和阶级的局限。除了它所倡导的道德信条浸透着浓厚的封建意识之外，最根本的问题在于其指向是"人治"而非法治，而且它的"人治"是以圣君贤相的"内圣外王"为前提的。可事实上，历史上称得起"内圣外王"的帝王将相实在是凤毛麟角。特别是，靠帝王将相的自律而成圣是绝对靠不住的。就是个别英明睿智、雄才大略的帝王，能够自律到底的人物也少之又少，"靡不有初，鲜克有终"者居多。再说，"德治"思想尽管极其强调皇帝和官吏加强道德修养，但更强调百姓必须接受"为民父母"的皇帝和百官的教化与管理，二者的关系是建立在不平等的前提下。所以，"德治"思想指导下的政治最好的结果也只能是开明专制。

复次，"德主刑辅"的思想又导出好皇帝和清官的理念。中国古代社会的好皇帝理念经过数千年的丰富发展，形成了内涵丰富、理义深邃的理论体系。首先，好皇帝理念在强调"君权神授"和君王具有天下独尊地位的同时，也赋予他天下第一位的治国理民的责任，同时要求他必须具备承担这个责任的德行和能力，这就是"内圣外王"。树立起这样一个标准，就使天下臣民有了观察君王德行的尺度，这对他们无疑是一种巨大的压力。其次，好皇帝理念的内容尽管涉及了众多的方面，但基本内容不外乎以下数点：

第一，好皇帝必须坚持"公天下"的原则，坚持"君民共同体"和"民为邦本，本固邦宁"的基本理念，必须具有浓烈的家国情怀和明确的担当意识与责任意识，他是"民之父母"，他有着保民养民教民的责任。所有的制度设计和政策谋划，都应该以是否能为民谋福祉为前提和基本出发点。

第二，好皇帝必须坚持"德主刑辅"的治国理政原则，一方面创造良好的生产条件和社会环境，轻徭薄赋，节俭省刑，使百姓安居乐业，"仰可以事父母，俯可以蓄妻子，乐岁终身饱，凶年免于死亡"，并以教化为先，促使人人向善；一方面严格法律制度，对社会的恶势力予以严惩，维持国家与社会的安定和有序运行。

第三，好皇帝必须坚持任人唯贤的原则，通过各种制度安排和其他适宜的通道，将社会上最优秀的人才选拔到各级官府任职，充分发挥他们治政理民的作用。同时，排除奸宄谄佞之辈，不给小人、宦竖、女宠以窃权擅势、兴风作浪的机会；

第四，好皇帝必须虚心纳谏，创造各种条件使天下臣民畅所欲言，对皇帝本人、国家大政和政府工作提出尖锐的批评和建议，使进谏和纳谏作为一种纠错机制得到充分的发挥。

最后，好皇帝理念特别强调皇帝在道德上作为臣民表率的作用。皇帝既然是"圣"，他就一定应该是道德完人，应该模范地忠实实践忠、孝、节、义、仁、礼、智、信等古代社会的核心价值观。同时，由于皇帝拥有绝对的权力、得天独厚的条件和轻而易举的手段聚敛社会财富，极易在物质生活上奢侈腐化，所以特别要求他们带头节俭，拒绝奢华。不可否认，所有这些好皇帝理念的内容，都带有强烈的理想化色彩，在实现中找不到一个完全实践这些条件的皇帝，这只是思想家和政治家想出的一个好皇帝的最高标准，即使历史上公认的几个所谓明君，如汉朝之文帝、景帝、武帝、光武帝、明帝，唐朝之太宗皇帝，宋朝之太祖皇帝，明朝之太祖、成祖皇帝，清朝之康熙、乾隆皇帝等，也只是在某些方面接近这个标准，而他们本身都有着极其明显的局限。唐太宗差不多是一个史界公认的所谓明君中的最出类拔萃之辈了吧，可他自己就承认他有不少缺陷和不足，告诫太子不要以自己为榜样。不过，好皇帝的理念仍有不可忽视的积极意义。因为经过多代政治家和思想家的丰富和发展，好皇帝就有了一个明晰的标准，天下臣民往往以此标准向当今皇帝提出要求，要求他们对照标准检查自己的不足之处，处处时时向这个标准看齐，在一定程度上对他们形成无形的约束。有些皇帝真诚地相信这些标准，并且也尽上了自己的主观努力向这个标准靠拢，从而创造了几个著名的政治清明的时代，这对历史的发展和社会的进步显然是有利的。好皇帝理念中所包括的内容，基本上都属于"良政"的范围，如民本观念、轻徭、薄赋、节俭、省刑的政策措施、任贤使能的选官原则、鼓励进谏的制度设计、对君王个人德行和才能的严格要求等，反映了天下臣民对君王的理想化要求，这些要求具有超越时空的永恒价值，对几乎所有时代的国家领导人都是适用的，因而具有普遍意义。特别是孟子代表的儒家，提出人民对桀、纣之类昏君诛杀是正义行动，这就承认了"汤武革命"的历史正当性，在一定程度上表示了对百姓反抗昏君统治的认可。

　　好皇帝理念是中国传统文化中的精华内容之一，重点展示了臣民对最高当权者的行政理念和个人品格的诉求。但是，好皇帝理念的局限也是不容忽视的，因为它与现代民主政治的理念有着本质的区别。这表现在，第一，现代民主政治视人民为国家的主人，视国家的各级官员为为人民服务的公仆。而好皇帝理念却肯定皇帝是"天生圣人，为民立极"，是国家的主人，"为民父母"，百姓是他的"子民"，这就从根本上颠倒了两者的关系。第二，好皇帝理念承认皇帝对天下臣民有生杀予夺的权力，把君民置于绝对不平等的地位，将百姓的生存权看成皇帝的赐予。第三，好皇帝理念将国家和社会的治乱、百姓的福祉完全寄托在皇帝身上，从而忽视或模糊了百姓自己的权力意识。第四，它将君王之英明完全寄托于皇帝个人的道德修养，而忽视对他的制度制约。正因为如此，历史上好皇帝理念就基本上停留在人们的幻想中，真正符合标准的好皇帝几乎一个也没有出现。

　　在中国古代社会里，循吏、清官意识很早就产生了，并且随着历史的发展不断丰富内容和提升层次。一方面循吏和清官意识反映了广大百姓的愿望；另一方面，循吏和清官意识也是明智君王和理性臣子的共识。循吏和清官意识实际上就是君民对官吏队伍共同要求的反映。这一意识的基本内容可以概括为以下方面：1. 循吏和清官行政的指导原则是"仁政"理想。这个理想的核心是忠君爱民。他们绝对忠于君王和国家，笃信家国一体、君臣一体、君民一体的理念，为了君王和国家可以毫不犹豫地付出生命。2. 循吏和清官的行政围绕"民本"旋转，他们真诚地将自己置于"父母官"的地位。明清时期的个别思想家虽然提出官民平等的观念，但在骨子里他们忘不了自己"保育者"的角色。他们关心百姓的生产和生活，千方百计创造条件改善他们的生存环境，其中最重要的是实行轻徭薄赋、节俭省刑的政策，遇有自然灾害，则全力赈济，助老恤贫，惠及鳏寡。又经常举办公益事业，兴修水利，修建道路桥梁，推广先进生产技术，为百姓谋划实实在在的利益，把"为官一任，造福一方"的指向落到实处。3. 循吏和清官都是"德主刑辅"施政理念的忠实实践者。他们总是从爱民出发对百姓施以教化，引导他们移风易俗，一心向善。他们重视教育，潜心办学，不遗余力地宣传忠、孝、节、义、仁、礼、智、信等核心价值观，提升百姓的文明程度。他们谨慎用刑，对屡教不改、怙恶不悛的恶势力也毫不手软地严厉打击，目的是为了震慑整个社会，净化环境，使百姓警惕自励，拒恶扬善。4.循吏和清官都是廉政的典型。他们公正执法，严格治吏，一方面敢于惩办贪赃枉法的官吏，为百姓伸张正义；一方面敢于搏击地方上的恶霸豪强，维护小民等弱势群体的利益。在法律面前，不仅敢于否定来自上官的枉法之举，甚至敢于拒绝朝廷的昏聩诏令。在所到之处树立起公平正义的旗帜。5.循吏和清官都以"君子人格"自许，他们自觉加强自己的品德修养，刻苦自励，严于律己，公私分明，自奉简约，与贪腐绝缘。6.历代王朝都提倡和表彰循吏与清官，因为所有具备正常思维的君王都明白，只有循吏和清官执掌的各级官府才能既保证国家的制度得以正常有序运转，各项法律法规得到认真贯彻执行，社会秩序才能得到维护和良性运行，百姓也才能过上安居乐业的日子。正如汉宣帝所说："庶民所以安其田里而亡叹息仇恨之心者，政平讼理也。与我共此者，其唯良二千石乎！"[1] 清朝的康熙皇帝就对清官于成龙大加褒奖，称颂他是"天下廉吏第一"[2]。

清官意识是中国传统政治文化的精华之一，其"民本"的理念，直接与"以人为本"相通；其公正执法的理念，直接与"法治"相通；其廉政的理念，直接与反腐倡廉相通；其自律意识，直接与自我约束相通。总之，其中的许多理念，与现代社会对官吏的要求是一致的。

循吏与清官意识中最可宝贵的思想遗产就是"民本"和"廉政"，而这正是现代社会对政府及其官员的最核心要求。不过，清官意识并不属于现代民主政治的理念，根本区别在于它倡导的"民本"不是现代民主的内容。"当官不为民做主，不如回家卖红薯！"这一广泛流传的七品芝麻官的名言，讲的是"官主"而不是民主，在清官意识中，百姓还不是国家的主人，而官吏更不是人民的公仆，而是百姓仰望的"青天大老爷"，他们忠于的是君王而不是百姓。清官意识一方面提出了对官吏的严格要求，一方面又在百姓中制造对清官的不切实际的幻想，将改变自己命运的希望寄托在清官身上，从

---

① 《汉书》卷八十九《循吏传》，中华书局1962年版，第3624页。

② 赵尔巽等：《清史稿》卷二百七十七《于成龙传》，中华书局1977年版，第10087页。

而放松了对自己民主权力的追求，淡化了以法律为武器保护自己权利的维权意识。所以有的学者指出，要使现代民主的理念牢固地树立在百姓心中，就必须清除清官意识在百姓思想中的负面影响。这是不无道理的。

再次，好皇帝和清官又与任人唯贤和进谏纳谏联系在一起。在中国历史上，几乎所有头脑清醒的政治家、思想家，包括一批帝王，都明白选贤任能对国家政治的重要性，这一学说大体包含以下内容：1. 贤人政治是最理想的政治，只有贤人在位，国家才能得到良好治理，民生才能得到精心呵护，社会才能安宁有序，百姓才能安居乐业，帝王的江山社稷才能长治久安。2. 贤人是指德才兼备之人，而以德为主，以才为辅。贤指德，才指能。贤才是分层次、分专业的，有大才、小才之分，"可用之才"和"能用之才"之别，政治、经济、军事、文化、教育、科学等专业人才之分类，所以君王必须识才用人，扬长避短而不求全责备。3. 铸造聚积贤才，一在培养，二在发现。培养在教育，所以应该办好各级各类学校，将具有贤才潜质的人充分培育出来。发现在机制，所以应该有一个科学的选官制度，提供适宜的平台，让贤才将自己的才能充分展示出来。4. 贤才只能在实践中历练，才能不断增长知识，增长才干。"宰相必起于州部，猛将必发于卒伍"。将贤才放到适宜而繁剧的重要岗位，用人不疑，放手让他们施展才干，发挥潜能，尽快成熟起来，担当更重要的职务，承担更重要的任务，为国为民作出更大贡献。5. 发现、选拔和重用贤才，君王起关键作用。自秦朝以后的中国古代社会，实行的是专制主义中央集权的行政体制。在这个体制下，君王握有全国行政、军事、人事、司法、监察、经济和文化教育的全权，"一言兴邦，一言丧邦"。能否发现、提拔和重用贤才，君王的职责是第一位的。这就要求君王自己必须是明君，能够清楚地认识贤才的重要性，善于慧眼识才；能够设计、建立培育和选拔贤才的制度，构筑贤才施展才干和晋升的环境，让贤才不断汩汩涌流。应该说，中国古代社会的举贤、选贤、用贤，既在制度运作方面有成功的经验，更在思想方面积累了丰富的资料。这些历史遗产中有不少具有超越时空的与现代社会相通的内容，这些遗产不仅能够丰富现代社会的人才理论，而且能够为现代的贤才选拔提供制度和思想方面的资鉴，其积极意义是不容忽视的。

　　在中国古代社会的历史上，有着绵延不绝的谏议文化。这种谏议文化的内涵基本可以概括为以下数点：第一，臣民，主要是臣子，应该不计个人得失，毫无顾忌地向君王和执政大臣进谏，对大到国家的大政方针，小到君王的生活作风、言谈举止，以"圣帝名王"为标准，进行劝谏。"武死战，文死谏"，敢不敢于冒死进谏，是臣子道德品格高下的重要标志。第二，君王应该以"圣帝名王"的标准严格要求自己，虚心纳谏。能不能虚心纳谏，是一个君王品格和才智的重要表征。君王之所以必须虚心纳谏，是由诸多必然原因决定的。首先，任何君王，即使德行睿智如五帝、禹、汤、文、武、周公，在行政中也不可能没有偏颇，没有局限，没有失误，"智者千虑，必有一失"。而只有虚心纳谏才能纠正偏颇和失误，因为天下臣民人数众多，"愚者千虑，必有一得"，何况臣民中也不乏品德高尚、才智卓越之辈，他们的进谏恰恰能够补缺救弊。其次，国家和社会的管理千头万绪，涉及政治、经济、军事和文化的方方面面，而且复杂多变，需要各种专业知识和技能，这不是君王的独断能够解决的。只有虚心纳谏、集思广益，才能集合众智，使国家和社会的各项事业得以顺利发展。再次，君王身居高位，一言九鼎，处于权力的巅峰，对臣民形成巨大的威慑之势，只有放低身段，虚心谦恭，臣民才能打消顾忌，愿意进谏。所以，君王虚心纳谏，既是态度，也是方法，更是综合素质的表现。第三、君王为了保证进谏、纳谏经常有序地进行，首先要创造一个使人敢谏、乐谏的环境和条件，即"导之使谏"。这其中最重要的是君王宽容对待进谏之人，不计较言辞激烈，不顾忌自己颜面，容忍与自己不同甚至反对自己的意见，"言者无罪，闻者足戒"。再进一步是奖赏进谏之人，对重大进谏意见促成成功或纠正重大失误者，给予重奖。第四，使进谏纳谏制度化和法制化，设置进谏的机构，任命进谏的官员，制定进谏的规则和程序，使进谏作为政治运行的一个重要方面对国家和社会的发展进步发挥积极作用。中国古代丰富的谏议文化是中国政治文化中一笔优秀的遗产，其中的广开言路、虚心听取不同甚至反对意见、将进谏纳谏纳入制度化和法制化轨道等内容，与现代民主是相通的。另外的许多内容也不乏借鉴意义。在当今我国建设民主法治国家的征途中，这些民主性的精华仍然能够发挥正能量。

最后，是廉政思想和反腐败的理论。

自中国步入文明社会那天起，腐败就成为它尽管讨厌至极却摆脱不了的伴侣。与此同时，廉政和反腐败的思想和机制也随之产生。有着正常理性的君王和具备正常理性的臣子，为了江山社稷的长治久安，一方面不断阐发廉政和反腐败的理论，一方面则在制度设计和实际建构上不断完善和增强廉政与反腐败的机制，其中的法律和制度构建日益严密完善，舆论氛围、社情民意倾向也日益传播着对廉政的赞颂和对腐败的斥责。在各种因素的制约下，某些王朝能够出现或长或短的政治清明时代。这种政治清明时代的特点，一是有一个或接连几个头脑清醒、励精图治、贤明睿智的国君；二是有一批勤政廉政、才能卓越、敢作敢为的官吏；三是有一套符合国情民意的制度和法律；四是有一个和平安宁的社会环境。这种时代，也恰恰是腐败相对较少而廉政相对顺利推行的时代。周朝的"成康之治"，汉朝的"文景之治"和"昭宣中兴""光武永平之治"，唐朝的"贞观之治""开元盛世"，明朝的"洪武、永乐之治"，清朝的"康乾盛世"等，就是属于这样的时代。而这种时代，也恰恰是产生循吏、清官较多的时代。然而，在中国古代历史上，这样的时代却是少之又少，可望而不可求。原因就在于，中国古代社会还没有建立起来廉政反腐的长效机制。从中国古代防腐和反贪的历史中，我们可以得到许多有益的启示。

第一，只要公权力存在，腐败就不可避免，必须树立长期持久的反腐败理念。

中国古代社会的历朝历代，尽管都在一定程度上认识到腐败的危害并进行反腐败的斗争，但腐败却几乎无时不在，无处不在。原因就在于，腐败是公权力的孪生姊妹。只要这个权力得不到持久有效的制约，它在运行中就必然追求法外的特权和私利，这就是腐败。因为掌握这个权力的人几乎 99% 的具有追求私利的欲望，正如亚里士多德在《政治学》一书中所阐明的："把权力赋予人，等于引狼入室。因为欲望具有兽性，纵使最优秀者，一旦大权在握，总倾向被欲望的激情所腐蚀。"① 因此，不能期望有朝一日腐

---

① 转引自张绪山《"权力腐败"与现代民主政治》，《炎黄春秋》2011 年第 3 期。

败会被彻底肃清。明朝开国皇帝朱元璋，晚年空前地加大了反腐败的力度，但当他看到面对他的血腥严惩官吏们依然"前腐后继"时，他不得不哀叹自己无法一劳永逸地肃清贪腐之吏："朝治而暮犯，暮治而晨亦如之，尸未移而人为继踵，治愈重而犯愈多。"① 又无可奈何地说："似这等愚下之徒，我这般年纪大了，说得口干了，气不相接，也说他不醒！"② 这反映的是朱元璋对腐败认识的误区：一是认为一次大张旗鼓的反腐惩贪能够一劳永逸地解决贪腐问题；二是将贪腐官吏仅仅视为"愚下之徒"，把贪腐简单归结为品格有缺。这种认识实在太肤浅了。显然，由于同公权力一起诞生的腐败将与这个权力伴随始终，所以必须树立长期持久的反腐败理念，绝对不要期望通过几个"急风暴雨"式的运动能够清除腐败，更不要天真地设想一天早上醒来腐败已经断子绝孙，但有一点能够达成共识：腐败尽管可恶但可以抑制，人类有智慧使其危害减到最小的程度。这其中的关键是将权力的运行严格限制在可控的范围内，美国总统小布什形象地将其比喻为"关在笼子里的梦想"。

第二，防腐和反贪的长效机制是制度和法律的完善与严格执行。

防腐和反贪是一项综合的系统工程，其长效机制的核心是制度和法律的完善与严格执行。中国古代社会的防腐和反贪的制度和法律建设，从三代算起，经历了数千年的漫长过程，到明清时期，其严整、完备、细密的程度令人叹为观止。然而，这个制度和法律却有着根本的缺陷，这主要表现在两个方面：一是制度和法律没有实现对社会的全覆盖，国王、皇帝以及依附于他们的那个核心群体始终或大多数时间处于这个制度和法律之外，而带头破坏制度和法律的正是这个群体。他们无论怎么腐败也得不到制度和法律的惩处，他们制造多少冤、假、错案仍然是"天王圣明"。法外特权集团的存在，必然使人治之下的制度和法律的完善与严格执行要打很大的折扣。二是监察机构还没有从行政机构中完全独立出来，没有完全实现权力对权力的监督和制约。只有实现法治社会，建立权力依法制约权力的机制，才能避免"人亡

---

① 朱元璋：《大诰续编·罪除滥没第七十四》，转引自陈梧桐《洪武皇帝大传》，河南人民出版社 1993 年版，第 444 页。

② 朱元璋：《大诰·武臣序》，转引自陈梧桐《洪武皇帝大传》，河南人民出版社 1993 年版，第 444 页。

政息"和人走政改，制度和法律的完善与严格执行才能得以实现。

第三，建立和完善民主机制，创造反腐倡廉的社会大环境。

在中国古代社会，防腐和反贪的长效机制之所以始终没有真正建立起来，最根本的原因是始终未能在制度上形成民主的机制，在思想上形成法治的理念。而在专制政治体制下，防腐和反贪的长效机制是根本建立不起来的。因为世界历史发展的实践已经证明，民主的行政体制是建立防腐和反贪的长效机制的前提条件。在这种机制下，任何机构和人员的行动都处在互相监督的网络中，谁也不能、谁也无法、谁也不敢为所欲为。这种机制虽然不能完全防止腐败的发生，但却能够比较及时地发现腐败并予以惩罚，使之不至于造成太长时段的严重危害。然而，在中国古代社会，各级政府及其工作人员都是由国王或皇帝任命并对国王或皇帝负责，这个政府也不可能建立起立法、行政、司法独立运行和互相监督的机制。在这种情况下形成的行政主导机制，在监督权力不时被弱化的条件下，腐败只能是不可遏止地愈演愈烈。显然，只有建立和完善民主机制，创造反腐倡廉的社会大环境，才能从根本上保证防腐和反贪的长效机制持久地有效运行。

第四，坚持不懈地进行官德教育，让各级官吏不断加强道德修养，坚持"灭心中之贼"，在品格上经得住酒、色、财、气的诱惑。

中国古代社会的历代王朝，除个别情况外，大都重视对官吏的道德教育，要求他们认真践履儒家倡导的"仁政"理想，"忠君爱民"，克己奉公，"为官一任，造福一方"。这种官德教育的成效虽然并不理想，但在一批清官廉吏身上还是得到体现，他们那些典型的事迹往往千百年后仍然令人动容和称颂。如宋弘坚守"贫贱之交不可忘，糟糠之妻不下堂"，看似个人品格，但同时也展示了良好的官德。杨震暮夜面对学生辈重金的贿赂，说出"天知，神知，我知，子知"的铮铮警言，说明其官德的修养已经达到真金不怕烈火炼的境界。在强调制度法纪建设和权力制衡的同时，坚持不懈地对官吏进行官德教育，使之具有正确的理想信念，强化公仆意识，严格自律观念，同样是不可或缺的一环。官吏整体的道德境界提升了，"以德治国"的理想才能落到实处，"以德治国"才能成为"以法治国"的有力补充并起到相得益彰的作用。

第五，奖廉惩贪，树立官场正气。

只有奖廉惩贪，加大奖惩黜陟的力度，使廉者获荣誉，得实惠；贪者蒙耻辱，损名誉，倾家荡产，才能树立官场正气。中国古代王朝，大都建立奖廉惩贪的制度和法纪，期望树立官场正气。然而，由于存在难以克服的种种制度上的弊端，几乎所有封建王朝都难以将这种奖廉惩贪的势头保持下去，最后必然出现政以贿成、官以贪得的恶浊风气，这个王朝的末日也就到来了。"靡不有初，鲜克有终"。要使奖廉惩贪的官场正气持久保持下去，不仅需要有极具震慑力的可操作的制度和法纪，更要有持之以恒的坚持精神和能够排除一切干扰的运行机制。

当今之世，防腐反贪是全世界各国政府和人民面临的共同的严重课题。这是因为，你在地球的任何一个文明人类生活的角落，都找不到一块没有腐败滋生的净土；而一些地方的腐败呈愈演愈烈之势，其危害之烈更是被愈来愈多的人们所认识。因此，如何防腐反贪就不仅是一个理论和学术研究的课题，更是一个需要通过政治实践在制度、法律、道德等最重要的层面解决的问题。

从夏朝开始的中国古代社会，经历了四千多年的悠长岁月。她一直被腐败困扰，也一直进行着防腐惩贪的斗争，积累了丰富的防腐反贪的经验和教训。前事不忘，后世之师。总结这些经验和教训，从中汲取智慧和力量，对于认识当前我国的防腐反贪的斗争，增强廉政意识，树立持久的反腐惩贪理念，显然具有一定的启示和借鉴意义。

除以上诸多思想外，还有一个"和而不同"的理念经常被赞誉称颂，其中蕴含着许多哲学、社会学、政治学和历史学的合理内核。它要求人们与自然和谐相处，人与社会和谐相处，要求君臣、君民和谐相处，特别要求君臣之间按照"和而不同"的原则建立和谐的工作关系：君王应该放低身段，承认作为君王的局限与不足，一方面宽宏大度地容忍臣子的那怕是错误的逆耳之言，一方面虚心听取和采纳臣子的正确意见和建议，君臣互补互纠，使国家的政治运作不出或少出错误和纰漏。同时更要求所有臣子都做堂堂正正的净臣，而不做阿谀逢迎的奸佞之辈，敢于对君王的决策表示不同意见，特别要敢于冒死进谏，逆鳞而上，提出并纠正君王的错误和失误。"和而不同"

的最核心理念应该是"真理面前人人平等",所有人只有服从真理的权利,而没有屈从强权的义务,不论这种强权打着什么冠冕堂皇的旗号。但是,这只是事情的一个方面。因为实际政治的运作是非常复杂的一个系统工程,最后总要按照有关方案实施,而这个方案是否正确,必须在未来的实践中加以检验。所以,在具体方案决策的过程中,按照"和而不同"的原则广泛征求意见,特别是让不同意见尽量表述出来,以增强决策的科学性。但决策一旦通过,君臣君民就应该统一意志,统一行动,统一步调,全力以赴,这时强调"同"也是正确的。所以,"和"与"同"的关系是辩证的,但只能在"和"的基础上"同",而不能在"同"的前提下"和"。因为一旦如此,"和"本身就变成了"同"的附庸,就很难起到制衡和纠偏的作用。应该说,"和而不同"的理念中,蕴含着丰富深刻的民主性的精髓,便于集中多数人的智慧,但在中国古代社会,却无法将这一理念变成一种制度的设计。这种缺憾只能在民主制度下才能解决。尽管如此,我们还是应该肯定"和而不同"的积极意义,其中最重要的,是在各个领域创造和谐相处的生态,特别是创造人人能够畅所欲言的环境和条件,使各种意见能够及时表述并顺畅地上达,从而使国家的各种重大决策有一个科学民主的决策和实施程序,尽量避免和减少失误。

中国古代社会的众多关于和谐安宁社会的理想,大都带有一定的乌托邦性质,是设计者在与恶浊的现实社会对比映照中创造出来的。其中最具实践价值的还是儒家的和谐社会理想。这个理想要求,有一个"内圣外王",实践"为民父母"理念的君王,他坚持民本思想,推行"仁政"措施,任贤使能,虚心纳谏,严格自律,轻徭薄赋,节俭省刑,为百姓创造一个良好的生产生活环境;有一群为百姓谋福利、执法严明、清正廉洁、刚正不阿的清官廉吏;而其治下的百姓则是乐意接受教化,自律自爱,遵纪守法,敬君爱国,各安本业,努力生产,贡献国家和社会。由这样的君、臣、民组成的社会,就是一个和谐安宁的社会。

在中国古代社会,和谐安宁的社会理想基本上停留在纸面上,因为在剥削阶级掌控国家政权、控制几乎所有社会资源的条件下,特别是他们的享受欲望无止境的日益膨胀的情势下,其制度设计基本上就是以损害百姓利益为前提的，他们和利益受损的百姓是很难建立和谐的共生关系的。即使在特殊时段，由圣君贤相推行的政策奏效于一时，暂时出现几个如同"文景""贞观"之类的"盛世"，最长不超过百年，一般也就是几十年，或可勉强称之为和谐安宁。而绝大多数时段，百姓都在极其艰难的条件下煎熬，和谐安宁的社会只能是可望而不可即的画饼。不过，和谐安宁的社会理想毕竟反映了百姓的愿望，也是众多思想家和政治家的愿景，显示了中国志士仁人历久不衰的追求。这种理想和为数不多的"盛世"所创造的经验，既是中国优秀传统文化的重要资源，也能够为当今和谐社会的建设提供有益的资鉴，因而值得珍视和开掘。

第一章 中国传统政治制度的
产生与发展变迁

一、从五帝至战国中国行政体制的建立和发展

（一）从五帝至夏商周中国行政体制的初建和发展

司马迁撰写的中国第一部通史《史记》，其开篇第一章《五帝本纪》记述了中国历史上传说中的五位圣帝名王黄帝、颛顼、帝喾、尧、舜的事迹。显然，司马迁的本意是将他们作为中国文明开始的标志，这基本上应该是符合历史真实的。

中国近现代研究中国古代历史和考古的学者，除个别人将这一时期定位为文明成熟发展的时代之外，绝大多数认定其为中国历史由野蛮至文明的过渡阶段，时间距今约 5000—4000 年左右。五帝时代，尤其是尧舜时期，中国历史已经迈入文明社会的门槛，但原始社会的残余还明显地保存着。按照侯外庐先生的观点，中国古代社会的发展，走的是一条"维新路径"，是在血缘纽带还比较强固存在的情况下，在"死的拖住活的"的特殊历史条件下迈入文明社会的门槛的。因此，对这个社会的性质的估计就不免存在相当大的歧异：看原始社会残余浓重的学者认为这个时代依然是母系氏族社会，至多是母系氏族社会向父系氏族社会的过渡时期；看文明社会特征多的学者就认定这一时代已经进入文明社会，甚至认为是文明发展程度较高的社会，国家的各种职能都已存在并正常运转了。

那么，究竟应该如何认识这个时代呢？

我们认为，将五帝时代，尤其是尧舜时代定位为由原始社会向奴隶社

会的过渡时期可能比较符合实际。因为这个时代的显著特征是新旧杂陈，原始社会的残余在某些方面还相当显著，如族外婚、氏族民主制度、禅让制度、贫富分化程度不高等。同时，文明社会的特征也初露端倪：贫富开始分化并有日益加剧之势、部落联盟首领的权力越来越大、禅让制度尽管保存了原始民主的形式但内容已经是权势者的私相授受、社会的管理机构逐渐变成脱离社会的国家权力、围绕着尧舜的一大批官吏组成了权力越来越大的行政机构、地方的管理由血缘联结的氏族、部落变成称为"州"的政府、成文法代替了习惯法、礼乐制度也开始萌芽、对"不臣"者的战争愈演愈烈、残忍的杀伐日益成为惩罚罪犯的手段，等等。在大多数学者达成共识的尧舜时代对应的考古文化如龙山遗址、大汶口遗址、陶寺遗址等，都明显地展现了这种新旧相纠结的特点。

如果说黄帝时期已经初步建立了独立于社会之上的国家权力机关，那么虞舜时期这种权力机关就进一步严密和规范化。虞舜创造性的执政风格及其建立的各项政治制度，特别是"肇有十二州，立四岳、群牧、群后"的行政措施，在顶层权力层面之下，以"十二州牧"的形式，设立了相当于后世郡、州、路、省的中间层权力体系，州牧之下又有群牧、方伯一类的部族首领，创立了中央、州牧、方伯（群后）三级行政体系框架，使酋邦联盟形式下的"五帝共和轮值"权力体系，首次具备了真正意义上的"立体分层圆锥结构"。虞舜的 22 位幕僚，包括"十二州牧"分别来自不同的族群，则显示出某种"按地域划分他的国民"的社会属性。

帝舜所"命九官"则是后世朝廷三公六部"内阁"制度的雏形。如"禹作司空，平水土""弃作后稷，播时百谷""契作司徒，敬敷五教""皋陶作士（刑部）""垂作共工，主工师百工""益作朕虞，主山泽草木鸟兽""伯夷作秩宗，典朕三礼""夔作典乐""龙作纳言（主宾客）"，分别相当于现代的"水利部""农业部""民政部""司法部""工业部""林业部""礼仪部"等。与《左传》昭公十七年少皞"鸟王国"所谓"历正、司分、司至、司启、司闭、司徒、司马、司空、司寇、司事、鸠民、五工正、九农正"相比较，其渊源关系十分清楚。应当说虞舜开创性的政治制度乃是得益于少昊、太昊之族较高的社会发展水平和先进的执政理念。任命各盟部族首领担任要害部门的首长，不仅可以采众家之长，更有利于酋邦联盟团结合作和正常运行。

虞舜的主要政绩归纳为如下 12 项：1. 观天道：用璇玑玉衡，观测天象，制定大政方针。2. 享百神：类于上帝，禋于六宗，望于山川，徧于群神。3. 改革吏治，"揖五瑞"以为属臣、群牧和诸侯的印信。4. 巡狩朝觐和奖励制度。5. 统一历法，"协时月正日"。6. 同律度量衡。7. 定典修礼。8. 厘定行政区划，设十二州牧，封有十二镇山。9. 刑法改革：明慎用刑，刚宥相济，推行德治，治四罪、惩四凶。10. 广开言路，举贤任能。11. 设官分职，广纳四方贤士，命九官。敬授民时，厚德服众。12. 推行三载考绩，九年三考，论绩奖励黜陟的人事任免制度。

虞舜时代之所以成为"四代"效法的国家政体楷模，主要得益于上述 12 项典章制度和礼仪规范层面的创新。文献记录显示，夏商，包括西周王朝的权力运行模式和礼仪规范，除王位继承由"官天下"的"推选让贤"转变为"家天下"的"子弟继承"外，从总体上并没有超出虞舜时代的基本格局。"四代"联举，则是春秋以来学界对中国"古史分期"的一种基本共识。

"禹传子，家天下"。居于中原的华夏族首领大禹在得到虞舜禅让的"帝位"后，并没有把禅让制度延续下去。他死后，其子启毅然自己继承王位，开启了国君之位在一个家族嫡系子孙传承的制度。尽管开始也遭到了其他族群的反对，但经过武力镇服，这一制度终于比较牢固地站稳脚跟并得到整个社会的认可，成为后世王位皇位世袭的张本。所谓"五帝官天下，三王家天下，家以传子，官以传贤，若四时之运"①，由是夏朝就成为中国历史上由"五帝"向"三王"转变的关键朝代。

夏朝是姒姓的夏后氏建立的中原王朝。它的最高统治者称王，这个职位只能在夏后氏王族内由嫡长子世袭。王族的其他支族被分封至全国各地，成为夏朝的侯、伯。夏朝为了维护对平民和奴隶的统治，在王朝中央和地方都建立了政权机构，任命同姓和异姓奴隶主贵族充任官吏。夏朝中央朝廷官吏分内廷和外廷，外廷处理王朝的日常政务，内廷管理夏王宫廷内的事务，主要是衣食住行等一系列的生活服务。

---

① 班固：《汉书》卷七十七《盖饶宽传》，中华书局 1962 年版，第 3247 页。

外廷官吏中最重要的是政务官，如协助国王谋划重大决策的六卿，管理农业的稷，管理车服的车正，管理水利的水官，宣达政令的遵人，管理司法治狱的大理，司监察之责的啬夫，统兵征战的六事，管理战车驭手并亲自驾车的御，管理宗教事务、负责占筮、记事、天文历法的官占、太史令和瞽等。内廷官吏主要有掌管国君饮食服务的庖正，为国君训龙的御龙氏以及众多从事杂役的臣等。地方政权主要由同姓和异姓贵族担任的侯、伯掌控，他们在自己所管辖的地方设立与中央对口的办事机构，管理地方政务的运作。夏朝正是通过中央和地方的这些机构和官吏，实现对国家、社会和全体臣民的管理，使社会得以有序运行。

夏朝从公元前21世纪至前16世纪，历经14世17王，在最后一个国王夏桀手上落下帷幕，代替它的是商王朝。

商朝是子姓的商族建立的中原王朝。因为它最后的都城是殷，所以又称殷朝。这个王朝依然处于奴隶社会时期，其君位在子姓贵族嫡系后裔中传递，传递方式以"父死子继"和"兄终弟及"交叉进行。其统治区域由王室直接治理的王畿和诸侯方国管理的领地组成，实行内外服的行政体制。内服官管理王室和王畿事务，诸侯方国臣属王室，管理王畿之外的各自诸侯方国的事务，称外服官。

商朝的内服官统称"殷正百辟"①或"百僚庶尹"②，他们是王朝中央的职官。商王之下、百官之上，设一统领百官的冢宰，辅佐国君，称相，如伊尹、傅说即任过此职。冢宰之下设各类政务官，如管理农业的藉臣，管理畜牧业的牧正，管理手工业的多工，管理土地和建筑事务的司空等；掌管军事和出征作战的师长、马亚、多马、史、戍、卫、射等；掌管宗教文化事务的巫、祝、卜、史、作册等；掌管宫廷服务的王寝、东寝、西寝等。在甲骨文中，臣、小臣开始本指奴隶，后来逐渐成为国王身边掌管各种事务的执役人员，他们逐渐被委以要职，时间久了，就转化为管理某些部门的官员，如"小藉臣"管理农业，"小众人臣"管理众人，"小多马羌臣"管理牧马等。

---

① 《大盂鼎》铭文。

② 《尚书·酒诰》。

外服官指商王所封的诸侯或臣属于商王朝的方国，就是《尚书·酒诰》所说的"越在外服，侯甸男卫邦伯"，也就是甲骨文中出现的侯、伯、子、男、任等，他们类似后来的地方政权的官员。商朝管理的地域比夏朝广阔，行政管理体制也比夏朝庞大和严密，运行的效率自然也比夏朝提高了。商朝历经17世、31王、600余年的岁月，在最后一个国君纣王当国时被周武王率领的诸侯联军推翻，时间是公元前1046年。①

周人是居于秦陇地区的一个古老民族，在渭水流域经过长期的生存和发展。由于周朝的首都在公元前770年由位于关中平原的镐京（今陕西西安）迁至黄河中游伊洛流域的洛邑（今河南洛阳），史学家将此前的周朝称西周，此后的周朝称东周。而公元前770年以后的历史至秦朝统一中国前也称春秋战国时代，这一时期的历史与东周重复了很大部分。

相较于夏商两朝，西周的王权显著增强。他不仅在王畿具有决定权力，通过对诸侯、卿大夫的册命制度，同时确立了严格的等级制度和对诸侯、卿大夫的臣属关系。西周在中央建立了比夏商两朝更为严密和庞大的官僚机构，这个机构以三公，主要是师、保为首脑，辅佐周王处理全国政务和王室事务。其中又分为外廷政务官和内廷事务官。外廷政务官又分为负责行政事务的卿事僚和处理宗教事务的太史僚两大系统。卿事僚主要职掌"三事"和"四方"诸事。三事指常伯、常任、准人。常任负责处理朝廷中央的军政大事，其下的官员有司徒，也称司土，职责是管理土地兼及成周（洛邑）八师驻地的土地资源。司工又称司空，负责国家公共工程有时兼及司法，管理刑罚等事务。司马掌军法及管理仆射等武官。以上三人又合称"三有司"。师氏管理周王的近卫军，战时领兵出征。准人是司法官，主持国家的刑罚。其下的主要官员有司寇，主"讯讼"；司士，负责监察百官；司誓，掌管诸侯国之间盟约的签订和监督执行。常伯是民事官，《尚书·立政》中记载的"大都、小伯""夷、微、卢烝、三亳、阪、尹"皆是他的属官。太史僚掌管册命、图籍、祭祀、书史、礼制、占卜、时令、历法、天文诸多方面的事务，太史是首领，其属下官员有史、内史尹、内史、省史、作册、作册尹、大

---

① 殷周易代的时间学术界争论很大，此处采取夏商周断代工程确定的年代。

祝、祝、司卜等。内廷事务官负责管理王室宫廷事务，其官员有宰，负责管理王室事务和宣达王命，善夫负责国王及宾客饮食之礼，守宫负责王宫警卫，御正为王御车之长，缀衣掌管国王的衣服，趣马管理国王的马匹，小尹管理宫中服役的小臣，庶府分掌王室的库藏。内廷官员由于终日在周王身边服务，深得国王信任，权力逐渐膨胀，不少人转化成外廷主管官员。

周朝的外服官就是王畿以外的四方诸侯。这些外服诸侯，即是《尚书·酒诰》记载的"越在外服，侯、甸、男、卫、邦伯"，也就是《尚书·康诰》记载的"侯、甸、男、采、卫"。他们根据与周王的亲疏关系，分布于全国除王畿以外的广大地区，成为西周王朝控制全国的地方政权。西周实行较严格的宗法制度，各诸侯国接受周王的封号，共尊周王为天下共主，对周天子，他们是小宗；他们同时在其统治的诸侯国内，又按宗法等级制度将土地和臣民分封给自己的子弟——卿大夫。对于卿大夫，他们又是大宗。诸侯是各封国的最高统治者，掌握军政大权，在国内仿照周王室设置办事机构和职官，司徒、司马、司空是最重要的位高权重的官员。周王室对地方诸侯国的控制比夏商两朝更为严密和有效，通过"舍四方令"把自己的指令贯彻到各封国。诸侯必须承担对王室的义务，如定期朝觐，缴纳贡赋，还要以武力蕃屏周室，必要时出动军队"勤王"。应该说，西周建立的这一套行政体制，在其前期比较有效地维护了王朝对全国的统治，对发展生产，繁荣经济，促进社会进步和文化发展，尤其是防御周边敌对势力的侵扰，都起了积极的作用。但随着社会的发展，各诸侯国的力量平衡被打破了，到西周中期以后，特别是宣王以后，王室对诸侯国的控御减弱，王室与诸侯国、各诸侯国之间的矛盾加剧，周王室建立的这套行政体制的弊端就显现出来，由是出现春秋时期的大国争霸和乱象环生的混沌局面。

（二）春秋战国中国行政体制的变迁

春秋时期（前770—前476），随着周王室地位的衰落和大国争霸的愈演愈烈，周王室对诸侯国的控御变得愈来愈力不从心，而诸侯大国如齐、晋、秦、楚等则不仅通过争霸扩大自己的统治地域，而且通过会盟"挟天子以令诸侯"，其行政体制也出现新的变异。首先是各诸侯国国君的权力显著增强，一方面周王对他们的约束力越来越微弱，一方面是他们在自己国内的权力进一步强化，将国家大政方针的最后决定权、官吏任免权、军队控制权和后嗣的废立权牢牢操在自己手上。同时，对原来的行政体制加以变革。各国职官明确分成中央和地方两级，中央在国君之下设一总领全国军政事务的首脑，相当于后世的相、宰相，晋国称元帅，楚国称令尹，郑国称当国，齐国称相或执政。这些执政大臣，基本上都是由国君任命，也有些诸侯国由几大贵族集团掌门人轮流充任。在执政官之下，设官分职管理各项事务，如设司徒管理民事，设司马管理军事，设司空管理土木建筑、营造事务，设卜人卜问吉凶，设太史纪录国君的言行，管理天文历法等。春秋时期各大诸侯国的行政体制变化，与该时期王室衰微和"礼崩乐坏"的剧烈变化的形势相关。为了应对变化的形势，各大诸侯国都推行一些政治、经济和军事方面的改革措施，如管仲在齐国实行"参国伍鄙"制度，"作内政以寄军令"，"相地而衰征"，促进了齐国政治的进步和经济的发展，极大地增强了军事力量，为使齐国成为春秋首霸创造了条件。晋国实行"作爰田""作州兵"的改革，又推行三军元帅制，也使自己很快强大起来，使晋文公登上霸主地位。其他如鲁国的"作丘甲""用田赋"，楚国的"量入修赋"，郑国的"都鄙有章，上下有服"等改革，都在一定程度上起到了富国强兵的作用，对行政体制改革也起了推动作用。

战国时期（前475—前221），春秋时期数以百计的诸侯国经过激烈的兼并战争仅剩下齐、楚、燕、韩、赵、魏、秦七大国和几个苟延残喘的小国，而各诸侯国相继进行的变法运动又使经济基础和上层建筑领域发生深刻的变化，促成了中国历史由奴隶社会向封建社会的过渡。这一时期，各大诸侯国的行政体制发生了里程碑式的巨变。各大诸侯国的国君先后称王，秦国和齐国还一度分称西帝和东帝。在最高权力机构中，文武已经基本分途，国王之下，将、相成为分掌军事和内政的互不统属的最高首长。相作为政府首脑，"百官之长"，辅佐国君管理内政，其下设置各类事务官员分掌一个方面的具体事务。如主管土地和民政事务的官员，魏国称司徒，赵国称田部吏，秦国称内史；主管社会治安、刑罚和司法事务的官员，称司寇、典寇、执法、士师、廷理等；主管建筑和其他公共工程的官员，称司空；主管工商业的官员称工师、工尹、市长、市令等；主管山林湖海等自然资源的官员称虞人，其下有铁官、铜官、水官、衡官、主渔吏等；主管与诸侯交往事务的官员称行人，亦称谒者、主客、典客等；主管宗教文化事务的官员称卜、史，卜掌占卜，史纪录国君言行和国中大事；武官的首脑称将军，其下设尉协助他工作，尉在各国的称谓不同，有中尉、国尉、军尉、廷尉、都尉、卫尉、持节尉等。战国时期各国的地方行政单位是郡、县，也有沿用春秋时期的邑者，但都是真正意义的地方行政机构，与三代时期的封邑已经有了本质的区别。按照中国现代历史编纂学的观点，战国时期的中国历史，已经由奴隶社会过渡到封建社会，行政体制也发生了质的变化：国王的权力大大增强，文武分途，官员的任免制取代了世卿世禄制，封建的专制主义中央集权的行政体制已经代替了奴隶主贵族通过层层分封形成的多级分权的行政体制。

二、秦朝专制主义中央集权行政体制的建立

秦朝在中国历史上第一次建立起真正意义的专制主义中央集权的行政体制。在这个制度下，皇位世袭，皇权无限，皇帝拥有掌控全国的行政、军事、司法、监察和财政的全权，同时建立起一套完备的从中央到地方的行政系统，按照统一的制度、政令和军令进行运作。

秦朝中央官制的核心是丞相制度。"相"作为一种官职在西周和春秋时期已经出现，不过，直到战国后期，它才成为总理朝政的最高级的官员，当时人们把百官之长的官职称为"相国"或"相邦"，只有在秦国，"丞相"才成为一个真正的官名，并成为真正的"百官之长"。据《史记·秦本纪》记载，"（武王）二年（前309）初置丞相，樗里疾、甘茂为左右丞相"。秦朝建立以后，正式在中央政府确立了丞相制度。这个制度的建立，完成了战国以来政治制度方面的重要转变。它一方面彻底废除了"世卿世禄"的选官制度，建立了任免制的官僚体制，另一方面又使权力进一步集中，成为专制主义中央集权行政体制发展过程中的重要一环。

从严格意义上讲，中国封建社会的丞相制度只存在于秦和西汉前期。这一时期丞相为百官中的最高官吏，他"掌丞天子，助理万机"，一切国家

大事，上自天时，下至人事，统归其处理管辖，正如西汉初年的丞相陈平所言："宰相者，上佐天子理阴阳，顺四时，下育万物之宜，外镇抚四夷诸侯，内亲附百姓，使卿大夫各得任其职焉。"① 后来，汉成帝讲到丞相的职责时也说："盖丞相以德辅翼国家，典领百僚，协和万国，为职任莫重焉。"② 秦朝在其立国的 15 年中，见于记载的丞相有隗状、王绾、李斯、冯去疾、赵高。丞相的具体职责是：1. 为国家选用官吏。如李斯经丞相吕不韦推荐任郎官。2. 弹劾百官与执行诛罚。最典型的是李斯任丞相时建议焚书，统一舆论，最后导致"坑儒"的惨剧。3. 主管郡国的上计与考课。4. 总领百官朝议与奏事。朝廷凡遇有重大问题，皇帝召集百官集议，由丞相主持，并将集议结果领衔奏明皇帝，再由皇帝和丞相共同斟酌决定。如秦始皇议帝号以及是否实行分封制的问题，都经过丞相与百官的集议。

由于丞相总揽全国政务，诸事猬集，所以设丞相府，拥有一个较庞大的官吏班子，以便操持全国行政的运转。不过，由于史料缺乏，秦朝丞相府的机构设置、人员组成情况已无从稽考，只知道其属吏中有舍人与长史等职务，李斯在做廷尉、丞相以前，曾担任过这两个职务。汉承秦制，其丞相属官除长史外，还有众多的诸曹掾史，如丞相史、东曹掾、西曹掾、丞相少史、集曹、奏曹、议曹、侍曹、主簿、从史、令史、计室掾史等，估计在秦朝的丞相府中也可能有类似的一些属吏。

与丞相相匹配，秦始皇还设立了相当于副丞相的御史大夫。《汉书·百官公卿表》载："御史大夫，秦官，位上卿，银印青绶，掌副丞相。"仲长统解释说："《周礼》六典，冢宰贰王而理天下。春秋之时，诸侯明德者，皆一卿为政。爰及战国，亦皆然也。秦兼天下，则置丞相，而贰之以御史大夫。"③ 见于记载的秦御史大夫有李昂、钱产等。御史大夫是一个职重权大的重要官员。汉代的谷永在奏疏中曾说："御史大夫内丞本朝之风化，外佐丞相统理天下，任重职大，非庸才所能堪。"④ 汉代的朱博也曾说御史大夫"位

---

① 司马迁：《史记》卷五十六《陈丞相世家》，中华书局 1959 年版，第 2062—2063 页。
② 班固：《汉书》卷八十二《王商传》，中华书局 1962 年版，第 3374 页。
③ 范晔：《后汉书》卷四十九《仲长统传》，中华书局 1965 年版，第 1657 页。
④ 班固：《汉书》卷八十三《薛宣传》，中华书局 1962 年版，第 3391 页。

次丞相，典正法度，以职相参，总领百官，上下相监临"①，决非等闲之职。由于御史大夫是由皇帝的亲信御史发展而来，尽管它位居副丞相，但与皇帝却有着远较丞相更密切的关系。因而皇帝有不少事情都直接交御史大夫督办。如秦始皇追查方士卢生、侯生的潜逃案，二世处理蒙毅案等，都是遣御史大夫办理的。秦始皇三十六年（前211），东郡发现刻石文"始皇死而地分"，也是遣御史大夫前去查问的。御史大夫相当于皇帝的秘书长，所管理的事务也比较宽泛。主要有：1. 为皇帝起草诏、诰、命、令。2. "受公卿奏事，举劾按章"。监察、考课、弹劾百宫，承担皇帝交办的一切事宜。3. "掌图书秘籍"②，四方文书，熟知法度律令。秦始皇时，张苍曾任御史，"主柱下方书"③。御史大夫的属官有：两丞，秩千石。一曰中丞（即御史中丞），在殿中兰台，掌图籍秘书，外督监御史，内领侍御史，侍御史共十五员。二曰御史丞。④另外还有一批掾史。御史大夫也开府办事，与丞相府并称二府。

丞相、御史大夫之外，秦朝中央政府还有一重要官员国尉，掌武事。汉朝改称太尉。秦国见于记载的国尉有白起和尉缭。从现有史料看，秦王朝建立前后，战事频繁，秦始皇作为全国的最高军事统帅，直接主持军事的谋划、决策和将帅的任命、派遣，国尉的作用并不显著，实则为皇帝的军事顾问。

秦汉时期，习惯上将丞相、御史大夫，国尉（太尉）称为三公。实际上，在秦朝与汉初，这三位官员的地位并不是并列的。其中丞相位尊权重，是国家行政运转的核心。御史大夫虽然也很重要，但无论就权柄还是就秩级而论，它都次于丞相。国尉的地位更是等而下之了。这种状况直到汉代后期才发生变化，三公制度才算真正建立起来。

秦朝中央政府以丞相为核心，主持全国政务的运转，御史大夫作为丞相的副贰，起着辅助和一定程度上制衡的职能。在他们之下，设立诸卿分任某一方面的政务，习惯上称其为"九卿"：

---

① 班固：《汉书》卷八十三《朱博传》，中华书局1962年版，第3405页。
② 班固：《汉书》卷十九上《百官公卿表第七上》，中华书局1962年版，第725页。
③ 班固：《汉书》卷四十二《张苍传》，中华书局1962年版，第2093页。
④ 安作璋、熊铁基：《秦汉官制史稿》（上册），齐鲁书社1984年版，第54—56页。

（一）奉常（汉改称太常），由周朝的春官宗伯发展而来，《汉书·百官公卿表》记载："奉常，掌礼仪，有丞。"其主要职责就是掌宗庙礼仪。由于中国封建社会一直存在着浓重的宗法制残余，对祖宗的崇拜历久不衰，因而对宗庙陵寝的祭祀特别重视。除此之外，凡属国家重要礼仪也由其制定和主持，如郊祭天地，朝廷各种典礼等。同时，奉常还管理博士官以及文化教育事宜。奉常的属官有丞一人，协助奉常主持行政事务与属员管理。其他属官有：

太乐令、丞，负责各种祭祀礼仪的乐曲、乐舞及演奏。

太祝令、丞，负责郊天祀地和宗庙陵寝的祭祀事宜。如《史记·封禅书》记载，秦始皇东巡郡县禅梁父时，就采用了太祝祀雍上帝时的礼仪。

太宰，可能是奉常之下负责各项杂务的官员。

太史令，史官，记录皇帝行状以及国家重大事件的官员，并兼管历法。任此职者大都是当时的大学问家。秦时见于记载的太史令是胡母敬。

太卜令，是负责占卜的官员。如《史记·李斯列传》载，赵高杀李斯后，"自知权重，乃献鹿，谓之马。二世问左右'此乃鹿也'，左右皆曰'马也'。二世惊，自以为惑，乃召太卜，令卜之"。

博士，六国已设此官，秦因之，皆当时有学问之人。始皇时员额达 70 余人，大多为齐鲁士人。其职责有三：一曰通古今，随时备皇帝顾问。二曰辨然否，参与议论国家政事。三曰典教职，负责教育准备任国家官吏的年轻学子。

（二）郎中令（汉改称光禄勋），其职责是"主郎内诸官"[1]，"掌宫殿门户"和"典三署郎更直执戟宿卫，考其德行而进退之"。既宿卫门户，又在宫殿内侍从左右，实际上等于皇帝的顾问参议、宿卫侍从以及传达接待等官员的总首领，即宫内总管。由于此官居于禁中，接近皇帝，所以地位十分重要。赵高曾任郎中令，在宫中用事，因而得以与二世合谋干了不少坏事。其属官中有大夫、郎、谒者等。

大夫的职责是掌议论，有太中大夫、中大夫、谏大夫等名目，多达数

---

① 班固：《汉书》卷十九上《百官公卿表第七上》"臣瓒曰"，中华书局 1962 年版，第 728 页。

十人。郎的职责是守门户，出充车骑，有议郎、中郎、侍郎、郎中等名目，多达千人，分三署管理。谒者，掌宾赞受事，即宫廷礼仪方面的事务。

（三）卫尉，掌宫门屯卫兵，职责是统辖卫士，卫护宫门内，即保卫皇宫。其属官有卫尉丞，协助主官管理日常事务；还有公车司马卫士，旅贲令、丞，卫士令、丞等。

（四）太仆，掌舆马，由于它不仅管理皇帝的车马，而且有时还亲自为皇帝驾车，并全权指挥皇帝出行的车马仪仗，几乎终日不离皇帝左右，因而最容易对皇帝产生影响。太仆还主马政，管理全国军马和其他有关马的驯养、调拨事宜。其属官有中车府令等，赵高曾长期担任此职，这使他有条件接近秦始皇并取得他的信任。

（五）廷尉，掌刑狱的最高司法官，也是全国最高的司法机构，《汉书·百官公卿表》引应劭的解释："听讼必质诸朝廷，与众共之。兵狱同制，故称廷尉。"引颜师古的解释："廷，平也，治狱贵平，故以为号。"李斯自秦始皇二十六年（前221）担任这一职务。廷尉的职责是领导全国的司法活动，同时审理皇帝交办的大案要案。其属官有廷尉正、廷尉左右监等。

（六）典客（汉初更名大行令，后又改称大鸿胪），掌诸归义蛮夷，即归附的少数民族首领或使者的迎、送、接待、朝贡、行礼等统归其管理。属官有丞、译官等。

（七）宗正，管理皇室宗族和外戚事务的官员，《汉书·百官公卿表》说它"掌亲属"。具体职务是管理皇族和外戚的名籍、恩赐、褒奖和各类优待事宜。属官有宗正丞等。

（八）治粟内史（汉代曾更名大农令、大司农），是秦代主管财政经济的主要官员。其主要职责是管理国家的财政收入与支出。它通过各级政府征收赋税，如田租、口赋等，同时经管财政支出，如行政经费、军费、经济事业经费（农田水利费、移民垦殖费等）、教育文化经费、宗教迷信经费、灾荒赈恤经费等。除此之外，它还管理全国财政的调度。由于各地经济发展不平衡，每年的丰歉亦有较大差异，各地收支必然出现不平衡的情况。为此，必须根据实际情况进行调度，基本原则是以多补少，以丰补歉。由于治粟内史事繁任重，因而设有一大批属官协助其工作。但因史料阙如，文献中见到的治粟内史属官只有两丞和太仓令、丞。

（九）少府，也是管理财政的机构，《汉书·百官公卿表》说它"掌山海池泽之税，以给共养"。应劭说它征收"山泽之税，名曰禁钱，以给私养，自别为藏"。颜师古说"大司农供军国之用，少府以养天子"。[①]它的任务是征收山泽阪池以及关税市租等，专门供应皇室的开支，因而是一个相当庞大而富有的机构。少府的属官很多，见于记载的有大量以令、丞命名的官员，如符玺令丞。在令、丞之下属官有尚书、符节、太医、太官、汤官、导官、乐官、乐府、若庐、考工室、左弋、居室、甘泉居室、左右司空、东织、西织；还有胞人、都水、均官三长丞、中书谒者、黄门、钩盾、尚方、御府、永巷、宦者官令丞、仆射、署长、中黄门等。其中，符玺令丞，相当于后世之监印官。太医令丞，管理皇室的医疗事务。导官令丞，管理皇室所用粮袜。乐府令丞，管理皇室的乐舞。中书谒者令丞，接待宾客，出纳王命。宦者令，以阉人任职，为皇帝身边较亲近的服务人员。都水长丞，管理河渠及阪池灌溉。平准令，主管平抑物价。佐弋，主弋射。廪牺令丞，管理皇室用牺牲。永巷令，管理宫女的经费与服务活动。御府令丞，管理皇帝御用服装。盐铁官长丞，管理全国盐铁的生产、经营与税收。少府属官之众多，表明它是一个十分重要的职务，由于它管理皇室财政和皇室的众多服务活动，得以经常接近皇帝，所以任此职者多为皇帝的亲信。

除了以上习惯上称为九卿的官员外，秦朝中央还设有一大批机构与官员。中尉（汉更名执金吾），负责京师治安，属官有两丞、候、司马、千人等。将作少府，负责宫室的建筑与维修。属官有两丞、左右中候、左右前后中五校令。其中中校署掌舟车杂兵仗厩牧。典属国，管理归附的蛮夷。主爵中尉，管理列侯。太子太傅、少傅，负责太子的教育以及太子府的各种服务活动。其属官有太子门大夫、庶子、先马、舍人等。詹事，负责管理皇后、太子家，其属官有丞、太子率更令、家令、卫率、太子仆等。侍中，本丞相史，后因其主要在皇帝身边服务，成为宫廷官员。侍中与左右曹诸

① 班固：《汉书》卷十九上《百官公卿表第七上》"应劭曰""师古曰"，中华书局1962年版，第728页。

吏、散骑、中常侍、给事中都是加官。他们一般都有本职，有的并且是相当高的职位，获得加官后，就可以出入禁中为皇帝服务，等于进入最核心权力圈。

秦朝以三公和诸卿组成的中央政权机构表明，它已经建立起比较完善的专制主义中央集权的行政体制。这个行政体制的最高首脑是皇帝，他对国家的所有事务都拥有最高和最后的决定权，而整个中央政府都是对他负责和为他服务的。这个中央政府机构尽管已经有了比较严密的组织系统，有了比较明确的分工和一定程度的监督机制，但是，它也明显展示出家、国不分的特点。整个机构都以皇权为中心，因而为皇室服务的机构就多于国家的政务机构。在上面记述的机构中，太常、郎中令、卫尉、太仆、宗正、少府、将作少府、侍中、常侍、给事中、太子少傅、太傅、詹事等，基本上都是为皇帝和他的家族服务的。这说明，专制主义中央集权的行政体制从其在全国确立那天起，就成为皇权的附属物。

秦皇朝统一全国后，对实行何种地方行政体制，在统治集团内部曾发生过一场激烈的辩论，时间在公元前221年（秦始皇二十六年）。当时丞相王绾等人提议分封皇帝诸子为诸侯王，理由是："诸侯初破，燕、齐、荆地远，不为置王，毋以填之。请立诸子，唯上幸许。""始皇下其议于群臣，群臣皆以为便。"可见当时群臣中的几乎所有人都认为封王诸子对稳定秦皇朝的统治有利。显然，在他们头脑中，西周分封制的影响还相当强固。只有时任廷尉的李斯站出来，力排众议，主张在地方实行单一的郡县制，其理由是：

> 周文武所封子弟同姓甚众，然后属疏远，相攻击如仇雠，诸侯更相诛伐，周天子弗能禁止。今海内赖陛下神灵一统，皆为郡县，诸子功臣以公赋税重赏赐之，甚足易制。天下无异意，则安宁之术也。置诸侯不便。

李斯的意见与秦始皇的想法不谋而合。秦始皇表态支持了李斯的意见："天下共苦战斗不休，以有侯王。赖宗庙，天下初定，又复立国，是树兵也，而求其宁息，岂不难哉！廷尉议是。"①这样，最后由秦始皇裁定，秦皇朝在地方就建立起较单一的郡县制。

秦朝地方的最高行政机构是郡。郡作为一级地方行政单位出现较早，至少在春秋时期，晋国已开始设郡。尤其是自公元前230年至公元前221年，秦国在统一全国的过程中，凡新征服的地区，一律设郡。因此，从一定意义上说，郡县制不过是对已形成的地方行政体制的继承和发展。关于秦朝郡的数量，《汉书·地理志》记载为36郡，《晋书·地理志》记载为40郡。后王国维考定为48郡②，谭其骧在《秦郡新考》《秦郡界址考》两文中，考定为47郡，而将鄣、东阳及庐江3郡存疑。马非百在《秦集史·郡县志》中确定的秦朝之郡是：内史、上郡、北地、陇西、九原、三川、河内、东海、薛郡、南阳、汉中、巴郡、蜀郡、东郡、南郡、长沙、黔中、会稽、九江、衡山、南海、桂林、象郡、闽中、砀郡、颍川、陈郡、邯郸、巨鹿、常山、广阳、上谷、右北平、辽西、渔阳、辽东、雁门、代郡、上党、河东、太原、云中、泗水、济北、齐郡、琅邪，共46郡。各郡大小不一，有的属县超过30个，有的仅二三个。

秦朝的首都大体相当于郡一级行政单位。但是，由于它是帝王所居，宗庙所在，并且是中央政府的所在地，就比一般郡县的地位显得重要。秦朝在全国建立统一的郡县制以后，设内史作为首都的最高行政长官，管理首都咸阳以及周围30多个县。其属官情况因文献失载，已不清楚了。

郡设郡守，又名太守，作为一郡的最高行政长官，一郡的政治、经济、风俗、民情皆在其管理范围。由于秦代文献记载零乱，秦代郡守的具体职责已不清楚。《汉官解诂》记载西汉郡守的职责是："太守专郡，信理庶绩，劝农赈贫，决讼断辟，兴利除害，检举郡奸，举善黜恶，诛讨暴残。"③《后汉书·百官志五》注引胡广之语，对郡守职责讲的更加具体：

秋冬岁尽，各计县户口垦田，钱谷出入，盗贼多少，上其集簿。

① 司马迁：《史记》卷六《秦始皇本纪》，中华书局1959年版，第238—239页。
② 王国维：《观堂集林》卷十二《秦郡考》，河北教育出版社2003年版，第281—285页。
③ 《北堂书钞》卷七《设官部》，电子版《文渊阁四库全书》。

丞尉以下，岁诣郡，课校其功。功多尤为最者，于廷慰劳勉之，以劝
其后。负多尤为殿者，于后曹别责，以纠怠慢也。诸对辞穷尤困，收
主者，掾史关白太守，使取法，丞尉缚责以明下，转相督敕，为民除
害也。

《后汉书·百官志五》列举的郡守职责是：治民，进贤劝功，决讼检奸，
劝课农桑，振救乏绝，考课上计，选举孝廉等。汉承秦制，以上所记两汉郡
守职责当与秦相去不远。总起来看，太守作为一郡的最高级官吏，是联系中
央与县一级的枢纽。它上承中央诏令，下督属县贯彻执行，举凡民政、财
政、司法、教育、选举以及兵事等等，都由其管理执行。

郡的主要佐官有郡尉，掌一郡武事，维持治安，并奉命率兵出境作战。
秦统一前，李信率军伐楚，秦军中有 7 都尉被杀，据《资治通鉴》记载，此
7 人皆是郡尉。文献中记载的秦朝郡尉有南海尉任嚣、赵佗等。郡的另一重
要官员是监郡御史，由御史府派出并垂直领导，是一郡的最高监察官，对郡
守和郡府的其他官员都可行使监察权。同时还有监察外的其他职权，如领兵
作战，举荐人才，开凿渠道等。刘邦起兵反秦以后，占据丰（今江苏丰县），
"秦泗水监平将兵围丰"①。这位泗水郡的监御史此前还曾举荐沛县吏萧何到
朝廷做官：

（萧何）为沛主吏掾。……秦御史监郡者与从事，常辨之。何乃给
泗水卒史事，第一。秦御史欲入言征何，何固请，得毋行。②

当公元前 214 年（秦始皇三十三年）秦始皇派兵 50 万由屠睢率领进攻
南越时，奉命凿通长江与珠江两大水系联系的灵渠工程师，就是一个名叫禄
的监郡御史。当然，御史的主要职责还是监察郡府官吏，尤其是监察和牵制
郡守，以防止其权力过分膨胀。清人王鸣盛曾正确地指出这一点：

---

① 司马迁：《史记》卷八《高祖本纪》，中华书局 1959 年版，第 351 页。
② 司马迁：《史记》卷五十三《萧相国世家》，中华书局 1959 年版，第 2013—2014 页。

监既在守之上，则似汉之部刺史，但每郡皆有一监，则又非部刺史比矣。盖秦惩周封建流弊，变为郡县，唯恐其权太重，故每部但置一监、一守、一尉，而此上别无统治之者。①

由于监御史不时向朝廷汇报本郡的有关情况，使皇帝和御史大夫对郡守和该郡的运作状况了如指掌，这对加强专制主义中央集权起了重要作用。

郡守的重要佐官还有丞，沿边诸郡，丞称长史，掌兵马。丞以下还有数以百计的掾、史、佐吏等，分工处理民政、财政、军事、刑狱、教育、交通、水利、邮驿等事务。由于史料阙如，秦代郡府的机构设置和吏员配备的详情已难稽考。

县是郡以下的一级行政机构，春秋时期不少诸侯国即开始设县。秦孝公曾划全国为41县。秦统一以后，在全国普遍推行郡县制。县的最高行政长官称令或长，万户以上设县令，万户以下设县长。当时全国县的数量，据马非百考定约有400个左右。西汉县的数目在平帝时为1589个，东汉顺帝时为1181个。依此推断，秦朝时县的数量不会过千，大概在500个左右或许接近真实。

县令长是一县的主管长官，其职责是全面主持县中各项事务，正如《续汉书·百官志五》所说："（令长）皆掌治其民，显善劝义，禁奸罚恶，理讼平贼，恤民时务，秋冬集课，上计于所属郡国。"因为县府是最重要的基层政权，管理方圆百里以上的土地，万户左右的百姓，举凡民政、财政、刑狱、治安、交通、水利、教育等，无所不统，因而需要一批佐官佐吏来从事各项具体工作。县令长的佐官主要是县丞和县尉。县丞"秩四百石至二百石，是为长吏"②。他除了佐令长外，还"兼主刑狱囚徒"，独立地管理仓、狱之事。县尉的设置依县的大小而定，"大县二人，小县一人"，其职掌是主盗贼，"凡有贼发，主名不立，则推索行寻，案察奸宄，以起端绪"③。因为

① 王鸣盛：《十七史商榷》卷十四《汉制依秦而变》，中国书店1987年版，第3页。
② 班固：《汉书》卷十九上《百官公卿表第七上》"应劭曰""师古曰"，中华书局1962年版，第742页。
③ 范晔：《后汉书》志第二十八《百官五》，中华书局1965年版，第3623页。

职务所使，县尉经常在县内巡行，出入交通要道上的亭。除主盗贼之外，凡县内与武事有关的差遣，如更卒番上，役使卒徒等事，县尉一律过问。由于职掌较专，相对于令长有一定的独立性，并有单独的官廨即衙门。县尉也有自己的属吏，主要有尉史、尉从佐等。对下，他直接领导亭的工作。

县令长的佐吏除丞、尉外，还有一大批属吏，即秩百石以下的斗食、佐史之类，称之为少吏，这种少吏主要是令史，如夏侯婴曾任沛县令史，陈婴曾任东阳令史。县中的这些令史，分科办事，大体组成与郡府对应的机构。其中主吏（功曹）职总内外，在县属吏中地位最高，职权最大。萧何曾任沛县的主吏，实际上协助县令长主持全县的各项政务。由于县的政务几乎是丞相府政务的具体而微，所以萧何在功曹任上积累了丰富的从政经验，最后作为汉帝国的首任丞相也能胜任愉快。

秦时县以下的基层政权组织是乡、里。国家的赋税、徭役、兵役以及地方教化、狱讼和治安等事宜，绝大部分都是由乡里的官吏直接承办的。我国古代的乡里组织在春秋战国时期已大体形成，五家为伍，伍以上为里，里之上为乡。秦统一全国后，普遍实行以县统乡，以乡统里的地方基层制度。《汉书·百官公卿表》记载："大率十里一亭，亭有长，十亭一乡。"江苏东海县尹湾出土的汉简证明，在秦汉时期，地方基层行政机构由乡里组成，亭是直属于县尉的治安机构。关于乡官的组成情况，秦代没有留下详细的文献资料，西汉的文献大致可以反映秦代的状况。《汉书·百官公卿表》叙述乡官的情况说："乡有三老、有秩、啬夫、游徼。三老掌教化。啬夫职听讼、收赋税。游徼徼循，禁盗贼。"《续汉书·百官志五》对乡官做了更详细的介绍："乡置有秩、三老、游徼。"本注曰：有秩，郡所署，秩百石，掌一乡人。其乡小者，县置啬夫一人。皆主知民善恶，为役先后，知民贫富，为赋多少，平其差品。三老掌教化，凡有孝子顺孙，贞女义妇，让财救患，及学士为民法式者，皆扁表其门，以兴善行。游徼掌徼循，禁司奸盗。又有乡佐，属乡，主民收赋税。在以上乡吏中，三老的起源较早，据《礼记》所载，在周代已经设立。春秋和战国时期，乡里普遍设三老。秦统一以后，亦在全国乡里遍设三老。三老不是行政职务，亦无正常俸禄。但是，由于他们是统治者在地方上树立的道德化身，因而在百姓中有一定的信仰和威望，在当时享有较高的社会政治地位，不但可以与县令丞尉分庭抗礼，而且可以直接上书皇帝，提出意见和建议，有些建议且能得到皇帝的采纳。如楚汉战争期间，刘邦为义帝发丧，从政治上孤立和打击项羽的主意，就是三老董公提出来的。乡一级的行政事务，主要由啬夫承担。他一方面要"听讼，收赋税"，另一方面要了解百姓的善恶、服役状况，平定其承担赋税的等差。游徼可能是由县直接派到乡里巡查的吏员，其职责是缉捕盗贼。乡里除三老、啬夫、游徼之外，还有乡佐。从有关记载看，乡佐的职务与啬夫一样，是征收赋税，催办徭役，其他行政、民事、兵事等也一律问。其地位大体相当于郡、县中的丞，是啬夫的主要助手，乡中的不少实际事务都是由他经办的。亭的性质，由于文献记载的原因，学术界一直存有歧义。过去不少人认为它是乡以下的一级行政单位，也有人认为它是与乡平行的一级行政单位。江苏东海尹湾汉简出土后，学术界方了解它的确切性质：它是直属于县尉的基层治安组织，与乡交叉设置，城市设置较多，如东汉时的洛阳就多达 36 个亭。在乡村，亭多设于交通要冲或重要市镇。它除了治安即缉捕各种人犯，特别是逐捕盗贼外，还起着客舍与邮传的作用，正如《风俗通义》所解释："汉家因秦，大率十里一亭，亭，留也。今语有亭留等待，盖行旅宿食之所馆也。"[1] 其作用颇类似今日政府设置的招待所，既接待过往的官员，又可接待普通百姓住宿。同时，亭又是中央和郡县文书传递的驿站。亭的主要官吏是亭长，它直隶于县尉，与乡互不隶属。亭长的职责，是"求捕盗贼，承望都尉"[2]。亭长在其辖区内求捕盗贼，有时与追捕盗贼至自己辖区的县尉相结合，听其指挥；有时又与徼巡的游徼相结合，共同行动。因而亭长、游徼、都尉的工作联系比较紧密，所以《汉旧仪》指出："尉、游徼、亭长皆设备五兵。五兵：弓弩、戟、楯、刀剑、甲铠。……设十里一亭，亭长、亭候；五里一邮，邮间相去二里半，司奸盗。亭长持三尺版以劾贼，索绳以收执盗。"[3] 因为亭长的主要职责是维持地方治安，所以在官员出行经其辖区时，他要候迎护送，负责保卫工作。而在达官贵人经过时，还

① 应劭：《风俗通义》，天津人民出版社 1980 年版，第 404 页。
② 范晔：《后汉书》志第二十八《百官五》，中华书局 1965 年版，第 3624 页。
③ 孙星衍等辑：《汉官六种》，中华书局 1990 年版，第 81 页。

要"整顿洒扫"亭舍，修桥补路。乡间亭长有权检查过往行人，执行宵禁法。刘邦在起义前就曾做过泗水亭长。亭的官吏除亭长外，还有部分亭部吏卒，其中有担任亭长助手的亭佐，专门逐捕盗贼的求盗，以及担任候望的亭候等。

在乡以下还有居民的基层组织。据《史记·商君列传》记载，商鞅变法时，有"令民为什伍"之说。《后汉书·百官志》也有"民有什伍"的记载，本注曰："什主什家，伍主伍家，以相检察。"然遍查秦汉史籍，除军队编制之外，在地方基层组织中似乎不存在"什"一级编制。《韩非子·外储说右下》记载秦有"里正与伍老"，1975年湖北云梦出土的秦简中有里（典）和伍（老），也证实了这一点。因此乡以下的居民基层组织就是里和伍，里、伍的职责是协助乡、亭对居民施行教化和维持社会治安。由于乡里与百姓关系十分密切，所以后世人们往往把家乡称为乡里或故里。政府在里这一居民活动的基层单位中，设置兼有官民二重身份的里吏，即里正，秦时避嬴政名讳，又称里典，为一里之长。里又有父老，是年纪较大而又德高望重者。还有充任杂役的里宰、里门监等。如《史记·陈丞相世家》载，陈平曾任里宰，"里中社，平为宰，分肉食甚均"。《史记·张耳陈余列传》载："张耳陈余乃变姓名俱之陈，为里监门以自食。"另据《史记·郦生陆贾列传》记载，郦食其这位性格独异的纵横先生也曾任里门宰。里以下为伍，是居民的最基层组织，五家为伍，其首领为伍老。职责是教导所辖区居民以孝弟自厉，同时互相监督，告发奸人。

上面之所以对秦朝专制主义中央集权行政体制做了较翔实的论述，原因就在于这个体制在秦朝之后两千多年的中国古代历史上，作为一种基本模式一直延续下来。其间尽管各个朝代都发生或大或小的不同程度的变异，但蕴含其中的专制集权的基本理念，从中央到地方的行政机构的基本框架结构却没有实质性的变化。而这个体制基本上是按照荀子的理论构筑的，所以谭嗣同才在《仁学》中指出："二千年之政，秦政也。二千年之学，荀学也。"而历史学家通常所说的中国传统政治制度，主要就是指的这个制度。

三、西汉至明清中国行政体制的变迁

（一）两汉对秦制的继承和发展

公元前 206 年，秦朝灭亡。又经过三年的楚汉战争，到公元前 202 年项羽自刎乌江，刘邦继秦朝之后又一次统一中国，建立西汉皇朝。之后，刘邦在萧何等人的赞襄下，损益秦制，建立了一整套从中央到地方的官僚机构。在中央，建立了以丞相为首的中央政府，其主要官职是：丞相，其职责是"掌丞天子助理万机"，相当于后世之政府首脑，负责管理封建国家的一切行政军务，地位在百官之上。刘邦初即位时置一丞相，汉十一年更名相国。太尉，是皇帝的最高军事顾问。御史大夫，位上卿，"掌副丞相"及国家的图籍秘书，监察百官。后人称以上三官为"三公"，其实他们的权力并不是平行的。在汉初，丞相的权力远远超过太尉和御史大夫，实际上是皇帝之下的一元化官僚机构的首领。在"三公"之下，依照秦制设立了所谓"九卿"和其他各类官员，分别管理封建国家和宫廷事务。这些官员主要是：奉常（后改为太常），掌宗庙礼仪。郎中令（后改为光禄勋），掌宫殿掖门户。卫尉，掌宫门卫屯兵。太仆，掌皇帝舆马。廷尉，掌刑狱。典客（后改为大行令，又更名大鸿胪），掌外交及国内少数民族事务。宗正，掌皇帝亲属。治粟内史（后改为大农令，又更名大司农），掌国家财政。少府，掌皇室财政。除了以上"九卿"之外，还有掌京师治安的中尉（后改名执金吾），掌宫廷建筑的将作少府（后改名将作大匠），掌皇后、太子家事的詹事，掌少数民族事务的典属国，主管京师行政事务的内史，主管列侯事务的主爵中尉，等等。所有这些官吏都由皇帝任免和调动，概不世袭。在这些主管官吏下面还各有一大批属官掾史，协助其管理各项具体事务。

以上这些官职，大都从秦官因袭而来。刘邦死后，西汉的行政机构虽然有着程度不同的变化，如武帝时期，加大少府属官尚书的权力，建立以大司马大将军为首的"录""平""领""视"尚书事主持的"中朝"，削弱丞相权力，同时设立十三部刺史加大对地方郡守的监察，进一步增强皇帝的专制力度。但终两汉之世，中央行政体制的基本模式没有变化。刘邦时期的汉朝中央官制与秦朝时一样，也体现了专制与集权的特点。其突出表现是没有一个机构可以限制或监督皇帝的权力，恰恰相反，而是有众多的机构专门为皇帝及其家族服务。奉常、郎中令、卫尉、太仆、宗正、少府，这"九卿"中的六卿，在很大程度上都是为皇帝及其家族服务的。其余詹事、将作少府等也大都属于此类官员，所谓"宫中府中俱为一体"①。这说明，封建国家与皇帝是密不可分的。

在地方行政体制方面，汉朝也承袭秦制，设立郡县二级管理机构。郡设郡守，为一郡的最高行政长官，有丞为其辅佐，边郡设长史掌兵马。郡还设郡尉，辅佐郡守，掌管一郡的军事。另外，郡守还有一大批属吏各司其事。由于为同姓诸侯王设立与郡同样职级的王国，汉朝的地方行政也称"郡国并行制"。不过随着后来不断削弱诸侯王国的势力，诸侯国的独立性越来越弱，与郡的区别已经很小了。

郡以下设县，其行政长官，万户以上为令，万户以下为长，下设丞、尉等属官协助令长管理全县的行政、司法、财政和军事等方面的事务。县以下设乡，乡官有三老、啬夫、游徼等，其中三老掌教化，啬夫管司法、收租税，游徼管治安等事务。乡以下为里，里有里正，里以下就是什伍组织。另外，县以下还有亭一级组织，由县尉领导。亭设亭长，主要职务是负责治安邮传、维持交通，有时也兼管民事。郡县的长官由皇帝任命和升迁黜陟。他们必须忠实地贯彻执行汉朝中央的政策法令。这样一套从中央到地方的严密行政制度，保证了西汉皇朝对全国各地有效的控制。

西汉皇朝在基层实行的什伍组织，实际上是一种人口和财产登记的编户制度。萧何一进入咸阳，什么也不顾，抢先把秦丞相、御史府中的律令、图籍收藏起来。以后咸阳虽遭项羽火劫，但刘邦却能尽知天下户口多少、强弱之处。汉朝的编户制度就是根据秦制而建立起来的。按照规定，一切民户都要进行登记，包括户主的姓名、性别、年龄、家内人口及土地财产，作为征收赋税和征发兵役徭役的根据。户籍上一般还登记身长、肤色等状貌，作为人口逃亡时缉捕的材料。不在户籍的人叫作"无名数"，丢掉户籍流亡，

---

① 陈寿：《三国志》卷三十五《蜀书五·诸葛亮传》，中华书局 1959 年版，第 919 页。

就成为"流民"。"无名数"和流民在西汉法律上都被认为是犯罪的人。工商业者另立户籍叫作"市籍"。凡是属于"市籍"的人都要受到政治上、经济上的限制和监督。这种编户制度加强了对全国人民的统治。

东汉皇朝（25—200）建立后，刘秀在行政体制上竭力恢复西汉的格局，即所谓"复西京之旧"，把王莽时期搞得极其混乱的行政体制尽量按西汉的旧制复原起来。而实际上，刘秀已经根据变化了的形势做了某些变通。东汉的中央政府，从组织形式上看还是由三公（太尉、司徒、司空）九卿组成，但职掌较西汉时已经发生了较大的变化。由于太尉多领中朝事务，其权力远远超过司徒。其属员众多，犹如一个中央政府："西曹主府史署用。东曹主二千石长吏迁除及军吏。户曹主民户、祠祀、农桑。奏曹主奏议事。辞曹主词讼事。法曹主邮驿科程事。尉曹主卒徒转运事。贼曹主盗贼事。决曹主罪法事。兵曹主兵事。金曹主货币、盐、铁事。仓曹主仓谷事，黄阁主簿录省众事。"①实际上，在西汉时这些政务本来是丞相府管辖的。与太尉的位尊权重相反，东汉时由丞相转化来的司徒所主管的事务不仅少得多，而且多数属礼仪性的。《后汉书·百官志一》本注曰："掌人民事。凡教民孝悌、逊顺、谦俭、养生送死之事，则议其事，建其度。凡四方民事功课，岁尽则奏其殿最而行赏罚。凡郊祀之事，掌省牲视濯，大丧则掌奉安梓宫。凡国有大疑大事，与太尉同。"司空也是三公官，其职责，《后汉书·百官志一》本注曰："掌水土事。凡营城起邑、浚沟洫、修坟防之事，则议其利，建其功。凡四方水土功课，岁尽则奏其殿最而行赏罚。凡郊祀之事，掌扫除乐器，大丧则掌将校复土。凡国有大造大疑，谏争，与太尉同。"司空由御史大夫转化而来，尽管官位较以前为尊，但权力却大大削弱了。御史大夫拥有的为皇帝起草诏、诰、命、令、制、敕之类文告的职能和监察百官等重要权力都被取消了。较之司徒，司空作为三公之一更是无足轻重了。

三公之下，东汉仍设诸卿分掌皇室和国家的各项事务。他们是：掌礼仪祭祀的太常；掌宫殿门户的光禄勋；掌宫门卫士及宫中徼循事的卫尉；掌车

① 范晔：《后汉书》志第二十四《百官一》，中华书局1965年版，第3559页。

马的太仆；掌平狱的廷尉；掌诸侯及四方归义蛮夷事务的大鸿胪；掌皇室宗族亲属事务的宗正；掌国家钱谷金帛货币事务的大司农；掌皇帝私人财政和皇室事务的少府；掌宫外警戒、非常水火之事的执金吾；掌辅导太子的太子太傅；掌奉宣中宫命的大长秋；掌修作宗庙、宫室、陵园建筑的匠作大将；掌洛阳城门 12 所的城门校尉，其属官有司马、12 城门候等；掌监五营的北军中候，其属官有屯骑校尉、越骑校尉、步兵校尉、长水校尉、射声校尉等。

以上中央政府的办事机构，都是自西汉继承而来。刘秀从精兵简政的原则出发，对其中机构吏员进行了省、并、裁、撤，使之适应东汉初年的国情。刘秀对东汉中央行政体制的改革，大体上是沿着汉武帝开启的削弱三公，加强中朝的方向进行的。他接受王莽篡政的教训，特别注意防范大臣专权，在削弱三公职权的同时，将国家大权尤其是重要军国大事的决策权完全集中于宫廷，尚书台权力膨胀，正式成为国家政务的中枢。正如仲长统所说：

　　　光武皇帝愠数世之失权，忿强臣之窃命，矫枉过直，故不任下，虽置三公，事归台阁。自此以来，三公之职，备员而已。①

《通典》卷二十二也指出：

　　　后汉，（尚书）则为优重，出纳王命，敷奏万机，盖政令之所由宣，选举之所由定，罪赏之所由正。斯文昌天府，众务渊薮，内外所折衷，远近所禀仰。

自东汉初年开始，从机构的统属上看，尚书仍然是少府的属官，但实际上它已从少府分离出来，变成直隶于皇帝的尚书台。此后，尚书台就和称为外台的谒者、称为宪台的御史，合称三台，其中尚书的地位最为重要。章

---

① 范晔：《后汉书》卷四十九《仲长统传》，中华书局 1965 年版，第 1657 页。

帝时，陈忠对"三府任轻，机事专委尚书，而灾变咎，辄切免公"的情形很看不惯，于是上书为三公鸣不平，认为尚书权重"非国旧体"：

> 臣闻"君使臣以礼，臣事君以忠"。故三公称曰冢宰，王者待以殊敬，在舆为下，御坐为起，入则参对而议政事，出则监察而董是非。汉典旧事，悉相所请，靡有不听。今之三公，虽当其名而无其实，选举诛赏，一由尚书，尚书见任，重于三公，陵迟以来，其渐久矣。①

尽管陈忠为三公的处境鸣不平，但这正是刘秀所希望和追求的目标。从刘秀开始，尚书们即参与国家重大决策，有权拆阅章奏，裁决章奏，下达章奏，即出纳王命。正如李固所说：

> 今陛下之有尚书，犹天之有北斗也。斗为天喉舌，尚书亦为陛下喉舌……尚书出纳王命，赋政四海，权尊势重，责之所归。②

而且，尚书台还逐渐侵夺朝廷的其他权力，如选举、任用、考课官吏之权以及刑狱诛赏之权，成为凌驾于三公九卿之上的最高权力机关了。正因为如此，尚书台的主要官员也就成为凌驾于百官之上的权势集团。应劭《汉官仪》云：

> 三公、列卿、将、大夫、五营校尉行复道中，遇尚书令、仆射、左右丞，皆回车豫避。卫士传不得近台官，台官过，乃得去。③

尚书台的机构在秦和西汉时期规模不大，刘秀当国时期，它变成具体而微的朝廷中枢机构，规模较前大大扩展了。大概在东汉皇朝的机构中，唯一没有精简反而增加员额的也就是尚书台了。尚书令是尚书台的主官，秦时秩600

① 范晔：《后汉书》卷四十六《陈忠传》，中华书局1965年版，第1565页。
② 范晔：《后汉书》卷六十三《李固传》，中华书局1965年版，第2076页。
③ 孙星衍等辑：《汉官六种》，中华书局1990年版，第140页。

石，武帝时秩千石。东汉时因职尊权重，秩级也提高了。据应劭《汉官仪》记载：

> 尚书令，主赞奏，总典纲纪，无所不统，秩千石。故公为之，朝会不下陛奏事，增秩二千石。天子所服五时衣赐尚书令。
>
> 尚书令……每朝会，与司隶校尉、御史大夫中丞，皆专席坐，京师号曰三独坐，言其尊重如此。①

尚书令的属官有尚书仆射，为尚书令的副职，"署尚书事，令不在则奏下众事"。另有诸曹尚书，分曹办事，武帝时 4 人，成帝时增 1 人，刘秀时增至 6 人。《后汉书·百官志三》记载：

> 尚书六人，六百石。本注曰：成帝初置尚书四人，分为四曹：常侍曹（世祖改曰吏曹）尚书主公卿事，二千石曹尚书主郡国二千石事，民曹尚书主凡吏上书事，客曹尚书主外国夷狄事。世祖承遵，后分二千石曹，又分客曹为南主客曹北主客曹，凡六曹。

应劭《汉官仪》记载成帝时增三公曹尚书为 5 人，与卫宏《汉旧仪》同。《通典》卷二十二则认为东汉尚书为五曹 6 人：

> 后汉尚书五曹六人，其三公曹尚书二人（掌天下岁尽集课州郡），吏曹（掌选举、斋祠。《后汉志》谓之常侍曹，亦谓之选部），二千石曹（掌中都官水火、盗贼、词讼、罪法，亦谓之贼曹），民曹（掌缮理功作，盐池苑囿），客曹（掌羌胡朝贺，法驾出则护驾。后汉光武分二千石曹及客曹为南主客、北主客二曹）。两梁冠，纳言帻，或说有六曹。

分曹办事的六曹尚书经过魏晋南北朝时期的演变，就转化成隋唐时期的六部

---

① 孙星衍等辑：《汉官六种》，中华书局 1990 年版，第 140 页。

尚书，从内容到形式，都是中央政务的总汇了。尚书令的属官还有尚书丞、尚书郎、尚书令史等多员，共同组成了一个规模比较庞大，分工比较细密的总揽全国政务的办事机构。

尚书台虽然逐渐演变为国家政务的枢纽，尚书的实际职权也高于三公，但是，尚书台在形式上一直作为少府的下属机构，尚书也是少府的属吏，且秩仅千石，这就使其在行政时遇到低级官员指挥高级官员的矛盾。为解决这一矛盾，自汉武帝时起，实行由中央高级官吏，如大司马大将军等九卿以上官员领、平、视、录尚书事的制度，即由这些高级官员代表皇帝兼管或主持尚书台的工作。刘秀也继承这一制度。终东汉之世，直到曹操以丞相总理国政前，实行的都是以太傅或太尉，有时是二者共同录尚书事的制度。

"虽置三公，事归台阁"①。秦汉时期的中央行政体制经过200多年的演变，到刘秀建立东汉发展到一个新阶段。其标志就是尚书台制度的确立。从汉武帝建立内、外朝制度到刘秀使尚书台成为全国政务的枢纽，100多年间，封建王朝中央行政体制的变化显示的是专制主义中央集权逐步强化的轨迹。刘秀作为一个创业之主，面临着在王莽政权灭亡后的混乱局面下完成封建统一，重建封建的上层建筑，全面恢复封建秩序的历史重任。在此非常时期，事务纷繁，千头万绪，客观形势要求他集中权力，统一意志。因此，尚书台制度在刘秀一朝确立，既是其自身演变的结果，更是时代条件使然。这一制度，尽管有其与生俱来的皇帝独裁、近臣弄权等弊端，当时和后世的政治家、思想家也不止一人对其提出过十分尖锐的批评，但是，应该承认，此一制度至少在刘秀时代所起的作用是积极的。它使刘秀依靠此一机构，比较及时有效地指挥了东汉建立后的各项行政事务的运作，迅速恢复了生产和生活秩序，使整个社会走上了安定有序的发展轨道。

刘秀登基伊始，即忙于统一全国的大业，专注于紧张、激烈、瞬息万变的军事行动，无暇顾及地方行政系统的变革。直到建武六年（30），刘秀在平定关东地区的割据势力，稳定了他在中原广大地区的统治以后，才能够腾出手来进行地方行政的一些改革。这年六月，他厉行简政，宣布并省400余

---

① 范晔：《后汉书》志第二十六《百官三》，中华书局1965年版，第3596页。

县，吏员减少 9/10，使地方各级行政机构大大精简。全国统一以后，刘秀在地方行政方面也"复西京之旧"，分全国为 13 州部，首都地区属司隶校尉部，其余 12 州：豫州部辖郡国 6，冀州部辖郡国 9，兖州部辖郡国 8，徐州部辖郡国 5，青州部辖郡国 6，荆州部辖郡国 7，扬州部辖郡国 6，益州部辖郡国 12，凉州部辖郡国 12，并州部辖郡国 9，幽州部辖郡国 11，交州部辖郡国 7，共有郡国 98，其中诸侯王国 27，郡 71，加上司隶部所辖的 7 个郡级单位，共 105，较西汉平帝时的 103 郡国多出两个，可见东汉减少的是县级行政单位，郡国变动不大。

西汉时的司隶部辖京兆尹、左冯翊、右扶风、河东、弘农、河南、河内，刘秀虽将首都自长安迁至洛阳，但司隶部的辖区没有改变。不过，因为首都迁至洛阳，洛阳所在的河南郡改为河南尹，主官秩级提高到中 2000 石。原三辅名称不改，只将其主官之秩降至 2000 石。汉武帝初置刺史 13 人，秩 600 石。成帝时改称州牧，秩增至 2000 石。建武十八年（42），复名刺史，秩仍 600 石。

刘秀建国后，郡一级的官吏一如西汉，只个别属吏做了省并和调整。郡国以下的行政单位是县、邑、道、侯国。基本单位是县，公主所食汤沐邑称邑，少数民族聚居区曰道，侯的封地名侯国。这些单位的主官，大者置令 1 人（侯国曰相），秩千石。其次置长，400 石。再小一点的也置长，300 石。他们的职责是："皆掌治民，显善劝义，禁奸罚恶，理讼平贼，恤民时务，秋冬集课，上计于所属郡国。"[1] 显然，县一级的主管长官全面负责一县事务，举凡民政、司法、治安、财政，几乎无所不管。县令长的属员有丞 1 人，尉大县 2 人，小县 1 人。关于其职责，本注曰："丞署文书，典知仓狱，尉主盗贼。凡有盗发，主名不立，则推索行寻，案察奸宄，以起端绪。"[2] 丞、尉以下，还置有诸曹掾史。其中重要的有职总内外的功曹，监乡五部的廷掾。其他诸曹犹如郡中的曹史，与郡中有关部门对口办理相应的事务，如主管民政的户曹、田曹、时曹、水曹、将作掾；主管财政的仓曹、金曹；主

---

① 范晔：《后汉书》志第二十八《百官五》，中华书局 1965 年版，第 3622—3623 页。
② 范晔：《后汉书》志第二十八《百官五》，中华书局 1965 年版，第 3623 页。

管交通邮传的集曹、法曹、邮书掾、道桥掾、厩啬夫；主管军事的兵曹、库啬夫、尉曹；主管司法、治安的贼曹、狱掾史、狱司空、传舍、候舍吏、守津吏、市掾、盟掾等。另外还有门下亲近吏以及各种名目的散吏等。县级行政对上承接郡府下达的任务，对下督导乡亭办理最繁杂具体的各项事务，在地方行政体制中是承上启下的重要一环。

县以下有乡、亭、里的组织。

乡的主管长官是啬夫，啬夫分有品级、秩禄的有秩啬夫和无品级的啬夫，他们全面负责一乡的民政、税收、司法、治安等各项事务。三老是一个没有俸禄的荣誉性职务，由当地年高德劭的老人担任，任务是对乡中百姓进行教化。游徼是由县直接派往各乡进行巡察的员吏，任务是稽查盗贼。乡中还有乡佐之类少吏，协助啬夫处理乡的所有事务。亭是负责治安和邮驿等事务的机构，大都设在城镇乡里的水陆交通要冲。亭的主吏是亭长，职责是"求捕盗贼，承望都尉"[1]，由县尉领导。由于其设置在城镇和交通线上，所以治安的任务比较突出，还要负担邮驿和接待过往的官员。乡以下就是民户的里和什伍组织："里有里魁，民有什伍，善恶以告。本注曰：里魁掌一里百家。什主十家，伍主五家，以相检察，民有善事恶事，以告监官。"[2]里和什伍作为最基层的组织，把百姓编制在一起，让他们互相监督，实行连坐，以维护封建国家的统治秩序。刘秀建立东汉政权以后，在地方行政方面着力实行精兵简政的政策，裁并县级机构，减少官吏员额，以便减少行政运作费用和提高工作效率。在郡、县、诸侯王国等的机构设置、职司分工以及行政法规等方面则基本上继承西汉，没有大的变动。刘秀登基以后，充分利用原有的基层政权和基层官吏为自己服务，在较短的时间内建立起一套从上到下的行政系统，理顺了上下左右的关系，使东汉皇朝的各种政令得以顺利贯彻执行。这对于东汉皇朝迅速有效地实行对全国的统治，较快地稳定秩序，安定民生，发展生产，应该说是有利的。

---

① 范晔：《后汉书》志第二十八《百官五》，中华书局 1965 年版，第 3624 页。

② 范晔：《后汉书》志第二十八《百官五》，中华书局 1965 年版，第 3625 页。

（二）魏晋南北朝至隋唐行政体制的变迁

魏晋南北朝（220—589）是中国历史一个朝代更迭频繁、南北对峙激烈的年代。公元 220 年，曹丕以"禅让"的方式代汉，为魏朝之始。接着，第二年，刘备称帝于蜀地，继续汉朝香火，史称蜀汉。第三年，孙权在建康称帝，史称东吴。三国鼎立，为三国时代。公元 263 年，魏灭蜀汉。265年，司马炎以"禅让"的方式代魏，280 年灭吴，中国又一次统一，史称西晋。西晋亡于"八王之乱"和"五胡乱华"。317 年，司马睿南渡，在长江以南建立偏安的东晋皇朝。此后，在南方，420 年刘裕以"禅让"的方式代晋，建立宋朝。479 年，萧道成以"禅让"的方式代宋，建立齐朝。502 年，萧衍以"禅让"的方式代齐，建立梁朝。557 年，陈霸先以"禅让"的方式代梁，建立陈朝。西晋灭亡后，北方陷入少数民族的纷争与混战。439 年，拓跋氏建立的北魏统一北方。534 年，北魏分裂成东、西魏。再后，550 年，东魏被北齐取代，557 年，西魏被北周取代。后北周统一北中国，而它在581 年又被隋朝取代。隋朝于 589 年灭陈，再次统一中国。这个时期，史称南北朝。在此期间，环绕着南北的中心王朝，还存在过少数民族和其他割据者建立的 16 个独立政权。

魏晋南北朝时期，由于政权更迭频繁，加之少数民族入主中原建立王朝，行政体制变异较多，但专制主义中央集权的基本原则还是明显贯穿其中，显示了秦汉建立和发展的行政体制的强大影响力。

魏晋南北朝时期的中央行政主要由尚书省（台）、秘书省和列卿组成。尚书台本来是秦汉时期少府的一个小机构，汉武帝时期变成中朝的办事机构，东汉进一步扩大权力，取得了丞相和御史府职权，但属于少府系统。魏晋南北朝时期，尚书台从少府独立出来，九卿权力也多数转归尚书诸曹。尚书台的官员有八座尚书，除尚书令和左、右仆射外，还有吏部、左民、客曹、五兵、度支等五曹尚书。其下置左、右丞和列曹尚书郎。尚书台的尚书、尚书郎分曹的情况十分复杂，到唐朝时期发展定型为六部 24 司，即吏、户、礼、兵、刑、工，成为中央的行政中枢。秘书省由东汉的秘书监发展而来。东汉属太常，三国时独立出来。因为经常在皇帝身边服务，后发展为清要之职。其主官为秘书监，其下有丞、郎等属官。秘书省与尚书、中书、门下、集书合称"五省"。魏晋南北朝的中央政府在尚书省之下仍保留了秦汉时期的列卿，即分工办事的各种机构，如太常、光禄勋、卫尉、太仆、廷尉、大鸿胪、宗正、大司农、少府等。由于中央的行政事务绝大部分都归尚书省办理，此时列卿的职权与秦汉时期相比已经大大削弱了。

魏晋南北朝时期的地方行政体制一般为州、郡、县三级制。曹魏时，分全国为13州，除河南、河内、河东、弘农、平阳5郡由司隶校尉统辖外，其他12州置刺史管理。晋袭魏制，但在重要州由皇族子弟以持节都督、持节、假节等名号兼理军政、民政，权力较前大增。刘宋和齐、梁、陈诸朝，基本袭晋制。北魏前期，每州置三刺史，其中宗室一人，异姓二人。太和年间改定官制，刺史分上、中、下三等，北齐时分州为上、中、下三等。州以下地方行政区为郡，长官称太守，北周时改称郡守，京师所在地郡守称尹。郡以下的行政区为县，长官大县称令，小县称长。北齐时郡、县也分三等，每等又分上、中、下三级。魏晋南北朝时期在州之上还有两种特别行政区。一是都督诸州军事所辖的军区，亦称府。都督权力很大，是方面大员，并且兼理当地刺史职务。曹魏时全国划分为6个军区，西晋时设8个军区。其长官分6等：都督诸军、监诸军、督诸郡、使持节、持节、假节。刘宋时都督诸军事成为常职。北魏也置此官。后来战乱频繁，刺史、太守也兼当地都督。后周改都督诸州军事为总管。二是行台尚书辖区。魏晋南朝因军事行动需要，在京师外设立尚书省分支机构，随军行使职权，称为行台。北朝行台尚书职权很大，开府设机构僚属办事，后逐渐变为实质上的一级地方行政机构。后来隋朝的下台省、唐朝的采访使制、元朝的行省，都由其蜕变而来。

另外，魏晋南北朝时期也沿袭汉代，设立封国安置宗室诸王，诸侯国地位相当于郡一级行政。由于晋室南渡，大量北方百姓随之南下，东晋朝廷在长江中下游和汉水两岸流民集中的地方陆续设立司、雍、兖、徐、冀、青、幽、并、豫、梁等11州、77郡、198县，安置他们，称为侨州郡县，这些郡县别立户籍，在税调方面给予一些优待。后来在北魏、东魏、北齐、西魏、北周统治区亦设立侨州郡县。这种新的地方行政体制的出现，表明经济中心区向江南和其他边远偏僻区移动，对后来中国经济的发展具有积极意义。

两晋时期在县以下地方，也仿照秦汉设乡里组织。西晋时，以 500 户设乡，置啬夫一人；百户置里，设里吏一人。刘宋时，5 家为伍，设伍长；二伍为什，设什长；10 什为里，设里魁；10 里为亭，设亭长；10 亭一乡，设乡佐、三老、有秩、啬夫、游徼各一人。三老主教化，乡佐、有秩管赋税，啬夫理诉讼，游徼管治安。齐、梁、陈大体沿袭刘宋。北魏前期推行宗主督户制。孝文帝改革，创立三长制：5 家置邻长，5 邻置里长，5 里置党长。北齐时，规定 10 家邻比，50 家为闾里，100 家为族党。这一时期南北均推行严格的户籍制度，以便通过户籍征收租调，摊派徭役。

晋南北朝时期，无论南朝还是北朝，在边远少数民族聚居区，均设校尉、中郎将、护军进行管理。北魏还在边疆地区推行镇戍制，设镇都大将、镇将等领兵镇抚管理。后来边疆形势稳定，也有改镇为州郡管理的。

与秦汉时期不同，晋南北朝时期的中央行政重心已经转移到尚书、中书、门下三省，三公九卿虽然存在，但权力大大削弱；同时地方政权军事化明显，都督兼领州刺史和郡守，表明皇权的弱化和地方豪强大族势力的膨胀。而在 16 国和其他少数民族建立的政权，其行政体制则展示以汉制为主的汉夷混杂的特征，从而使这一时期的中国行政体制显得变化多端而又复杂多样。

隋（581—618）唐（618—907）五代（907—960）近 4 个世纪的悠长岁月，是中国古代社会的中期阶段，也是中国历史发展的第二个辉煌时期，大唐盛世所展现的规模和气势，足以在当时的世界上独领风骚。

隋唐五代时期的中央行政体制是由三省（尚书、中书、门下）、六部（吏、户、礼、兵、刑、工）、九寺（太常、光禄、卫尉、宗正、太仆、大理、鸿胪、司农、泰府）、五监（国子、少府、将作、军器、都水）构成的。尚书省是执行政令的机构，中书、门下发出的制敕，均由其转发中央各官署和地方州县执行，同时指导中央和地方的各种政务运行。尚书省的主官是尚书令、仆射，属官有左、右丞，主要职责是领导中央的六部和其他寺、监的政务活动。六部是吏、户、礼、兵、刑、工，主要职责是掌政令，也管理部分实际事务。如吏部掌文官的铨选、考课、封爵、勋赏之事。户部掌全国户口、田赋、仓储等民政、财政方面的政令。礼部掌全国礼仪、祭祀、教育、科举等政令。兵部掌全国军事政令，管理军籍、武官铨选、军训讲武等。刑部掌全国刑法及徒隶、勾覆、关禁的政令。刑部长官还与大理寺长官共同参加"三司"推鞠，即疑难案件的审理。工部掌土木、水利工程及全国农、牧、渔业的政令。六部的主官是尚书和侍郎。每部设四司，以郎中、员外郎分管各司分工的政务。

六部承担朝廷主要行政职责，其他职责则由九寺、五监承担。如太常寺掌礼制，光禄寺掌邦国酒膳，卫尉寺掌器械、仪仗，宗正司掌皇亲族籍，太仆寺掌厩牧舆辇，大理寺掌中央最高审判机关，鸿胪寺掌少数民族朝会与丧礼吊祭，司农寺掌仓储、农林、园苑、屯田管理和宫廷杂物供应，太府寺掌财货廪藏及贸易等事务。五监中的国子监是管理全国学校的最高机构，主官是祭酒和司业，属官有博士和助教。少府监掌百工技巧之事，为宫廷的总服务机构，其中的铸钱监负责钱币制造。将作监掌土木工程营建之事。军器监，掌修治甲弩。都水监，掌川泽、津梁、渠堰、陂池之政。

唐代的监察事务是由中央的御史台、谏官和地方的道承担的，已经发展成比较严密的组织系统。

隋唐时期在地方有都督府的设置，由北周时期因军事需要开始设置。隋文帝时全国设并、益、荆、扬四州置大总管府，唐五德七年（624）改称都督府。开元时期分都督府为大、上、中、下四等，全国有并、益、荆、扬、潞五州大都督府，另有5个上都督府，13个中都督府，16个下都督府，主要职责是掌理辖区的军事镇抚事务，与单纯行政事务有所区别。唐朝的地方行政系统，有道一级的设置，开始是作为检察机构，中唐以后变成实质性的行政区域，设节度使掌控军政民政，成为州之上的一级行政机构。道以下的行政机构是州，京师或陪都所在地称府。唐初设西、东、北三京府，后又陆续置凤翔、成都、江陵、兴德、兴元、河中6府。京府分置西都、东都、北都牧各一人，一般由亲王遥领而不莅任。改三府别驾为京兆尹、河南尹、太原尹；司马为少尹，以尹、少尹主持京府政务。属官有功曹、仓曹、户曹、田曹、兵曹、法曹、士曹参军事，司录参军事，职掌同州的司功、司仓、司田、司兵、司法、司士参军事与录事参军，只是品秩略高于州职。这些属吏分科办事，具体操控州一级行政运转。6府不置牧，尹、少尹以下官职与京府一样。州分上、中、下三等，长官称刺史。唐玄宗时期曾两次改州为郡，刺史改称太守。县为州下的一级行政单位，隋时分9等，唐时分4等，长官称令，职责是劝课农桑，征督赋税，编造户籍，分派差役，并兼理司法治安等事宜。佐官有丞、主簿、尉各一人，属官有司功佐、司户佐、司兵佐、司法佐、司士佐等六曹司，分科承办州六曹公务。县以下的行政组织是乡里，由于唐朝在乡一级设置乡长、乡佐等专职人员的时间很短，后来长期只设耆老一人，又无具体职权，所以乡里政权的实际主持者就是里正了。里正的职责是查核户口，维持治安，监督农业生产，征收赋税徭役。里正以下设邻保制，四家为邻，五家为保。另外在州县城内和郊区设坊、村组织，由坊正和村正管理。

唐朝疆域辽阔，境内有众多少数民族，唐朝在边疆地区设立都护府作为直属中央的管理少数民族事务的机构，其下设羁縻州，主要职责是贯彻朝廷政令，实施国家法律，征调兵马和收取贡赋。这些行政机构的建立和运作，加强了民族融合，促进了边疆地区经济文化的发展。

隋唐时期中国行政体制的特点，一是在中央确立了三省六部的基本格局，二是地方行政体制由郡（州）、县二级制发展为道、州、县三级制，三是诸侯王虚封，王国不再是地方行政的组成部分，四是在少数民族地区都护府与羁縻州的创设是一个创新，开启了后世土司制度的先河。

（三）宋元时期行政体制的变化

宋朝是中国历时最久的朝代之一，北宋（960—1126）与南宋（1127—1279）先后经历了320年的漫长岁月。

宋朝中央实行宰辅制度，在皇帝之下，由正、副宰相执政。前期正宰相称"同中书门下平章事"，副宰相称"参知政事"。正、副宰相最多不超过五人，他们轮流执班，操控中央和地方的行政运转。元丰改制后，以尚书左仆射兼门下侍郎、尚书右仆射兼中书侍郎为正宰相，以门下侍郎、中书侍郎、尚书左右丞为副宰相，即开始实行以三省长官为宰相的体制。同时，枢密院的枢密使、枢密副使等也属于正、副宰相同级的官位。

宋朝中央行政机构主要由中书门下、枢密院、三司、三衙、翰林学士院、三省、御史台和谏院等组成。中书门下是宰相处理政务的最高行政机构，枢密院是总理全国军务的最高机构，二者合称东、西二府。三司是北宋最高财政机构，号称"计省"，总管各地贡赋和国家财政。长官称三司使，地位仅次于宰相。副长官是三司副使，下设盐铁、度支、户部等三部。元丰改制后，取消三司，其职权分归户、工等部。三衙是指殿前都指挥使司、侍卫马军都指挥使司、侍卫步军都指挥使司，各设都指挥使、副都指挥使、都虞侯、副都虞侯一员，三衙分掌全国禁军的名籍、管理、训练戍守等事宜，但无调遣之权。翰林学士院是皇帝的秘书处，负责起草朝廷的各种文件，侍奉皇帝出巡、充当顾问等。三省指门下、中书和尚书省，中书省管决策，门下省主审议，尚书省职司执行，基本上形成了三权分立的机制。在尚书省下设吏、户、礼、兵、刑、工6部以及宗正、大鸿胪等一系列机构，操控全国各项具体政务的运行。

宋朝中央的司法机构由大理寺、刑部、御史台和审刑院等组成，它们共同对皇帝负责，执掌全国的司法事务。宋朝中央的监察机构由御史台和谏院组成，负责对中央政府官员的监察和领导全国地方的监察事宜。

宋朝的地方行政实行府、州、军、监、县、镇以及乡都里保组成的系统进行管理和运作。府、州、军、监是同级官府，直属朝廷，主官由朝廷委派京朝官担任，称知某某府、某某州、某某军、某某监，其副手为通判，与知州共同负责所辖地方的民政、军事、钱谷、户口、赋役、狱讼等事宜。知州和通判互相制约，使朝廷政令在地方得到较妥善的贯彻。州府的属官有录事、司户、司法、司理等各曹参军，各司其职，分工协作，操控该级政府的运作。州下一级行政单位是县，宋朝将全国的县分为赤、畿、望、紧、上、中、中下、下八等8个等级，除赤、畿为四京属县所定等级外，其他都是依户数的多寡确定等级。朝廷任命京、朝官领县，称"知县"，任命选人领县，称"县令"。知县或县令主管一县的民政、司法、财政，如果县有驻军，则兼兵马都监或监押。县的副长官为县丞，另有主簿和尉，他们各有专司，共同操控全县政务的运作。宋朝还在居民众多或地形险要的地方设立镇或寨，以镇将主持，主要职责是维持治安。另在重要地带和边远地区设巡检司，不受州县界限制，由巡检使等管理，主管本地士兵、禁军的招募和训练以及维护治安、检查走私犯私等违法犯罪活动。在县以下的村，北宋实行乡、里制，设里正、户长，负责赋税征收、徭役摊派及维持治安等事宜。宋神宗时，一度在全国推行保甲法，将居民按保、大保编组起来。南宋乡村实行乡、都、保、甲制。在州县城郭内，实行以厢、坊、隅编组居民，催征赋税，维持治安。

宋朝还设置名为路的派出机构，神宗时多达 23 路。各路设转运使司（漕司）、提点刑狱司（宪司）、提举常平司（仓司）、安抚使司（帅司）。前三司又统称"监司"。神宗前，转运使掌握一路大权，为路的最高长官。南宋时，安抚使或经略使成为路的第一长官。路是由地方监察区向行政区过渡的一种形式，具有半地方监察区半行政区的性质。在中国地方行政从唐朝的道发展为元朝的"行省"的进程中，路是重要的中间过渡形式。

在历史上，与宋朝并存的还有居于北中国的少数民族政权辽（907—1125）、金（1115—1234）、夏（1038—1277），它们都是存在超过百年的割据一隅的王朝。它们的行政体制，一方面带有本民族的特点，一方面较多地仿照汉族政权的模式。由于随着时间的推移与汉族皇朝行政体制的趋同性越来越多，这里就不单独论述了。

元朝（1206—1368）虽然统治整个中国的时间不足百年（1277—1368），但由于它是中国历史上幅员最辽阔的皇朝，在行政体制上有着许多影响深远的创造，所以很值得加以述论。

元朝以中书省作为全国最高的行政管理机构，由皇太子兼任中书令，太子缺位则为虚衔。丞相、平章政事、左右丞和参知政事为宰辅，实际由丞相主管省务。至元八年（1271）以后，左右丞相各设一员成为定制。丞相人选主要由蒙古人担任，有时也用色目人，汉人则被排斥在外。中书省下设左右各三部，以吏、户、礼为左三部，兵、刑、工为右三部。六部在中书省领导下按照各自的分工管理全国政务。不过，因为元朝是蒙古人建立的皇朝，其法律又规定境内各民族享有不平等的权利，作为统治民族的蒙古人的特权就在各方面体现出来。如蒙古人犯罪由大宗正府审理，刑部无权过问，而大宗正府却能够兼理汉人刑事。蒙古各部的行政管理独立于中书省之外，吐蕃地区的行政管理也由宣政院掌控，中书省不能插手。特别是为宫廷服务的宣徽院、中政院、将作院、太仆寺、尚乘寺、度支监、利益监等部门，自成系统，往往侵夺中书省和六部的权力。元朝重视民族和宗教事务。设立总制院（后改称宣政院）管理藏传佛教和吐蕃地区的军政和民政，又在各地方设立三个下属机构宣慰司，管理各地的佛教和军政民政。还设集贤院管理道教，设崇福寺管理也里可温教，设都护府管理畏兀儿的军政和民政。

元朝从中央到地方都没有独立的司法系统，刑部只是政府的一个工作部门，地方行政官吏同时兼管刑狱，所以司法是与行政合一的。但元朝仿照宋朝的监察制度，在中央设御史台，长官是御史大夫和御史中丞，属官有侍御史、治书御史、殿中侍御史、监察御史等。在地方，则设行御史台和提刑按察司（后改为肃政廉访司）。行御史台先后设过四个，长期保留的只有两个，即江南行台和陕西行台。为适应监察事务的需要，全国设22道，每道设提刑按察司，负责一道的监察事宜。道不是行政区，而是监察区。

元朝的地方行政体制经过不少变化。成吉思汗建国后，以千户代替过去的部落，作为蒙古国基本的军事和行政单位。忽必烈即帝位后，设立了燕京、益都济南、河南、北京、平阳太原、真定、东平、大名彰德、西京、京兆十路宣抚司，分管各路政务，隶于中书省之下。这些宣抚司只存在了19个月即被总管府代替，总管府置达鲁花赤、总管，总理军、民两政。再后，又开始逐渐在各地设立行中书省，至成宗、武宗时期（1295—1311）行省制固定下来，全国共设立10个行省：陕西、甘肃、辽阳、河南江北、四川、云南、湖广、江浙、江西、岭北。此外，还有两个单列的行政区，一是中书省直辖的"腹里"，包括今之山东、山西、河北和内蒙古部分地区；二是宣政院直辖地区，包括今之西藏和四川、青海部分地区。元朝末年，为镇压红巾军起义，增设了淮南江北、福建、广西等行省。各行省原与中书省品秩相同，设官也一样。后来罢行省所设丞相，只置平章政事为最高长官，秩从一品，低于中书省的左右丞相。行省的职掌，在忽必烈时期主要是钱粮、户口、屯种、漕运、刑狱等民政事务，军政则由分设各地的行枢密院掌控。成宗时罢行枢密院，将本省军队的统帅权授予行省长官，使军、民二政合一。行省的行政受中书省和枢密院节制。行省的下属机构依次为路、府、州、县。路依管辖人口多少分上下两等，10万户以上为上路，10万户以下为下路，地理位置重要者不受此限。路设达鲁花赤、总管各一员，作为长官，下置同知、治中判官、推官（专掌刑狱）等正官和总领六曹、职掌案牍的经历、知事、照磨等领官。府设达鲁花赤一员，知府或府尹一员，下置同知、判官、推官等。府有的直隶行省或中书省，有的隶于路，府之下有的直辖州县，有的则不辖州县。州按所管民户多少分上、中、下三等。上州设达鲁花赤、州尹；中、下州设达鲁花赤、知州；同知、判官等下属官员相同。州有的直隶行省，有的直隶于路，州下亦有无属县者。县也按民户多少分上、中、下三等。上县设达鲁花赤、县尹、县丞等官，中下县不设县丞。县有的直隶于路，有的则直隶于州。在路治所城市，设录事司，管理市镇居民。在远离行省的少数民族边远地区，设立宣抚司进行管理。元朝在县以下的基层，农村为乡、都制，设里正、主首催办钱粮、维持治安和供应杂役。城市则为隅、坊制，设隅正、坊正，维持治安。

元朝政治制度的特点，一是蒙古制度和中原汉制的结合，"内朝"更多实行蒙古制度，"外朝"更多采取汉制，二者互相渗透，但蒙古民族色彩突出。二是民族歧视政策鲜明，民族分四等，权利和义务具有明显区别，汉人、南人任官受到明显限制。三是吏的地位显著提高，这表现在他们升官的渠道比较畅通，在各级官府的具体政务活动中，他们几乎能够操控一切。四是监察机构的地位有较大提升。五是行省的设置进一步加强了中央对地方的控制。六是对边远少数民族地区的管理创设一套新的制度。这一切都深深影响了以后明清两代行政体制的建立和运作。

（四）明清两朝行政体制的完善

明朝（1368—1644）也是中国历史上历时较久的皇朝，只差 24 年就是300 年。其中央行政体制仿元朝而略有变通。开始是六部隶于中书省。洪武十三年（1380），朱元璋借胡惟庸案取消中书省后，一切政务统归六部，六部直接对皇帝负责。六部各有尚书一人，左右侍郎各一人。后来因政务太过繁忙，于是设内阁协助皇帝管理六部，设首辅为内阁长官，秉皇帝意旨总理全国政务，职责虽然相当丞相，但实权较汉、唐时期的丞相小得多。宣德（1426—1435）以后，阁臣地位渐高，张居正任首辅时，就"部权尽归内阁"了。六部的组织机构基本相同，各部都设总的办事机构司务厅，同时设司分科办事，司由郎中、员外郎、主事主持办理有关事宜。吏、礼、兵、工按业务分工各设四司，户、刑两部则按地区各设 13 司。六部中吏部权最重，因为它管理全国官吏的选授和考课等事宜。户部掌控全国的户口和田赋，是国家的财政总汇。礼部掌全国的礼仪、祭祀和贡举，兵部掌全国武官的选授和简练，刑部掌全国的刑名、徒隶、勾覆、关禁等事宜，工部掌全国的公共工程和山泽方面的政令。永乐迁都北京后，原南京的六部还保留，但职权已经大大削减了。明朝初年仿元制设御史台司监察事宜，洪武十五年（1382）改置都察院，与六部平级。都察院设左右都御史，其下有左右副都御史，左右佥都御史，都察院对全国官员的违法、贪腐行监察职责，还会同吏部考察官吏，与刑部、大理寺会审大案要案。其属官还有十三道监察御史 110 人，负责对地方的监察事宜。都察院之外还新设六科给事中，对应六部行谏言和监察之权。明朝在中央新创设了通政司，主要职责是审核对皇帝的上书并分类奏闻，主官是通政使，属官有左右通政、誊黄右通政、左右参议等。大理寺是明朝中央的司法复审机构，设卿、左右少卿、左右寺丞等官职，负责对刑部、大理寺、五军推事官所审理案件的复审。此外，明朝中央行政机构还有太常寺、光禄寺、太仆寺、鸿胪寺、行人司、钦天监、太医院、国子监、翰林院等，负责各自的业务运行。

　　明朝的地方行政体制初仿元朝，以后有所变异。因为明初建都南京，永乐时迁都北京，遂有两京之制。元时北京（大都）直隶中书省，明初置北平行中书省。不久改承宣布政使司。永乐元年（1403）正式建北京于顺天府，置北平布政使司。后改北京为京师，辖 8 府两直隶州。再后升顺天知府为府尹，设官与应天府（南京）相同。明初应天府属江南行中书省，改称京师。永乐时改称南京，辖 14 府 4 直隶州，应天府知府称府尹，秩级与顺天府一样。在其他地方，明朝设行中书省统管地方军政事务。洪武九年（1376）为削弱地方权力，改行中书省为承宣布政使司，永乐时成为定制。除两京外，全国分山东、山西、河南、陕西、四川、湖广、浙江、江西、福建、广东、广西、云南、贵州 13 个布政使司，分统 140 个府、193 个州、1138 个县及羁縻府州县。布政司设左右布政使各一人，属官有左右参政、左右参议，设经历司、照磨所、理向所、司狱司等机构办理各种事务。布政使为一省最高行政官员，与之并立的还有提刑按察使司，设按察使一人，掌一省刑名按劾之事。都指挥使司，设都指挥使一人，掌一省军政。这三个官员分权并立，直属中央。布政使司下的地方政府分府（直隶州）、县（属州）二级。府依赋粮的多少分三级，府设知府、同知及通判、推官等官员，对口布政使司设经历司、照磨所、司狱司等机构办理各种事务。直隶州直属布政司，地位与府相当。县亦依赋粮多少分三等，设知县、县丞、主簿等管理一县政务。府、县的政务主要是民政、税收、徭役、司法等事宜。县以下设基层社会组织管理民户。城内设坊，有坊长；近城设厢，有厢长；乡村设里，有里长。坊、厢、里下设甲，有甲首。里长管钱粮，总甲管差役，里书管土地钱粮的推收过割等事宜。

明朝初年，承袭元朝对少数民族管理的制度，陆续在藏族地区设置了乌斯藏、朵甘卫指挥使司、宣慰使、招讨司、万户府、千户所等行政机构。洪武七年（1374）又置西安行都指挥使司，同时晋升乌斯藏、朵甘两卫为都指挥使司。这些机构的官员都由明朝中央政府直接任免，其中指挥同知以下各级官员，都任命藏族部落首领担任。明朝对蒙古族采取分化瓦解的策略，封鞑靼、瓦剌部首领为王，任命兀良哈首领为都督佥事、都指挥佥事，对其他357个头目分别授予指挥、千户、百户等官职。在东北女真等少数民族聚居区设奴尔干都指挥使司，其下设130多个卫进行管理。在西北少数民族聚居区，设置了安定、哈密等7个卫，委任这里的部落酋长进行管理，封其首领为王，授予他们指挥使、指挥同知、指挥佥事、千户、百户等官职，稳定了这里的统治。对西南少数民族，明朝先沿用元朝实行的土司制度，授予其首领宣慰司、宣抚司、招讨司、安抚司等名衔，规定品级，实施对本民族的管理。后来，又实行"改土归流"的政策，逐渐将土司的管理权收归朝廷任命的流官府州县管辖。明朝政府的这些措施，稳定了对边疆地区的统治，促进了民族融和和国家的统一。

明朝初期在省一级设置三权并立的布政使司、按察使司、都指挥使司，尽管确保了中央集权，但也造成省一级政府缺乏统一的强有力领导，为了解决这个问题，后来由都察院派员巡查地方，总揽一省军政，称巡抚，逐渐成为凌驾三司之上的地方长官。有些巡查大员总管两省以上军政，被称为总督。这些巡抚、总督后来成为定制，他们就变成明朝最高的地方行政长官了。

明朝建立了一套从中央到地方省、府、州、县、坊、厢、里、甲的行政体制，其集权比此前所有皇朝的体制更加严密规范，特别在省一级，总督、巡抚、三司、巡按等机构和官员互相制衡，进一步加强了中央集权的力度，所以有明一代，再也没有出现类似东汉末年、唐朝末年那样的割据势力，维系了国家的统一和安定。

清朝（1644—1911）是中国最后一个封建王朝。由于是少数民族入主中原，其行政体制经历了一个机制转换时期。满族在东北兴起之后，在努尔哈赤时代形成的议政王大臣会议是最高决策机构，所有重要军政事务都在这里决定并指挥实施，参加这个会议的主要是满洲诸王、贝勒和其他议政大臣。入关以后的顺治、康熙两朝，它仍然是政治中枢。直至雍正朝设立军机处，它才逐渐式微。最后到乾隆五十六年（1791）下谕取消，议政王大臣会议才算完成了自己的历史使命。

清朝沿袭明朝设内阁，作为皇帝之下"掌议天下之政"[1]的最高的议政和决策机构。内阁设满、汉大学士，"为百僚之长"[2]。员额多寡不定，中间几经变换调整，到乾隆十三年（1748）正式确定为满汉各二人，协办大学士则根据需要酌定。同时调整了殿阁兼衔，即三殿（保和、文华、武英）三阁（文渊、东阁、体仁）。属官有学士、侍读学士、侍读、典籍、中书等。内阁为皇帝拟定诏、诰、制、敕颁行全国，又将经皇帝批准的下臣题奏表笺转发六科部院执行，虽然仅是皇帝上达下传的执行机构，但所具有的上下其手的权力仍是很显著的。所以皇帝也有意裁抑它的权力，顺治、康熙利用议政王大臣会议、康熙还重用南书房官员对它加以牵制，雍正建立军机处以后，"重务咸在军机"[3]，内阁就变成"秉成例而行"[4]的转达机构了。清朝大学士、

[1] 光绪《大清会典》卷二《内阁》。转引自白钢主编《中国政治制度通史·清代卷》，人民出版社1996年版，第111页。
[2] 《龚自珍全集》，《上大学士书》，上海人民出版社1959年版，第320页。
[3] 《龚自珍全集》，《徐尚书代言集序》，上海人民出版社1959年版，第192页。
[4] 《清朝经世文编》卷十四，程晋芳：《章奏批答举要序》。转引自白钢主编《中国政治制度通史·清代卷》，人民出版社1996年版，第113页。

协办大学士一般都兼任某部尚书、侍郎，他们大都在各部办公，所以经常在内阁执班的往往是中书之类小官。

清朝皇帝康熙曾选调一批翰林学士在南书房随侍，随即参与机务，甚至代内阁起草诏、诰、制、敕，成为皇帝的亲信，形成对内阁和议政王大臣会议的牵制。军机处建立后，其作用稍有所降低，直到光绪时才予以裁撤。

军机处开始是雍正皇帝对西北少数民族用兵时建立的临时机构，乾隆初年曾一度裁撤，恢复后，在其存在的 180 多年间，一直是协助皇帝办理政务的中枢机构。军机处设军机大臣若干名，一般由大学士兼任，也有选自各部院者。它以品贵资深者为班首，称首席军机大臣，但和其他军机大臣无统属关系。军机大臣的属员有军机章京，称小军机，满汉各 16 员。军机大臣的职掌是"掌军国大事，以赞机务"①，凡朝廷的军国大事，包括人事选配，他们都可以参加咨议，但他们最后只是秉承皇帝意旨办事，自己没有决策权。与内阁相比，军机处人员精干，办事效率极高，并且机密迅速，是皇帝得心应手的工作班子。

在内阁、军机处之下，清朝沿袭明制，设立吏、户、礼、兵、刑、工六部，具体操控国家政务的运作。如吏部掌文官品秩、铨叙、考课、黜陟、封授；户部管理全国户口、田土赋税、官员俸禄、仓库、钱币，国家各项开支；礼部主管朝廷礼仪、科举、学校、外国贡使来往接待；兵部掌管武官任免、封赏、考绩以及军资、军籍、马政、邮传等事务；工部负责公共工程、水利兴修、钱币铸造等事宜。六部设满汉尚书各一，满汉侍郎各二，由于一部有六员首长，多头易引发扯皮，于是朝廷往往以亲王、大学士兼领尚书，以便于政务运作中的协调。同时，因为军机处处理了许多原属六部的政务，所以与明朝相比，清朝六部的权限已经缩小很多，如兵部就不能过问清军主力八旗的事务。六部之外，清朝新设与六部平级的理藩院，统管边疆少数民族事务，诸凡内外蒙古、察哈尔、新疆、科布多、青海、西藏等地的军政、司法、宗教、贡赏等事宜，皆由其主持，同时还兼管与某些外国的交往。理

①　赵尔巽等：《清史稿》卷一百十四《志》八十九《职官一》，中华书局 1977 年版，第 3270 页。

藩院置尚书、侍郎主管机务，其人选只从满族和蒙古族中任用。理藩院的设立说明清朝对边疆和少数民族的管理更加规范有序高效，对促进边疆和少数民族地区的发展，对促进各民族的融合，都发挥了积极作用。

另外，清朝中央还设了诸如通政司、翰林院、詹事府、乐部、太常寺、光禄寺、鸿胪寺、太仆寺、钦天监、太医院等机构，专司某一事务。

清朝中央的监察机构仿明朝设都察院，又设六科给事中，对中央和地方官员行监察之权。同时为处理全国刑名案件仿明朝设大理寺，与刑部、都察院共同管理全国司法事宜。

鸦片战争以后，随着社会上要求改革的呼声越来越高，清朝对中央机构进行了某些增减和调整，如在咸丰十年（1860）设立总理各国事务衙门，专门管理外交事务。后又设立巡警部和学部，管理治安和教育。义和团运动后，清朝标榜实行"新政"。光绪三十二年（1906），宣布实行预备立宪，对中央机构做了进一步调整。光绪三十三年，设立资政院。宣统二年（1910）匆忙宣布成立责任内阁，第二年，辛亥革命爆发，清朝的"新政"也就寿终正寝了。

清朝的地方行政体制可分内地和边疆两种类型。内地除京畿和直隶外，均设省，地方以省、道、府（直隶州、厅）、县（州、厅）四级政府进行管理。清朝入关之初，除改明朝南直隶为江南省外，其余仍称直隶、山西、山东、河南、陕西、浙江、江西、湖广、四川、福建、广东、广西、云南、贵州，共15省。以后又陆续分江南为江苏、安徽，从陕西分出甘肃，将湖广分置湖南、湖北。清末光绪年间，又设新疆、台湾、奉天、吉林、黑龙江等省，共23个省。光绪以前，清朝在东北设盛京、吉林和黑龙江三个政区，称沈阳为盛京，作为陪都，辖区大体相当明朝的辽东都司所管理的地方，除设盛京五部和奉天府尹衙门及辖区府州厅县外，还设盛京将军为最高长官。在吉林和黑龙江，各设将军一人为最高长官，下设数个副都统协助将军管理军民等各项政务，其下除设府州厅县外，还在少数民族地区设总管和佐领等官职负责管理各项军政事务。对蒙古各部，除在朝廷设理藩院作为总理机构外，还在驻地设将军、都统、副都统、参赞大臣、办事大臣等管理军政民政，其下设盟、旗等军政、民政合一的机构对牧民和其他居民进行管理。在新疆，设伊犁将军作为最高长官，下设都统、参赞大臣、办事大臣和领队大臣协助他管理军政民政诸事宜，下面根据各民族的特点和历史上形成的制度，给他们首领不同的封号，由他们进行管理。而在汉人聚居区，则设府州县进行管理。在西藏，清朝推行政教合一的管理制度。朝廷派出的驻藏大臣为最高长官，负责管理全藏事务。达赖喇嘛和班禅额尔德尼分统前后藏，具体政务由噶厦处理。在西南少数民族地区，清朝也沿袭明朝制度，继续推行"改土归流"政策，将许多土司统治的地区改由流官治理，同时也保存了部分土司制度，任命原来的少数民族首领为不同品级文武官员，让他们在朝廷任命的更高级别的官员统辖下管理本民族的事务。

清朝在省一级设总督和巡抚作为最高军政长官。清初他们还只是一种差遣官，至乾隆时期确定为实缺官。总督一般辖两省，也有辖三省或一省的。巡抚只辖一省。设总督的是直隶、两江（辖江苏、安徽、江西）、陕甘（辖陕西、甘肃并兼甘肃巡抚新疆建省后亦辖之）、闽浙（辖福建、浙江，台湾建省后亦辖之）、湖广（辖湖湖南）、四川（兼管巡抚事）、两广（辖广东、广西，光绪年间又兼广东巡抚）、云贵（辖云南、贵州，光绪年间又兼云南巡抚）、东三省（辖奉天、吉林、黑龙江兼管三省将军并奉天巡抚）。此外还设漕运总督和河道总督。清朝的总督巡抚是名副其实的封疆大吏，不仅管理一省至数省的民政，而且兼管该地的军事和监察之权。总督同时授兵部尚书、都察院右都御史，巡抚授察院右副都御史，在不少省还兼提督，节制当地驻防的绿营兵。除总督、巡抚外，省级官员还有承宣布政使，简称布政使，通称藩司，主管一省的民政和财政；提刑按察使司，也称臬司或廉访司，主持一省司法和对官员的监察事宜；提督学政，负责全省学校科举，稽查士习文风。道员本来是藩、臬二司的派遣官，分守道、巡道两种，前者驻守一定地方，职责偏重钱谷会计；后者分巡所管区域，掌理刑名。乾隆时期变成实缺官，成为省与府州之间的行政官员，道也就成为一级政府。还有一种通管全省某一专业事务的道，如粮储道、巡海道、海关道、兵备道、兴屯道、茶马道、河工道，光绪时又置巡警道和劝业道。道以下的行政机构是府、直隶州、直隶厅，府设知府，管理全府民政、财政、司法、教育和下属的州县，属官有同知、通判及一批佐吏，分科管理各项事宜。直隶州、直隶厅与府属于同一级别的地方行政单位，但主官地位略低于府官。直隶厅一般设于边疆或新开辟地区，一般不领属县。府下的基层衙门是州、县、厅。县设县令、州设知州、厅设同知或通判，下设一批属官，分工负责管理所辖区的民政、财政、司法、教育、水利、农桑、赈济等事宜。清朝在最基层的机构设置沿袭明朝，每110户编为一里，设里长，每10户设一甲，设甲长，城中设坊，设坊长；近郊设厢，置厢长。他们的职责是催征赋税，催办徭役，维持治安。清朝实行严格的户口登记制度，通过户口编制，将各类居民牢牢控制在政府手中。

清朝行政体制的特点，除沿袭明朝的基本体制之外，还表现为满族作为统治民族的某些民族特色，最突出的就是满洲贵族在政治上享有特权，依制度规定攫取了中央和地方最重要的官位。同时进一步强化了专制主义中央集权，无论是内阁制还是军机处制，都强化了皇帝的独裁和专制的权力；在地方，督抚的权力大大加重，从中央到地方，行政、司法、财政合一的体制更加规范和强化，而对基层的控制更是进一步加强。对边疆和少数民族地区的管理，在进一步加强中央控制的前提下，充分照顾各民族的特点，实施多形式多样化的制度。所有这一切，对于维护祖国的统一，促进各民族的发展和融合，都具有积极意义。

从中国古代社会行政体制的发展变迁，可以发现几个明显的趋势。第一，在秦朝建立起专制主义中央集权的行政体制以后，在两千多年的漫长岁月里，其基本模式和贯穿其中的基本原则没有变，这就是皇帝专权、中央集权和地方分权相结合而以中央集权为主轴、维护国家制度、法律、政令军令和各项政策的统一以及国家的安全和社会的稳定，也就是谭嗣同所指出的"秦政"和"荀学"。第二，在皇帝专权日益加强的同时，丞相的权力却呈现日趋弱化和分散，即由秦朝和西汉初年的丞相总理国政到三公分权，到中朝尚书台分权，再到三省长官分权，最后是取消丞相制度代以明朝的内阁首辅制和清朝的军机处制，虽然人们习惯上还称内阁首辅和军机大臣为丞相，但他们的权力已经削减到实际上只是皇帝顾问的份上了。第三，以乡里户口案比制度将所有居民编制在国家掌控的统治网中，从而让他们承担繁重的赋税、徭役和兵役。第四，从中央政府到地方政府，政务范围越来越广，几乎达到对社会生活的全覆盖，因而分工也日趋细密严整，但机构也相应日趋庞大，官僚队伍自然也是不断膨胀。北宋末年、明朝末年、清朝末年，官僚队伍都是成几何级数增长，国家财政开支必然成为百姓日益难以承受的重负。不过，应该承认，这套专制主义中央集权的行政体制基本上适应了中国封建社会治理的需要，在自然经济条件下维护了国家的统一和领土完整，较好地实施了对国家和百姓的有序管理，保证了国家行政和各项社会事业的有序运行，促进了民族融合、经济发展和文化教育的进步，基本上发挥了促进历史发展的正能量。但其弊端也十分明显，主要表现在机构臃肿，官僚队伍庞大，行政运作成本高昂，加重了百姓的负担。而行政权力的过于强势，又在一定程度上窒息了民间的创造力，阻碍了中国资本主义萌芽的成长和思想的创新与科学的进步。

第二章　皇帝制度与决策系统的运作

一、皇帝制度及其优长与弊端

（一）皇帝制度的建立与完善

中国历史上夏、商、周三代的政治体制是奴隶主贵族的专政，其时的国王尽管是最高统治者，但除了对王畿实施直接管理外，对各地方诸侯国的管理较之后来皇帝对各地方政府的管理要弱化和松散许多。对中国历史影响最大的行政体制还是秦汉以后皇帝治下的专制主义中央集权。所以，论及决策和行政运作，皇帝制度是不能绕过的重要一环。

中国封建社会延续两千多年之久的皇帝制度是秦王嬴政首创的。公元前 221 年秦朝统一六国后，他认为自己"德高三皇，功过五帝"，三代时期最高统治者王的称号已经不能显示其至高无上的权势和地位了，于是命令臣下为自己研究确立一个新名号。臣子们引经据典，认为传说中的三皇（天皇、泰皇、人皇）中以泰皇最尊贵，建议他以此为号。嬴政决定将传说中的"三皇""五帝"各取一字合成"皇帝"作为自己的名号，并建立了一套与之相应的制度。西汉建立后，上承秦制，"因而不改"，并进一步建立和完善了与皇帝有关的众多礼仪制度。蔡邕在《独断》中说："汉天子正号曰皇帝，自称曰朕。臣民称之曰陛下。其言曰制诏，史官记事曰上。车马衣服器械百物曰乘舆。所在曰行在，所居曰禁中，后曰省中。印曰玺。所至曰幸，所进曰御。其命令一曰策书，二曰制书，三曰诏书，四曰戒书。"皇帝的名号，还包括死后的谥号、庙号、陵寝号等。随着皇帝名号的确立，其有关亲属的名号也逐步确立下来。如皇帝父曰太上皇，母曰皇太后，妻曰皇后，子曰皇太子、皇子，女曰公主，孙曰皇孙等。其中太上皇的名号创自汉高帝刘邦，因为他做皇帝时其父尚在，于是杜撰出这一尊号称呼他的父亲太公。后来，由于皇位基本上都是父子相传，儿子一般都是在父亲死后继位，所以太上皇基本不存在，汉朝以后，仅唐高祖、唐玄宗、宋徽宗、清高宗等数人在特殊情况下于儿子继位后又当了几年的太上皇。比较而言，皇帝后宫制度以及与之相连的外戚、宦官制度、礼仪制度、舆服制度、宗室制度、宫省制度以及封禅、祭祀、陵寝制度等，都同皇帝制度一同延续下来。由秦朝建立、汉朝基本定型的皇帝制度，在秦汉以后一直延续到清朝灭亡，即从公元前221年到1911年，共在中国历史上存在了2132年。其间每个朝代虽然制度上也有些微的变动，如皇位的嫡长子继承制，在清朝就没有实行，其他朝代也屡屡发生皇位继承上的夺嫡之争，但这些溢出常规的事件都不能动摇皇帝制度的基本原则。

中国封建社会专制主义中央集权行政体制的核心是皇帝制度。它一方面以皇位世袭显示其权力不可转让的宗法性和排他性；一方面以皇权的至高无上和法力无边显示其权力的不可分割。在中国历史上，一旦一个人不管用什么手段、通过什么途径取得皇位，建立一家一姓的皇朝，它就是"君权神授"，它就具有了存在的合法性，皇帝就是真龙天子，代表上天实行对天下臣民的统治。而臣子却没有觊觎皇位的权力，任何觊觎都是非分之思，都是大逆不道。这种皇位的排他性进一步强化了臣民们的"忠"观念。在秦汉时代，权倾朝野的外戚、权臣如赵高、霍光、梁冀、董卓之流，尽管能够擅命废立皇帝，也只能在秦始皇和刘邦的子孙中寻求皇位继承人，但他们自己一般不敢冒天下之大不韪涉足九五，抢占龙座。而王莽之所以被万世唾骂，就是因为他作为汉皇朝的臣子违背了忠于一家一姓的道德信条，用篡弑的方式建立了一个名为新朝的新皇统。曹操之所以被骂为奸臣，就是因为他为儿子曹丕的篡汉创造了条件。不过由于以后历史上的篡弑事件层出不穷，封建社会的史家只得变通处理：即使用篡弑的手段取得帝位，历史编纂学也承认其正当性、合法性，并且堂而皇之地将其列入正史，曹魏、西晋、南朝宋、齐、梁、陈、隋、五代、北宋等朝代都是由篡弑而立，可记载他们皇朝事迹的《三国志》《晋书》《宋书》《齐书》《梁书》《陈书》《隋书》《宋史》等都列入了正史。这种矛盾现象，背后支配它的是顽固的正统意识，而这个正统又必须在时间上保持不能间断的连续性。

在中国古代社会，皇权就是皇帝所具有所掌握的封建国家最高的全部权力。因此，"朕即国家"的观念自秦汉形成后历久不衰，一直传递至清朝仍被认为是天经地义。由于认定国是皇帝一家一姓的私产，所以国与家就自然而然地联系到了一起，皇帝掌握了国家的行政、司法、财政、军事等各方面的权力。他任免国家从中央到地方的主要官吏，握有全国各项重大事务的最后决策权，所有的高级官吏都必须对皇帝负责。皇帝通过各种制度、法规和诏、诰、命、敕等各种文件推动整个国家机器的运转，国家的法律由皇帝颁布，他不断发布的诏令又源源不断地补充着法律法规。他将立法与司法集权于一身，握有对所有案件的最后判决权。他对所有臣民都操着生杀予夺之权，可以不经过任何司法机关审判任意决定一个人的生死存亡，而他自己却不受任何法律的约束。皇帝对全国的财政同样有着最后支配权。虽然在秦朝和西汉时期政府财政与皇室财政是分开的，但这并不妨碍皇帝任意把国家财政拨作己用。东汉时期及以后，干脆取消了政府财政与皇室财政分开管理的办法，皇帝支配起国家财政来就更加方便和快捷了。由于历代封建国家几乎在财政上从来不编制预算，皇帝开支又具有很大的随意性，因而使国家财政总是处于不稳定的状态。皇帝又是封建国家武装部队的最高统帅，对外的和战大权、对内的征战之权，都操在他的手里。他任免军队的各级将领，决定战争的方略。不少创业之主和其他有作为的皇帝还往往亲临前线指挥一些重大战役。如秦始皇、汉高帝、汉武帝、汉光武帝、唐太宗、宋太祖、明太祖、明成祖、清朝康熙、乾隆等皇帝都是如此。最典型的是，宋朝将领远在数千里的前线指挥作战，其用兵布阵的计划还需要送回京城请皇帝批准，这大概也是宋朝对辽、西夏、金、元等少数民族作战屡屡失败的重要原因。总之，皇帝的权力既是最高的，即没有限制的，又是无边的，即没有界限的。皇权的最大特点就是它的不可分割性，而从秦汉时期开始所建立的专制主义中央集权的行政体制就是从制度上保证皇权的不可分割。尽管这个体制具有细密的分工和一定程度的制约机制，但它基本上是围绕皇权并为之服务的。其中，丞相是听命于皇帝的政务总管，御史大夫是皇帝的秘书和监察总管，太尉是皇帝的首席军事幕僚，他们都没有独立决策权。而政府机构中的太常、郎中令、卫尉、太仆、宗正、少府、将作少府、侍中、常侍、给事中、太子少傅、太傅、詹事等，基本上都是为皇帝和他的家族服务的。特别是秦汉以后行政体制的不断变革，如三公九卿制变为三省六部制，乃至明朝最后取消丞相，更是围绕削弱相权、强化君权的路子进行的。秦汉以后的中央政府组织虽然也出现不少变化，然而由九卿等机构转化而来的不少政府机构，如唐朝的九寺、五监，清朝的内务府、太常寺、光禄寺、太仆寺、太医院等，也都是主要为皇室服务的机构。

（二）皇帝制度的优长和弊端

中国古代长期实行的皇帝制度，最显著的优点有二：一是由于皇帝大权独揽，"乾纲独断"，决策程序简单，对国内外发生的问题能够较快地作出反应，而在当国的皇帝比较英明善断时，就能展示较高的行政效率，使问题能够得到适时和恰当的处置；二是新老皇帝的交替依成熟的制度和程序进行，一般情况下，政权的过渡比较平稳，较少引发政治和社会的动荡。这对维系国家和社会的稳定是有好处的。然而，皇帝制度的弊端较优长更为明显。首先，皇帝家国不分，将国家视为自己一家一姓的私产，恣意挥霍享受，特别是历时较久的皇朝，形成人数越来越庞大的皇室贵族群体，必然给国家财政带来沉重负担。其次，皇帝及其继承人是无法选择的。按照嫡长子继承制，继承皇位的只能是皇帝的嫡长子，不论这个人的能力胸襟、品格智商如何低劣，即令他是一个标准的白痴，根本不具备做皇帝的资质，皇帝位子也必须由他来继承，天下臣民没有任何选择的余地，只能恭顺地接受他，并恭维他是"圣上"。事实是，中国历史上数以百计的皇帝，能够列入英明之列者，犹如凤毛麟角。这样一来，就难以期望封建王朝能够保持持续清明的政治局面。皇帝制度的最大弊端是决策的屡屡失误。因为皇帝专制，决策随意，特别是昏聩无能的皇帝占多数，能够"乾纲圣断"者极少，这必然给国家和社会造成一系列的灾难。

二、中央决策系统的成功经验与局限

中国古代封建王朝实行的专制主义中央集权的行政体制，尽管皇帝处于行政和决策的中心并且操有最后决定权，但在其行政过程中，还是形成了一套决策系统和运行的机制。其中，御前会议、宰辅会议和百官会议起着重要的作用。

御前会议由皇帝亲自主持召开，对国家的重大问题进行讨论研究。参加者，秦汉时期，除丞相、御史大夫等朝中主要官员外，其余都是皇帝临时指定的有关人员。魏晋南北朝以后，参加者是丞相（三省长官）、六部尚书及皇帝指定的有关人员。清朝则是军机大臣、六部尚书及有关人员。如秦始皇二十八年（前219），"东行郡县，上邹峄山，立石，与鲁诸生议，刻石颂秦德，议封禅望祭山川之事"①。这是秦始皇与丞相和鲁国儒生共同议论封禅礼仪问题，在当时，这是国家礼仪制度方面的一件大事。汉高帝五年（前202），列侯受封完毕，刘邦主持御前会议，讨论列侯位次的排序。参加者几乎众口一词地推荐曹参为第一，只有关内侯鄂千秋推荐萧何排第一位，得到刘邦的赞赏和首肯，于是排定了座次。汉武帝时期，对匈奴的政策由"和亲"转向战争，是经过几次御前会议的讨论。开始，"匈奴求和亲，群臣议前。博士狄山曰：'和亲便。'……上问张汤，汤曰：'此愚儒无知。'"② 此次会议虽然拒绝了狄山的建议，但并未决定对匈奴开战。元光二年（前133）匈奴又遣使前来求和亲，汉武帝再次召开御前会议命群臣进行讨论。会上，持反对意见的大行王恢和持赞同意见的御史大夫韩安国进行了激烈的辩论，参加会议的人多数赞成韩安国，汉武帝于是同意和亲。第二年，马邑人聂壹建议诱使匈奴入圈套加以袭击，为此，汉武帝再次召开御前会议讨论，韩安国与王恢再次针锋相对地进行了激烈辩论。最后汉武帝肯定了王恢的意见，于是开启了长达10年之久的征伐匈奴的战争。唐朝皇帝随时召开御前会议，

① 司马迁：《史记》卷六《秦始皇本纪》，中华书局1959年版，第242页。
② 班固：《汉书》卷五十九《张汤传》，中华书局1962年版，第2641—2642页。

就军国大事进行讨论。平时成为定制的有朔（每月初一）、望（每月十五）的"常参"会议，朝中五品以上官员皆可参加，就重大问题进行讨论。但由于这种会议参加人数太多，意见不易统一，影响决策效率。为了保持重要决策的机密和提高效率，皇帝常在"常参"会议后再召集宰相和其他有关大臣举行会议，就重大问题讨论决策。唐玄宗以后，又有延英殿会议，是皇帝和朝廷重臣一起讨论决策的场所。明朝的御前会议叫"廷议"，又称集议，由皇帝亲自主持，就重要军国大事如议位号、立君、储嗣、建都、郊祀、宗庙、典礼、封爵、大臣、民政、漕运、边事、宣战媾和等进行讨论决策。清朝的御前会议除礼仪性质的"大朝"和"常朝"之外，议决军国大事的会议就是"御门听政"，即由皇帝在乾清门，或瀛台东门，或圆明园的勤政殿，召集军机大臣及其他有关臣子，议决军国大事。

　　宰辅会议在封建国家的决策中有着举足轻重的作用。在秦汉时期，宰辅会议由丞相主持，朝廷重要官员参加，对军国大事进行讨论和决策。如孝文帝二年（前178），诏令丞相、御史大夫、太尉："今犯法者已论，而使无罪之父母妻子同产坐之及收，朕甚弗取。其议。"要求经过宰辅会议修改原来的律令。丞相周勃和陈平通过宰辅会议认为"如其故便"，主张不改，惹得文帝很不满意，周勃、陈平于是赶快附和文帝之意，"奉诏"按文帝的意旨改变原来的律令。[①] 景帝元年（前156），下令宰辅会议议定文帝之庙的礼仪，丞相王嘉主持宰辅会议讨论后，上奏说："世功莫大于高皇帝，德莫盛于孝文皇帝。高皇帝庙宜为帝者太祖之庙，孝文皇帝庙宜为帝者太宗之庙。"[②] 元狩六年（前117），汉武帝要求宰辅会议议定诸皇子的封爵，由丞相周青翟主持的宰辅会议一连议定了几个方案，汉武帝都不满意，最后还是依照他自己的意旨决定封爵。宰辅会议秉承皇帝的意旨，随时议决皇帝交下的问题。一般情况下，宰辅会议的决议都可以得到皇帝的首肯。有时皇帝对议决的结果不满意，可以一议再议，直到皇帝满意为止。但也有个别情况，皇帝对宰辅会议反复议决的结果仍不满意，最后只能由他自己决定。因为宰辅

---

① 班固：《汉书》卷二十三《刑法志》，中华书局1962年版，第1104—1105页。
② 班固：《汉书》卷五《景帝纪》，中华书局1962年版，第138页。

会议的参加者都是朝廷的主要官员，加之他们经常与皇帝接触，了解其脾性、爱好，因而一般议决的事情都可在皇帝那里顺利通过。在汉武帝之前，宰辅会议的决议大体上都能得到皇帝的尊重，所以丞相作为百官之首和宰辅会议的主持人在封建王朝的政治活动中自然起着举足轻重的作用。然而，正因为丞相的作用过于重要，在一定程度上妨碍了皇帝日益加强专制集权的要求，汉武帝为了牵制丞相的权力，于是又组建了新的决策机构中朝。后来，朝廷军国大事的决策权就逐渐移至中朝，宰辅会议也改由中朝首领大司马大将军主持了。由于宰辅会议一直是议决国家大政方针的重要场所，汉朝以后也延续下来，不过会议的主持者不时转换，如东汉时期是太尉，唐宋时期是丞相，明朝是内阁首辅，清朝是军机大臣。

朝廷有时为了在更大范围内集思广益，对重大军国大事进行讨论，也举行百官会议。参加者几乎包括了朝廷中央各机构的主要官员。该会议一般由丞相主持。如汉元帝时曾为了宗庙的设毁问题多次举行百官会议进行讨论。又如东汉建武中，匈奴的奠鞬日逐王比自立为呼韩邪单于，"款塞称藩"，要求汉朝皇帝承认。光武帝下令百官讨论此事。参加会议的多数人认为当时东汉刚建立，对匈奴情况不了解，以不理睬为好。只有时任五官中郎将的耿国力排众议，建议朝廷仿照汉宣帝的办法，予以承认。最后光武帝接受耿国建议，立比为南单于。这一正确决策，对维护北方边境的安全发挥了重要作用。东汉以后的历代各朝，百官会议以不同形式保留下来，主持会议的官员随着朝廷的重心转移，或由丞相，或由太尉，或由大学士、六部尚书、内阁首辅、军机大臣等担任。不过，如两汉那样较规范的百官会议，后来的皇朝举行的就少了。

除了以上这些较规范的决策机制之外，历代皇朝还广泛存在内侍参与决策的情况。因为在皇帝周围服务的有一大批侍从，如两汉时期的侍中、左右曹、诸吏、散骑、给事中、给事黄门等。唐代的散骑常侍、谏议大夫、补阙、拾遗等。清朝各殿的学士，各部的给事中等。另外，由于皇帝宫廷内部都大量使用宦官，这些本来作为洒扫庭除的奴才，因为与皇帝朝夕相处而获得皇帝的信任，从而参与决策。如东汉、唐朝、明朝和晚清，宦官一度执掌朝政，参与决策，给政治造成极大危害。

中国的古代皇朝在皇帝指令下通过各种途径决策后，将决策成果变成诏、制、令、敕，然后交有关部门去执行。其执政程序大体分成四种：一是由臣下提出，经皇帝认可，直接交职能部门拟定诏、制、令、敕，发布执行；二是臣下提出建议，由皇帝交由御前会议或宰辅会议或百官会议讨论定出方案，经皇帝同意后，拟定诏、制、令、敕，发布实行；三是由皇帝提出需要研究解决的问题交由职能部门或由御前会议或宰辅会议或百官会议讨论提出建议，再由皇帝认可后拟定诏、制、令、敕，发布实施；四是由皇帝直接发出诏、制、令、敕，交职能部门实行。在历代皇朝，最后一种施政方式用得最多。

从中国古代皇朝的决策程序和施政方式可以看出，其中的御前会议、宰辅会议、百官会议都是集思广益的一种有效方式，能够在一定程度上发挥集体智慧，吸纳臣下的正确意见，减少决策的失误。如汉武帝转变对匈奴的政策，就是成功施政的一个例子。但是，这种决策方式并不是后世民主国家实行的科学和民主的决策方式，因为无论在各种会议上臣下提出多少正确的意见，无论参加会议的臣子大多数都认同某种意见，他们的正确意见也不见得能够变成政策得到贯彻，因为封建王朝最后的决定权在皇帝一人，他可以采纳正确意见，也可能采纳错误意见。如"焚书"的建议仅仅是李斯一个人在百官会议上提出来的，多数博士和儒生都不认可，但秦始皇还是采纳了李斯的建议，于是就有了秦朝实施"焚书"的毁灭文化的罪恶举措。显然，在封建国家机器的正常运转中，只有皇帝才是真正的开关和枢纽。而他究竟采纳何种意见，在很大程度上取决于他的认识水平和个人好恶。这就增加了决策和行政的随意性，不可避免地增加了失误的概率。

三、决策依据与信息传递渠道

从秦汉时期开始，皇朝中央对于全国基本情况的掌握主要是靠上计制度定期汇报的各地政治、经济基本状况的资料。按照规定，每年秋冬，各郡都要派员到朝廷上计。在此之前，各郡的属县则先期集课，然后上计于所属郡府。郡府核其计簿，以评定殿最。《后汉书·百官志五》注引胡广的话对此作了说明："秋冬岁尽，各计县户口垦田、钱谷出入、盗贼多少，上其集簿。丞尉以下，岁诣郡，课校其功，功多尤为殿者，于廷慰劳勉之，以劝其后。负多尤为殿者，于后曹别责，以纠怠慢也。"郡府将各县上计的资料加以综合，然后在秋冬之际上计于朝廷。秦汉时期的上计制度比较严格，它借助于畅通的驿亭等传输网络，成为朝廷信息的主要来源，同时也成为朝廷决策的主要依据。这种制度在秦汉以后基本上延续下来。如唐朝时期，各道、府、州、县都在固定时间，上报本地的户籍、田地、财政、吏治等内容，另外还要根据朝廷临时下达的指令，就某些特殊项目进行汇报。

作为上计制度重要补充的各级官吏的奏章疏报是朝廷信息的另一重要来源。因为上计是定时的，并且所报问题也有一个规定的范围，所以不易及时反馈最新发生的信息。各级官吏的奏章疏报则较好地弥补了这一缺陷。它们可以把大量的最新信息及时反馈到朝廷，为决策提供第一手的资料。如汉武帝时，《汉书·主父偃传》记载他的上书，对诸侯王坐大的情况和危害进行了分析：

> 古者诸侯不过百里，强弱之形易制，今诸侯或连城数十，地方千里，缓则骄奢易为淫乱，急则阻其强而合从逆京师，今以法割削之，则逆节萌起，前日晁错是也。今诸侯子弟或数十，而嫡嗣代立，余虽骨肉，无尺寸地封，则仁孝之道不宣。愿陛下令诸侯得推恩分子弟，以地侯之。彼人人喜得所愿，上以德施，实分其国，不削而稍弱矣。

汉武帝同意他的分析与建议，于是一个"众建诸侯而少其力"的政策出台，基本上解决了汉初以来困扰朝廷中央的诸侯割据问题。这一信息渠道后来各皇朝都继续坚持使用，在宋、明、清诸朝，这一渠道得到不断强化，甚至逐渐成为信息来源的主要渠道。清朝除强化这一渠道外，自康熙朝起，还创设了"密奏"制度，即由皇帝指令亲信臣子，直接将一些信息秘密奏报给自己。这是因为正式奏报的内容往往死板单一，甚至隐瞒真实情况，所以康熙皇帝密令一些亲信密报地方官员不报或瞒报的内容。康熙二十年前后，他派亲信曹寅、李煦分任江宁和苏州织造，除了要他们为皇室督办锦袍绸缎外，还要求他们刺探江南官民舆论与地方动静。一次康熙就在李煦的密奏上朱批说:"近日闻得南方有许多闲言,无中作有,议论大小事。朕无人可以托人打听,尔等受恩深重,但有所闻,可以亲手书折奏闻才好。此话断不可叫人知道。"①他还在另一亲信、入直南书房的王鸿绪的奏折上朱批说:"京中有可闻之事,卿书奏折与请安封内奏闻,不可令人知道。"②雍正皇帝对"密奏"的重视较之他老子有过之而无不及,你看他在宁夏道鄂昌的一个密奏上的朱批是怎么说的吧:

> 今许汝等下僚亦得奏折者,不过欲广耳目之意。于汝责任外一切地方之利弊,通省吏治之勤惰,上司孰公孰私?属员某优某劣?营伍是否整饬?雨旸是否时若?百姓之生计若何?风俗之淳浇奚似?即邻境远省以及都门内外,凡有骇人听闻确据,抑或偶尔风闻之处,分析陈明,以便朕更加采访,得其实情,汝等既非本所管辖,欲求真知灼见而不可得,所奏纵至谬误失实,断不加责。③

　　封建王朝的监察系统搜集的情报也是朝廷中央信息的重要来源之一。中国古代封建王朝自秦汉时期起,就建立了较严密的从中央到地方的监察系统,这些系统的官员所收集的情报与上计和各级官员的奏章疏报所提供的资料互相印证、补充,其中关于各级地方官吏、豪右、地方舆情等情报是上计和奏章疏报涉及不多的,因而从一定意义上讲,监察系统提供的情报具有更大的价值。如西汉的王骏任京师的监察官司隶校尉时,就劾奏丞相匡衡"背法制,专地盗土以自益"④,使之受到惩罚。宋朝规定监察官员可以"风闻言事",广开言路,更使他们能够提供其他渠道得不到的信息。明清两朝建立了更严格细密的监察制度,基本上保证了这个渠道能够获取其他渠道不易获取的信息。

①　转引自白钢主编《中国政治制度通史·清代卷》,人民出版社1996年版,第60页。
②　转引自白钢主编《中国政治制度通史·清代卷》,人民出版社1996年版,第60页。
③　转引自白钢主编《中国政治制度通史·清代卷》,人民出版社1996年版,第62—63页。
④　班固:《汉书》卷八十一《匡衡传》,中华书局1962年版,第3346页。

除上述渠道外，朝廷还经常派出大臣出巡，这也是获取信息的重要方式。如汉武帝于元狩元年（前122）"遣谒者巡行天下，存问致赐。……有冤失职，使者以闻"。元狩六年（前117），又遣博士"分循行天下，存问鳏寡废疾……详问隐处亡位，及冤失职，奸猾为害，野荒治苛者，举奏。郡国有所以为便者，上丞相、御史以闻"①。后来的汉宣帝、元帝也多次派遣中央政府的各级官吏、博士等到全国各地巡视，通过这种活动了解吏治民情。后来的皇朝都继承发展了这种巡视制度，如明清两朝的御史巡视制度，就已经制度化和规范化了。显然，朝廷派遣使者出巡也是了解情况、获取信息的重要途径之一。由于使者系钦差大臣，具有权威性，而且出巡时对所要调查了解的情况又比较明确，所以一般地方官也不敢欺瞒，因而能够达到了解真实情况的目的。不过，这种出巡了解情况也不是没有弊端，如果出巡的目的荒唐，地方官再肆意迎合，那就可以找朝廷需要的任何材料。例如，当年王莽为篡政的需要，派出以大司徒司直陈崇等8人作为"风俗使者"分行天下，目的是寻找为王莽歌功颂德的材料。一年后回首都汇报，"言天下风俗齐同，诈为郡国造歌谣，颂功德，凡三万言"②。

中国古代封建王朝获取信息的第五个渠道就是纳谏和广开言路。历史上，凡是有作为的封建帝王，总是鼓励臣下上书言事并对其中的正确建议予以采纳，对建言者加以褒奖。如汉元帝在永光四年（前40）六月，下了这样一个求言的诏书：

> 盖闻明王在上，忠贤布职，则群生乐和，方外蒙泽。今朕晻于王道，夙夜忧劳，不通其理，靡瞻不眩，靡听不惑，是以致令多还，民心未得，邪说空进，事亡成功。此天下所著闻也。公卿大夫好恶不同，或缘奸作邪，侵削细民，元元安所归命哉？……自今以来，公卿大夫其勉思天戒，慎身修永，以辅朕之不逮。直言尽意，无有所讳。③

① 班固：《汉书》卷六《武帝纪》，中华书局1962年版，第180页。
② 班固：《汉书》卷九十九上《王莽传上》，中华书局1962年版，第4076页。
③ 班固：《汉书》卷九《元帝纪》，中华书局1962年版，第291页。

魏征认为朝廷必须随时了解全面和可靠的信息，对唐太宗讲了"兼听则明，偏听则暗"的道理。唐太宗十分重视广开言路，认为这是全面了解信息、不被蒙蔽的重要途径：

> 看古之帝王，有兴有衰，犹朝之有暮，皆为蔽其耳目，不知时政得失，忠正者不言，邪谄者日进，既不见过，所以至于灭亡。朕既在九重，不能尽见天下事，故布之卿等，以为朕之耳目。莫以天下无事，四海安宁，便不存意。①

历史上所有的所谓明君，几乎都是善于兼听明断的政治家，所以他们能通过广开言路了解真实全面的信息，作出正确决策。不可否认，纳谏和广开言路是一个获取信息与建议的重要渠道，有时在重大问题的决策中起重要作用。但是，这个渠道并不是一直能够保持畅通的。其畅通与否，除了受客观形势制约外，几乎完全决定于国君的个人品格。国君开明大度，具有容人之量，臣民就可以直言不讳地上书言事，提供真实而有价值的信息与建议；反之，国君昏聩荒唐，嫉贤妒能，听不进逆耳之言，就必然使忠贞之辈钳口，而佞幸之辈的阿谀之颂歌也就洋洋盈耳了。

四、决策的运行机制——朝议、廷争与皇帝的最终裁决

自秦汉时期起，中国的封建王朝的决策就逐渐形成了一套程序和机制。

秦汉时期，皇帝对某些重大问题作出决策前，一般先交丞相、御史大夫、廷尉等朝廷官员集议，称"朝议"。其形式有几种：有时皇帝将自己想出的议题交指定官员讨论；有时臣子提出建议再由皇帝交群臣或有关官员讨论；亦有时发生突发事件后皇帝临时召集朝中有关官员讨论。朝议的内容十分广泛，诸凡涉及皇室及国家政治、经济、军事和思想文化的大事，都通过朝议。在一般情况下，朝议由丞相主持，与会者可以就讨论的问题发表各

---

① 吴兢：《贞观政要》卷一《政体》，电子版《文渊阁四库全书》。

种不同意见，当与会者意见一致时，就提出倾向性建议供皇帝参考；意见分歧时，就如实将各种意见汇报给皇帝。汉武帝以后至东汉，由于建立了内朝（中朝），朝议也就分成两个：内朝朝议和外朝朝议。外朝朝议仍由丞相主持，内朝朝议则由录尚书事的大司马大将军主持。因为内朝决策权大于外朝，所以一般情况下内朝可以否定外朝朝议的结果。朝议有时和廷争结合起来。在皇帝主持朝议时，让与会臣子就某些重大问题进行辩论，是为廷争。如秦始皇三十三年（前214），皇帝在咸阳宫设宴招待群臣，"博士七十人前为寿"，这本来是一次轻松欢乐的宴会，谁知由于仆射周青臣肉麻地称颂秦始皇，认为"自古不及陛下圣德"，结果引发了一次激烈的廷争。博士淳于越对秦始皇不封王弟子一事提出批评，警告说"事不师古而能长久者，非所闻也"①。秦始皇将该议题交百官朝议，结果是李斯的焚书建议得到批准，由是推进了秦朝的文化专制。刘邦做皇帝后，在汉十二年（前195）曾打算废掉刘盈的太子地位，改立戚夫人生的刘如意为太子，当他在朝议时提出来时，立即遭到大多数臣子的反对，引起一场激烈的廷争。御史大夫周昌结结巴巴地说："臣口不能言，然臣期期知其不可。陛下欲废太子，臣期期不奉诏。"②而太傅叔孙通则一反看风转舵、圆滑诡谲的脾性，直言不讳地劝谏说："昔者晋献公以骊姬故废太子立奚齐，晋国乱者数十年，为天下笑。秦以不早定扶苏，胡亥诈立，自使灭祀，为陛下所亲见。今太子仁孝，天下皆闻之；吕后与陛下攻苦食啖，其可背哉！陛下必欲废嫡而立少，臣愿先伏诛，以颈血污地。"③由于臣子的激烈反对，使刘邦最后打消了废立太子的念头。秦汉以后，朝议与廷争作为一种决策程序一直为历代王朝所沿用。如北宋时，王安石的变法就是在以他为首的新党与文彦博为首的旧党不断的廷争中进行的。明朝时期，朝议与廷争叫廷议。洪武二十四年（1391），朱元璋就谕六部："自今凡有政令，必会官详议所论金可，然后施行。"④明朝廷议

---

① 司马迁：《史记》卷六《秦始皇本纪》，中华书局1959年版，第254页。
② 班固：《汉书》卷四十二《周昌传》，中华书局1962年版，第2095页。
③ 班固：《汉书》卷四十三《叔孙通传》，中华书局1962年版，第2129页。
④ 《高皇帝宝训》卷六，转引自白钢主编《中国政治制度通史·明代卷》，人民出版社1996年版，第109页。

的主持者最早是丞相，后由各主管部的尚书主持。参加的官员都与所议之事有关，所以人数时多时少，多时过百，少时二三十人。明朝后期，皇帝信任宦官，有时司礼太监也参加廷议。清朝时期，朝议和廷争通过皇帝御门听政、议政进行。顺治朝主要通过议政王大臣会议，康熙时主要与大学士、学士讨论，雍正以后则是与军机大臣和有关臣下讨论。如康熙时关于偏沅巡抚的任命，康熙就与大学士、学士进行讨论、议决：

> 早，上御乾清宫……大学士、学士随捧折本面奏请旨，为吏部题偏沅巡抚韩世琦调补员缺，开列学士王守才等职名事。上曰：尔衙门学士金汝祥仅一硁硁谨饬之人，未能料理繁剧。王守才庸常，不能胜任。巡抚职任繁要，倘用一不堪之人，使之贻累地方，可乎？朕观原任河南布政使薛柱斗为人甚尤，其朝觐启奏时，言论举止颇明白安详。大学士勒德洪奏曰：薛柱斗为人果优。上曰：其操守如何？李霨奏曰：臣等不甚知之。吴正治奏曰：亦未闻其操守有失。明珠奏曰：臣等公意，以为湖南地方虽不似云南、广东等处被贼（指吴三桂等三藩势力）蹂躏，但为贼巢已久，民亦深受其害。苏松布政使丁思礼为人既优，且竭力催科，钱粮已完八九分矣，虽稍有未完分数，而皇上已准其卓异。明朝定例，因苏松钱粮浩繁，完至七分以上者，即准为十分考成。若将此人补授，想定有益于地方小民。王熙奏曰：丁思礼操守平常。上沉思良久，曰：丁思礼才具原优，又能尽职完钱粮，着补巡抚。①

特别是一些重要的军国大事，皇帝在作出决定、颁布实施前，更要征求有关部门意见，或提交议政王大臣会议、大学士、学士会议、军机处会议或它们的扩大会议进行讨论。如康熙十二年（1673）七月，平西王吴三桂以退为进，上疏朝廷要求撤藩回辽东养老。康熙认为兹事体大，于是先将此事交户、兵二部和议政王大臣会议讨论，因为分歧意见较大，又将讨论范围扩大

---

① 《康熙起居注》第 1062—1063 页，转引自白钢主编《中国政治制度通史·清代卷》，人民出版社 1996 年版，第 76 页。

至九卿和科道一级官员，最后康熙皇帝同意户、兵二部和议政王大臣会议多数人意见，顺水推舟，将计就计，同意撤藩，并就在辽东安置吴三桂及其属下人员。然而，由于吴三桂举兵反叛，清朝皇帝只有采用武力解决的方针处理了三藩问题。

在中国封建社会，皇朝的决策尽管有不少程序，御前会议、宰辅会议、百官会议，特别是朝议与廷争，在决策过程中都起到重要作用。但是，所有这些会议提出的建议和方案，对皇帝只是起一种参考和咨询的作用，因为决策的最后裁决权掌握在皇帝手上。如元光二年（前133），匈奴请"和亲"，在朝议中，大行王恢主张拒和亲，御史大夫韩安国主张答应和亲，最后汉武帝决定与匈奴继续和亲。第二年，朝议再次讨论对匈奴的和战问题，王恢和韩安国仍然坚持原来的意见，但汉武帝却同意王恢的意见，由是开启了对匈奴的战争，前后时间不到一年，臣子们的意见没有发生变化，可汉武帝的决策却来了个180度的大转弯。又如，群臣拥戴刘秀登上帝位的过程是一幕喜剧。建武元年（25）正月，刘秀率军进至右北平，诸将建议刘秀"上尊号"，马武代表他们要求刘秀"还蓟即尊位"，被刘秀断然拒绝。四月，大军进至中山，诸将再次要求刘秀即天子位，他们的理由自然是充足而堂皇："大王初征昆阳，王莽自溃，后拔邯郸，北州弭定；三分天下而有其二，跨州据土，带甲百万。言武力则莫之敢抗，论文德则无所与辞。臣闻帝王不可以久旷，天命不可以谦拒，惟大王以社稷为计、万姓为心。"[1] 但还是遭到刘秀的坚拒。大军行至南平棘时，诸将又一次请刘秀正尊位，仍然遭到拒绝。其实，刘秀并不是不想做皇帝，也不是故示谦伪，而是感到时机不成熟："寇贼未平，四面受敌，何遽正位号乎？"但接下来，耿纯的一番话却动摇了刘秀缓称帝的决心：

> 天下士大夫捐亲戚，弃土壤，从大王于矢石之间者，其计固望其攀龙鳞，附凤翼，以成其所志耳。今功业既定，天人亦应，而大王留时逆众，不正号位，纯恐士大夫望绝计穷，则有去归之思，无为久自

---

[1]　范晔：《后汉书》卷一《光武帝纪》，中华书局1965年版，第21页。

苦也。大众一散，难可复合。时不可留，众不可逆。①

前进至鄗（今河北高邑东），刘秀改变主意，草草举行了即天子位的仪式。你看，尽管此前诸将众口一词要求刘秀即帝位，他却不为所动，而最后即位的时间还是他自己选择的，别人无法左右他。从主观感觉上他是不受制约的。再如，历史上人们一般都把岳飞父子之被冤杀归罪于奸相秦桧，在杭州岳王坟前跪而受罚的铁铸人像也是秦桧夫妇。事实上，岳飞之冤死秦桧虽然不能辞其咎，但起决定作用的却是宋高宗，正是他亲自导演了这场悲剧。是他下旨逮捕岳飞，送大理寺"根勘"，尽管当时的大理寺少卿薛仁辅指出岳飞一案事实有出入，大理寺丞李若朴与何彦猷坚持只能判岳飞二年徒刑，但高宗仍然将岳飞"特赐死"。

　　中国封建王朝的决策过程虽然不乏集思广益的程序，有时臣下的正确意见也获得采纳，但专制主义的人治原则、主观随意性还是如影随形地时刻表露出来。这是因为，在专制主义中央集权的行政体制下，皇帝拥有最高的行政、司法、军事、财政、人事等各方面的权力，"天下之事无大小皆决于上"②，而这些权力却是不受任何制约的。在皇帝眼里，国家是他的私产，他对于国家的一切，从臣子到百姓，都可以任意处置。在行政上，皇帝是国家元首，以丞相、三省长官、军机大臣等为首的百官受其任免又一切听命于他。皇帝主持制定和颁布法律，同时又可以随时更定法律，他的话也是法律："三尺安出哉？前主所是著为律，后主所是疏为令，当时为是，何古之法乎？"③对于全国的土地和财富，皇帝可以任意挥霍，又可以随意封赏臣下，比处理自己的钱袋还慷慨大度。皇帝又是全国武装部队的最高统帅，从太尉、大将军到每一个士卒都要听他的调度。当然，皇帝接受臣下的意见改变自己主意的例子是有的，但这只能说明他有善于纳谏的品格和气度，却丝毫不能证明他的权力被限制。每个封建王朝都制定了严密的法律作为维护统治的工具，但在国家重大问题的决策中，却没有对皇帝权力加以制约的程

① 范晔：《后汉书》卷一《光武帝纪》，中华书局 1965 年版，第 21 页。
② 司马迁：《史记》卷六《秦始皇本纪》，中华书局 1959 年版，第 258 页。
③ 班固：《汉书》卷六十《杜周传》，中华书局 1962 年版，第 2659 页。

序。这突出显示了以国君意志为转移的人治主义原则。这种人治主义原则主要表现为国君在决策中的最后决定作用。尽管在最后决策前的御前会议、宰辅会议、百官会议以及朝议和廷争中，臣子们可以发表各种不同的意见，一些有胆识的臣子甚至可以与皇帝发生激烈的争论，但是最后的决策既不是根据会议上多数人的意见，也不是看某种意见是否充分与合理，而是由国君按照自己的好恶作出决断。尤其是在特别强势的皇帝当政时，其专制主义的人治原则就表露得更为明显。如汉武帝，他今年决定对匈奴和亲，明年又决定对匈奴开战；既可以决定酷吏张汤下狱致死，又可以把所谓陷害张汤的三长吏送上断头台，还逼使与此案有牵连的丞相翟青自杀；他既能立钩弋夫人生的儿子刘弗陵为皇位继承人，又可以残忍地逼令钩弋夫人自裁；最后，他既可以"内兴功作，外攘夷狄"，把全国人民绑在战车上运转，又可以接受田千秋的建议，发布"轮台诏"，恢复与民休息的政策等等。又如 20 岁即位的汉哀帝，虽然是个远非励精图治的窝囊皇帝，却可以在数年之内将一个只会胁肩谄笑的 20 多岁的董贤提拔到大司马的位置上，也可以把声势显赫、在朝野有着盘根错节势力的王莽从大司马的位子上拉下来，逼使他到南阳的封地上闭门思过。又如清朝的道光皇帝，今天可以任命林则徐为钦差大臣全权掌控禁烟，抵抗英国侵略军，明天又能够勒令林则徐充军伊犁，让琦善与英国侵略军妥协。

正因为封建王朝盛行人治主义原则，无法可依与有法不依的情况就十分严重，因而在决策上就不可避免地表现出随意性和盲目性，使不少决策缺乏科学论证，从而造成较多的失误。例如，秦始皇在二十八年（前 219）"浮江，至湘山祠"遇到大风时，从随行的博士那里得知湘君是"尧女，舜之妻"的回答，竟然"大怒，使刑徒三千人皆伐湘山树，赭其山"①，制造了一场破坏生态平衡的灾难。又如刘邦北伐匈奴的决策是因韩王信叛降匈奴引发的，既未经臣下慎重讨论，又听不进娄敬的逆耳之言，结果遭到一次大的失败。再如宋高宗对金国一再屈辱妥协的决策，背后的重要原因是他贪恋帝位、害怕徽、钦二宗生还的私心。1840 年以来，清朝皇帝之所以在反抗外

---

① 司马迁：《史记》卷六《秦始皇本纪》，中华书局 1959 年版，第 248 页。

国侵略者的战争中一再出现错误决策，与他不谙中外大势、盲目决策有直接关系。每个封建王朝，越到衰世，其决策的随意性和盲目性越突出。西汉的哀、平之世，东汉的桓、灵之世，宋朝的徽宗、钦宗之世，唐朝的武、宣、懿、僖之世，明朝的天启、崇祯之世，都是决策如儿戏。

显然，由于封建王朝的决策盛行专制主义的人治原则，因而政治状况的好坏在很大程度上就与帝王个人的英明与昏聩联系在一起，正所谓"一身系天下之安危，一言关万姓之忧乐"。皇帝体察民情，关心百姓疾苦，可以创造一个政治清明、经济发展、文化繁荣的太平盛世。皇帝雄才大略，远见卓识，可以建树震古烁今的不朽功业。秦始皇、汉武帝、汉光武帝、唐太宗、宋太祖、明太祖、明成祖、清康熙、乾隆等，之所以创造了辉煌的功业，建树了诸如文景之治、贞观之治、洪武永乐之治那样的封建盛世，除了历史提供的客观条件之外，最重要的原因是因为产生了一个贤明和雄才的皇帝。由于不是法治而是人治，致使社会不少时间处于动荡不安的非稳定状态。不要说每一次改朝换代必然引起一次大的社会震荡，甚至以中断社会经济文化的发展为代价，就是一次新老皇帝的更替，有时也会带来社会的动荡不安。并且，专制主义人治原则必然产生两方面的恶果：一方面，一个皇帝坚持的政策不管多么荒谬和错误，只要他坚持不改，谁也无奈他何，只有等他死去、新皇帝登基，才有可能改变政策。例如，汉武帝一反文、景的休养生息政策，汉昭帝改变汉武帝的盐铁官营政策，南宋孝宗皇帝改变其父高宗对抗战派压制的政策，明成祖改变明太祖的皇位继承安排，清嘉庆皇帝改变乾隆皇帝对权臣和珅宠信优容的政策等，都与皇位的更替连在一起。另一方面，一些好的政策也可能在皇位更替中夭折。如此一来，就使封建社会的政治和经济难以出现历时较久的稳定发展的局面。特别是，专制主义人治原则的最大缺陷是其决策的随意性和盲目性以及由此导致的非科学性，致使决策的失误过多，从而给国家和社会带来一次又一次的灾难。例如，汉武帝过度的"内兴功作，外攘夷狄"的决策所导致的结果是："海内虚耗，户口减半"。王莽推行"王田""奴婢"政策的结果是进一步激化阶级矛盾和社会矛盾，引发大规模的赤眉、绿林起义。东汉桓帝、灵帝关于"党锢"的决策，恰恰斫尽对当时社会问题认识最深刻的那一部分耿直派官僚和知识分子对东汉皇朝的最后一点幻想，扩大了统治阶级内部的裂痕，从而在客观上为黄巾起义的爆发创造了有利条件。隋炀帝的错误决策，促成了隋末农民起义的爆发。北宋皇帝一错再错的错误决策，使北宋对辽、金等北方少数民族的斗争连连失败。而晚清皇帝对外国侵略者决策的一连串失误，导致的是一再地屈辱签约、割地赔款，使近代中国一步步沦为半殖民地社会。

第三章　司法制度的建立与变迁

一、司法制度

（一）三代至隋唐时期司法制度的建立和发展

中国古代社会在夏商周三代时期，对国家和社会的治理主要靠礼治，但同时也制定了有关刑罚的律条，如夏代就有《禹刑》，也称《皋陶之刑》3000条，其中主要是所谓昏、墨、贼等罪，即自己行为丑恶而妄加美化的昏罪，贪污腐化的墨罪，有恃无恐杀人的贼罪，三者罪不容赦，皆在该杀之列。商朝有《汤刑》，据传有300条之多。《禹刑》《汤刑》和后来周朝的《九刑》合称"三辟"，即三种法律。《汤刑》的主要罪名有"不从誓言""颠越不恭""谣言惑众""不孝之行""臣下不匡""弃灰于公道"等，刑罚的种类有死刑、肉刑和徒刑，仅死刑就有"族诛""大辟""炮烙""脯醢""剖"等名目，是相当残酷的。周朝的《九刑》相传为吕侯（即甫侯）所作，所以又称《吕刑》，内容包括"墨罚之属千，劓刑之属千，膑刑之属五百，宫刑之属三百，大辟之罚其属二百，五刑之属三千"。"三代"有所谓"礼不下庶人，刑不上大夫"之说，实际上，在规范人们行为的制度中，以礼为主，以刑为辅，礼与刑是互补的。春秋战国时期，中国历史完成了由奴隶制社会向封建制社会的过渡。伴随着"礼崩乐坏"的是对法制的强调和强化，各诸侯国的成文法逐步制定和公布。如公元前536年郑国子产"铸刑书"，公元前513年晋国赵简子"铸刑鼎"。进入战国，各诸侯国掀起了变法运动，其中的重要内容就是制定和颁布法律，提出"不分贵贱亲疏，一断于法"的著名口号。如李悝在魏国制定《法经》6篇，吴起在楚国"明法审令"，商鞅在秦国"定变法之令"，将李悝的《法经》带到秦国加以实施。1975 年在湖北云梦睡虎地出土的竹简《秦律》，基本上就是李悝、商鞅所制定的法律体系。战国时期的法律最大的特点是诸法合体而以刑罚为主。

秦朝建立后，李斯主持制定了《秦律》，其中包括刑法、诉讼法、民法、行政法、经济法、军法等，其中心则是刑法。秦律的一个重要特点是"轻罪重罚"，而它的刑罚又以特别残酷而著称。根据《睡虎地秦墓竹简》提供的资料，秦朝的刑罚共分 12 类，其中死刑有戮、弃市、磔、定杀以及见于其他记载的族、夷三族、枭首、车裂、腰斩、体解、凿颠、抽胁、镬烹、坑、囊扑、具五刑等；肉刑有黥、劓、刖、宫等；徒刑有城旦春、鬼薪、白粲、隶臣妾、司寇、候等，除以上 3 类刑罚外，还有笞刑、髡、耐、完、迁、赎刑以及赀、废、谇、连坐、收等。刑种繁多，死刑与肉刑特别残酷和野蛮。西汉建立后，萧何损益《秦律》作刑法为主要内容的《九章律》，叔孙通作朝仪为主要内容的《傍章律》18 篇；文帝时，晁错更定了部分法律条文；武帝时，张汤作有关宫廷警卫的《越宫律》27 篇，赵禹作《朝律》6 篇，全部合起来是 60 篇 359 章，统称《汉律》。《汉律》基本继承了《秦律》"繁密苛酷"的内容，但在文景时期向宽松倾斜，废除了其中一些酷刑条目。不过到武帝时又转向严密苛酷。《汉书·刑法志》记载：

> 及至孝武即位，外事四夷之功，内盛耳目之好，征发烦数。百姓贫耗，穷民犯法，酷吏击断，奸宄不胜。于是招进张汤、赵禹之属，条定法令，作见知故纵、监临部主之法，缓深故之罪，急纵出之诛。其后奸猾巧法，转相比况，禁罔寝密。律令凡三百五十九章，大辟四百九条，千八百八十二事，死罪决事比万三千四百七十二事，文书盈于几阁，典者不能遍睹。

武帝时期法律的烦密苛酷一直延续下来，从其后代皇帝的诏书也可以反映出来，如元帝曾下诏说："今律令烦多而不约，自典文者不能分明，而欲罗元元之不逮，斯岂刑中之意哉！"① 成帝在诏书中也说："今大辟之刑千有余条，律令烦多，百有余万言，奇请他比，日以益滋，自明习者不知所由，欲以晓喻众庶，不亦难乎！于以罗元元之民，夭绝无辜，岂不哀哉！"② 武帝后的汉律尽管与秦律更加接近，但也有明显不同，这就是汉律把调整礼仪规范与刑律结合在一起，甚至"以《春秋》决狱"，明显展示了儒家的思想影响。张汤任廷尉和御史大夫时，就专门任儒生为属吏，以便在执法时随时附会经书义理。

西汉法律至武帝时堪称完备。除正式的律外，令、科、比等也具有法律效力。所谓令即皇帝的诏令，它不仅可以补充现行的法律条款，而且时常改变，甚至取消些法律条款。如酷吏杜周在回答人们对他断狱"不循三尺法"而任意胡为的责难时，坦率地说："三尺安在哉？前主所是，著为律。后主所是，疏为令，当时为是，何古之法乎？"③ 皇帝的诏令数量很多，调整的范围也十分广泛。如为指导审判程序颁有《廷尉挈令》；为加强对犯人的管理震慑，颁有《狱令》和《棰令》；为保卫皇帝安全，颁有《宫卫令》；为征收赋税，颁有《田令》；为使仓库管理有章可循，颁有《金布令》；为了压制和榨取工商业者，颁有《缗钱令》和《告缗令》；为使官吏子弟荫袭官吏有法可依，颁有《任子令》；还有为祭祀宗庙颁布的礼仪《祠令》和《斋令》等等。这些诏令经丞相副署下达，从中央政府一直下达到乡、亭、烽、燧。除律令外，科、比也是汉朝法律的重要组成部分。科即"课"，刘熙《释名》："课其不如法者罪责也。"见于《晋书·刑法志》记载的汉科有"登闻道辞""考事报谳""使者验赇""擅作修舍""平庸作脏""投书弃市"等。所谓比即"引它类以比附"④，凡律无正条者，比附以为罪。西汉比的应用十分广泛，有决事比、死罪决事比、词讼比三类。科、比繁多，必然给官吏的贪赃枉法创造便利条件，"奸猾巧法，转相比况""罪同论异，因缘为市"，

---

① 班固：《汉书》卷二十三《刑法志》，中华书局 1962 年版，第 1103 页。
② 班固：《汉书》卷二十三《刑法志》，中华书局 1962 年版，第 1103 页。
③ 班固：《汉书》卷六十《杜周传》，中华书局 1962 年版，第 2659 页。
④ 班固：《汉书》卷二十三《刑法志》"师古注"，中华书局 1962 年版，第 1104 页。

"所欲活则傅生议，所欲陷则予死比"①，司法的"公正"肯定要大打折扣了。东汉的建立者刘秀亲历了反王莽战争的全过程，知道王莽的严刑峻法是激化他与百姓矛盾的重要原因，所以建国后就打出"解王莽之繁密，还汉世之轻法"②的旗号，基本上恢复了西汉的《九章律》，终东汉之世，历代皇帝曾56次颁布弛刑的诏书，使其法律沿着轻刑的方向发展。

魏晋南北朝时期，法律承袭《汉律》而有所变异，这一时期制定的《魏律》《晋律》《北齐律》等，反映了世族门阀特权对法律的影响，如"八议"规定对亲、故、贤、能、功、贵、勤、宾犯罪时宽免的特权。但这一时期的法律也有进步之处，如残忍的宫刑被废除了，民间契约的法律效力也得到官府的确认。隋朝文帝制定了《开皇律》，其后沿着轻刑的方向稍加变异，如删去死罪81条，流罪154条，徒枷等罪1000余条，废除了前代的鞭刑、枭首、轘裂等酷刑与孥戮相坐之法。隋炀帝修改《开皇律》，制定《大业律》，从律文看刑罚较《开皇律》为轻，但因他很快就推行暴政，实际上轻刑之法没有执行，反而变本加厉地实施酷刑，结果激起民众的反抗，隋朝很快也就灭亡了。唐朝打出"废隋苛法"的旗号，高祖的《武德律》，太宗的《贞观律》，高宗的《永徽律》，唐玄宗的《开元律》，统称《唐律》，较之《隋律》，都呈现轻刑之势。流传至今的《唐律疏议》是长孙无忌等对《唐律》的诠释，是我国古代现存的最早最完备的法律文本。《唐律》共12篇，以刑法为中心，涉及社会、政治、经济、军事的方方面面，是极其细密具体并且具有很强的可操作性的法律文本。其中如卫禁律，是关于皇宫及城镇边防要地警戒保卫的法律；职制律是关于官吏设置和惩办失职、贪渎方面的法律；户婚律是关于户籍、赋税、田宅和婚姻家庭方面的法律；厩库律是关于公私牲畜养护、仓库管理和官物出纳的法律；擅兴律是关于军队征调、指挥、行军出征和兴建工程中违法的律令；贼盗律是关于惩治反叛、大逆、杀人和劫盗等罪行的法律；斗讼律是关于斗殴伤人与控告申诉的法律；诈伪律是关于惩办欺诈和作伪的法律；杂律是关于惩治各种刑事和民事犯罪如国忌

---

① 班固：《汉书》卷二十三《刑法志》，中华书局1962年版，第1101页。
② 范晔：《后汉书》卷七十六《循吏列传》，中华书局1965年版，第2457页。

作乐、私铸钱币、奸非、失火、赌博、犯夜、私造度量衡、借贷、雇用契约、商品价格、市场管理、商品质量检查、医疗事故、堤防、水运、城市交通、公共安全、清洁卫生管理方面的法律；捕亡律是关于追捕逃犯和逃丁的法律；断狱律是关于审讯、判决、囚禁、执行等方面的法律。五代时期法律形式主要是"刑统"，即刑律统类，起源于唐朝大中七年（853）颁布的《大中刑律统类》，其中后周于显德四年颁布的《大周刑统》21卷，是《唐律》以后重要的一部法律文书。

（二）宋朝至明清司法制度的进一步完善

宋朝统治者比较重视法制建设，从太祖修订《重详定刑统》起，历代皇帝都制定和修订各种法律法规，直到理宗淳祐年间编纂《淳祐敕令格式》和《淳祐条法事类》为止，宋朝的法律法规才基本稳定下来。北宋前期，法规的主要形式是令、格、式、敕，与律（《刑统》）并行。神宗以后，敕、令、格、式被称为"海下条贯"，遇到新情况，就制定新的敕令，称"续降指挥"，与"海下条贯"具有同等的法律效力。南宋时期，又随事分类编纂法典，如高宗时编纂的《宋大诏令集》240卷，孝宗时编纂的《淳熙条法事类》，宁宗时编纂的《庆元条法事类》437卷等，成为另一体例的法典。另外，宋朝还出现了一些专门法，如"铨选法""盗贼重法""妻孥编管法""诸仓乞取法""婚姻法""继承法""分析法""户绝法""亲子法"等，其中除"铨选法"外，都大量涉及经济内容，说明宋朝的经济相当发达，民事中的经济纠纷也日益增多。金朝统治北中国多年，因其为少数民族入主中原，开始施行女真人的不成文的习惯法"金国旧俗"，后来"稍用辽、宋法"①。再后陆续编纂出《皇统新制》《正隆续降制书》《大定重修制条》等成文法。最后是于泰和元年（1201）编纂的《太和律义》，内容包括名例、卫禁、职制、户婚、厩库、擅兴、贼盗、斗讼、诈伪、杂律、捕亡、断狱等十二律，563条，是金朝最完备的法规。《太和律义》明显继承《唐律》，对元朝的法律产生了较显著的影响。在秦汉以后的中国历史上，元朝是法制最混乱的一个

---

① 脱脱等：《金史》卷四十五《志》第二十六《刑》，中华书局年1995年版，第1014页。

朝代，始终没有形成一部形式完备、内容稳定的法典。它一面使用金朝的《太和律义》，一面使用蒙古的习惯法，更多使用那些因事立制、临时制宜的条例，即所谓"断例"，同时在法律上执行严格的民族歧视政策，优待蒙古族人和色目人，歧视汉人和南人。特别是元朝官吏素质极差，"通知法律者少"①，贪赃枉法者多，"设计害民，无所不至"②。这成为激化阶级和民族矛盾的重要原因，元朝成为中国历史上的一个短命皇朝与此有直接关系。

　　明朝比较重视法制，朱元璋建国伊始，就命丞相李善长主持制定律令，经过20多年的研究集议，最后经朱元璋裁酌，完成了一部法律文书，于洪武三十年（1397）公布，这就是影响深远的《大明律》。全律分七篇30卷460条。总则为《名例律》，下面按六部范围分吏、户、礼、兵、刑、工六律。这是以刑法为中心、几乎涉及各种法规的一部百科全书式的法律文书，特别是各级官府决狱依据的大法。这部大法终明朝之世稳定存在，其中因时世变迁需要增加新的条规，就以新颁布的诏令加以补充。例如，朱元璋采集官民犯罪的事例编成《大诰》，条列了揽纳户、安保过付、民人经该不解物、洒派抛荒田土、倚法为奸、空引偷车、黥刺在逃、官吏长解卖囚、寰中士大夫不为军用等10条，记录了1万多个案例，与《大明律》共同实行，构成明朝完整的法律体系。《大明律》和《大诰》构筑的明朝法律体系较之《唐律》更加完备，也更加残酷，其中规定的"十恶""八议"之法，加大了对危害国家安全罪、结党罪、经济犯罪、贪赃枉法罪以及思想罪的惩罚力度，反映了处于封建社会后期的明朝专制主义的进一步强化。清朝的《大清律》基本上承袭《大明律》，顺治四年（1647）颁布。康熙、乾隆时期加以修订。乾隆时期公布的《大清律例》分例（刑名）、吏、户、礼、兵、刑、工7类。乾隆还规定每隔若干年增修一次，目的是把新的条例添加进去，不断完善法律条文。清律保留了《大明律》中的"十恶""八议"之法，并且严格区别良贱，规定军、民、匠、灶四民为良民，奴仆、娼、优、隶、卒为贱民，他们犯同样的罪，惩罚时贱民重于良民。同时又颁布《督捕则例》，是针对旗

---

① 苏天爵：《建言刑狱五事》，《滋溪文稿》卷二十七，电子版《文渊阁四库全书》。
② 苏天爵：《禁治死损罪囚》，《滋溪文稿》卷二十七，电子版《文渊阁四库全书》。

人依附民惩罚的律令，对新疆、西藏、蒙古及各少数民族也制订了专门的法律，反映了维护等级制度和满族作为统治民族的利益。清朝法律较之《大明律》进一步细密和完备，是中国古代集其大成的法律体系。

中国古代法律产生、发展和完备的历史表明，统治阶级，尤其是封建社会的当权派，对法制维护统治和社会稳定作用的认识愈来愈明晰，因而愈来愈重视法制建设。从李悝的《法经》到《大明律》《大清律》，古代法律基本上是沿着完备细密的方向发展，尽管一直未能脱离以刑法为中心的基本格局，但内容却不断丰富、严密和细化，涉及了政治和社会生活的几乎所有领域，包括了民法、军法、商法、行政诉讼法、婚姻法、继承法、断狱审判法等一系列法规，几乎涵盖了后来近代社会所有法的众多内容。这些法律尽管主要是维护统治者的利益，但也维护了正常的社会秩序，对生产发展、经济繁荣和百姓生活的稳定是有利的。

二、司法机构、程序与权力行使方式

（一）司法机构的建立和完善

在司法制度方面，秦汉以来的封建王朝都建立了一套较完备的从中央到地方的垂直领导的司法体制。其中，皇帝是全国司法的最高决策者和最后裁判者。他不仅任命官员主持制定各种法规，而且以经常颁布的各种诏令不断补充着法律的条款和给予司法新的指导。全国的司法机构都对皇帝负责。同时，皇帝还亲自过问一些大案要案，决定对某些重要罪犯的惩罚，以及宣布大赦等。如秦始皇就亲自决定了对嫪毐、吕不韦和方士案件的处理。汉朝皇帝几乎人人都处理过一些大案要案，特别是汉武帝在位时间既长，又大权独运，亲自处理的案件更多，其中重要的有魏其侯窦婴案、陈皇后巫蛊案、淮南王刘安、衡山王刘赐谋反案、方士乐通侯栾大坐诬罔案、诸邑公主、阳石公主巫蛊案、戾太子案、丞相刘屈氂案。明朝朱元璋亲自处理胡惟庸案、蓝玉案。后来的皇帝还通过直接控制的特务机构东厂、西厂、锦衣卫、镇抚司兼管刑狱。清朝康熙皇帝亲自处理鳌拜案，嘉庆皇帝亲自处理和珅案等。两汉及其以后的皇帝，大都使用大赦缓和统治阶级内部和其他社会与阶级矛盾。总起来看，皇帝作为全国司法事务的最高决策者和裁判者，其权力和作用是任何具体的司法机构和司法官吏所不可替代和不能替代的。

秦汉时期，丞相作为总理全国政务的最高官员，同样负有司法责任，有权劾案百官执行诛罚。如汉武帝时丞相田蚡能将曾任大将军的窦婴和曾任将军的灌夫依法处以死刑，汉文帝的宠臣邓通因对丞相申徒嘉怠慢无理，就被申徒嘉下令斩首，全赖文帝相救，方免一死。史书对此有一段生动的记载：

> 嘉为人廉直，门不受私谒。是时太中大夫邓通方爱幸，赏赐累巨万。文帝常宴通家，其宠如是。是时嘉入朝，而通居上旁，有怠慢之礼。嘉奏事毕，因言曰："陛下幸爱群臣则富贵之，至于朝廷之礼，不可不肃。"上曰："君勿言，吾私之。"罢朝坐府中，嘉为檄召通诣丞相府，不来，且斩通。通恐，入言上。上曰："汝弟往，吾今使人召若。"通至丞相府，免冠，徒跣，顿首谢嘉。嘉坐自如，弗为礼，责曰："夫朝廷者，高皇帝之朝廷也，通小臣，戏殿上，大不敬，当斩。吏今行斩之！"通顿首，首尽出血，不解。上度丞相已困通，使使持节召通，面谢丞相："此吾弄臣，君释之。"邓通既至，为上泣曰："丞相几杀臣。"[1]

不过。汉武帝以后，由于中朝的权力越来越盖过丞相之权，丞相的司法职能也逐渐削弱，后来历朝的丞相，除个别特殊情况下，其司法职能也越来越微弱了。

秦汉时期，由于御史大夫是仅次于丞相的朝中高官，又掌握图籍秘书、四方文书，并且熟知法度律令，其司法之权甚至超过丞相。皇帝在交付会审案件的时候，其组成人员中御史大夫几乎是必备人选，而丞相倒不见得一定是参与人员。如御史大夫张汤就经常审理武帝交办的案件。不过，丞相与御史大夫虽然有司法之权，但他们都不是专职的司法官吏，丞相府和御史府自

---

[1]　班固：《汉书》卷四十二《申屠嘉传》，中华书局1962年版，第2100—2101页。

然也不是专门的司法机构，他们的司法之权都是兼理性质。秦汉时期，皇朝中央专职的司法机构是廷尉，其主管长官亦称廷尉，为朝廷九卿之一。他向上对皇帝负责，对下统一领导各级地方政府的司法活动。廷尉依朝廷律条和皇帝诏令，掌管刑狱，以法判罪，同时接受地方官员和百姓的上诉。廷尉的属官有廷尉正、廷尉监、廷尉平和一批掾史。魏晋南北朝皇朝中央的司法体制大体沿袭秦汉。北齐则设置大理寺作为最高司法机构，以大理寺卿和少卿为正、副主官，其下有正、监、评以及博士、明法、狱掾等属官，掌握中央百官犯罪及京师徒刑以上案件的审理。隋唐因袭北齐，以大理寺主持全国司法事务，与掌管全国刑法及徒隶、勾覆、关禁政令的刑部互相配合，共同承担审批和刑狱管理等事宜。唐朝对重大案件和上诉案件由大理寺卿会同刑部尚书、御史中丞共同审理。宋朝在朝廷中央设置大理寺、刑部、御史台、审判院等最高司法机构。大理寺不管一般审讯，只负责详断各地奏报案件，经审判院复查后同署上报。刑部复审大理寺详断案件。御史台设"台狱"审理重大刑事案和重大行政案。明朝中央司法体系实行三法司制，刑部审判案件，都察院纠察，大理寺驳正。清朝继承明朝的司法制度，刑部掌管刑罚政令，凡徒、流以上案件归其复审；都察院主纠察；大理寺参与平决。以上合称"三法司"。一般死刑案件，都需经过三法司的"会勘"。

秦汉以后中国封建社会的各级地方行政长官，同时都兼理司法，是该地区司法的最高负责人。例如，郡守的重要职责之一就是管理司法，所以汉宣帝认定"政平讼理"是标志郡太守治绩的重要内容。西汉薛宣为左冯翊时，"为吏赏罚明，用法平而必行"[1]，得到人们广泛的赞扬。东汉陈宠出任广汉太守，是时"西州豪右并兼，吏多奸贪，诉讼日百数。宠到，显用良吏王涣、谭显等，以为腹心，讼者日减，郡中清肃"[2]。郡府中不少属吏与司法关系密切，如郡丞和功曹是郡守的主要辅佐，可以随时过问司法方面的有关事宜。其他列曹中与司法有关和专司司法者亦不少。户曹、决曹主持有关诉讼、决狱、断狱和用法等事宜，贼曹全面主管对盗贼的侦讯，捕贼掾专门主

---

① 班固：《汉书》卷八十三《薛宣传》，中华书局 1962 年版，第 3390 页。
② 范晔：《后汉书》卷四十六《陈宠传》，中华书局 1965 年版，第 1553 页。

持对盗贼的追捕。西汉于定国的父亲曾任东海郡的决曹，由于用法持平，赢得很大名声：

> 其父于公县狱吏、郡决曹，决狱平，罗文法者于公所决皆不恨。郡中为之立生祠，号曰于公祠。[1]

秦汉时期，郡作为一级司法机构在整个封建王朝的司法行政中占有重要地位，因为它对上通过廷尉对皇帝负责并接受领导，将死囚案件和疑难案件上送廷尉；同时对下领导县一级的司法活动，接受其呈送的疑难案件，起着承上启下的作用。

县同样是一级司法机构，县令长作为县级地方政权的行政长官，同时兼理司法，即所谓"显善劝义，禁奸罚恶，理讼平贼"[2]。如尹赏任长安令时，就充分发挥其司法功能，对京师破坏社会治安的奸猾之辈大张挞伐，收到很好的效果：

> 长安中奸猾浸多，闾里少年群辈杀吏，受赇报仇，相与探丸为弹，得赤丸者斫武吏，得黑丸者斫文吏，白者主治丧；城中薄暮尘起，剽劫行者，死伤横道，枹鼓不绝。赏以三辅高第选守长安令，得壹切便宜从事。赏至，修治长安狱，穿地方深各数丈，致令辟为郭，以大石覆其口，名为"虎穴"。乃部户曹掾史，与乡吏、亭长、里正、父老、伍人，杂举长安城中轻薄少年恶子，无市籍商贩作务，而鲜凶服被铠扞持刀者，悉簿记之，得数百人。赏一朝会长安吏，车数百两，分行收捕，皆劾以为通行饮食群盗。赏亲阅，见十置一，其余尽以次内虎穴中，百人为辈，覆以大石。数日一发现，皆相枕藉死，便舆出，瘗寺门桓东，揭著其名，百日后，乃令死者家各自发取其尸，亲属号哭，道路嘘唏。……赏所置皆其魁宿，或故吏善家子失计随轻黠愿自改者，

① 班固：《汉书》卷七十一《于定国传》，中华书局 1962 年版，第 3041 页。
② 范晔：《后汉书》《志》第二十八《百官五》，中华书局 1965 年版，第 3622 页。

财数十百人，皆贳其罪，诡令立功以自赎。尽力有效者，因亲用之为
爪牙，追捕甚精，甘者好恶，甚于凡吏。赏视事数月，盗贼止，郡国
亡命散走，各归其处，不敢窥长安。①

县令长的属吏中专门有一部分人主管司法事务，如县丞是令长的主要
辅佐，同时"兼主刑狱、囚徒"②，其他贼曹、贼曹掾史等主管追捕缉拿盗
贼，狱掾史、掾司空等主管决狱和牢狱事宜。县下的乡亭等基层官吏中，不
少人都负有司法之责。主管一乡事务的啬夫主要职责之一是"听讼"，处理
刑事与民事案件。游徼的主要职责是"徼循禁盗贼"③和"徼循司奸盗"④。亭
长的职责也是"主求捕盗贼"⑤。魏晋南北朝的地方司法机构基本沿袭秦汉时
期的制度。隋唐时期的地方司法制度同样是司法与行政合一，都督、督护和
州刺史、县令长都以行政长官兼理司法事务。三京府、六府、都督府、督
护府协助主管长官办理司法事务的是法曹参军事、户曹参军事；州府是司
法参军事、司户参军事；县府是司法佐和司户佐。宋朝的地方行政分路、府
（州）、县三级。路不设刑狱机构，也不接受词讼和直接审理案件，其转运使
和提点刑狱使负责所属州所定的刑事与民事案件的审核。各州设州院、司理
院、判官厅和推官厅为审讯机构，由录事参军、司理参军、判官和推官主持
审理。各县不设审判机构，但有刑事和民事审判权，可判决笞罪和杖罪，徒
刑以上罪则移送州府审理。明朝地方政府分省、府（直隶州）、县（属州）
三级，省设按察使掌一省刑名按劾，设副使和佥事分巡各道，设司狱司管理
狱政。布政使下属亦设理问所和司狱司管理部分刑名之事。各府设推官理刑
名，设司狱掌狱政。明朝县一级没有专职编制的法官，知县亲自审理案件，
由典史兼管狱政。清朝的地方司法机构基本沿袭明朝而略有变异，它分四级
即省、道、府（直隶州）、县，设有专职的司法官，但各级主管长官独任审

①　班固：《汉书》卷九十《酷吏传·尹赏》，中华书局 1962 年版，第 3673—3674 页。
②　杜佑：《通典》卷三十三，岳麓书社 1995 年版，第 489 页。
③　班固：《汉书》卷十九《百官公卿表》，中华书局 1962 年版，第 742 页。
④　范晔：《后汉书》《志》第二十八《百官五》，中华书局 1965 年版，第 3624 页。
⑤　范晔：《后汉书》《志》第二十八《百官五》，中华书局 1965 年版，第 3624 页。

判。按察司主管全省司法，设巡道管理一府或数府的刑名。府（直隶州）设司狱司与刑房管理司法事务。县设典史与巡检负责一县的司法刑狱和治安，另有刑房与之配合。

（二）司法程序的日趋严密

自秦以后的中国封建王朝，基本上都建立起较严格的司法程序。秦汉时期的司法程序大致相似。云梦秦简的《封诊式》记载秦朝官方规定的治理狱案的形式，从中可以窥见秦朝司法程序的大体状况。按规定，秦朝的诉讼可由当事人提起公诉，称"劾"。秦律中的"辞者辞廷"就是指原告直接向郡守提起公诉。根据犯罪的性质和诉讼当事人的身份，又将诉讼分为"公室"告和"非公室"告两类："贼杀伤。盗他人为公室告；子盗父母，父母擅刑，髡子及奴妾，不为公室告"。官府只受理"公室"告，对"非公室"告则不予受理。官府受理后即对犯人进行审理。秦朝断狱最重要的根据是口供。为了使口供能反映真实情况，秦律认为最好不通过刑讯而获得所需口供，即所谓"毋治（笞）谅（掠）而得人情为上"。这就要求法官注意审判方式，耐心地听取多方面的陈述，不轻于诘问和动刑："凡讯狱，必先尽听其言而书之，各展其辞，虽智（知）其詑现场勘验与司法鉴定，毋庸辄诘。其辞已尽书而毋（无）解，乃诘者诘之。""诘之极而数詑，更言不服"，则动用刑罚。与此同时，对一般刑事案件也重视，不少情况下，县令长往往要亲临现场勘验，并将结果写出详细报告。《封诊式》中关于"贼死""经死""穴盗"和"出子"等案件都有较详细的记载，其中既有被害人的衣着、杀伤部位和作案人残留遗迹等细节，又有周围情况及知情人提供的旁证材料。这一切，都表明当时执法者重视证据和司法实践方面的丰富经验。对于控告不实即"告不审"或蓄意陷害诬告者，"以所辞罪之"，情节恶劣或出于故意，则加重处罚。人犯对于判决不服，本人或其他人可以提出复审，"以乞鞫及为人乞鞫者，狱已断乃听"①，即法庭允许其请求，重新进行审理。通

---

① 睡虎地秦墓竹简整理小组：《睡虎地秦墓竹简·法律答问》，文物出版社 1978 年版，第 200 页。

常情况下，死刑犯实行"三审终审制"。汉律在司法程序方面沿袭秦制，其起诉形式有两种：一是官吏纠举犯罪，一是当事人自己直接向官府控诉或由被害人的亲属代为告劾。秦汉都实行连坐制，强调官吏百姓间互相监督。对危害统治者的犯罪，则鼓励和强迫他人告奸，"其见知而不举劾，各与同罪"。秦汉时期都规定疑难案件的逐级送审制度，即县送郡，郡送廷尉，廷尉送皇帝，但一般情况下却禁止百姓越级诉讼。当然，有大冤屈者亦可上书皇帝和赴阙控诉。由于口供是审判中具有决定意义的证据，因而刑讯逼供就是法定的经常使用的手段，这必然给贪残之吏随心所欲地判决和草菅人命大开方便之门。路温舒在上宣帝书中就指出了这种弊端：

> 今治狱吏则不然，上下相殴，以刻为明，深者获公名，平者多后患。故治狱之吏皆欲人死。非憎人也，自安之道在人之死。是以死人之血流离于市，被刑之徒比肩而立，大辟之计岁以万数，此仁圣之所伤也。……夫人情安则乐生，痛则思死。棰楚之下，何求而不得？故囚人不胜痛则饰辞以视之，吏治者利其然，则指道以明之，上奏畏郤，则锻炼以周内之。盖奏当之成，虽咎繇听之，犹以为死有余辜。何则？成练者重众，文致之罪明也。是以狱吏专为深刻，残贼而亡极，媮为一切，不顾国患，此世之大贼也。①

"所欲活则傅生议，所欲陷，则予死比"②，如此一来，法律所追求的"公正"是很难实现的。秦朝断狱基本上以律为准，汉朝自武帝实行"罢黜百家，独尊儒术"的政策后，公孙弘、董仲舒等提倡以《春秋》决狱，从而把儒家思想引入司法实践。汉代有不少以《春秋》决狱的例子。董仲舒撰写的《春秋决事》共收录232个判例，在当时审讯中被广泛运用。于是，"为尊者讳""为亲者讳""为贤者讳"之类的尊卑等级观念和追求犯罪动机的"论心定罪"等都成为定罪的根据，进一步为官吏随心所欲地残害百姓开了方便之

---

① 班固：《汉书》卷九十《酷吏传·路温舒》，中华书局 1962 年版，第 2369—2370 页。
② 班固：《汉书》卷二十三《刑法志》，中华书局 1962 年版，第 1101 页。

门。两汉司法程序较秦朝的另一大变化是大赦的经常化。

秦汉时期所确定的审判程序后世基本延续下来并且进一步严密和细化。唐朝的起诉就细分为由被害人及其亲属起诉的"告诉",与案件无关者的指陈犯罪为"首告",犯人自动向官府报告犯罪事实称"自首",由掌监察之责的官员提起的公诉为"纠弹",审判机关自动对犯罪者进行的传讯叫"纠问"。唐朝对案件的审理采取"两造"审理原则,即对原告和被告都进行审问,他们的地位是平等的。审问的目的是得到实情,为此,要坚持"五听"原则,"审察辞理,反复参验",将拷讯作为最后的手段。审讯中虽然重视证人的口供,但对提供伪证者则严厉惩罚。与证人和口供相比,更重视物证和现场的勘察和检验。如武则天当国时期,御史张楚金审出江琛诬陷刺史参与谋反的案件,就是一桩典型的案例:

> 唐垂拱年,罗织事起。湖州佐吏江琛,取刺史裴光判书,割取其字,辏合成文,以为与徐敬业反书,告之。则天差御史往推。光款云:"书是光书,语非光语。"前后三使,皆不能决。或荐张楚金能推事,乃令再劾,又不移前款。楚金忧闷,偃卧窗边,日光穿透,因取反书向日看之,乃见书字补葺而成。平看则不觉,向日则皆见。遂集州县官吏,索水一盆,令琛以书投水中,字字解散。琛叩头服罪。敕决一百,然后斩之。①

判决后罪犯可以上诉,审批机关必须受理。明朝司法活动中的诉讼制度已经相当完备。在《明律》中,涉及诉讼的有 12 条,在《问刑条例》和诏令中,涉及诉讼的也有不少内容。这些诉讼法规包括了对诉讼人、诉讼内容、诉讼时间、地域、诉讼程序、各级司法机构及官员接受诉讼以及诉讼费用方面的规定。如规定子孙不得告祖父母、父母,妻妾不得告夫及夫之祖父母、父母;对诬告者视情节轻重予以惩罚;对大赦以前所犯罪除"十恶"等罪外,一律不准追究;告状人告状一般在本州县进行,严禁外地军民进京越

---

① 郑克:《折狱龟鉴》卷三《辨诬》,电子版《文渊阁四库全书》。

诉，不准"投匿名文书告人罪"；投诉人还要承担诉讼费用等。

　　对审判程序也有严格的规定，如法官审判时，其上司不得干预案件的量刑，遵守"听讼回避"。对拷讯严格标准，当事人双方的口供要完整记录并签字画押。审判有初审、复审和会审之分。州县初审，将审定案件呈送上级复审，犯人不服上诉的案件亦送上级复审。会审主要由都察院、大理寺和刑部等三法司会同其他部院大臣共同进行，其审判对象是大狱重囚和死刑犯。清朝的审判程序继承明朝而稍有变异。如对皇族、旗人和蒙古、维吾尔、藏等少数民族的审判就有特殊规定。对广大汉族百姓犯罪者的审判，依《大清律》判案，既重视口供，又注重人证物证，对命案则必须进行现场勘验，并做详细记录。清朝的民事案件主要由州县审判并结案，原则是责惩和调处相结合。责惩就是处以笞、杖之刑，调处就是使原、被告双方被迫或自愿同意和解。民事案件由州县审结后，需上报案情，接受上司监督。刑事案件是指处以徒、流、死刑的案件，经州县审判后报各省督抚，再由按察司审转，呈刑部最后批结。死刑案件还要通过三法司会签，报皇帝批准执行。

（三）司法权力行使方式的完善

　　自秦汉开始，中国古代社会的司法制度也逐渐形成了一套严密而规范的权力行使方式。秦汉时期，从廷尉中经郡县到啬夫、游徼、亭长的司法系统，各级有着不同的职责与权力，其间有着较为明确的分工。基层的亭长、游徼、啬夫之类，其职责一是"听讼"，处理一般的民事和刑事案件；二是"禁盗贼"，主要是追捕和向上级机关递送罪犯，他们本身没有判刑和杀人的权力。县令长主持一县的司法事务，形成初级审判。它有权定罪判刑，从一般徒刑到死刑都有权判决。但死刑案件必须上报郡守并经廷尉批复方可执行。实际上，在县这一审级，一般的民事和刑事案件均由县丞、狱掾史或狱司空审理，重大案件，特别是死刑案件，往往由县令长亲自出马审理。死刑案件虽然原则上需上报郡守和廷尉审判，但在特殊情况下，有些县令长也敢便宜行事，先斩后奏，未经呈批就处决某些人犯。如东汉循吏洛阳令董宣之所为：

　　（董宣）为洛阳令。时湖阳公主苍头白日杀人，因匿主家，吏不能得。及主出行，而以奴骖乘，宣于夏门亭候之，乃驻车叩马，以刀画地，大言主之失，叱奴下车，因格杀之。①

　　当然，这种情况是极其个别的例子。县令长在一般情况下都不敢越轨行事。秦汉郡一级是地方最高审判单位，它受理属县送呈的审结的案件和疑难案件、官民上诉的案件以及郡内发生的属县不便审理的案件。在这一审级，多数案件由主管司法事务的郡决曹负责审理。对于特别重大的案件，如杀人越货的恶性案件，郡守往往从头到尾参加追捕、侦讯、审理和处决的全部活动。如西汉河内太守王温舒就是这样行事的一个典型：

　　迁为河内太守，素为广平时，皆知河内豪奸之家。及往，以九月至，令郡具私马五十匹，为驿自河内至长安，部吏如居广平时方略，捕郡中豪猾，相连坐千余家。上书请，大者至族，小者乃死，家尽没入偿脏。奏行不过二日，得可，事论报，至流血十余里。河内皆怪其奏，以为神速。尽十二月，郡中无犬吠之盗。其颇不得，失之旁郡，追求，会春，温书顿足叹曰"嗟乎，令冬月益展一月，卒吾事矣！"其好杀行威不爱人如此，上闻之，以为能，迁为中尉。②

　　东汉时期，郡守的司法之权更为突出。汉阳太守桥玄对贪污有据的上邽令皇甫祯"收拷髡笞，死于冀市，一境皆惊"③。弘农太守王弘对宦官党羽大加诛伐，"虽位至二千石，皆考掠收捕，遂杀数十人，威动邻界"④。这时，对死刑犯上呈候批的手续恐怕形同虚设了。不过，就制度而言，由于郡一级并不是最高审级，因此，它在一般情况下需履行死刑送审的规定，同时，也将疑难案件上呈廷尉处理。

①　范晔：《后汉书》卷七十七《酷吏传·董宣》，中华书局1965年版，第2489—2490页。
②　班固：《汉书》卷九十《酷吏传·王温舒》，中华书局1962年版，第3656—3657页。
③　范晔：《后汉书》卷五十一《桥玄传》，中华书局1965年版，第1695页。
④　范晔：《后汉书》卷六十六《王允传》，中华书局1965年版，第2177页。

廷尉是秦汉时期国家的最高审判机关。廷尉及其所属官吏依照法律和皇帝颁布的各种诏令条例，对皇帝交办的重要案件、发生在朝廷周围的重大案件和地方呈送的疑难案件进行审判，对地方呈送的死刑案件进行复审，同时接受地方臣民的上诉。在政治比较清明的时期，或者廷尉本身刚正不阿、秉公执法，而当国的皇帝又比较贤明，且有容人之量，廷尉往往能够依法公平地处理一些案件。汉文帝时廷尉张释之的故事颇能说明一些问题：

> 文帝……拜张释之为廷尉。顷之，上行出中渭桥，有一人从桥下走，乘舆马惊，于是使骑捕之属廷尉。释之治问。曰："县人来，闻跸，匿桥下。久，以为行过，既出，见车骑即走耳。"释之奏当，此人犯跸，当罚金。上怒曰："此人亲惊吾马，马赖和柔，令它马，固不伤败我乎！而廷尉乃当之罚金。"释之曰："法者，天子所与天下公共也。今法如是，更重之，是法不信于民也。且方其时，上使使诛之则已，今已下廷尉，廷尉天下之平也，壹倾，天下用法皆为之轻重，民安所措其手足？唯陛下察之。"上良久曰："廷尉当是也。"其后人有盗高庙座前御杯，得，文帝怒，下廷尉治。案盗宗庙服御物者为奏当弃市。上大怒曰："人亡道，乃盗先帝器！吾属廷尉者，欲致之族，而君以法奏之，非吾所以共承宗庙意也。"廷尉免冠顿首谢曰："法如是足也，且罪等，然以逆顺为甚。今盗宗庙器而族之，有如万分一，假令愚民取长陵一抔土，陛下且何以加其法乎？"文帝与太后言之，乃许廷尉当。①

当然，在当时的社会里，像张释之这样忠于法律、公正不阿的廷尉是很少的。多数廷尉都是看皇帝眼色行事、弁髦法律的奸佞阿谀之徒，他们所审理的案件的公正性就要大打折扣了。如酷吏杜周任廷尉时就公开宣传"三尺法"不足凭，他断案就"不循三尺法，专以人主意旨为狱"，"上所欲挤者，因而陷之，上所欲释，久系待问，而微见其冤状"，然后相机从轻处理，或予以释放。不过，廷尉审判的案件一般也须向皇帝报告，如此一来，国家

---

① 班固：《汉书》卷五十《张释之传》，中华书局 1962 年版，第 2310—2311 页。

审判的最后裁决权就归到皇帝手上。皇帝有时也交办重要案件令廷尉和其他官员共同审理，称为"杂治"，这类案件大都是危机朝廷的重大谋叛案。如汉哀帝时的东平王刘云谋反案、夏贺良案等。"杂治"是皇帝下令组织的最高临时法庭，负责对所交重大案件进行审理判决，法庭成员都是皇帝指定，一般都是皇帝信任的高官，廷尉多数情况下都是参与"杂治"的当然成员。"杂治"主要体现皇帝的意旨，当事犯人所受的往往是最酷烈的惩罚。

秦汉以后的中国古代皇朝，基本上继承了秦汉时期的司法权力行使方式。如唐朝的司法执行程序也是县、州和中央三个审级，县级初审，对一般民事案件和徒以下的刑事案件可以结案处理。对流罪和死罪判决后，呈送州府，州府对流罪应加杖或应赎者自行判定发配。对真流、死罪及应除免、官当者，州府判定后须报刑部复核，同时受理上诉案件。唐朝的最高审级由刑部、尚书左右丞和皇帝行使。主要由刑部复核诸州和大理寺、京兆府、河南府申报的案件。皇帝对审判结果有最后的复核权，流罪与死罪经刑部复核后向皇帝申奏，最后由皇帝裁决。宋朝司法执行程序由县、州、路和中央四个审级组成，县衙主要审判民间一般的民事和刑事案件，审判权往往由知县独揽，长期不设推司和法司，所以其审判程序不够完整。州府负责审理本地发生的各类案件、属县申报的徒罪以上案件和朝廷及本路监司转下的民事与刑事案件。因为州府设立州院和司理院，一般案件的审理就由录事参军和司理参军承担。路的司法事务由提点刑狱使主持，负责复审州县呈送的案件和受理上诉的案件，对上诉案件实行"五推"制，即提刑司——转运司——提举司——安抚司——临路监司逐个进行审判，必要时得设临时的推勘院，对重大案件进行审理。路府将徒、死刑案件呈送中央刑部或尚书省复劾。朝廷在必要时可设临时的制勘院，又称"诏狱"，对重大案件进行审理。诏狱有时设在御史台，有时设在大理寺，有时设在开封府。当然，皇帝的最后裁决权是绝对的。明朝的司法执行程序也是由县、府、省、中央这样四个审级组成，县级初审，判决一般民事和刑事案件，徒、流以上案件、上诉案件则由府州复审。府可判定杖100之内的案件，对徒、流和死刑案件则呈送省府复审。省按察司可以对徒、流案件定谳，对死刑和上诉案件则需上报刑部或都察院转大理寺复审，其中大理寺是终审衙门。大理寺审决的死刑犯和重大案件最后呈送皇帝，再由皇帝命令组成的三法司（刑部、大理寺、都察院）会同五军都督府、六部、六科、通政司、詹事府等衙门参加的朝审，定谳后，呈送皇帝批准执行。清朝的司法执行程序沿袭明朝，也是由县、府、省、中央这样四个审级组成，一般民事和刑事案件州县两级都有终审权，徒、流、死刑案件则由州县呈送省按察司复审，其中死刑案再由督抚呈送刑部和皇帝，刑部复核后，会同大理寺、都察院会签，之后以三法司的名义呈送皇帝，最后由皇帝批示执行。

自秦汉开始至清朝灭亡，两千多年间，中国封建社会的司法制度由建立到逐步完善、日臻严密细化，形成了具有鲜明专制主义中央集权制度特点的完整体系。这就是在世界法制史上具有独特地位的中华法系。这个体系以"律"（《秦律》《汉律》《唐律》《大明律》《大清律》等）为名，同时补之以由皇帝名义发布的诏、令、科、比、例等科条，颁行全国，统一执行，从法律上保证了中国这个地域辽阔、人口众多、各地经济文化发展不平衡的东方大国的统一，其积极作用是应该充分肯定的。中国封建社会的法律，尽管是统治阶级意志的体现，尽管其基本精神是维护地主阶级对广大农民阶级和其他劳动人民的统治，尽管它保护以土地私有制为主要内容的经济基础，尽管它维护封建特权的不平等制度以及"三纲""五常"的道德伦理观念，其中的突出内容如"十恶"（谋反、谋大逆、谋叛、恶逆、不道、大不敬、不孝、不睦、不义、内乱）"八议"（议亲、议故、议功、议贤、议能、议勤、议贵、议宾）等更是集中体现了这种阶级性和不平等性的内容，但是，这种法律对于稳定社会秩序、保证国家机器和社会生活的正常运转还是有着积极的作用。如刑法和民法的内容中，对于盗贼的惩罚，对于百姓私有财产的保护，显然有利于拥有一定数量土地和其他财产的自耕农和半自耕农稳定的生产和生活。秦汉以后的中国古代社会，已经形成了由县、郡（或州、府、路、省）、朝廷中央的三个审级或四个审级的司法审判程序，这种多层次的审判程序，再加上上诉制度，就可以在一定程度上防止各级官员的贪赃枉法行为，维护法律本身的公正和尊严，使量刑尽量做到合法合理又合情。特别是从秦汉时期起，历代法律都对死刑持较慎重的态度，将死刑的最后审决权留在中央和皇帝手上，而在宋朝以后，由刑部、大理寺、都察院组成的中央司法机构和"会审"的制度，又在一定程度上发挥着互相制约的功能，这对防止冤、假、错案有着显著的积极作用。在政治清明的条件下，由于一批循吏、清官的认真执法，在历史上的一定时段和一定地区，公正执法得以贯彻，这对维护一般百姓的正常生产和生活是有利的，自然也对促进社会的发展和历史的进步起了积极作用。

秦汉以来的中国司法制度，其弊端也是明显的。

在秦汉以后的中国行政体制中，由于司法权和行政权相结合，不仅中央的司法官员和行政官员界限不清，而且地方的行政官员同时又是司法官员，除了垂直的上级机关对下级机关具有一定程度的监督和制约作用以外，同一机构中严重缺乏平行的制约和制衡机制，如此一来，公正地依法审判和合理地量刑是很难做到的。首先，皇帝本身就是法外的人物，他既有权制定法律又握有审判的最后裁决权，但本身却不受法律的丝毫约束。皇帝能够凭自己的好恶任意奖惩臣下和百姓，一言可以使奸佞之辈升之九天，一言又可以将骨鲠之臣打入十八层地狱。你看，汉朝皇帝一个诏令，就使贵为丞相的大臣进入"诏狱"或自杀而亡，朱元璋在朝堂上可以当场下令杖毙一个大臣，慈禧太后一句话"戊戌六君子"就走向刑场。其次，官僚贵族们都享有法律规定的不同特权，再加上他们不断追求法外的权利，肆无忌惮地践踏法律的所有条款，这样，封建国家法律所制裁的主要对象也就只能是普通的百姓了。最后，特别应该看到，虽然封建社会的朝廷都制定了严酷细密的法律，但对国家和社会的治理却是人治而非法治，人治一直凌驾于法治之上，更由于缺乏行之有效的制约制衡机制，这就使公正执法大打折扣。除了少数皇帝尊重法律，放手让司法机构办案、少数刚正不阿的循吏和清官依法办案外，绝大部分皇帝和官吏都是视法律为儿戏，有法不依和随意更定法律的事情时有发生。再加上当时的法律条文有不少空子可钻，酷吏、贪吏们弁髦法律、贪赃枉法之事也就层出不穷，贪污腐败之风也就难以遏制了。特别是到每个皇朝的后期，政治昏乱，贿赂公行，各种违背法律法规的潜规则大行其道，法律几乎变成一张废纸，吏治必然败坏到极点，这个皇朝的崩溃也就不可避免了。

第四章 监察制度的建立、运转与变迁

一、从中央到地方监察机构的变迁

（一）秦朝至东汉的监察制度

秦汉时期，中国封建王朝已经建立起一整套从中央到地方的监察机构，配备了相应的监察官员。这套机构，在秦朝至西汉初期是御史大夫、监郡御史、郡守（兼）、督邮、县令长（兼）、廷掾等组成。汉武帝时取消监郡御史，在郡以上设十三部刺史作为直属御史大夫的监察官员。汉成帝时，御史大夫改称司空，成为名副其实的三公之一，原有的监察权反而被削弱了。东汉时期，朝廷的最高监察官是御史中丞。郡守和县令长虽然不是专司监察的官员，但因为他们对所属地区的官员同样行使监察之权，所以也应该对他们的监察职能一并加以论述。

秦和西汉时期的丞相也有一定的监察职能，因为他是百官之首，也就相应具有对百官的监察职能，如文帝时的丞相申屠嘉，既能够纠劾文帝的宠臣邓通，也能够奏请诛除内史晁错。其属官丞相史可以出刺地方，丞相司直也有监察百官的权力。不过，在这一时期，朝廷的最高专职监察官是御史大夫。在当时的机构中，御史大夫虽说是"副丞相"，但却能开府办事，与皇帝的关系较之丞相与皇帝的关系更加密切。他不仅常代皇帝起草诏、告、命、令，而且常常接受差遣去完成许多重要使命。如皇帝颁发的诏、告、命、令，一律由御史大夫下丞相再下二千石的朝官和郡守，凡是皇帝交办的重大案件，往往由御史大夫出面会同廷尉和其他官员"杂治"，而丞相倒不一定参加。这说明御史大夫有着司法审判之权。御史大夫的职责虽然很多，但对百官的监察、纠劾之权却是其中特别重要的一项。成帝时，改御史大夫为司空，尽管地位、俸禄与丞相一样了，不过由于失去监察之权，其重要性反而较御史大夫大为逊色。所以哀帝时任司空的朱博就上书皇帝，要求将司空改回御史大夫，自己宁肯降级回任御史大夫。他的理由是：

> 高皇帝以圣德受命，建立鸿业，置御史大夫，位次丞相，典正法度，以职相参，总领百官，上下相监临，历载二百年，天下安宁，仅更为司空，未获嘉祐。①

显然，朱博如此降格以求，看中的是御史大夫"典正法度，以职相参，总领百官，上下相监临"的职权。御史大夫的属官很多，重要的首推御史中丞。《汉书·百官公卿表》记载其职责是"在殿中兰台，掌图籍秘书，外督部刺史，内领侍御史员十五人，受公卿奏事，举劾按章"，实际上是御史中丞代御史大夫具体行使监督纠察的职权。具体说，就是对外领导和监督监郡御史和武帝后设置的刺史的活动，对内领导侍御史 15 人，担任宫中和殿中的执法，纠劾朝中所有官员：

> 元帝擢（陈）咸为御史中丞，总领州郡奏事、课第诸刺史，内执法殿中，公卿以下皆敬惮之。是时中书令石显用事颛权，咸颇言显短，显等恨之。②
> （薛宣）以明习文法诏补御史中丞，是时，成帝初即位，宣为中丞，执法殿中，外总部刺史……宣数言政事便宜，举奏部刺史郡国二千石，所贬退称进，白黑分明，由是知名。③

东汉时期，御史中丞成为朝廷最高的监察官，在朝会时，享有与尚书

---

① 班固：《汉书》卷八十三《朱博传》，中华书局 1962 年版，第 3405 页。
② 班固：《汉书》卷六十三、六《陈万年传附陈咸传》，中华书局 1962 年版，第 2900 页。
③ 班固：《汉书》卷八十三《薛宣传》，中华书局 1962 年版，第 3385—3386 页。

令、司隶校尉同样的专席独坐的殊荣，京师号称"三独坐"①。御史中丞的属官中，15 位侍御史的职责主要是监察朝中百官，如严延年为侍御史时，就敢于举劾权倾朝野的大司马大将军霍光：

> 严延年……归为郡吏，以选除补御史掾，举侍御史。是时大将军霍光废昌邑王，尊立宣帝。宣帝初即位，延年劾奏光擅废立，亡人臣礼，不道。奏虽寝，然朝廷肃焉敬惮。②

御史中丞的属官中除 15 名侍御史外，还有 30 名监郡御史和监军御史，通称监御史。秦朝和西汉初期，各郡设监郡御史为监察官。监郡御史对郡守和郡府的所有官吏都有监察权，同时还有领兵作战、开凿渠道、举荐人才等权力。如秦始皇进军岭南时，奉命主持开凿灵渠，第一次贯通长江与珠江水系的就是一个名叫禄的监郡御史。秦朝的监郡御史是朝廷的耳目，加强对郡守的监督和牵制，经常向朝廷汇报所在郡的情况，对维护和加强中央集权起了重要作用。另外，由于监察官不能对皇帝进行监察，两汉时期还设置散骑常侍、谏大夫等谏官，他们一方面具有监察百官的职能，同时也可以对皇帝提出谏诤，在一定程度上补监察机构之不足。

秦汉时期的郡守既是一郡的最高行政长官，同时又兼理监察职能。《汉官解诂》记述其职责说："太守专郡，信理庶绩，劝农赈贫，决讼断辟，兴利除害，检察郡奸，举善黜恶，诛除暴残。"③ 其中的"检察郡奸"显然属于监察职能。一些为民所称道的郡太守之所以在澄清吏治方面取得显著成绩，就是较好地运用了他对县令长的监察权。如薛宣任左冯翊时就运用监察权比较得体地处理了属下令长的违法问题：

> 始高陵令杨湛、栎阳令谢游贪猾不逊，持郡短长，前二千石数案不能竟。及宣视事，诣府谒，宣设酒饭与相对，接待甚备。已而阴求

---

① 范晔：《后汉书》卷二十七《宣秉传》，中华书局 1965 年版，第 927 页。

② 班固：《汉书》卷九十《酷吏传·严延年》，中华书局 1962 年版，第 3667 页。

③ 孙星衍等辑：《汉官六种》，中华书局 1990 年版，第 20 页。

其罪臧，具得所受取。宣察湛有改节敬宣之效，乃手自牒书，条其奸臧，封于湛曰："吏民条言君如牒，或议以为疑于主守盗。冯翊敬重令，又念十金法重，不忍相暴章。故密以手书相晓，欲君自图进退，可复申眉于后。即无其事，复封还记，得为君分明之。"湛自知罪臧皆应记……即时解印绶付吏，为记谢宣，终无怨言。而栎阳令游，自以大儒有名，轻宣。宣独移书显责之曰："告栎阳令：吏民言令治行烦苛，适罚作使千人以上，贼取钱财数十万，给为非法；卖买卖听任富吏，贾数不可知。证验以明白，欲遣吏考案，恐负举者，耻辱儒士，故使掾平镌令……令详思之，方调守。"游得檄，亦解印绶去。[1]

郡守行使监察权，每年按规定还需"行县"一次，即在属境对各县进行一次巡视。通过这一活动，广泛接触吏民，考察县令长的政绩，收到监察的实效。所以不少郡守很注重这一活动，郡府属吏也认为这是郡守必须履行的职责。如韩延寿任左冯翊时的丞掾就力劝他履行这一职责：

> （延寿）入守左冯翊，满岁称职为真。岁余，不肯出行县。丞掾数白："宜循行郡中，览观民俗，考长吏治绩。"延寿曰："县皆有贤令长，督邮分明善恶于外，行县恐无所益，重为烦扰。"丞掾皆以为方春月，可壹出劝桑。延寿不得已，行县至高陵。[2]

也有些郡守为了获得真实情况，在行县之外还进行微服私访，以便对属县令长进行更真实的监察。东汉羊续任南阳太守时就成功运用这一手段：

> 拜续为南阳太守。当入郡界，乃赢服间行，侍童子一人，观历县邑，采问风谣，然后乃进。其令长贪法，吏民良猾，悉逆知其状，郡内惊悚，莫不震慑。[3]

---

① 班固：《汉书》卷八十三《薛宣传》，中华书局 1962 年版，第 3387—3388 页。
② 班固：《汉书》卷七十六《韩延寿传》，中华书局 1962 年版，第 3213 页。
③ 范晔：《后汉书》卷三十一《羊续传》，中华书局 1965 年版，第 1110 页。

　　由于郡守是一郡最高的行政长官，事务千头万绪，监察仅是其中的一项，所以不可能事事过问，因而在西汉中期以后就把这种监察事务交给常设的属吏督邮负责。每一郡分数部，每一部管数县，每一部设督邮一人专司督察之责，主要任务是考察所部县令长的善恶与政绩的好坏，"分明善恶于外"，然后禀报太守，以便奖惩。如西汉冯野王任左冯翊时，他的督邮就收捕贪污有据的池阳令：

> 　　入为左冯翊，岁余，而池阳令并素行贪污，轻野王外戚年少，治行不改。野王部督邮掾设糊、赵都案验，得其主守盗十金罪，收捕。并不首吏，都格杀。①

　　东汉时，苏谦为魏郡的督邮，他就执行了对贪暴的美阳令的惩罚："时魏郡李暠为美阳令，与中常侍具瑗交通，贪暴为民患，前后监司畏其势援，莫敢纠问。及谦至部，案得其脏，论输左校。"②《东观汉记》还记载了南阳太守桓虞的督邮赵勤使两县令解职的故事：

> 　　太守桓虞下车，叶令雍霸及新野令皆不遵法，乃复勤督邮，到叶见霸，不问县事，但高谈清论以激厉之，霸即陈责，解印绶去。虞乃叹曰："善吏如良鹰矣，下韝即中。"

　　督邮的监察范围非常广泛，除所属县令长外，部内上自王侯，下至豪右，都在其监察之列。如东汉时的冀州刺史郅寿就布置督邮对州内藩王进行纠察：

> 　　（郅寿）迁冀州刺史，时冀部属郡多封王侯，宾客放纵，类不检节，寿案察之，无所容贷。……又徙督邮舍王宫外，动静得失，即时骑

---

① 班固：《汉书》卷七十九《冯野王传》，中华书局1962年版，第3302页。
② 范晔：《后汉书》卷三十一《苏章附苏不韦传》，中华书局1965年版，第1107页。

驿言上奏王罪及劾傅相，于是藩国畏惧，并为尊节。①

　　由于督邮的职责广泛而又重要，所以任用得人，对于澄清吏治，维持一个地方正常的生产和生活秩序具体重要作用。

　　县令长是县一级的主要行政长官，同时也兼理监察之责。他们对属下的各类官吏都有监察之权，随时考察他们的能力、品格，以决定对他们的升陟奖惩。在县令长的属吏中，廷掾一职就是专职的监察官，其职责是监察乡、亭的官员。它如同郡的督邮一样，也是将县境分部督察："监乡五部，春夏为劝农掾，秋冬为制度掾。"②

　　西汉的监察制度至武帝时发生了较大的变化。西汉初期继承秦朝的监郡御史制度，但由于其与丞相史并出共行监察之权产生职事重叠、事权混乱之弊，更因为无固定监察区，容易造成疏漏，出现监察不力的情况。汉武帝决心改变这种状况，先是派出官员"分循天下"，继而在元封元年（前110）废去监郡御史，五年后下令在全国设十三部州作为监察区，除在首都设司隶校尉外，其余十二州每州设刺史一人，作为专职的监察官，对上受御史大夫、御史中丞统辖，对下分别监察各州所辖的郡国守相，以"六条"问事：

　　　　刺史班宣，周行郡国，省察治状，黜陟能否，断治冤狱，以六条问事，非条所问，则不省。一条，强宗豪右田宅逾制，以强凌弱，以众暴寡。二条，二千石不奉诏遵承典则，倍公向私，旁诏守利，侵渔百姓，聚敛为奸。三条，二千石不恤疑狱，风厉杀人，怒则任刑，喜则淫赏，烦扰苛暴，剥截黎元，为百姓所疾，山裂石崩，妖祥讹言。四条，二千石选署不平，苟阿所爱，蔽贤宠顽。五条，二千石子弟恃怙荣势，请托所监。六条，二千石违公下比，阿附豪强，通行货赂，割损正令也。③

①　范晔：《后汉书》卷三十一《郅恽传》，中华书局1965年版，第1032—1033页。
②　范晔：《后汉书》《志》第二十八《百官五》，中华书局1965年版，第3623页。
③　班固：《汉书》卷十九《百官公卿表》注"师古曰"，中华书局1962年版，第742页。

　　显然，刺史制度的确立是汉朝监察制度的重大变革，与原有的御史监郡制度有着明显不同。首先，刺史是单纯的监察官而非行政长官，它不仅与拥有行政、司法、财政、军事诸权的郡守不同，而且也与拥有兵权、人事权的监郡御史不同。它以朝廷颁布的"六条"规定对所部郡国守相进行监察，不准滥用权力。"六条"中除第一条外，其余都是针对二千石的郡国守相。凡是严格按"六条"办事就受到奖赏；反之，如追求"六条"以外的权力就受到惩罚。前者如朔方刺史翟方进，"居官不烦苛，所察应条辄举，甚有威名，再三奏事，迁为丞相司直"①；后者如豫州刺史鲍宣，"举措烦苛，代二千石署吏听讼，察过诏条"②，结果被丞相司直举劾，受到免职的处罚。可见刺史的权力是受到严格约束的。其次，刺史秩仅六百石，只相当于低级的县令长，其秩级是相当卑微的，但因其隶属于御史中丞，掌握监察大权，可以毫无顾忌地举劾二千石的郡国守相，其权力又是相当重大的，再加上赏赐丰厚，升迁优渥，就使大部分刺史忠于职守，戮力报效朝廷，因而收到很好的效果。正如王鸣盛所指出：

　　　　刺史……其权甚重而秩则卑。盖所统辖者一州，其中郡国甚多，守相二千石皆其属官，得举劾。而秩仅六百石，治状卓异，始得擢守相。如《魏相传》：相为扬州刺史，考案郡国守相，多所贬退。居部二岁，征为谏大夫，复为河南太守。《何武传》：武为刺史，所举奏二千石长吏，必先露章，服罪者亏除免之；不服极法奏之，抵罪或至死。而《王嘉传》云：司隶、部刺史察过悉劾，二千石益轻。或持其微过，言于刺史司隶。众庶知其易危，小失意则离畔，从守相威权素夺也。《京房传》：房奏考功课吏法，时部刺史奏事京师。上召见诸刺史，令房晓以课事，刺史以为不可行。房上子弟晓功课吏事者中郎任良、姚平，愿以为刺史，试考功法。石显疾房欲远之，建言宜试以房为郡守。元帝于是以房为魏郡太守，得以考功法治郡。房自愿无属刺史。可见守

① 班固：《汉书》卷八十四《翟方进传》，中华书局1962年版，第3412页。
② 班固：《汉书》卷七十二《鲍宣传》，中华书局1962年版，第3302页。

相畏刺史如此。①

刺史不仅对郡守二千石察之甚严，而且对封王的宗亲贵族也严格加以监视，使之不敢轻举妄动、反叛朝廷：

> 历考诸传中，凡居此官者，大率皆以督察藩国为事。如《高五王传》：青州刺史奏菑川王终古罪。《文三王传》：冀州刺史林奏代王年罪。《武五子传》：青州刺史隽不疑知齐孝王孙刘泽等反谋，收捕泽等以闻。又昌邑哀王之子贺既废，为宣帝所忌，后继封豫章，为海昏侯，扬州刺史柯奏其罪。《张敞传》：拜冀州刺史，既到部，而广川王国群辈不道，贼发得，敞围王宫搜得之，捕格断头，悬王宫门外。因劾奏广川王削其户。盖自贾谊在文帝时，已虑诸国难制。吴楚反后，防禁益严。部刺史总率一州，故以此为要务。②

正因为刺史秩卑、权重，再加上赏厚，使他们大都能兢兢业业地尽责尽力，对加强中央集权起了重要作用。正如顾炎武所指出："夫秩卑而命之尊，官小而权之重，此小大相制，内外相维之意也。"③ 同时，刺史作为中央派出的监察官，不仅设置固定治所，便于就地监察和吏民检举告发，而且定期巡行所部郡国，便于实地考察郡国守相治绩，广泛接触吏民百姓，能够更加有效地实现对二千石的监察。刺史行部的时间一般在八月，"诸州常以八月巡行所部郡国，录囚徒，考殿最，初岁尽诣京都奏事"④。此时正值秋收，也是各郡国编制"上计"簿籍的日子，正好可以对守相一年的政绩进行全面考核。正因为刺史具有以上这些特点和优点，因而在设立这一制度的汉代，特别是西汉中期以后，对于澄清吏治，加强中央集权，维持整个官僚体制的有序运转，起到了积极作用。正如朱博所指出：

---

① 《十七史商榷》卷十四《刺史权重秩卑》，中国书店1987年版，第2页。
② 《十七史商榷》卷十四《刺史察藩国》，中国书店1987年版，第1页。
③ 顾炎武：《日知录》卷九《部刺史》，上海古籍出版社2006年版，第528—529页。
④ 范晔：《后汉书》《志》第二十八《百官五》，中华书局1965年版，第3617页。

> 汉家至德博大，宇内万里，立置郡县。部刺史奉使典州，督察郡国，吏民安宁。故事：居郡九岁，举为守相，其有异材功效著者辄登擢，职卑而赏厚，咸劝功乐进。①

两汉时期，曾出现一批奉诏察举、守正不阿的刺史，在各自的官位上作出了显著政绩，受到吏民的爱戴和怀念。如西汉翟方进为朔州刺史，"居官不烦苛，所察应条辄举，甚有威名"②。东汉徐璆为荆州刺史，"奏五郡太守及属县有臧污者，悉征案罪，威风大行"③。特别是贾琮为交阯刺史时更是令行禁止，很快稳定了那里的混乱局面：

> 招抚荒散，蠲复徭役，简选良吏，试守诸县，岁间荡定，百姓以安。巷路为之歌曰："贾父来晚，使我先反，今见清平，吏不敢饭。"在事三岁，为十三州最。……（后）为冀州刺史，旧典：传车骖驾，垂赤帷裳，迎于州界。及琮之部，升车言曰："刺史当远视广听，纠察美恶，何有反垂帷裳，以自掩塞乎？"乃命御者褰之，百姓闻风，自然竦震，其诸臧过者，望风解印绶去。④

显然，刺史在其作为检察官设立之时，在吏治较为清明的大环境下，的确起到了应发挥的作用，收到了预期效果。然而，社会在不断发展变化，刺史的职责也随之发生变化。西汉后期，特别是东汉中期以后，随着阶级矛盾与社会矛盾的不断激化，刺史逐步被赋予六条以外的许多权力。例如，刺史刚设立时，其所监察的对象主要是二千石的郡国守相，到西汉末年，已经下及墨绶的县令长，及至东汉，又下及黄绶的县丞、尉。东汉顺帝永建元年（126）诏："幽、并、凉州刺史，使各实二千石以下至黄绶，年老劣弱不

---

① 班固：《汉书》卷八十三《朱博传》，中华书局 1962 年版，第 3406 页。
② 班固：《汉书》卷八十四《翟方进传》，中华书局 1962 年版，第 3412 页。
③ 范晔：《后汉书》卷三十一《徐璆传》，中华书局 1965 年版，第 1621 页。
④ 范晔：《后汉书》卷三十一《贾琮传》，中华书局 1965 年版，第 1112 页。

任军事者，上名。"① 这样一来，州内所有朝廷命官实际上全部都在其监察之列了。同时，刺史又获得选举权和劾奏权，并且可以对地方行政进行干预。再进一步，有的刺史干脆把地方守相、县令等撇在一边，直接插手处理地方政务了。例如西汉后期鲍宣任豫州刺史，就插手地方司法事务。一年后，丞相司直郭钦上书，弹劾他"举措烦苛，代二千石署吏听讼，所察过诏条"②。这说明，刺史已经开始侵权，超越了"六条问事"的本职权限。东汉时期，交阯屯兵反叛，形势危急，东汉政府任命贾琮为交州刺史去全权处理。贾琮到任后，"讯其反状，咸言赋敛过重，百姓莫不空单，京师遥远，告冤无所，民不聊生自活，故聚为盗贼。琮即移书告示，各使安其资业"③。然后采取一系列措施，从选任官吏到减免赋税，招抚流亡，包揽了地方的几乎一切政务，并涉足军事。东汉中叶以后，为了镇压日益激烈的农民起义和少数民族的反抗，刺史又被广泛地赋予统兵的权力。如元初六年（119），永昌、益州、蜀郡等地的夷人反叛，与越巂夷一起攻城略地，最后由益州刺史张乔率兵讨平。④ 桓帝建和二年（148）白马羌反叛，进攻广汉属国。益州刺史率板盾蛮组成的武力讨平⑤。日积月累，刺史手中的权力越来越多，它的性质也就由量变达到质变，由设置之初单纯地监察官员发展演变为总揽一方军政财文大权的一级行政长官了。灵帝中平五年（189），东汉朝廷根据久已变化了的实际情况，接受刘焉的建议，干脆改刺史为州牧，一批位尊秩高的朝廷重臣出任州牧，从内容到形式完成了刺史一职由监察官到行政长官的转化：

> 灵帝政化衰缺，四方兵寇。焉以为刺史威轻，既不能禁，且用非其人，辄增暴乱，乃建议改置牧伯，镇安方夏，请重臣以居其任。焉阴求交阯以避时难，议未即行，会益州刺史郄俭在政烦苛扰，谣言远闻，而并州刺史张懿、凉州刺史耿鄙并为寇贼所害，故焉议得用。出

① 范晔：《后汉书》卷六《顺帝纪》，中华书局1965年版，第252—253页。
② 班固：《汉书》卷七十二《鲍宣传》，中华书局1962年版，第3068页。
③ 范晔：《后汉书》卷三十一《贾琮传》，中华书局1965年版，第1111—1112页。
④ 范晔：《后汉书》卷五《安帝纪》，中华书局1965年版，第230页。
⑤ 范晔：《后汉书》卷七《桓帝纪》，中华书局1965年版，第292页。

焉（时为太常）为监军使者领益州牧，太仆黄琬为豫州牧，宗正刘虞为幽州牧，皆以本秩居职。州任之重，自此而始。①

"州牧之重"虽不能说自中平五年而始，但这一年作为刺史权柄演变的重大标志载入史册是没有疑义的。此后，尽管刺史、州牧的名称还在混用，但其秩级已经由六百石提高到二千石甚至中二千石，权力也凌驾于郡守之上，成为名副其实的封疆大吏了。东汉后期，由于外戚、宦官交替擅权，统治阶级内部矛盾尖锐，朝廷对地方的控制日益弱化，而一天天强大的州牧则因利乘便地把他们管辖的地区逐渐变成父子相袭的独立王国。特别是黄巾起义以后的形势，使州牧刺史们拼命扩大手中的武力，互相攻讦，争城略地，成为割据一方的诸侯，进而觊觎朝廷中央的权力，向皇位投去贪婪的目光，东汉皇朝也就名存实亡了：

　　焉牧益土，造帝服于岷峨；袁绍取冀，下制书于燕朔；刘表荆南，郊天祀地；魏祖据兖，遂构皇业；汉之殄灭，祸源乎此！②

刺史由单纯的监察官变成地方行政长官，最后发展成拥兵自重的割据军阀，其间经历了一个较长的发展过程。促成这一变化的除了极其复杂的政治、经济原因外，刺史的逐步侵权则是不可忽视的重要原因。正如顾炎武所说："自刺史之职下侵，而守令殆不可为。天下事，犹治丝而棼之矣。"③自州牧变成行政长官，州变成一级行政机构以后，东汉皇朝的地方行政体制也就由过去的郡、县二机制变成州、郡、县三级制了。这种情况延续至隋朝才发生变化。

两汉时期的刺史监郡制度是我国封建社会前期监察制度的重大变革，是一项比较成功的创造。在其作为监察制度存在的岁月里，所起的作用从总

---

① 范晔：《后汉书》卷七十五《刘焉传》，中华书局 1965 年版，第 2431 页。
② 范晔：《后汉书》《志》第二十八《百官五》注"臣昭曰"，中华书局 1965 年版，第 3618 页。
③ 顾炎武：《日知录》卷九《六条之外不察》，上海古籍出版社 2006 年版，第 533—534 页。

体上看是积极的。但是，历史上从来就不存在没有弊端的制度，刺史制度自然也不例外。首先，由于刺史权任极重，可以毫无顾忌地监察控制地方的二千长吏，这种地位和职责本身就造成了易于越权的条件。刺史越来越严重的侵权固然是由众多原因造成，但制度本身的原因也不应该忽视。其次，刺史职在监察，其政绩主要表现在发现问题的多少与严重程度。因此，刺史往往对郡国守相死死盯住不放，肆意挑剔，鸡蛋里边找骨头，这就容易产生苛刻之弊。西汉的王嘉当时就发现此种弊端，他在一份上疏中说：

> 司隶、部刺史，察过悉劾，发扬阴私，吏或居官数月而退，送故迎新，交错道路。中材苟容求全，下材怀危内顾，壹切营私者多。①

最后，由于刺史权重威行，如果选用非人，一些奸佞之辈、贪鄙之徒一旦占据这个位子，就必然会仗势欺人，鱼肉百姓，败坏吏治，造成很大的危害。如东汉时期的宦官侯览之兄侯参任益州刺史，就借机以权谋私，发疯般地陷害无辜，侵吞民财："民有丰富者，辄诬以大逆，皆诛灭之，没入财物，前后累亿计。"后来，太尉杨秉向朝廷劾奏侯参，被批准以槛车押解回京师。侯参自知罪孽深重，在来京的路上自杀了。"京兆尹逢于旅舍阅参车三百余辆，皆金银锦帛珍玩，不可胜数。"②类似的情况还有不少。一般而论，当一个皇朝处于衰败之时，吏治必然腐败。而这时候，即使有几个忠于职守、雷厉风行的刺史举劾贪官污吏，也于大局无补，难以挽狂澜于既倒。这说明，监察官吏的作用取决于社会大环境。

（二）魏晋南北朝至明清的监察制度

魏晋南北朝时期，基本继承了东汉的监察制度，"宪台"、司隶校尉、都官之类监察官仍在执行监察职能，但增加了刺奸、校事之类"操弄威柄"③，伺察群僚的加官。南朝宋、齐时期，皇帝对州牧和诸侯国的监察主要通过新

---

① 班固：《汉书》卷八十六《王嘉传》，中华书局 1962 年版，第 3490 页。
② 范晔：《后汉书》卷七十八《宦者列传·侯览》，中华书局 1965 年版，第 2523 页。
③ 陈寿：《三国志》卷六十一《吴书十六·潘濬传》，中华书局 1959 年版，第 1399 页。

设的"典签"进行。他们"出纳教命",操纵州、国的政务,甚至干扰到刺史和诸侯王的饮食起居。北魏时,朝廷置内外侯官数百人,对朝内官员和地方州镇的官吏进行监察。显然,由于时处乱世,政权更迭又犹如走马灯般的频繁,此时监察活动的运作就不如两汉时期规范有序。

隋唐五代时期,尤其是唐朝,监察制度较之秦汉和魏晋南北朝进一步完善。如御史台已经发展成为一个完全独立的监察机构,其内部采用三院制,台院设侍御史6人,除监察京城百官外,还承担与大理寺共同审案的任务。殿院设侍御史9人,掌察殿中礼仪和分知京城的左右巡,纠察京城不法之事。察院设监察御史10人,负责监察尚书省六部官员和分巡各州县。唐朝另设谏官左右散骑常侍、左右谏大夫、左右补阙、左右拾遗等,对皇帝的不当行为进行谏诤。地方监察方面,隋朝设刺史和从事,对郡县巡视,以"六条"问事,纠察地方官员。唐朝分全国为10道,各道设台使,又称巡按使,每年春秋两季对各道所属的州县进行巡查。这六条是:一察官人善恶;二察户口疏散,籍簿隐没,赋役不均;三察农桑不勤,仓库减耗;四察妖猾盗贼,不事生产;五察德行孝悌,茂才异行等,藏器晦迹,应时用者;六察黠吏豪宗,兼并纵暴,贫弱冤苦,不能自申者。后来巡按使又变成采访使、观察使。唐朝后期,藩镇割据局面形成,节度使几乎都兼任本道的观察使,由是朝廷中央对地方州县的监察权几乎完全落入藩镇之手。州县两级对下属官吏的监察权基本上与秦汉时期的体制一样。

宋朝的监察制度较隋唐时期进一步完善,主要表现为朝廷中央的台谏监察系统和封驳监察系统在职能上的合一和地方上路的监司与帅司的设置,以及走马承受所和通判厅的拾遗补阙。御史台和谏院除了审理案件和参决朝政外,主要职责是监察内廷和外朝,还能够对皇帝违反法制的行为、皇后专权、宦官弄权等进行谏诤和揭发与纠劾。台谏对中央的省、部各机构行使行政监察权,御史台对吏、户、刑、兵、礼、工六部派出察官,对其他行政机关也对口派出监察御史,对他们的行政活动进行全程监察,对朝廷举行的各种会议,也派监察御史出席监督。同时并对地方监察官的监司和帅司进行考核和监察。由此在监察上几乎实现了对中央和地方官员的全覆盖。与台谏系统相互补充是由门下省给事中、中书省中书舍人和知制诰组成的监察网络,即封驳监察系统，主要任务是监察朝廷政令的失误并给予驳正。宋朝地方在路一级设置监司和帅司，除监察转运司所有官员外，同时对所属州县官员进行监察，每年春秋两次出巡州县，访问民间疾苦，纠察贪赃官吏。另外，在河北、河东、陕西、川陕等边远地区，还设置走马承受公事所，其官员走马承受到各地巡查，同样负有了解情况、监察官员的职责。他们每年两次赴京，向皇帝报告各地政情和民意，特别是官员的贪渎情况。各州设置通判，作为州的监察官，对县级官员行监察之责。县以下的监察由县知事负责。

元朝在其前身时期，法制混乱，没有监察制度可言。忽必烈继位后，于至元五年（1268）下令仿照宋朝和金朝的体制设立御史台，作为朝廷中央的监察机构。以后逐步完善，建立起比较完备的监察系统。御史台既负责监察中央政府的各级官员，又领导全国的监察事宜。御史台的主官是御史大夫，次官是御史中丞，下设侍御史、治书侍御史、殿中侍御史、监察御史等。御史台对地方的监察是通过它的派出机构行御史台（简称行台）和提刑按察司（后改为肃政廉访司）进行的。开始设四个行台，后来一直保留两个，即设在建康路（治今江苏南京）的江南行台和设在奉先路（治今陕西西安）陕西行台。江南行台负责管理江南地区的监察事务，陕西行台负责管理甘肃、陕西、四川、云南的监察事务。又将全国分为 22 道，每道设立提刑按察司，设按察使、副使等官员，对所属监察区行使监察职权。忽必烈十分重视监察工作，他曾形象地说中书是我的左手，枢密院是我的右手，"御史台是朕医两手的"①。监察机构的主要任务是纠察各级官吏的违法行为，即"奸邪非违"，如贪赃枉法、刑名违错、赋役不均、侵吞官物、军功不实、军情不报等。对于查实的犯罪官员，五品以上上奏皇帝处理，六品以下御史台或行台可以自行处理。除监察官员外，监察机构还监督官员的选用和升迁以及肃清风俗、劝农、追赃等任务，并且参与地方重大行政和军务的决策和执行，对重要案件进行复核。监察机构的日常工作，一是巡按，即定期到所属路府州县巡查，考察官吏施政情况，纠察违法，询民疾苦，向皇帝报告；二是"刷卷"，即定期对中央和地方各级政府的公文案卷进行审核，发现问题

---

① 叶子奇：《草木子》卷三下《杂制篇》，电子版《文渊阁四库全书》。

并依规进行处理。元朝监察官员的选用和升转由御史台自行决定，不通过吏部，由此保证了监察机构的相对独立性。显然，元朝监察系统的组织建制是比较周密的，地位也较前代有所提高，在一定程度上保证了行政体制的正常运行。

明朝的监察机构较前更加完善。其最高监察机构是都察院，另有独立的六科，各省设按察司。都察院负责对所有部门的官员进行监察。十三道监察御史"主察纠内外百司之官邪，或露章面劾，或封章奏劾"①。在南北二京巡视京营、监临会议及武举，巡视光禄、仓场、内库、皇城、五城、轮值登闻鼓。协管两京、直隶衙门。所监察范围包括内府、六部、六科、翰林院及都察院本身。在外则纠劾自己分管的道、巡按、军队、提督学校、巡盐、茶马、巡漕、巡关、歉运、印马、屯田、监军记功。代天子到各地巡视时，要审查各级官员政绩，复核案件，巡视仓库，查算钱粮，视察学校等，即有权对地方一切事务加以审核考察。同时，都察院还不定期地派出加都御史、副都御史、金都御史衔的总督、巡抚、提督以及他们兼任的经略、总理、赞理、巡视、抚治等官员，监察一定地区的全部或某一方面的工作。后来督抚相对稳定在一定地区之后，仍属于都察院的派出机构，这种监察制度保证了朝廷中央对各地区各部门的监控。朝廷对六部的监察主要通过六科进行。六科官员（主要是给事中）可以对皇帝规谏，对朝政议论，对百官评议，但主要任务是纠察各部的行政失误。各省的按察司负责对省内官员的监察，在省和府之间设道，由按察副使、金事等分理各道的监察事务，特别是刑名。府州县的监察由主官负责。明朝的监察范围较前更加扩大，如设立监学御史，不仅加强对思想文化学术的控制，还全程监督人才的培养、选拔等事宜。监察网络更加严密，监察机构纵横交错，再加上厂、卫等特务机关穿插其间，这就使各级政府官员都在监察之中，而且各级监察机构也在互相监察之中。在明朝各级机构中，无人不被监察，无事不被监察，无时不被监察。而所有这些监察的目的，主要不是纠察官员对百姓的施虐，而是纠察他们是否对皇帝的忠心。这一切，表明明朝专制主义中央集权的进一步强化。

---

① 张廷玉等：《明史》卷七十三《职官二》，中华书局 1995 年版，第 1768 页。

清朝的监察制度基本承袭明朝而所有变化。都察院仍是最高监察机构，设左右都御史2人，左右副都御史4人。以下在京畿和各省设15道监察御史（清末增至20道）。同时设六科，每科置掌印给事中2人，给事中2人。六科开始仿明制为独立机构，雍正元年（1723），借口"廷议纷嚣"，"恣情自肆"，将其并入都察院，结束了我国古代皇朝台谏分离的历史，实现了台谏合一。清朝监察机构的职权主要有几项内容：建白政事缺失，稽查在京中央各机构效绩，弹劾违纪官员，审计财政，监督文武乡试和会试，参与复审重大案件，封驳诏旨题奏，纠察朝会礼仪，颁发官员敕书，注销各衙署文卷等，监察范围几乎无所不包。清朝虽然也派御史巡查地方，但规模小，时间也短，对地方的监察，主要交由各地的总督和巡抚以都御史和右副都御史的名义执行，这样行政权与监察权就更紧密地合二而一了。比较而言，清朝的监察与元、明时期相比显得弱化。因为清朝皇帝的权力大大加强，台谏合一的监察官员都畏惧对皇帝的谏诤，特别是六科并入都察院之后，谏官的位置几乎不存在了。而都察院属于清水衙门，御史们都不安于自己的工作，渴望外放去做地方官。他们既不敢得罪中央六部的官员，更不敢得罪地方的督抚等封疆大吏，致使这些官员肆无忌惮地贪赃枉法，所以清朝的吏治一直不够澄明。不过，清朝的监察制度也有值得称道的地方，如某些条例规章定得细致严密，重视对财政收入和开支的审计等。

二、监察制度的特点、优长与局限

在中国古代社会，监察机构和监察官员从其出现那天起，就是作为皇帝制驭臣下的工具而存在和运转的。它把触须伸向封建国家机器的每一个角落，对国家机构中的行政、司法、财政、军事、教育等各个职能部门及其官员行使广泛的监察职能。首先，它首要的也是最重要的职能是监督封建国家各项法律、政令、法规在各个领域的实施，以维护国家法律、政令和法规的统一。例如，《睡虎地秦墓竹简·秦律十八种·尉杂》中，就记载秦朝的廷尉必须"岁雠辟律于御史"，即每年都要定期到御史府去核对各类律文，可见御史大夫掌管着全国所有律令的标准文本和对律令的解释权。西汉宣帝年间，还专门设置两名治书侍御史，"掌选明法律者为之，凡天下诸谳疑事，掌以法律当其是非"①。蔡质《汉宫典职仪式选用》记载，"治书侍御史二人，治廷尉奏事，罪当轻重，选御史高第补之"②。治书侍御史，东汉时期也一直存在，以后直到清朝，同名或类似职务的官员也一直存在。治书侍御史作为皇帝的法律侍从和顾问，经常在皇帝左右，随时为皇帝提供法律方面的咨询服务。在中国这样一个幅员辽阔的国家里，在自然经济条件下，保证各种法律、政令和法规的统一，恰恰是维护国家统一和社会秩序稳定的重要手段。第二，封建王朝的监察机构和监察官员有权对京城内外的有司百官进行全面监督。不仅可以对违法失职的官员随时提出弹劾，而且能够直接参加对犯罪官吏的审判。秦汉时期，在皇帝作出决定以后，御史大夫或御史中丞往往被指定参加廷尉和其他官员共同对犯罪的王侯将相及其他重要罪犯的"杂治"。以后直到明清，都察院的官员一直参与对朝廷指定的大案要案的审理。监察官员几乎参与对一切大案要案的审理，对于保证审判的公正合理，量刑的准确恰当，显然是一个重要条件。因为参与"杂治"审理的往往涉及行政、司法和监察方面的主要机构和官员，在一定程度上可以互相制约，以免出现大的偏颇。第三，监察机构和官员对司法机构的司法活动，主要是案件的审理，负有监察复核的责任，即所谓"纠视刑狱，审录冤枉"，这显然也是执行和维护封建法律的重要方面。秦汉时期的御史府对廷尉审理的案件进行复核，明清时期的都察院对刑部和大理寺审理的案件进行复核。两汉刺史的"六条问事"中的第三条，就是"二千石不恤疑狱，风厉杀人"，也就是监察郡国守相的治狱是否符合律条。唐宋明清监察御史对各道、路、省等地方司法机构审理的案件进行复核，同样是监察他们的治狱是否符合律条。对从县令长、郡国和相到廷尉（后来的路、府、州、县、刑部、大理寺）这一司法系统审理的案件进行监察和复核，是对司法系统的有效制约：一方面它使司法机构在审理案件时有所顾忌，不能凭个人好恶任意量刑，以致贪赃枉法，放纵坏人或草菅人命；另一方面，它可以使错案、冤案及时得以纠正，在一

① 范晔：《后汉书》《志》第二十六《百官三》注"臣昭曰"，中华书局1965年版，第3599页。
② 孙星衍等辑：《汉官六种》，中华书局1990年版，第207页。

定程度上维护了法律的尊严。第四，监察机构和官员还负责监察百官在朝会班列和祭祀大典时的仪态行履，以维护封建礼法的尊严和封建的等级秩序。自西汉叔孙通制订朝仪以后，以后历代皇朝，维护朝仪和其他有关的礼仪法规就成为监察机构的重要职责。每逢朝会、祭祀和举行其他重大典礼时，专职的执法御史就肃立一旁，随时对违反礼仪的官员进行纠察和惩罚。例如，刘邦做皇帝后，在长乐宫的朝会上，执法御史就将参加朝会的"举不如仪"的官员拉下去治罪。这一职责虽然不如以上几项重要，但对于维护皇帝的尊严，维护封建的等级制度，使统治阶级的各色人等的关系处于一种有序的状态，仍然有一定的积极意义。第五，对军旅行使监督之权。自秦朝开始，监郡御史不仅有权对该郡的军事力量进行监督，而且有权统兵作战。在镇压秦末农民起义军的秦军中，多次见到御史监军和带兵的记载。汉武帝时期，由于"内兴功作，外攘夷狄"，大大激化了阶级矛盾和社会矛盾，不少地方燃起农民起义的烽烟。汉武帝为了加紧镇压起义，就设置绣衣御史督兵：

> 而吏民益轻犯法，盗贼滋起，南阳有梅免、百政，楚有段中、杜少，齐有徐勃，燕赵之间有坚卢、范主之属，大群至数千人，擅自号，攻城邑，取库兵，释死罪，缚辱郡守郡尉，杀二千石，为檄告县趣具食；小群以百数，掠卤乡里者不可称数。于是上始使御史中丞、丞相长史使督之，犹弗能禁，乃使光禄大夫范昆、诸郡都尉及故九卿张德等衣绣衣持节，虎符发兵以兴击，斩首大部或至万余级。及以法诛通行饮食，坐相连郡，甚者数千人。数岁，乃颇得其渠率。[1]

绣衣御史的设置在西汉是临时措施，显然对扑灭各地的反抗起事起了重要作用。东汉时期，侍御史中就专门分出"出督军旅"者，御史中丞、侍御史出督军旅镇压农民起义和少数民族起义的记载就不胜枚举了。以后，御史监军的制度一直延续下来，如隋唐时期也设监军御史。

宋朝设置走马承受公事所于各路，其官员称走马承受，对各路的军事

---

① 班固：《汉书》卷九十《酷吏传·咸宣》，中华书局1962年版，第3662页。

进行监督。明清两朝的总督、巡抚都是都察院的派出官员，他们对一省或数省的军队更是享有监察和统率权。御史监军制度对统兵将帅是一种制约机制，在监军御史的严密监视下，带兵将帅们一般不敢避死藏奸，大都能够率军拼搏，取得军事上的成功。除以上职责外，监察机构和官员还从事由皇帝临时安排的各种巡视活动。综上所述，可以发现，秦汉以降的中国古代皇朝监察机构的职能虽然很多，但始终围绕着一个中心，就是根据皇帝的诏令和国家的各项法律、法规、政策监督各级官吏的活动，并对违法失职的官吏进行弹劾和惩罚，以保证封建国家机器的各个部门正常而有秩序的运转。

秦汉以后中国封建王朝监察机构的主要职责和权力大体如上所述。总起来看，由于它形成了从中央到地方的一套严密的机构，由于它纠察百官的权力几乎没有限制，因而也形成了对整个封建国家行政、司法、军事、财政、教育等各种权力的制约机制。在社会大环境比较有利的条件下，这种制约机制对于保证封建国家机器的正常运转，保持社会秩序和生产秩序的稳定，无疑起了积极作用。不过，监察机构和官员的权力同样也必须受到制约。为了防止监察机构本身的权力无限制地膨胀，封建国家也对它采取必要的制衡措施。这种制衡主要通过四种力量，从四个方面加以实施。第一，皇帝对监察的约束。监察机构虽然对于行政、司法、军事等机构来说具有一定程度的独立性，但本身又仅仅是作为皇帝的耳目存在，必须一切听命于皇帝，皇帝成为高压其上的最大的制衡器。对于一切高级军政官员的处置，最后的决定权完全操在皇帝手上。没有皇帝的命令，监察机构的权柄仅仅停留在举奏和弹劾方面。第二，法规的制衡。因为监察机构的职能是"以法理官"，所以，不仅监察机构必须在监察法规的范围内活动，而且监察官员也必须成为遵守朝廷纲纪的模范，作为"百官之率"以推动吏治的改善。法规应该是对监察机构及其官员的最重要的约束手段。例如汉武帝颁布的"六条问事"就是汉朝最重要的监察法规。它一方面成为地方守相的基本行为准则，另一方面更是约束刺史监察活动，防止其滥用权力的重要规范。以法制衡，使其办事有法可依，有章可循，犯法必惩，违章得纠，是确保监察机构和监察官员在制约中活动的最根本的措施。顾炎武曾称颂汉代的"刺史六条为百代不易之良法"①，不是没有道理的。秦汉以后的各个封建王朝，都有类似于"六条"的监察法规和其他相配套的法规。这就使监察机构和监察官员在一定程度上谨慎从事，严于律己，不做超出法律法规的事情；在弹劾和举报违法官员时亦注意取得确凿的证据，不至于望风捕影或洗垢求瘢。第三，提倡并实施监察官员的互纠措施。因为监察机构和监察官员的重要职责是监察别的机构和官员，容易造成特殊地位，脱离制约。为了避免此种情况的出现，封建国家特别规定了监察机构内部的互纠措施。例如，御史中丞作为最重要的监察官吏，不仅职在纠察百官，而且也有权对御史府内部的官员，甚至御史大夫进行监察。西汉时期，侍御史严延年因为没有阻止受到弹劾的大司农入宫，就受到御史中丞的严厉谴责：

> 御史中丞谴责延年，何以不移书官殿门禁止大司农，而令得出入官？于是复劾延年阑内罪人，法至死。②

翟方进为御史大夫时，因举荐手下一个掾吏做侍御史，结果受到御史中丞孙宏的举奏：

> 宏为中丞时，方进为御史大夫，举掾隆可侍御史。宏奏隆前奉使欺谩，不宜执法近侍，方进以此怨宏。③

第四，所有官吏有权对监察机构和监察官员进行举奏弹劾。中国封建王朝的官僚机构虽有不同的分工，但所有的官吏都有权上书言事，有权对其他官员举奏弹劾。因此，监察机构和监察官员尽管职司纠察百官，但其本身也处在百官的众目睽睽之下。一旦出现贪渎，就极可能被举奏弹劾。如汉武帝时期的御史大夫张汤，曾是一个权倾朝野、炙手可热的人物，武帝对他简直是言听计从。后来因为树敌太多，被丞相严青翟及其长史合力弹劾，结果落得自

---

① 顾炎武：《日知录》卷九《部刺史》，上海古籍出版社 2006 年版，第 529 页。
② 班固：《汉书》卷九十《酷吏传·严延年》，中华书局 1962 年版，第 3667 页。
③ 班固：《汉书》卷六十《杜周传附杜业传》，中华书局 1962 年版，第 2679 页。

杀身亡。汉元帝时，御史中丞陈咸因为与"亡命罪人"朱云交通，被丞相劾奏，二人均遭严厉惩罚：

> （丞相）"奏咸宿执法之臣，幸得进见，漏泄所闻，以私语（朱）云，为定奏草，欲令自下治（师古曰：咸为御史中丞，而奏请下中丞，故云自下治）。后知云亡命罪人，而与交通，云以故不得（师古曰：吏捕之不得）。"上于是下咸、云狱，减死为城旦。咸、云遂废锢，终元帝世。①

封建王朝的监察机构和监察官员基本上都是在上述制约的条件下存在与活动，这就在很大程度上保证了这一机构与其他机构处于一种均衡和有序的状态，这对维护整个国家机器的稳定运转是有利的。

中国古代社会的监察制度经历了一个开创、发展和逐步完备的过程。这个制度的建立和存在，对于国家机器的正常运转，对于巩固、加强和稳定社会秩序起了重要作用。首先，监察机构在很大程度上保证了封建王朝的各种法律法规的执行，防止和缓和由于各级官吏擅权谋私所造成的非法状态加剧与广大人民的矛盾，可以较好地有效地维护封建王朝和地主阶级的长远的根本利益。其次，监察机构的存在与活动有助于调整封建国家机器内部的关系，在一定程度上制约着行政、司法、军事和财政等方面的机构和官员，使其活动大体在封建法律法规的范围内进行，这对保证国家机器正常而有秩序地运行提供了必要条件。再次，监察机构的存在与活动有利于巩固以皇帝为首的专制主义中央集权，因为正是由于它对各级行政和军事机构，特别是对对方行政机构的监督，保证了政令与法规的统一，在相当的程度上防止了权力分散与地方割据势力的膨胀。总而言之，监察机构和监察官员的设置，是封建国家官僚机器内部的重要制衡措施，在一定程度上对澄清吏治、维护统一、保证社会安定起了积极作用。应该说，在整个封建国家的官僚机器中，监察机构及其官员相对说来是较为健康的一部分。

---

① 班固：《汉书》卷六十《朱云传》，中华书局 1962 年版，第 2914 页。

中国古代封建王朝的监察机构有以下几个特点：第一，从秦皇朝确立御史大夫、监御史到督邮的监察系统，中经西汉时期确立的御史大夫、刺史到督邮，发展至东汉时期的御史中丞、刺史和督邮的监察系统，再到隋唐时期的御史台三院、道御史监察系统，到两宋的台谏、封驳、帅司监司系统，元代的御史台、行台系统、最后到明清时期的都察院、六科、按察司、道监察御史系统，监察机构基本上从行政体系中独立出来，变成了对行政系统相对独立的单纯监察机关，说明自秦朝开始，中国封建社会的监察制度日益完备和成熟。第二，从秦汉起，封建王朝的监察法律法规逐步趋于完备，监察机构也基本上在法的范围内活动，它一方面维护封建王朝颁布的各种法律法规和典章制度，另一方面它的职责和权限也是由监察法律法规所监督和制约，这就在很大程度上减少了其活动的随意性。第三，监察机构和监察官员的职能非常广泛，行政、司法、财政、军事、文化教育各个系统，大到王侯将相，小到百僚群吏，它对其都有举奏弹劾权，充分显示了监察权力的神圣性和广泛性。第四，监察官员的选拔比较严格，再加上权重赏厚，有利于他们无所顾忌地大胆工作，恪尽职守。所以，有相当数量的监察官员比较洁身自爱、清正廉洁、刚直不阿，在一定程度上成为"百官表率"，对抑制腐败、澄清吏治起到一定的积极作用。然而，中国古代监察制度尽管对国家机器起着净化和制衡作用，但在专制主义中央集权的体制内，其积极作用的发挥又是十分有限的。这是因为，监察机构虽然从理论上讲可以监察百官，享有神圣而广泛的权力，但是，在实际上，它的权限还是被大大限制了。首先，不仅皇帝的权力与活动它绝对不能监察，就是对皇亲国戚、达官显贵的胡作非为，它也往往显得无能为力。不要说面对秦始皇、汉武帝、汉哀帝、汉桓帝、汉灵帝、晋惠帝、隋炀帝、唐僖宗、明武宗等帝王的荒唐行径束手无策，甚至阿谀逢迎，就是对赵高、霍光、王莽、梁冀、曹操、秦桧、严嵩、和珅之流的权臣，对张让、赵忠、侯览、魏忠贤、李莲英之类无恶不作的宦官，又何尝动得了他们的半根毫毛？唯其如此，也就可以理解，为什么监察机构无法阻止一个又一个封建皇朝日甚一日地走向腐败，而只能眼睁睁地随着它一同腐败并在腐败中走向毁灭。这说明，监察机构虽然对整个国家机器有着不可忽视的制衡作用，但决定这种制衡作用能否发挥的却是社会的大环境。其次，中国封建王朝的监察机构尽管形成了相对独立的体系，但对行政权力而言，其独立又仅仅是相对的。这不仅因为它所听命的皇帝是一个集行政、司法、军事、财政等大权于一身的最高主宰，而且还因为在地方政府中，行政权与监察权仍然紧密地纠结在一起。例如在秦汉时期，郡守既是一郡的最高行政长官，又是一郡的最高监察官员，对郡府官员和县令长有着直接的监察权。同样，县令长也是一县的最高行政长官，又是一县的最高监察官员。后来的皇朝，尽管地方行政体制发生不少变化，但各级地方的最高行政长官往往也就是该地方的最高监察官员，隋唐时期的州县官员，宋朝的路府州县官员，明清两代的省、府、州、县官员，无不如此。这样一来，各级地方的监察就几乎都变成与行政权力结合在一起的同体监察。这种监察显然不能摆脱行政权力的干预，很难产生理想的效果。比如，地方政府每年都要向上级上报所辖区的基本统计资料，因为事关行政长官的升迁黜陟，上报的统计数字往往不实，虚报浮夸和隐瞒少报兼而有之。此类情况，依靠同体监察举发的可能性实在微乎其微。再次，古代社会吏治的好坏，其原因是多方面的。历史形成的社会大环境的作用是第一位的。其次是取决于皇帝为首的当国者的理想、品格、素养及其政策。监察机构的存在与活动只能是第三位的原因。清正廉洁、高效精干的监察机构可以给清明的吏治锦上添花，但腐败的吏治又足以使监察机构与之同流合污。并且，监察官员本身也是良莠不齐，出淤泥而不染的佼佼者更是凤毛麟角。所以，当整个封建王朝的吏治日趋腐败和黑暗时，监察机构就很难成为一片净土。而在不少时候，监察机构及其官员在国家机器走向腐败的过程中还起着推波助澜的作用。例如。东汉中期以后，在外戚、宦官交替擅权造成的日甚一日的腐败风气中，监察机构及其官员不仅无力回天，为澄清吏治作出贡献，而且随波逐流，加快了吏治腐败的速度。贪赃枉法、无恶不作的益州刺史侯参就是当时监察官员的一个典型代表。唐末、明末、清末，都出现过监察官员与贪官污吏沆瀣一气加剧官场腐败的事例。在中国古代社会，每一个皇朝的后期，国家机器不断趋于腐败是一个不可抗拒的趋势，而当这一趋势形成的时候，除了改朝换代之外，任何力量都无法改变这一趋势。即使出现几个正气凛然、手段酷烈的监察官员希图挽狂澜于既倒，也一定无济于事。比如，东汉后期，在官场的腐败之风迅速蔓延的时候，也出现了司隶校尉李膺为代表的一批耿直派官吏，其中不乏监察官员。他们利用自己在舆论上的优势，通过"清议"猛烈抨击宦官统治的黑暗，同时又运用自己手上的权力对作恶多端的宦官及其党羽毫不留情地加以杀伐。结果得到的是宦官挟持皇帝实施的疯狂报复。在两次"党锢之祸"中，李膺等人勇敢地走向刑场，而东汉皇朝也在内忧外患交迫中迎来自己的末日。明朝末年，东林党人为代表的耿直派官吏，其中也不乏杨继盛、左光斗之类监察官员，他们对魏忠贤为首的阉党进行的斗争，同样以失败而告终。在一定意义上说，这就是监察机构和监察官员的悲剧。

第五章　教育制度

一、中央与地方的官办学校

中国古代的教育制度大概从进入文明社会就初创建立起来。夏朝已经设置学校，"夏曰校，殷曰序，周曰庠。学则三代共之，皆所以明人伦也"①。西周开始为贵族子弟设立比较规范化的学校，王都学校叫"辟雍"，诸侯王的学校叫"泮宫"，地方也设立学校，"三代盛时，家有塾，党有庠，国有学，术有序"②，以所谓"六艺"即礼、乐、射、御、书、数作为固定课程进行教学。三代"学在王官"，学校都是官办，一般奴隶和平民子弟被剥夺了受教育的权利。春秋战国时期，各诸侯国的官办教育继续发展。秦朝建立后，实行了诸如"书同文""行同伦""设三老以掌教化"等措施，本来可以促进文化教育的发展，但由于不久又推出"焚书坑儒"和"以法为教，以吏为师"的"罢黜百家，独尊法术"的文化教育政策，不仅窒息了思想学术上的"百家争鸣"，而且也阻碍了私学的发展。不过由于秦朝二世而亡，其恶果并未充分显现。西汉建立之初，由于刘邦出身市井，加之"尚有干戈"，也就没有建立起严格规范的教育制度。到汉武帝时，西汉皇朝已经过60多年的发展，经济繁荣，政治稳定，军事力量空前强大，原始儒学也经过不断改造，到董仲舒手里完成了向新儒学的过渡，建立新的教育制度的条件已经成熟。建元元年（前140）董仲舒在举贤良文学对策中首倡建立太学的

---

① 《孟子·滕文公上》。

② 方逢辰：《蛟峰文集》卷五《常州路重修儒学记》，电子版《文渊阁四库全书》。

主张："故养士之大者，莫大乎太学。太学者，贤士之所关也，教化之本源也。……臣愿陛下兴太学，置明师，以养天下之士。"[1] 这个建议被汉武帝采纳。建元五年（前 136）武帝下诏置五经博士。元朔五年（前 124）又要丞相公孙弘等拟定设立太学的具体计划。不久，就批准了公孙弘等提出的创立博士弟子员（太学生）的制度，并动手在长安建筑校舍，汉代太学正式诞生，我国古代的高等教育亦由此开始。汉代太学相当于后世的国立大学，是当时的最高学府。其主官叫仆射，东汉时改称祭酒。教师称博士，学生称博士弟子员，又称弟子，亦称太学生。太学刚建立时，只设 5 个五经（书、诗、礼、易、春秋）博士，每人名下 10 个弟子员，规模是很小的。因为学生数量很少，所以正式的博士弟子只能由太常选择"十八岁以上，仪状端正"，已经具有相当文化水平的青年知识分子充当。而从地方上选送的所谓"好文学，敬长上，肃政教，顺乡里，出入不悖所闻"[2] 的知识分子只能做特别生，不受名额限制。因为正式生都有官俸，特别生费用自理，所以太学生中也就有贫寒的学生。后来，随着政治经济的发展，特别是贵族官僚子弟都把进入太学看成是入仕做官的重要阶梯，太学于是适应形势的发展不断扩大。五经博士增至 14 人，太学生的数量更是一增再增。昭帝时增至 100 人，元帝时增至 1600 人，成帝时增至 3000 人。平帝时，王莽辅政，他为了争取知识分子的拥护，于元始四年（4）为太学生建筑了能容下万人的校舍。新莽末年的战乱使教育备遭摧残。东汉王朝建立后，太学生出身的刘秀重视教育，建武五年（29），战争还未结束，刘秀就下令在洛阳建立太学，广筑学舍讲堂。其子汉明帝进一步提倡教育，太学更加发展。当时朝廷规定太子、皇子和诸侯功臣子弟一律读经，期门、羽林的武士也要学习《孝经》章句。甚至匈奴贵族也在此时遣子弟入学。顺帝、质帝时期，进一步扩大太学生名额，要求自大将军以下至 600 石的官吏，都必须送子弟入太学读书。此后至东汉末年，太学生的数量经常维持在 3 万人左右。如此规模的国立中央大学在当时世界上是绝无仅有的。太学生学习的主要内容是五经，即书、诗、

---

① 班固：《汉书》卷五十六《董仲舒传》，中华书局 1962 年版，第 2512 页。
② 司马迁：《史记》卷一百二十一《儒林传》，中华书局 1959 年版，第 3119 页。

易、礼、春秋等今文经，由各经的经师按师法和家法进行传授。尽管有着烦琐和僵化的弊端，但因为太学铺就了一条通向高官厚禄的利禄之路，所以广大知识分子对它仍然是趋之若鹜。尤其重要的是太学对发展教育，促进学术文化的繁荣还是起了重要作用，作为传播文化科学知识的重要基地，它培养出一大批著名的学者和科学家，王充、班固、张衡等就是其中的佼佼者。两汉时期的地方教育也获得较快发展，政府在郡县乡里设置各类学校。汉景帝时期的蜀郡太守文翁开地方教育的风气之先。他一方面选取蜀中优秀子弟去太学深造，一方面在成都设立学舍，招收各县子弟入学。使蜀地的教育有了长足的进步。汉武帝一面嘉奖文翁办学的成绩，一面下令"天下郡国皆立学校官"①。到平帝时，郡国普遍设立学校，"郡国曰学，县、道、邑、侯国曰校。校、学置经师一人。乡曰庠，聚曰序，序、庠置《孝经》师一人"②。这就大体上确定了从中央太学到地方的学、校、庠、序五级学校教育体制。虽然从严格意义上讲，西汉学校还未形成后世那样严格的系统，但毕竟为后世学校体制的发展奠定了基础。东汉地方教育较西汉有了进一步的发展，由于统治者的重视，边远地区的教育也获得较快发展。西至武威，南至桂阳、九真，东至辽东，北至长城，各级官府都办起了学校，所谓"南夷北狄"，"四海之内，学校如林，庠序盈门"。③ 两汉的官学虽然在中国历史上是最发达的朝代之一，但从受教育的绝对人数看仍然不多，大部分平民子弟基本被排除在外。

魏晋南北朝时期，由于社会动乱，战争频繁，官办学校教育受到很大冲击，南朝与北朝官办学校的规模和质量都不如两汉。不过，魏晋和南朝大体上还是沿袭了两汉的教育制度，基本恢复了两汉时期从中央到地方的教育体系。北魏统治时期，也沿袭两汉的教育制度，开办了从中央到地方的官学。隋唐时期教育比较发达。隋朝在京师设国子、太学、四门、书、算五学，唐朝设国子、太学、广文、四门、律、书、算七学，各招收不同级别的官僚子弟入学。另由中央各机关设技术学校，如太医署的医学，司天台的天

---

① 班固：《汉书》卷九十八《循吏传·文翁》，中华书局1962年版，第3626页。
② 班固：《汉书》卷十二《平帝纪》，中华书局1962年版，第355页。
③ 范晔：《后汉书》卷四十《班彪传附班固传》，中华书局1965年版，第1368页。

文学，太仆寺的兽医学等。还有专门为皇室贵族子弟和功臣食封者子弟设立的弘文馆、崇文馆等。这些学校招收的都是不同品级的贵族官僚子弟，目的是培养统治阶级的后备人才。地方府州县均设立儒学，招收名额不等的学生，其中也有平民子弟入学，但总体上看，唐朝的官立学校主要为社会上层服务，平民子弟主要通过私学接受教育。

两宋时期的官立学校不太发达，中央设立的太学和地方府州县设立的学校，招收名额都不是太多。北宋开始只设国子监，招收七品以上官僚子弟。仁宗时增设四门学和太学，国子学的地位逐步被太学取代。但其时太学生名额只有200人。到神宗时也不过2400人。徽宗时又创建辟雍作为太学的外学，达到顶峰的招生名额也仅达到3800人。南宋重建太学后，最高招生名额是1700人。仁宗以后还设立了武学、律学和宗学等专业学校，招生人数也不多。地方的府州县设立的学校规模也不大，能够入学接受教育者基本上是社会上层的子弟，所以宋代平民子弟接受教育主要靠私学。

明朝的教育比较发达。中央设立国子监，北京、南京各设一所，由国子祭酒和司业主持，学生称监生，主要由府、州、县学按定额推荐。国子监学规严格，监生成为明朝官吏的重要来源之一。府、州、县都设立官学，府学由教授、训导主持，州学由学正、训导主持，县学由教谕、训导主持。府、州、县学定额招生，学生称秀才。这些学校一方面为国子监输送人才，一方面为乡试（省级科举考试）提供生员。明朝还办有宗学，培养宗室子弟；办有武学，培养武职官员的子弟继承父业。明朝的官学尽管较前代发达，但入学的机会也基本被上层阶级垄断，平民百姓的子弟也只能靠私学接受教育。

清朝的教育制度沿袭明朝，北京设国子监，亦称太学，地方设州县学，还有八旗官学、宗学、觉罗学、景山官学、咸安宫官学以及礼部义学、健锐营、火器营、圆明园、护军营等特设学校，专门为八旗、宗室和其他贵族官僚子弟服务。这些学校有较严格的管理制度，皆设专门官吏进行管理。这些官办学校实际上是入仕做官的养成所，因而其入学的权利基本上被上层阶级垄断，与一般平民百姓的子弟无缘。

中国古代社会自迈入文明时代起，统治阶级就一直比较重视教育，特别重视官办学校的建立和发展。自三代尤其是两汉至明清，除个别战乱时期，官学历久不衰，既为统治阶级的各级官府培养了行政和各方面的专业人才，保证了官吏队伍有较高的文化素质，又促进了文化教育的传承和发展，积累了丰富的办学经验。官办学校的办学模式、办学经验，如教师主导的教学方式，严格的考试制度，学而优则仕的晋升理念，作为一种历史传统，对近代教育的发展也产生了深远影响。

二、私学的建立发展与贡献

（一）三代至隋唐的私学

夏商周三代"学在王官"，学校都是官办，受教育者都是奴隶主贵族的子弟，一般奴隶和平民子弟都被剥夺了受教育的权利。春秋时期，随着奴隶制社会走向崩溃，在"礼崩乐坏"的大潮中，平民和解放了的奴隶的子弟们也渴望受到教育，于是私学应时兴起。孔子成为最著名的私学的开创者，起了"金鸡一鸣天下晓"的作用。战国时代私学教育进一步发展，林林总总的诸子百家，既是不同的思想学术流派，同时也是一个个生气勃勃的教育团体。墨子、孟子、荀子等大师，都是那个时代的教育家，他们无论走到哪里，身后都有众多弟子随行。他们在继承和传播中国古代思想文化中的作用，超过了当时的官学。从此，中国古代社会的教育事业，就在官学和私学的两轮驱动下不断向前发展。

两汉是中国教育最发达的朝代之一。与官学相辅相成的私学在这一时期也呈现相当繁盛的局面。这一方面是由于自春秋以来私学已经形成了源渊流长的历史传统，另一方面则因为官学名额有限，不能满足人们受教育的需求。同时更因为有一些大儒，尤其是古文经师，因不得立为官学，失去仕进机会，不得不收徒讲学。一则作为谋生的手段，一则与立为官学的今文经相颉抗。另外，还有一些名儒高官在致仕以后也收徒讲学，潜心著述。如董仲舒、王充之所为，由此形成了私学比官学更发达的局面。两汉私学种类很多，程度亦参差不齐。其中由经师大儒自立的"精舍""精庐"相当于大学，"学馆""书馆""书舍""蒙学"相当于小学。由于它们数量较多，广泛分散于乡村野里，再加上办学形式灵活，适应性较强，因而就成为农村儿童青少年接受教育的主要基地，在传播知识上超过了官学的作用。由于两汉私学在人数和影响上超过了官学，而在私学任教的经师绝大多数又属于古文经学，这种状况对两汉的学风，尤其是对东汉的学风产生了比较显著的影响。古文经学讲求名物训诂，注重史实的考辨，比较实事求是。虽然也有烦琐的毛病，但与今文经学任意发挥微言大义和谶纬迷信相比，其科学理性的成分毕竟多一些，对当时的青年知识分子产生了较好的影响。私人讲学著述之风的兴盛，不仅成为当时教育的一大特色，培养了一大批在思想文化上继往开来的人才，而且孕育出诸如王充、马融、贾逵、郑玄、班固、张衡等一大批千古不朽的学者、思想家和科学家。他们创造的考据训诂的一套治学方法，后世称之为"汉学"，对中国后来的考古学、古文字学和历史研究都产生了很大影响。

魏晋南北朝时期，由于战乱频仍，官办学校的发展受到限制，私学尤其是家学教育在这一特定时期较前反而有所发展，无论是留在北方的世家大族，还是随晋室南渡的阀阅之家，如曲阜孔氏，琅玡颜氏、王氏、清河崔氏，泰山羊氏就是其中的主要代表。他们都重视对子弟的教育，凭借优厚的经济实力，或自任塾师，或聘请名彦硕儒，开办学校，教育自己和周围殷实人家的子弟，使自己的家族成为思想学术文化的载体，保持了文化教育的连续性。这一时期的家族教育对延续与传承中国古代的教育和思想学术文化，起了极其重要的作用。

隋唐时期，尽管官立学校已经形成从中央到地方的完备的体系，但因为官立学校招生人数少，又有着严格的资格限制，所以一般平民子弟难以问津，民间教育于是由遍布城乡的私学承担。在中国教育史上，唐朝最早建立书院这种教育机构，它在玄宗开元六年（717）设丽正书院。五代时期的南唐在昇元四年（940）建立庐山白鹿洞国庠，开启了宋代书院建设的先声。唐朝私学培养了大量的平民知识分子，其中有相当一批庶族地主阶级的子弟通过科举找到进入社会上层的阶梯。

（二）宋朝至明清私学的发展和书院的繁荣

两宋时期的私学是中国历代皇朝中最发达的，从遍布乡村野里的蒙馆到顶尖的书院，构成了完备的私学教育系统。北宋著名书院有四个，即江西庐山的白鹿洞书院、湖南长沙的岳麓书院、湖南衡阳的石鼓书院、河南商丘的应天书院。南宋著名的书院也有四个，即岳麓书院、白鹿洞书院、丽泽书院和象山书院，汇集了当时中国知识界的大部分精英，对教育、科学的发展和思想学术的繁荣作出了巨大贡献。当时一批著名的思想家和学者大都开设书院，聚徒讲学，如胡瑗、孙复、石介、周敦颐、张载、程颢、程颐、邵雍、朱熹、陆九渊等都是众生环绕的名师。元朝的教育不发达，虽然从忽必烈开始设立国子学，但招收人数很少，汉人、南人的子弟也很少有入学的机会。元朝的私学继承了两宋的传统，一批著名的学者如赵复、许衡、刘因、饶鲁、吴澄等，既是当时的思想家，又是教育家，他们通过聚徒讲学，延续了中国教育和思想文化的发展，特别为理学的传承作出了不可磨灭的贡献。

明朝尽管重视官学，设立了从中央到地方完整的教育体系，由于官立学校入学人数有限，大量城乡青少年的教育主要靠私学承担。明朝政府早就意识到这一点，因此一直提倡民间办学。洪武八年（1375）就颁布诏谕，要求建立社学，由政府出资延聘教师，招收城乡平民子弟入学读书。但是，后来由于政府难以持续提供教师薪资，社学也就难以为继，所以乡村教育主要靠宗族合办的义学家塾，它们承担了对平民子弟的教育，成为他们获取知识的主要基地。明朝中期以后，书院开始恢复和发展，最后发展到185所，著名的如王阳明主持的阳明书院、顾宪成和高攀龙主持的无锡东林书院、刘宗周主持的蕺山书院等，成为培养高级人才和孕育思想理论的重要基地。其中的优秀分子也有权参加科举考试，并通过这一阶梯进入官吏队伍。

清朝在官办学校之外，城乡存在大量私学、书院，吸纳平民子弟接受教育，也为科举考试提供生员。顺治九年（1652）礼部题准，每乡置社学一所，免除社学教师的差徭并补给一定的赡养银两。乡镇以下的村落中，凡有条件者都办义学，纯粹由民间筹资，为偏远农村子弟提供读书的场所。清朝延续宋明以来的传统，各省都建有一两处著名的书院，如直隶的莲池书院，江苏的钟山、紫阳书院，浙江的敷文书院，江西的豫章书院，湖南的岳麓、城南书院，湖北的江汉书院，福建的鳌峰书院，山东的泺源书院，山西的晋阳书院，河南的大梁书院，陕西的关中书院，甘肃的兰山书院，广东的端溪、粤秀书院，广西的秀峰、宣城书院，四川的锦江书院，云南的五华书院，贵州的贵山书院等。这些书院大都由在任地方封疆大吏奏准成立，在礼部备案，也有固定的经费来源，是官民合办的教育机构，水平相当于大学。宋明时期的书院是讲授学术、议论政治的场所，往往成为孕育思想的基地，在学术上形成很大影响。清朝则严禁书院容纳"恃才放诞，佻达不羁之士"①，学习的课目也以八股为主，兼及论、策、表、判，目的是将其纳入科举仕宦的轨道。

中国古代的私学一直生长民间，办学形式灵活多样，成本较低，学生来去自由，从而为广大平民百姓的子弟提供了受教育的场所，保证了文化教育在民间的传承，更为后来的科举提供了人才选拔的基础。同时，私学，尤其是春秋战国时期的私学、两汉时期的精舍、精庐，唐宋以来的书院，大量汇集了当时的思想文化精英，他们通过这个平台，互相辩诘，切磋学问，有力地推动了新的思想观念的产生，对中国思想文化的发展作出了不可磨灭的贡献。从终极意义上讲，私学的贡献甚至大于官学，至少不输于官学。在中国古代社会，正是由于官学和私学的两轮驱动，良性互补，就使中国的思想文化通过学校教育在历代都延续下来，在不断地创新中绵延5000年而没有中断，从而形成了积淀深广的传统文化，并使这个文化哺育的中华民族成为世界历史上唯一历经磨难而没有中断发展链条的伟大民族，成为自立于世界民族之林的参天大树，屹立东亚，雄视百代，阅尽人间春色。

三、教育制度的优长与局限

中国古代社会5000年左右的文明史，始终伴随着教育前行。教育的出现，既是文明的重要标志之一，也是推动文明不断进步的动力之一。因为正

---

① 光绪《大清会典事例》卷三百九十五《礼部·学校》。转引白钢主编《中国政治制度通史·清代卷》，人民出版社1996年版，第515页。

是教育将人类文明的最优秀的成果积累下来并传承下去，同时在传承的过程中不断创新，推动人类文明登上一个又一个新的发展平台。

中国古代社会从三代起，就建立起初具规模的教育制度，以后逐步完善和规范。这个制度主要包括两方面的内容。一是从中央到地方的各级政府中都建立起教育的主管机构。如西周时期的司徒和太史寮，秦汉时期的太常，魏晋南北朝时期六曹尚书中的礼部尚书、太常，隋唐时期的礼部、国子监，两宋和元朝时期的礼部，明清两朝的礼部和国子监，就是朝廷中央管理教育的机构。秦汉魏晋南北朝时期郡府的学官、县府的祭酒，隋唐时期州府的祭酒从事，县府的经学博士，两宋时期州县府的教授厅和教授，明清两朝省府的学政，州县府的学正、教谕，就是地方政府的教育管理机构。这些机构制定教育法规，管理各级各类学校，使教育事业有序发展和运行。二是建立从中央到地方的比较规范的各级官办学校和私学，形成遍布城乡的学校网络。正是由于这种制度的存在，才使中国古代的教育一直延续和发展起来，形成世界范围内最大规模的教育体制，保证了中国古代社会从不间断的思想文化传承和文明的延续。

中国古代的学校很早就形成了较严格的管理、教学和考试制度，从而确保了人才培养的质量。例如，两汉太学创造了新的教学模式，它一面开设大班上课，一面以高足弟子传授低年级学生。由于学生太多而教师和课堂太少等条件的限制，它又允许学生更多地通过自学和向校外专家求教提高自己的水平。太学也注重对学生进行考试，并以此来督促和检查学生的学习。它对初来者规定每年考一次，叫"岁试"。办法是"设科射策"，即抽签考试。据《学记》记载，七年考试合格者称"小成"，九年考试合格的为"大成"。朝廷根据考试情况授以不同的官职。再如明朝的国子监就有严密的规制，设五厅——绳衍厅、博士厅、典籍厅、典簿厅、掌馔厅，作为学官的办公之所，分掌监视、教学、学籍、图书、财务、饮食等事务；设六堂——率性堂、修道堂、诚心堂、正义堂、崇志堂、广业堂，作为新生学习的场所。国子监除设祭酒、司业总理校政外，特设监承具体管理教学与行政事务，凡教官怠散、学生违纪或未完成学业，以及发现饮食不洁钱粮短少等情况，均加以惩治。监生们除每月朔、望两天作为假期休息外，其他时间都要轮番安排会讲、背书、复讲。监生分若干班，每班从学生中选学业优秀、品行优良的学生任斋长，负责督导本班学员的功课和检查纪律。学生每天写楷书256字，交教官圈改。每三天背书一次，每次背大诰100字，本经100字，四书1000字，并要求通晓义理。每月完成作业6篇，学习写诏、诰、表、章、策论、判语、内科等两篇，学习成绩每月通报一次。国子监的学制一般4—5年，分三个阶段。第一阶段通常三年，主要从事基础课学习。第二阶段1年左右，主要内容是实际应用的训练，如考论经义和诏、诰、表、内科以及经史策等，第三阶段是前两个阶段考试合格者到各衙门实习，为期1年，经过考试，上等者授官，中等量材录用，下等再回监读书。

中国古代各类学校的教学内容根据需要确定。如两汉私学初级学校的教学一般分两个阶段。第一阶段是蒙学，主要教学生识字。课本是四字句的《史籀》、李斯所作《仓颉篇》、赵高所作《爰历篇》、胡母敬所作《博学篇》等。三字、七字句的字书始于司马相如的《凡将篇》，元帝时的史游模仿该体编写了著名的《急就篇》，它将姓氏、衣着、农艺、饮食、器用、音乐、生理、兵器、飞禽、走兽、医药、人事等方面的种种日常用字，以韵语汇编在一起，既便于记忆，又切合实用，因而成为东汉至隋唐时期通用的字书，在我国古代儿童识字教学中起了很好的作用。例如第十章几乎罗列了当时所有的粮食、蔬菜和瓜果的名称："稻黍秫稷粟麻秔，饼饵麦饭甘豆羹。葵韭葱薤蓼苏姜，芜荑盐豉醯酢酱。芸蒜荠芥茱萸香，老青蘘荷冬日藏。梨柿李桃待露霜，枣杏瓜棣馓怡炀，园菜果蓏助米粮。"这类字书显然对农村儿童青少年识得实用字是很适用的。在识字的同时，也学习简单的算术加减乘除和历法知识。第二阶段，学习《论语》《孝经》《春秋》等，主要目的是明理，即掌握当时社会最基本的伦理观念和为人处事的态度。对于一般农村儿童和青年，这些知识已经足够应付未来的生产和生活的需要了。再后，要求继续深造的青年人，或进入太学，或进入私学的精舍，读经史子集，学习政府公文起草和判书，为进入官场做准备。后来的朝代，各类学校的教学内容虽然有所变更，如唐宋以后，初级学校的识字课本增加了《三字经》《千字文》等新编的书籍，太学则更多增加理学的内容。自隋唐起，国家还重视专业人才的培养，增加了法、历、算、医以及书画等专门技艺的学习。

中国古代教育形成的传统和模式，不少是体现了科学的教育规律，如官民结合，双轨办教育；循序渐进、启发教学、师生切磋、教学相长；严格的校规和考试制度、"学而优则仕"等，都是优秀的遗产，值得继承和发扬。但是，与世界其他国家的教育相比，特别是与近代西方发达国家的教育相比，也有明显的短板和不足之处。这一方面表现为不断僵化的经学教学内容，如两汉经学，尤其是今文经学，日益烦琐并与谶纬迷信相结合，一经说至百万言，士子皓首穷经，不能越师法家法雷池一步，一生不能通一经。唐宋以后，程朱理学成为主要教学内容，四书五经和程朱等人的注释成为不能撼动的金科玉律，严重束缚了知识分子的自由思考和创造力的发挥。特别是鄙视体力劳动，强化体力劳动和脑力劳动的二元对立，过于强调儒家经典文献的神圣，教学内容偏重经书为主的文科，自然科学的内容虽然也有一点，但偏重实用，从而严重窒息了科学思维的发展。尽管中国古代历史上有不少如四大发明为代表的创造发明，但由于科学思维的缺乏，在自然科学的各个方面都没有产生突破性的理论成果，更没有造就通向近代自然科学的基础，阻碍了中国科学技术向近代化的转化和跃升，致使中国近代社会的发展没能与欧洲同步，在走向现代化的路上不得不艰难地跋涉。

显然，教育始终是引领人类智慧发展和进步的明灯。中国古代社会一直重视和发展教育，从三代到明清的三千多年间，中国的教育规模不断扩大，一个比较庞大的知识分子群体作为思想文化的载体，在不断更新中延续和创新发展着中国文明的旅程。中国古代教育制度的特点，一是官办学校和民办学校同时存在，相辅相成，优势互补，相得益彰，共同发展。这种两轮驱动，保证了教育的开放格局，为社会经济文化和各项事业的发展培养了大批人才。这个知识分子群体，一方面满足了国家对各类管理人才的需要，使中国的官吏队伍有着较高的文化素养，较好地承担起国家行政体制的运作；一方面使中国的思想文化得以在不断创新中持续发展，培养和造就了一大批政治家、思想家、科学家、文学家、艺术家和人数众多的民间知识分子队伍，从而支撑起文化，尤其是良风美俗在乡村社会的存在和发展。二是教学内容以儒家经典为主，编撰了从识字至思想学说研究等内容的成系列的教科书，适应了从初级教育到高等教育的需要，形成了尊师重道的优良传统。

"大学之道，在明明德，在亲民，在止于至善"，使学校成为传承、创造知识和思想的场所，保证了中国传统思想文化得以不间断地发展和创新。同时，中国的各类学校，普遍创造和推行有教无类、启发式教学、因材施教、师生互动、教学相长等教学原则与方法，积累了丰富的经验。三是贯彻和推行"学而优则仕"的原则，将学与仕紧密联系在一起，打通了教育与从政的关系，也就将文化素质、知识水准确立为做官的标准之一。中国古代教育形成的许多优良传统和众多行之有效的教学原则、方法是中国传统文化中的精华之一，一直为中国的现代教育提供直接的经验和许多有益的资鉴。

第六章　人事制度

一、选官制度的建立与变迁

（一）秦汉时期以"征辟""察举"为代表的选官制度

中国古代社会在三代奴隶制时期，实行"世卿世禄"制度，官吏只在奴隶主贵族中选取和任用，等级身份与官位高低有着直接的关系。平民和奴隶当然与官吏无缘。春秋战国时期，中国历史经历了由奴隶社会向封建社会的过渡，选官制度也经历了由"世卿世禄"向任免制的过渡，身份与官位的对应关系被打破。一批平民出身的士人因能力卓越而跻入各诸侯国的庙堂，所谓"引车卖浆者流，鸡鸣狗盗之徒"也能因各种机遇而平步青云。

秦朝统一全国后，建立了专制主义中央集权的行政体制，这个行政体制的运作是由一大群官僚组成的政府机构操控的。为了选取适合各级官府工作的各类人才，必须有一个与之相适应的选官制度。但是，因史料缺如，秦朝选官制度的详细内容已难稽考。《通典·选举典》说："秦自孝公纳商鞅策，富国强兵为务，仕进之途，唯辟田与胜敌而已，以至始皇，遂平天下。"这就是纳粟买官和军功拜爵。秦始皇四年，"天下役，百姓纳粟千石，拜爵一级"[1]。"斩一首者爵一级，欲为官者为五十石之官；斩二首者爵二级，欲为官者为百石之官"[2]。显然，辟田与胜敌是为官的重要条件，至于如何选取，大概与汉代一样是通过"征召"和"举荐"一类途径。

---

[1]　司马迁：《史记》卷六《秦始皇本纪》，中华书局 1959 年版，第 224 页。

[2]　王先慎：《韩非子集解·定法》，中华书局 1998 年版，第 435 页。

两汉选官主要通过察举和征辟两种途径，而以考试、任子、纳赀、卖官等办法相补充。所谓察举就是由下面向上推荐人才的制度。这一办法大概在秦朝已经广泛运用，韩信"贫无行，不得推择为吏"①，"秦之法，任人而所任不善者，各以其罪罪之"②，说明这一制度的存在是确定无疑的。不过，这一制度到汉代已经规范化为在全国推行的察举制度。汉高帝刘邦在汉十一年（前196）曾下了一个《求贤诏》：

> 盖闻王者莫高于周文，伯者莫高于齐桓，皆待贤人而成名。今天下贤者智能岂特古之人乎？患在人主不交故也，士奚由进！今吾以天之灵，贤士大夫定有天下，以为一家，欲其长久，世世奉宗庙亡绝也，贤人已与我共平之矣，而不与我共利之，可乎？贤士大夫有肯从我游者，吾能尊显之。布告天下，使明知朕意。③

这个诏书可以说开了汉代察举的先河。以后，惠帝、吕后、文帝也多次下诏举荐"孝悌力田""贤良方正能直言极谏者"，至汉武帝正式建立了以儒术取士的较完备的制度。汉代察举的科目主要有孝廉、茂材、贤良方正、文学、明经、明法、尤异、治剧、兵法、阴阳灾异以及临时规定的其他科目。标准基本上是四科："一曰德行高妙，志节清白；二曰学通行修，经中博士；三曰明达法令，足以决疑，能按章覆问、文中御史；四曰刚毅多略，遭事不惑，明足以决，才任三辅令，皆有孝悌廉公之行。"④ 在这些科目中，孝廉即孝子廉吏的简称，是汉代官吏出身的正途，地方上的豪绅地主趋之若鹜。开始由郡国平均举荐，因各地人口多寡不一引起矛盾，至东汉和帝永元之际，丁鸿和司空刘方建议改为人口与举荐人数成正比的标准："郡国率二十万口岁举孝廉一人，四十万二人，六十万三人，八十万四人，百万五人，百二十万六

---

① 司马迁：《史记》卷九十二《淮阴侯列传传》，中华书局1959年版，第2609页。
② 司马迁：《史记》卷七十九《范雎蔡泽列传》，中华书局1959年版，第2417页。
③ 班固：《汉书》卷一下《高帝纪下》，中华书局1962年版，第71页。
④ 范晔：《后汉书》《志》第二十四《百官一》注"应劭《汉官仪》"，中华书局1965年版，第3559页。

人；不满二十万二岁一人；不满十万，三岁一人。"① 后来对边郡少数民族杂居区又制定了较优惠的政策，使察举孝廉有了制度上的保证。孝廉外，茂材是两汉时期的另一察举科目。此科目原名秀才，东汉时因避刘秀讳改为茂材，亦写作茂才。察举茂才始于武帝元封五年（前 106），东汉光武帝时茂才与孝廉一样成为岁举，不同的是孝廉为郡举，茂才为州举，且数量较孝廉少，所以其规格高于孝廉。贤良方正、文学等科目属于诏举之列，多实行于灾异之年，意在广开言路。明经在西汉属诏举之列，至东汉章帝元和二年（85），才规定"郡国上明经者，口十万以上五人，不满十万三人"②。后又对年龄作了 50 以上、70 以下的规定。这说明被举者大多为饱读诗书的老知识分子。明法即通晓法律，尤异是从现任官吏中选拔政绩突出的人才晋升高一级职务。汉成帝时开始举荐"勇猛知兵法者"③，是后代武举的先声。自董仲舒大倡天人感应之后，汉代就诏举阴阳灾异之士。除此之外，还有临时特定的一些项目。平帝元始五年（5），在王莽操控下，还举行过全国最大规模的一次诏举："征天下通知逸经、古记、天文、历算、钟律、小学、史篇、方术、《本草》以及《五经》《论语》《孝经》《尔雅》教授者，在所为驾一封轺传，遣诣京师，至者数千人。"④ 以上这些选拔人才的重要途径，为中央和地方政府的官吏队伍选取了大量智能卓荦之士。

征辟是察举之外两汉选拔人才的另一重要途径，这是一种自上而下选任官吏的制度，分皇帝征聘与公府、州郡辟除两种形式。秦汉时期，皇帝通过特征与聘召方式选拔的都是一些名资很高且品学兼优的人士。如秦始皇时叔孙通以文学征，汉武帝时申公以经学征，枚乘以文学征，桓帝时韩康、徐稺以经学征。辟除是高级官员任用属吏的一种制度。途径有两种，一是由三公府辟除，对象主要是公府掾属，试用之后，经公卿举荐或察举，可以出任中央官吏或州郡主管长官。两汉的三公以至九卿如光禄勋、太常等，皆可自辟掾属。二是由州郡辟除，对象主要是州郡佐吏，试用之后，亦可升任中央

---

① 范晔：《后汉书》卷三十七《丁鸿传》，中华书局 1965 年版，第 1268 页。
② 范晔：《后汉书》卷三《章帝纪》，中华书局 1965 年版，第 152 页。
③ 班固：《汉书》卷十《成帝纪》，中华书局 1962 年版，第 326 页。
④ 班固：《汉书》卷十二《平帝纪》，中华书局 1962 年版，第 359 页。

官吏或州郡长吏。由于州郡掾属非朝廷命官，享有来去自由的权力，对一些有志节的知识分子凭自己的意志入仕出仕是有好处的。

不过，公府辟除掾吏的制度也为州牧郡守与士人的互动开了方便之门，他们纠结成盘根错节的势力，是酿成东汉末年州牧郡守割据称雄的原因之一。

两汉选官制度中还有考试一环，这一环与察举和征辟相辅而行。凡经察举入选的人才，还要通过考试一关才能录用。不管诏举的贤良文学，还是郡国岁举的孝廉、茂才，到中央后都须经过复试。公府与州郡的辟除之士，三署郎官、博士及博士弟子也必须依诏令进行考试。考试的基本内容，经生试经学，文吏试章奏。考试大体有两种，一是对策，即命题考试，多用于考试举荐之士；一是射策，即抽签考试，多用于考试博士弟子。对于诏举之士，皇帝往往亲自加以策试。此事由文帝开其端，武帝继其续而进一步发扬。董仲舒、公孙弘、严助等著名人物就是汉武帝通过策试选拔出来的。郡国岁举的孝廉、茂才到京师后，也要由公府依其科目与学艺的不同分别加以考试："诸生试家法，文吏课笺奏。"[1] 东汉时期对考试制度做了较大改革，因为察举征辟中营私舞弊日益严重，尚书令左雄力倡改革，收到较好效果：

> 汉初诏举贤良方正，州郡察孝廉、秀才，斯亦贡士之方也。中兴以后，复增敦朴、有道、贤能、直言、独行、高节、质直、清白、敦厚之属，荣路既广，觖望难裁，自是窃名伪服，浸以流竞。权门贵仕，请谒繁兴。自左雄任事，限年试才虽颇有不密，固亦因识时宜。故雄在尚书，天下不敢妄选。十余年间，称为得人，斯亦实效之征乎？[2]

博士被征召后，也须通过考试定三科："高为尚书，次为刺史，其不通政事，以次补诸侯太傅。"[3] 自武帝设五经博士、置博士弟子员之后，博士弟子通过设科射策的考试选补官吏的制度就成为定制。到王莽秉政的平帝时

[1]　范晔：《后汉书》卷六十一《左雄传》，中华书局1965年版，第2020页。
[2]　范晔：《后汉书》卷六十一《左雄传·论》，中华书局1965年版，第2042页。
[3]　班固：《汉书》卷八十一《孔光传》，中华书局1962年版，第3353页。

期，博士弟子员分三科考试，"岁课甲科四十人为郎中，乙科二十人为太子舍人，丙科四十人补文学掌故"①。东汉后期，由于大量增加博士弟子员，质帝时达3万人，加上选举不实，请托公行，博士弟子员的考试制度终于名存实亡。

两汉时期的选官制度除察举和征辟这一主要途径外，还有任子、纳赀、买官等途径。所谓任子，就是"子弟以父兄任为郎"②，或"大臣任举其子弟为官"③。秦国在商鞅变法后，此制度即开始实行。西汉至文景时期成为定制，东汉更盛行不衰。除保任子、弟、孙外，进而扩大到"以祖父任"，"以宗家任"，以姊任，甚至"门从"、死亡官吏子弟、宦官子弟等。任子的数量，最初是一人，后增加至二三人。通过任子制度尽管也选拔了部分有作为的官吏，如苏武、霍光、汲黯、辛庆忌、杜延年等，但这种制度显然是为了维护贵族官僚的既得利益，所选之人大多数是庸碌无能之辈和奸佞狡诈之徒。如汉哀帝时以父任为郎的董贤，20多岁即晋升至大司马，但他除了与哀帝一起寻欢作乐外，再也没有其他能耐。梁冀的儿子"面貌丑陋，不胜冠戴，道路见者，莫不蚩笑"④，可凭借父荫，16岁即当上河南尹。这些人越来越多，势必排斥真正有才干之人的进身之路，也必然败坏吏治。纳赀、卖官在秦朝已有记载，西汉文帝后逐渐盛行。武帝时更是司空见惯。东汉中期以后，随着外戚宦官交替擅权造成的腐败日甚一日，买官、卖官成为一种公开的市场交易。桓帝时，"占卖关内侯、虎贲、羽林、缇骑、营士、五大夫各有差"⑤。灵帝将卖官作为自己重要的财政收入，光和元年（178）公开在西园设立卖官的机构，"自关内侯、虎贲、羽林入钱各有差。私令左右卖公卿，公千万，卿五百万"⑥。据《后汉书·崔寔传》记载，灵帝时在鸿都门张榜公布卖官的价格，"其富者则先入钱，贫者到官而后倍输"。以致连段颎、崔烈

---

① 班固：《汉书》卷八十八《儒林传》，中华书局1962年版，第3596页。

② 《玉海》卷六十五《汉任子令》，电子版《文渊阁四库全书》。

③ 班固：《汉书》卷五十《汲黯传》注引"孟康曰"，中华书局1962年版，第2316页。

④ 范晔：《后汉书》卷三十四《梁统列传附梁冀传》，中华书局1965年版，第1185页。

⑤ 范晔：《后汉书》卷七《桓帝纪》，中华书局1965年版，第309页。

⑥ 范晔：《后汉书》卷八《灵帝纪》，中华书局1965年版，第342页。

等素有功勋名望的文臣武将，要想得到三公的位子，也必须大大破费一番。而有些清廉耿直的大臣，即使能力卓异，人望籍籍，如不肯花钱，亦难以升迁。如灵帝本来决定羊续升任太尉，因宦官前去索钱未果，这即将到手的高官又被收回了。卖官鬻爵的结果必然是进一步败坏吏治，毒化当时的社会风气。

（二）从"九品中正"到科举——魏晋至隋唐选官制度的变迁

魏晋南北朝时期，两汉盛行的征辟、察举、任子、卖官鬻爵等选官制度继续实行。北魏为了招揽人才，专置客馆，一些有特殊才能的人，如工艺精进、医术高明亦可得官。晋朝武帝卖官，"钱入私门"①。南朝陈朝时期，卖官价格便宜，不少富人买官，"致令员外常侍，路上比肩，谘议参军，市中无数"②。北魏元晖任吏部尚书时，公开卖官价格，时人讽刺吏部变成了"市曹"③。由于魏晋和南朝实行"九品中正"制，各州将辖区的士人依身份地位分为九等，举荐他们到政府任官，结果造成利益固化，"上品无寒门，下品无士族"，使大量官位被世族门阀垄断，"世胄居高位，英俊沉下僚。地势使之然，由来非一朝"。隋唐五代的选官制度发生了很大变革，隋文帝宣布废除了九品中正制，采用荐举的办法选拔人才。隋炀帝创设进士科，以策问取士，标志着科举制度的创立。在形式上，科举制与察举制都是采用分科考试选拔人才，其中的根本区别在于，在察举制度下，被举者是出于官府的推荐，而在科举制度下，参加考试却是自愿报名，这就使大量读书人有了一个竞争入仕的机会，从而使中小地主阶层的知识分子能够顺利地登上政治舞台，大大扩展了封建王朝的统治基础。自唐朝开始，科举分为常科和制举两种。唐朝的常科，有秀才、明经、进士、明法、明算，又有一史、二史、开元礼、道举、童子；而明经又分五经、三经、学究一经、三礼、三传等。其中最受重视的是进士一科。考生的来源有两种，一是生徒，即国子监六学、弘文馆、崇文馆、崇玄学的学生，他们在学校考试合格后即可参加礼部举行

① 房玄龄等：《晋书》卷四十五《刘毅传》，中华书局1995年版，第1272页。
② 姚思廉：《陈书》卷二十六《徐陵传》，中华书局1995年版，第332页。
③ 魏收：《魏书》卷十五《常山王遵附晖传》，中华书局1995年版，第379页。

的考试，称为省试；二是乡贡，遍布城乡的非上述诸学的学生，持身份、履历证书向州县报名，经州县逐级考试合格者，被传送京城参加省试。科举考试有严格的程式，考试经史有帖文、口义、墨义三种程式。考试时都以"策试"方法进行。考试文艺以诗赋、杂文（箴、论、表、赞、议论等）两种文体进行。诸科一般都是帖文、经义、策论三者并试。为了保证科举考试的公平公正，唐朝科举考试制定了较严格的防弊措施，如扃闱制，封锁试官（即后世的入闱制，隔断命题员与外界的联系）与关闭应试举子（即后世的锁院制）；严格监试制，即后世的御史监试制；避亲移试制，将有亲戚关系的主试者和应试者分开，即回避制度；试卷糊名制，即后世弥封制度。如此一来，就在很大程度上杜绝了考试中的舞弊行为。科举制度的确立，在中国古代选官制度的历史上是具有划时代意义的大事。此后，直到晚清，科举出身的官吏都被视为"正途"。因为它相对公平和公正，对广大知识分子开启了进入官吏队伍的最重要的门径，使"朝为田舍郎，暮登天子堂"在很大程度上成为现实，因而促进了社会各阶层的流动，扩大和巩固了封建王朝的统治基础。而数量达 10 余万人的进士，构成了中国自隋唐至明清的官吏队伍的主干，这些文化素质相对较高的官吏，保证了国家和社会的有序运转。至于其八股程式、考试内容形成的对思想的束缚，从时间上说主要是在明清时期才突出显现，其负面影响并非主流。而其公平公正所体现的选拔人才的根本原则，极其严格严密的操作规程，为后来中国的考试制度和人才选拔制度都提供了范例和启迪。科举制度的另外一个重要影响是推高了对脑力劳动的崇拜，所谓"天子重英豪，文章教尔曹。万般皆下品，唯有读书高"，所谓"书中自有黄金屋，书中自有千钟粟，书中自有颜如玉"，几乎成为社会的共识。而科举情节更是中国百姓挥之不去的梦魇，湖南民间彦语"能到考场放个屁，也给祖宗争口气"，显示了普通百姓对通过科举改变社会地位的渴望。这一方面强化了整个社会对教育的重视，使中国教育在即使战乱的年代也得以延续；另一方面，也容易加深体力劳动和脑力劳动的裂痕，其影响是好坏兼具，复杂多面。除了科举选官的"正途"之外，隋唐时期也通过传统的荐举和门荫选官。荐举就是规定一定级别的官员推荐士人入官。如隋朝规定京官五品以上，地方总管、刺史以"志行修谨""清平干济"两科荐举士人。

唐朝初年有春秋荐官之制，后来改为每年冬天荐官，称"冬荐"。开始规定由常参官和五品以上官荐举，后来因荐举太滥，又限定中书门下两省、御史台五品以上、尚书省四品以上、诸司三品以上每次荐举不得过两人，其余官员荐举不得过一人，并且还要通过考试。至唐末五代，荐举混乱，《旧五代史·袁象先传》记载：

> 初，梁祖领四镇……关东藩守，皆其将吏，方面补授，由其保荐，四方舆金荤璧，骏奔结辙，纳赂于其庭，如是者十余年，浸成风俗。藩侯牧守，下隶群吏，率皆掊敛剥下，以事权门。

由此可见风气之坏。门荫是汉代以来任子制度的延续，即各级官吏可根据级别以荫其子孙入官场。唐朝对门荫有十分具体的规定：

> 以门资出身补者，诸嗣王郡王出身从四品下，亲王诸子封郡公者从五品上，国公正六品上，郡公正六品下，县公从六品上，侯正七品上，伯正七品下，子从七品上，男从七品下。皇帝缌麻以上亲、皇太后周亲出身六品上，皇太后大功亲、皇后周亲从六品上。皇帝袒免亲、皇后小功缌麻亲、皇太子周亲从七品上。其外戚各依属降宗亲二阶叙。诸娶郡主者出身六品上。娶县主者正七品上。郡主子出身从七品上。县主子从八品上。一品子正七品上，二品子正七品下，三品总从七品上，从三品子从七品下，正四品子正八品上，从四品正八品下，正五品从八品上，从五品及国公子从八品下。三品以上荫曾孙，五品以上荫孙，孙降子一等，曾孙降孙一等。①

显然，唐朝的门荫制度依然是三代时期"世卿世禄"制度的延续，在很大程度上保证了特权阶层世袭财产和权力。不过，随着科举制度的兴盛和门荫的乱象丛生，这种制度越来越受到舆论的抨击，只能逐渐呈衰微之势。

---

① 刘昫等：《旧唐书》卷赛十二《职官一》，中华书局 1995 年版，第 1805 页。

（三）科举制度在两宋和明清的进一步完善

两宋进一步完善了科举制度。神宗熙宁四年（1071）前，设贡举、武举、童子举、制举等。贡举又设进士、明经、诸科（包括九经、五经、开元礼、三史、三传、三礼、学究、明法等科）。熙宁四年，罢明经和诸科，命举人都考进士科，又另设新科明法。再后来又废除制举。元祐（1086—1094）后进士科又分诗赋进士和经义进士两科，一度还设经明行修、八行、宏词等科。南宋继续诗赋进士和经义进士两科，另设武举、制举、博学鸿词等科，但应举和登科人数都少。显然，两宋时期科举科目呈逐步减少之势，进士科愈益成为主要科目，士人都以登进士第为荣。两宋科举实行解试、省试和殿试三级考试。解试又称乡贡、秋试，由地方官府考试举人。包括州试（乡试）、转运使司试（漕试）、国子监试（太学试）等几种方式。解试合格者，由州或转运使司、国子监按照解额解送礼部，参加省试。省试由礼部主管，从英宗治平三年（1066）起重定每三年举行一次，在春季选日考试各地举人，分别科目连试三天，合格者由礼部奏明朝廷，参加殿试。这是由皇帝亲自出题举行的考试，殿试合格者称"登科"。为了防止各级考试官员舞弊，朝廷还规定了严格的回避制度，与考试有关官员的子弟、亲戚、门客应试时必须回避，另派考官设场屋考试，称"别头试"①。为了保证科举考试的公平公正，选拔到真正优秀的人才，朝廷进一步完善各类、各级考试的程式。如为防举人利用时间差多处冒试，全国各州和国子监、京城、转运司同意于八月十五日开始考试。解试和省试在科考前数天，考官全部进入贡院进行考试的准备工作，在考试期间不得私自外出或会见亲友，称为"锁院"②。参加考试的举人进入考场对号入座，座号右侧标明举人姓名。试题分发举人后，封弥院负责密封试题卷头，即将举人的姓名、籍贯糊住；或截去卷头，编成千字文号。誊录院负责誊写试卷副本，对读所校勘副本使无脱误。考官根据副本批分等第，再送覆考官及知举官复审并最后定名次。省试时，朝廷委派权知贡举一至二员主持该次考试，又委托权同知贡举二至三人协助。同时选派

---

① 王辟之：《渑水燕谈录》卷六《贡举》，电子版《文渊阁四库全书》。
② 范质、谢深甫：《宋会要》《选举》十九《制》二，电子版《文渊阁四库全书》。

贡院监门官员数人，巡察院门，谨视出入；巡铺官员数人巡视试院，防止举人作弊；封弥卷首官、编排试卷官数人，负责密封卷首、编排试卷字号及考官所定等第；誊录官数人、对读官一二十人，负责指挥吏人誊写和核对试卷副本；每500名举人又设点检试卷官一人，按课题分房考校试卷，批定分数，初定等第；参详官十多人，负责复查点检试卷官所定等第和批分；另外，还委派台谏官一员担任监试官，委派总辖诸司官、中诸司官、外诸司官、弹压受卷官、同主管官各一二人。避亲别试的场所也设相应的监试、考校点检试卷的官员。殿试时，设详定、初考、复考等官员，以确定试卷的等第。各科所考课题和场次有所不同，所考课题主要有经义、诗、赋、论、策。经义和论逐渐形成一定的体式，每篇经义和论都要分破题、承题、小讲（以上总称冒头）、官题、原题、讲题（讲腹）、结尾等段落。每个段落规定要写成双行排比文字或散行。这种体式就是后来八股文的雏形。举人殿试合格者，朝廷按照科目和录取甲次的不同，分别授予本科登第、出身、同出身、赐出身等身份。前三名依次为状元、榜眼、探花。同时依名次授予从将作监丞至司簿尉等不同的官阶。省试第一名称"省元"，也享受"升甲"的优待，甚至可以特免殿试而直接赐进士登第。宋朝为了迎合知识分子读书做官的热望，满足各级官府对人才的需求，大幅度扩大了殿试录取的人数，每次都超出唐朝礼部考试录取人数的10倍，整个宋代，进士科登第者达4万人左右。[①] 宋朝除通过科举这一"正途"的选官途经外，前代流传下来的荫补制度仍然存在，五品以上官员均能通过"恩荫""任子""门荫""世赏"等名目，使自己的兄弟子侄乃至门客获得一定的官衔或差遣。仁宗时，每遇大礼（即郊祀、明堂典礼等），官僚之家和皇帝母后外族，皆能借机"恩荫"子弟五六人至十多人为官，这些人不问才愚、年岁，都能轻而易举地荣登禄位。甚至"未离襁褓，已列簪绅"。南宋高宗时，每遇亲祠之岁，全国即任子约4000人，比北宋增加了两三倍。宋代的州县财务官、巡检使等低、中级差遣，不少由恩荫出身的人担任。另外，还有流外补选制度，让那些在中央和地方政府任职的胥吏通过年资、能力等各种因素得以升任品官。再加上"进纳"即

---

① 毕沅：《续资治通鉴长编》卷一百三十二，电子版《文渊阁四库全书》。

通过纳粟、钱买官和军功授官，就使宋朝的官吏队伍急剧膨胀。这是造成宋朝冗官充斥的重要原因之一。①

明朝官吏的主要来源是科举取士，比之宋代有过之而无不及，"卿相皆由此出"②，"天下英俊之士，非此不得进用"③。明朝的科举制度在宋朝的基础上进一步完善，每三年举行一次，分乡试、会试、殿试三级进行。乡试于子、卯、午、酉年的秋八月举行，故也称"秋闱"。具有参加乡试资格的是两部分人，一是国子监监生和府州县学生员中在科考中获得"科举生员"资格者，二是未入政府各类学校但以各种方式读书的"童生"中经过特别考试合格者。乡试考场设在布政司衙门所在的省城，南北直隶的考场设在应天府（南京）和顺天府（北京），考试场所均称贡院。考试之前，布政司聘请主考官二人，同考官4人，主考官职责是出题、审卷、决定录取名单、排定名次并上报礼部。同考官协助出题和审卷。明初，两京主考皆用翰林官，各省则教官、耆儒兼用。因请托之风盛行，引起考生和社会的不满。至万历年间，提升主考官的资格，浙江、江西、福建、湖广由翰林编修、检讨主考，其他省则派六科给事中和礼部主事主考，增强了主考官的权威性。除主考、同考外，还组织一个乡试管理班子，由提调官1人、监视官2人、供给官1人、收掌试卷官1人、弥封官1人、对读官4人、受卷官2人、巡绰搜检官4人组成，另有办事人员及号军若干人。乡试开考的时间是八月九日。届时，全省各地考生齐集省城，主考、同考官及有关人员提前两天进入考场，实现"锁院"，即封闭贡院使之与外界隔离，目的是清除闲杂人员，安排好考生号房并公布，出题和刻印试卷。考试分三场进行，第一场安排在八月九日，内容是四书义3道，每道答案规定200字以上；经义4道，每道300字以上。如书写不及可省1道。这场考试主要是考察考生对四书和本经以及各家注疏基本知识掌握的情况，其答案也是统一的，根据是永乐时颁布的《四书五经大全》。第二场在八月十二日，内容是论1道，300字以上；判

---

① 白钢主编：《中国政治制度通史·宋代卷》，人民出版社1996年版，第632—635页。

② 张廷玉等：《明史》卷六十九《选举一》，中华书局1995年版，第1675页。

③ 李东阳等：《明会典》卷七十七《科举》，电子版《文渊阁四库全书》。

语 5 条；诏、诰、表、内科任选 1 道。这一场是考察考生是否具备任官的基本条件。第三场在八月十五日，考经、史、时务策 5 道，考察考试考生安邦定国的见解。为了防止考生舞弊，考场规定了十分严格的纪律和实行严格的监视和检查制度：考生黎明入场，除自带的笔、墨、砚及草卷正卷纸 12 幅外，不得携带其他物品。入场时，有巡绰搜查官带人对考生逐个进行仔细搜查，从头发、衣服到鞋袜全不放过。一旦发现夹带，立即驱逐出场并取消考试资格。入场后，每一考生有一与其他考生隔开的席舍，称"号房"，由一名称为"号军"的兵丁看守，然后由掌试卷官发卷。考试答卷时必须遵守如下规定：考卷一律用墨书写，称"墨卷"；卷首先写考生姓名、年龄、籍贯及三代名讳和本人所在学校所学本经；回避本朝皇帝的御名、庙号，不许自序门第；答卷期间禁止讲问代冒，如答题未完而已黄昏，供蜡烛 3 支，烛尽后不管是否答完，均须交卷离开考场。考试答卷先交受卷官，接着由弥封官糊名，由誉录官督人将墨卷誉录成朱卷并编上序号，再经对读官校对后，墨卷交掌试官封存，朱卷送主考、同考评阅，最后由主考官决定名次。在将录取者的朱卷与墨卷核对无误后，即张榜公布名单。录取者即为中举，也叫有了"功名"，取得了任官和第二年入京参加会试的资格。乡试第一名称为"解元"，在读书人中这是一个相当荣耀的称号。明朝录取举人的数量逐年增加，从洪武三年（1370）至万历元年（1426），全国 14 次乡试共录取举人（洪武十七年、正统二年、景泰元年除外）12545 人。至明末，全国录取举人应在 10 万人左右。明朝举行会试的时间是在乡试的第二年，即丑、辰、未、戌年的春二月，所以也叫"春闱"，考场设在礼部。参加者都是乡试录取的举人，其中对新科举人给以优待，由官府提供进京的食宿和交通费，对往年的举人则有所限制，例如对三试未能录取者取消考试资格。会试的组织工作与考试程序基本与乡试相同，但主考官的资格不断提高，至宣德、正统年间，主考官为三品正卿兼翰林学士，天启年后，两位主考官皆为一品的大学士了。会试也分三场进行，时间分别为二月九日、十二日、十五日，录取时间为二十七日，发榜在二十八日。录取者称"贡士"，第一名称"会元"。会试录取的名额不固定，洪武与永乐年间波动较大，多者 470 多人，少者数十人，但总体呈逐年增加之势，正统五年（1440）开始每届录取 150 名左右，成化（1465—1487）以后每届录取 300 名左右，录取率约为 6：1。会试之后举行殿试，这是由皇帝主考的最隆重的国家考试，时间在三月初一，成化八年（1473）后改为三月十五日。由于皇帝本人是主考官，所以只设读卷官和执事官若干名。读卷官由内阁大学士和五部（礼部除外）、都察院、通政司、大理寺正官和詹事府、翰林院堂上官充任，提调官由礼部尚书、侍郎担任，监试由监察御史 2 人担任，其余受卷、弥封、掌卷等官则由翰林、春坊、司经局、光禄寺、鸿胪寺、尚宝司、六科及内阁敕房官员充任，巡视由锦衣卫，后勤供应由礼部和光禄寺承担。显然，几乎所有在京文职衙门都参与了这三年一度的盛典。殿试只考时务策一道，除明太祖曾亲自出题外，其余基本由内阁学士拟题呈皇帝圈定，答题时要求考生"惟务直陈"，限千字左右。殿试有隆重的仪式，皇帝和在京文武百官出席。殿试卷不另用朱笔誊录，糊名后即直送东阁读卷官处，由读卷官评阅后分出一、二、三甲再送皇帝"钦定"出前十几名尤其是前三名。之后举行殿试的放榜仪式，皇帝在奉天殿升座，文武百官出席，宣布状元、榜眼、探花及二甲第一、三甲第一共5 名进士名单，其余考中者张黄榜于长安左门外。之后一二天，由新科状元率众进士进宫谢恩和前往国子监拜谒先师孔子庙的仪式。仪式结束后，进士易服，标志他们由民入官，国子监按例立碑，将此一届进士姓名刻于其上。新科进士除少数被内阁和翰林院选为庶吉士留京工作外，其他人等待吏部铨选任官。

　　明朝的选官制度经历了由荐举到荐举、科举两途并用，再到专用科举的过程。朱元璋创业时期和明朝初年，百废待兴，需才孔急，荐举成为官吏的主要来源。1364 年，朱元璋平定陈友谅之后，敕令中书省大量荐举人才：

　　　　今土宇日广，文武并用，卓荦奇伟之才，世世岂无之。或隐于山林，或藏于士伍，非在上者开导引拔之，无以自见。自今有能上书陈言、敷宣治道、武略出众者，参军及都督府具名以闻。或不能文章而识见可取，许诣阙而陈其事。郡县官年五十以上者，虽练达政事，而精力既衰，宜令有司选民间俊秀年二十五以上、资性明敏、有学识才干者辟赴中书，与年老者参用之。十年以后，老者休致，而少者已熟于事。如此则人才不乏，而官使得人。①

明初是大规模荐举人才的时期，朝廷要求内外官员都可以荐举人才，同时还遣官赴全国各地求贤访士，名目有聪明正直、贤良方正、孝悌力田、儒士、孝廉、秀才、耆民等。其中由布衣而为大官者在在多有，如宋濂、刘基、章溢、叶琛等都有名于时。由吏部奏请荐举任官者一次就达3700多人。尽管荐举解决了明初对人才的需求，但随着统一大业的完成和政权的日益巩固，荐举的弊端也日趋呈现，滥举充斥、拉帮结伙、营私舞弊之风带来显著负面影响。

解缙就尖锐指出："陛下进人不择贤否，授职不量轻重。建不为君用之法，所谓取之尽锱铢；置朋党奸倚法之条，所谓用（弃）之如泥沙。"② 为了避免这种弊端，朱元璋于是发出"非科举者毋得官"的诏令，力求使选官制度化和规范化。虽然后来还有保举法，使非科举出身而有能力的人也可以任官，但由于数量很少且所任皆较低级的官吏，由此荐举也就逐渐式微了。

清朝的选官沿袭明朝的制度，科举是最重要的途径。科举的操作规程也基本沿袭明制，不过，较之明朝时期大大提高了乡试和会试主考官的职级。乡试的主考官和副主考官都是朝廷任命的进士出身的侍郎、内阁学士以上官员。会试的主考官称总裁、副总裁，均由翰林出身的大学士及一二品官担任，可见朝廷对科举考试的重视。清朝的科举在会试后也举行殿试，从考中贡士的考生中决出一、二、三甲，除一甲三人即状元、榜眼、探花授翰林院修撰、编修外，其余还需通过朝考，朝考试题为论、疏、诗等。朝考优秀者选为翰林院庶吉士，其余分发各部以主事学习行走，借以熟悉国家政务。三年期满后，任庶吉士中的优秀者留翰林院任编修、检讨，其余分别任命为给事中、御史、主事、中书、推官、知县等；分发各部学习者分别任命为主事、知县、国子监助教等职。

清朝的选官主要是通过科举的所谓"正途"，但其他途径也有不少，比

---

① 张廷玉等：《明史》卷七十一《选举三》，中华书局1995年版，第1711页。
② 张廷玉等：《明史》卷一百四十七《解缙传》，中华书局1995年版，第4117页。

如荐举。清入关之初，很快占领中国本部广大国土，需要大量官员充实各级官府，于是不断下诏，要求高级官员及时访求和荐举"隐逸""贤良"，一批明朝旧官僚由此得到任用。不过征召山林隐逸的活动到康熙、雍正时期即大大减少，与之同时实行的大吏保举制度却还在推行。所谓保举即要求地方督抚等封疆大吏定期推荐属员，规定每岁一次举荐，大省限 10 人，小省三四人。雍正时，盛行密折推荐。由于皇帝一再重申，这一制度运行的时间较久，一批贤能的官吏如陆陇其、于成龙、格尔古德、彭朋、崔华等就是通过这一途径选拔上来的。清朝选拔人才也运用汉代就实行的荐举孝廉方正的制度，调动基层推荐人才的积极性，一些被推荐者经过考试也可以任官。此举荐举的人才虽然不多，但却起到了"振风俗而励人才"的目的，有利于乡村良风美俗的形成。在整个清代的荐举活动中，影响最大最深远的是博学鸿儒科。此科在唐、宋时期都曾开设过，是皇帝专门在已中进士的知识分子中再选博学有能的佼佼者。清代分别在康熙和乾隆年间开了两次博学鸿儒科。康熙时期，尽管通过各种荐举活动网络了不少汉族知识分子，但仍有一批在学术上极具声望的"奇才""硕儒"与之采取不合作的态度。在平定"三藩"、国内统治基本稳定的形势下，康熙皇帝决定发起一场较有声势的争取在野的汉族知识分子的活动。康熙十七年（1678），他发出诏书，要求在京三品以上、地方督抚举荐"学行兼优、文辞卓越"的人才，经皇帝亲自出题考试后，从优授予翰林院官职。第二年，各地举荐的 143 名士子入京参加考试，经考试，共有 50 人被点定，被分别授予侍读、侍讲、编修、检讨等职。虽然顾炎武、黄宗羲、李颙、孙奇逢、傅山、杜越等人拒绝合作，但仍有相当一部分人自愿入彀中。这其中大部分人都被派去参加撰修《明史》。这对缓和清政权与汉族知识分子的关系，扩大统治基础起了积极作用。第二次博学鸿词科酝酿于雍正时期，到乾隆元年（1736）正式举行考试，在 176 人中仅点定 15 人。第二年，还进行了一次补试，仅点定 4 人，分别被授予检讨、庶吉士等官职。与前次相比，大大逊色了。清朝末年，随着外国侵略者入侵造成的民族危机日益加重，救亡维新运动的声浪日渐澎湃。为了改革选官制度，特别是选拔维新人才，光绪二十七年（1901），皇帝发布举行经济特科的诏令，要求中央各部院、地方督抚、学政保荐"志虑忠纯、规模宏远、学问淹通、洞达中外时务"的"内政""外交""理财""经武""格致""考工"①
等方面的人才，目的是选取懂得新政和科技方面的专门人才。两年后举行的
经济特科考试，共选取 27 人。这显然是清朝政府进行维新活动的一次努力。
中国历代王朝，为了解决财政问题，往往推行捐纳，即卖官制度。清朝也不
例外。它推行的捐纳有两种，一是常捐，即经常进行的捐职衔、贡监以及加
级、纪录、封典之类；一种是大捐，即遇到重大军事行动或河工、赈灾等临
时需要巨额款项特开的限期捐例。大捐除捐纳常捐的项目外，还能捐实官，
规定京官自郎中、员外郎，地方官文职自道府、武职自参将以下，直至从九
品和未入流官职，都可捐买。现职官员也可以捐升任、改任、免降，亦可捐
选补各项班次，分发指定的省份。另外，还可以将革职留任、离任、原衔、
原翎通过捐纳恢复，或坐补原缺。此外，试俸、历俸、实授、保举、试用、
离任引见、投供、验看、回避，也可以出钱捐免。在这些名目繁多的捐纳
中，价格最贵的当然是捐实官。乾隆之后，又将一些大捐的项目划归常捐。

（四）选官制度的优长与局限

中国古代的选官制度，经过了一个从创立到逐步完善的过程。首先，
任人唯贤与任人唯亲参半而又互为消长，因而形成优长与缺失杂陈而又互相
纠结的局面。自三代起，尤其是自春秋战国时期破除"世卿世禄"制度起，
中国的古代王朝基本上确定了任人唯贤的选官指向，坚持了选优的原则。孔
子以"学而优则仕"一语对这个原则作了最恰切的概括。秦代的"推择"制
度和军功爵位制度，两汉的察举、征辟制度，隋唐以后的科举制度，无不贯
彻鲜明的选优原则。这个"优"基本上涵盖了德和才两项内容。两汉的孝
廉、贤良、方正，科举对士子德的要求，都体现了以德为先的原则。为了实
现选优原则，两汉最先在选官实践中确立考试制度。而隋唐开始实行并一直
延续到明清的科举制度，则实现了选优原则和考试制度的完美结合。在此基
础上建立起来的官僚制度尽管有这样那样的缺失和不足，但它不仅适应中国

---

① 《掌故汇编》卷三十七，《科举》三，转引白钢主编《中国政治制度史·清代卷》，人民出
版社 1996 年版，第 529 页。

古代国家和社会的管理，而且深刻影响了西方政治制度的规制和运行，产生了影响遍及世界的文官制度。其次，中国古代的选官制度中还贯穿了"不拘一格降人才"的原则。战国时代的"鸡鸣狗盗之徒、引车卖浆者流"有一技之长皆可为官形成的传统，通过各种形式，如荐举、保举、自举等措施，使不少贤能之人脱颖而出，由布衣而将相，既获得展示自己才能的机遇，又为国为民建立可圈可点的功勋。尤其是在非常时期，如战乱岁月、每个皇朝的开国之初，原有的规范的选官制度被打破而国家又需才孔急，不拘一格选拔人才的灵活多样的制度就为各类人才的涌流搭建了广阔的平台。第三，中国古代选拔官吏比较充分地考虑了文化素质的要求。因为管理国家和社会是一个日益复杂的系统工程，没有相当的科学文化素质的人是很难胜任的。所以即使荐举和征辟、九品中正，也有对文化素质的要求，而科举更是着重于文化素质的考试。所有这一切，对于后世的影响都是良好的。但是，中国古代的选官制度也存在明显的弊端。首先，是世卿世禄制度的影响不仅没有完全消除，而且还以制度的形式继承下来，这就是自两汉通行的任子、荫子制度一直延续到明清时期，这显然是为了权势集团的利益而设计的一种制度，目的是固化权势集团在财产和权利继承上的既得利益，是与公平公正的原则相违背的。其次，是最受诟病的卖官鬻爵制度的延续及其变本加厉。从这一制度中受益的当然只能是达官贵人和富豪之家，这同样是固化权势、富豪集团利益的一种制度。这种制度本身的设计就是腐败的表现，是典型的制度腐败。历史事实告诉我们，每到一个皇朝的后期，往往是腐败丛生，而卖官鬻爵是其中最突出的现象之一。东汉末年，清朝末年，是卖官鬻爵最肆无忌惮的时期，朝廷和买官者都呈现出"无耻之耻"的状态，当然也是政治最黑暗的时期。再次，中国古代的选官制度尽管有不少制度化的规定，但在总体上处于人治状态下，其违犯规定的随意性还是随处可见。如皇帝握有选官的全权，他可以完全凭自己的好恶任免官员。其结果是我们在历史上经常看到的：溜须拍马、胁肩谄笑的奸佞之辈往往得到皇帝的信任而飞黄腾达、官运亨通，而为国为民的骨鲠之臣却因坚持正义、直言敢谏屡屡遭受迫害，甚至死于非命。例如，汉成帝将一个与自己有同性恋关系的 22 岁的无能之辈董贤任命为执掌国政的大司马，唐玄宗将李林甫、杨国忠两个巨奸大憝推到宰相的尊位，而由于慈禧太后的尊宠，刑余之人李莲英居然成为当朝宰辅和督抚等封疆大吏争相谄媚的对象。从主观上说，当国的皇帝为了自己江山社稷的稳固都会反对和惩罚腐败，表彰清官廉吏，一些皇帝也有某些可圈可点的任用贤能之吏的施政实践，然而，事实上，由于他们不受制度约束，单凭好恶任免官吏，这就不可避免地使奸佞之辈充斥朝廷内外。他们自己制造的腐败正是毁掉他们江山社稷的最终原因。显然，中国历代皇朝之所以不能将一些好的选官制度坚持到底，根本原因就在于人治下的制度很容易被当权者的随心所欲冲垮。这说明，即使一个好的行之有效的制度，一旦缺乏制度本身的保证，其存在和执行也会因为受到来自权力的干扰而难以为继。

二、官吏的任用、考课和监督

（一）官吏的任用制度

中国古代在夏商周奴隶社会时期，实行"世卿世禄"制度，对官吏的任用、考课和监督的制度虽然初步建立，但还不够严格和规范。到春秋战国时期，随着奴隶社会的瓦解和封建官僚体制的建立，在官吏的任用、考课和监督方面开始建立一套与之相适应的制度。这套制度在秦汉时期进一步严密和规范。秦汉时期的选举法规内容很广，主要有：第一是选举任人的严格规定，"秦之法，任人而所任不善者，各以其罪罪之"①，汉代亦如此。选任得人与否，选任者与被选任者都要负连带责任，功罪赏罚相同。汉武帝曾颁布郡国必须定期举人的诏书；东汉初年，也一再颁布诏书，纠正选举不实、官非其人的弊病。如刘秀的诏书说："自今以后……务尽实覈，选举英俊贤行廉洁平端于县邑，务授试以职，有非其人，临计过署，不便习官事，书疏不端正，不如诏书，有司奏罪名，并正举者。"② 明帝曾下诏书说："今选举不实，邪佞未去，权门请托，残吏放手，百姓愁怨，情无告诉，有司明奏罪名，并

---

① 司马迁：《史记》卷七十九《范雎蔡泽列传》，中华书局 1959 年版，第 2417 页。

② 范晔：《后汉书》《志》第二十四《百官一》注引应劭《汉官仪》，中华书局 1965 年版，第 3559 页。

正举者。"① 西汉时期的何武、张勃、韩立、张谭、刘顺、张当居、王勋、杜邺等一批朝廷命官，都曾因选举不实受到降秩、免官或被刑的惩罚。第二，对被选人与参加考试的人的家庭出身、秩级、年龄、资历、才能、学识、体格等都有具体规定。如惠帝、高后时规定"市井之子孙亦不得仕官为吏"②。宣帝时规定六百石"有罪先请者"不得举。东汉桓帝时规定"臧吏子孙，不得察举"③。对资历的限制，安帝时规定三署郎官必须"视事三岁以上"才得察举。他又规定百石吏必须有十年经历且有"殊才异能者"才能参选。另外还对年龄、学识作出规定。第三，选举人的资历和地位也必须符合规定条件。如西汉规定，郡国守相必须视事满一年才有察举资格。东汉顺帝取消了这一限制。第四，选举必须由法律规定的机关进行。西汉前期，丞相、光禄大夫、太常为负责选举的主官，丞相司直、司隶校尉和刺史为监察选举的主官。武帝建立中朝以后，尚书逐渐掌握选举权。东汉时，尚书的权力更大。虽然郎官、博士弟子的考选仍由太常和光禄大夫掌握，但尚书却有最后的铨选权。郡国的选举权也由三府转归尚书："旧典，选举委任三府。三府有选，参议掾属，咨其行状，度其器能，受试任用，责以成功。若无可察，然后付之尚书举劾，请下廷尉，覆按虚实，行其诛罚。"④ 由于西汉时期选举科目较多，选举的范围也较广，再加上与考试相结合，并伴以严格的选举法规，因而在政治清明的条件下，就可以使国家得到较多的具有真才实学的人才。汉武帝时代是新的选官制度确立的时期，也是两汉选官制度坚持最好的时期。因为统治者求贤若渴，就不拘一格选拔人才，所以这一时期涌现出一大批卓有建树的政治家、军事家、理财家、思想家、文学家、史学家和科学家，形成人才辈出、群星闪烁的局面，从而造成中国封建社会前期最辉煌的时代，所以班固盛赞当时人才济济的盛况：

　　　　是时，汉兴六十余载，海内艾安，府库充实，而四夷未宾，制度

---

① 范晔：《后汉书》卷二《明帝纪》，中华书局 1965 年版，第 98 页。
② 司马迁：《史记》卷三十《平准书》，中华书局 1959 年版，第 1418 页。
③ 范晔：《后汉书》卷七《桓帝纪》，中华书局 1965 年版，第 288 页。
④ 范晔：《后汉书》卷七十八《宦者列传·吕强》，中华书局 1965 年版，第 2532 页。

多阙。上（武帝）方欲用文武，求之如弗及，始以蒲论迎枚生，见主
父而叹息，群士慕向，异人并出。卜式拔于刍牧，弘羊擢于贾竖，卫
青奋于奴仆，日䃅出于降虏，斯亦曩时版筑饭牛之朋已。汉之得人，
于兹为盛。儒雅则公孙弘、董仲舒、儿宽；笃行则石建、石庆；质直
则韩安国、郑当时；定令则赵禹、张汤；文章则司马迁、相如；滑稽则
东方朔、枚皋；应对则严助、朱买臣；历数则唐都、洛下闳；协律则
李延年；运筹则桑弘羊；奉使则张骞、苏武；将率则卫青、霍去病；受
遗则霍光、金日䃅，其余不可胜纪。是以兴造功业，制度遗文，后世
莫及。①

这说明一个好的制度不仅能够把大量人才选拔出来，而且还能使他们的潜能
最大限度地发挥出来。秦汉时期任用官吏的制度已经独立成为人事制度的重
要内容，主要包括任用方式、任用法规和任用期限，其中大部分都有具体的
法律条文加以规定。当时，官吏的任用称为"拜"和"除"，这种权力，尤
其是任用二千石以上高级官吏的权力，都操在皇帝手中。实授称"真"或
"真除"，试用叫"守"，期限一般一年。兼任另一官职称"兼""摄""假"，
又称"领""视""平""参""决""录"。如中朝建立后，朝中九卿以上官员
主持中朝事务，就以这些名义兼领。秦汉时期对官吏的任用已经逐步形成一
套较严格的法规，如诸侯王国的官吏由朝廷中央任命，汉武帝时又"作左
官之律，设附益之法"，限制诸侯王国延揽优秀人才。西汉中期建立起来的
回避制度也越来越严格。到武帝时，规定刺史不用本州人，郡国守相不用
本郡人，县令、长、丞、尉不用本县人。东汉对地方长官的籍贯限制更严，
不仅回避本地人，并且通过"三互法"使"婚姻之家及两州人士不得交互
为官"②。同时，对于宗室、外戚和宦官的任用亦有意识地加以限制，如"宗
室不宜典三河"③，不得任公卿，即不准刘氏贵族任河东、河内和河南三郡长

---

① 班固：《汉书》卷八十五《公孙弘等传赞》，中华书局 1962 年版，第 2633—2634 页。
② 范晔：《后汉书》卷六十下《蔡邕列传》引李贤注，中华书局 1965 年版，第 1991 页。
③ 班固：《汉书》卷三十六《楚元王传附刘歆传》，中华书局 1962 年版，第 1972 页。

官及九卿以上官员，以防止他们觊觎帝位。外戚"不宜备九卿"①和"封侯与政"②。另外，对任官者的财产、职业、身份、学历和年龄等也有较明确的规定。秦汉都对做官者规定了相应的出身背景，"井之子孙亦不得仕宦为吏"③。文帝时，规定"贾人、赘婿及吏坐赃者皆禁锢不得为吏"④。秦汉两朝都规定贪官污吏及其子孙不得任官。对任官的年龄也有限制，如秦时官吏只用壮年，两汉规定博士弟子21岁通一艺可以做官，而孝廉则必须40岁以上。两汉对官吏任职年限没有时间规定，似乎越久越好，所以任职10年以上的丞相、20年以上的九卿不乏其人。这反映了自然经济条件下国家和社会要求稳定的愿望。

魏晋南北朝通行"九品中正"制的选官制度，这一制度又称"九品官人法"。办法是每一郡国设一中正，负责对本郡国的士人按九品即九等进行分类评定。由于各郡国的中正官都是当地在朝廷中央为官的士人兼任，虽然拟定的评判标准似乎注重"行状"即德行，但由于这一权力被士人把持，他们实际上将门第高下作为评定的最重要标准，因而被评定出任各级官吏的主要是世族门阀的子弟。如此一来，这一时期的任官制度就成为中国古代社会最为后世诟病的制度。这一时期，职官的任用类别除继承两汉的真、守、平、领、视、录、兼、行外，还增加板、权、参、知、检、校等名目。对于官吏任期，这一时期已有明确规定，如晋朝规定刺史守令任期6年，南朝规定3年，北魏规定6年。至于两汉任官的其他限制，如回避制度等，在这一混乱时期几乎无法实行。

隋唐时期的选官制度规定被选举者的五种资格，一是科举出身者，再经吏部考试授予正八品至从九品等下级官员。二是门荫出身的人可直接参选入官，门第较高的人，任官的级别一般高于科举出身的人。三是勋官出身者，他们均因军功而得到官号，经吏部考试后升官或由流外官升为流内官。四是有专门技能的人，如医药、阴阳、卜筮、图画、工巧、造食、音

---

① 班固：《汉书》卷七十九《冯奉世传附冯野王传》，中华书局1962年版，第3303页。
② 范晔：《后汉书》卷二《明帝纪》，中华书局1965年版，第124页。
③ 司马迁：《史记》卷三十《平准书》，中华书局1959年版，第1418页。
④ 班固：《汉书》卷七十二《贡禹传》，中华书局1962年版，第3077页。

声、天文、译语等。他们只能在自己的专业领域做技术工作，而且一般都是流外官，尽管资格老者通过吏部考试也可以进入流内官，但不能做政务官。五是流外出身者，这些人在唐朝官员中占很大比例，主要从事各衙门的具体事务性工作。他们任职满年限后经吏部考试可以转任流内官，不过升迁受到限制，只能任较低级的官吏。唐朝对官吏的铨选程序比较严格，六品以下官员由吏部、兵部对有任官资格的人按一定标准量材授用。五品以上官员由中书门下办理，经皇帝任命。唐朝还有科目选、非时选和使府辟署等铨选途径。科目选是打破年限选拔人才，其科目有开元礼、学究一经、三礼、三传、一史、三史、明习律令等。科目选由吏部主持考试，应选者也必须有出身资格或前资官。非时选是对有特殊功勋官员的铨选，使府辟署是由节度使自辟僚属。这些科目是对唐朝五种铨选员制度的补充，为一些有真才实学的知识分子和其他人开辟了进入官场的门径。不过，使府辟署的弊端也显而易见，使节度使能够通过这一途径积聚他们需要的人才并结成利益共同体。隋唐时期官吏的任用类别在前朝的基础上而有所变异，其任用方式有正、手、行、兼、带、领、试、摄、知、同、判、权、检校、版授、勾当、斜封墨敕等17种。唐朝刺史、县令及佐官基本上都是任期3年，期满后经考核转改，即升、陟或平调。

　　宋朝的选官制度规定，官吏选拔的"正途"是经过科举考试得中进士的士子，其他途径还有荫补、流外补选和进纳、军功授官等制度。荫补又称恩荫、任子、门荫、世赏等名目，是朝廷根据官员的秩级高低授予其子弟或亲属、门客不同的官衔或差遣的制度。此种制度渊远流长。宋朝基本继承唐朝制度而又有所变异。宋太祖规定文武官员五品以上者皆可荫子弟，真宗时，规定文官从侍御史知杂事以上每年荫一人；从带职员外郎以上，每三年荫一人；武臣从横行以上每年荫一人；从诸司副使以上每三年荫一人。宋朝规定的荫补名目还有大礼（如郊祀等）、圣节（皇帝诞日）、官员致仕、官员遗表（死后恩荫）等。通过这种制度，每年都有一批中、高级官员的子弟获得官衔或差遣。由于这是贵族官僚子弟获得官职的制度化捷径，深得他们的拥护，荫补也越来越滥。每遇大礼，臣僚之家和皇帝母后外戚，其子弟多者一二十人，少者五七人，不问才愚年龄，都可获得禄位。南宋时，尽管国土几乎较北宋缩减一半，但荫补的官吏却成倍增加。高宗时每遇亲祠之岁，全国任子即达 4000 人。宋代的不少中低级州县官、财务官和巡检使等，大部分由恩荫出身的人担任。这也是造成宋朝冗官众多的重要原因之一。"流外补选"制度是为各级衙门的吏胥开启进入流官即品官的途径，不过宋朝从此一途径晋升者在品官总数中占的比例不多。"进纳"即以纳粟和交钱买官。一种是赈灾时捐纳钱粮得官，一种是正常时日捐钱粮买官。由于宋朝后期政治越来越腐败，进纳官员也就越来越多，被时论讽刺为"校尉连车，而迪功（郎）平斗"[1]。军功指在战争中立有功勋的人按功劳大小分授不同的武职或晋升相应的官职。这对鼓励士卒战场勇敢杀敌还不失为一种激励机制。宋朝官吏的铨选任用制度比较复杂，吏部设尚书左、右选，侍郎左、右选等四选共 50 案，以精细明晰的分工对各类官员进行铨选。官员入仕年龄，科举出身者需年满 20 岁，门荫授京官需年满 25 岁，70 岁致仕。初次入官者须将自己的各种情况即"脚色"申报，内容包括籍贯、户头、三代名讳、家口、年龄、出身、履历等。

辽、金、元等少数民族作为统治者建立的政权，其选官制度尽管也沿袭隋唐和宋朝的科举，但民族不平等色彩很突出。如元朝就规定，科举考试中，蒙古人和色目人为一榜，汉人、南人为一榜，不仅对蒙古人和色目人的考题简单容易，而且在录取名额上照顾他们。虽然他们参加考试的考生比汉人南人少得多，但录取名额却一样。由于元朝实行科举取士较晚，正式举行是在仁宗元祐元年（1314），距元朝建国已是半个多世纪，所以科举录取的人数很少，总共 1139 人，因而在其官吏队伍中科举出身的人占的比例很小，"由进士入官者仅百之一"[2]。元朝设立"蒙古国子学""回回国子学"和"国子学"（主要招收汉人和南人），这些国子的学生经过考试亦可入官，不过数量比科举入仕者还少。蒙古国时期，其民官军官都是世袭。元朝建立后，虽然废除了世袭制度，但高、中级官僚子弟通过荫叙制度，仍然有大批人承袭官位，其中蒙古人和色目人更受优待，做官的机会很多。军官通过承袭入仕

---

① 吴潜：《许国公奏议》卷二《奏论计亩官会一贯九害》，转引白钢主编《中国政治制度史·宋代卷》，人民出版社 1996 年版，第 649 页。

② 宋濂等：《元史》卷一百八十五《韩镛传》，中华书局 1995 年版，第 4255 页。

者占了绝大部分。不过元朝在中央和地方政府服务的大部分吏员基本上都由汉族知识分子担任，因为他们具备的书写公文和其他办理具体公务的能力是一般蒙古人和色目人不具备的。

明朝的选官途径经历了从荐举到荐举、科举两途并用，到专用科举的过程。明朝初年，用人孔急，荐举是主要途径。后来科举考试在全国推开，录取的举人、进士越来越多，以科举入官的"正途"就成为官吏的主要来源。明朝任官的资格或出身是所谓"三途"并用：

> 选人自进士、举人、贡生外，有官生、恩生、功生、监生、儒士，又有吏员、承差、知印、书算、篆书、译字、通事诸杂流。进士为一途，贡举等为一途，吏员等为一途，所谓三途并用也。①

明朝进士一途是正途中的"甲科"，是最荣耀的任官资格。举贡指会试下第的举人和国子监的监生，他们除继续在国子监读书等待下一次会试外，也可以入选较低级的官吏如教谕等。杂流一途最为复杂，包括中央和地方各级官府中的所有文职办事人员和各种专业技术人员。进士、贡举和吏员三途在进入官场时的初授区别是很明显的：

> 京官六部主事、中书、行人、评事、博士，外官知州、推官、知县，由进士选；外官推官、知县及学官，由举人、贡生选；京官五府、六部首领官，通政司、太常光禄司、詹事府属官，由官荫生选；外府、外卫、盐运司首领官，中外杂职入流、未入流官，由吏员、承差等选。②

如此一来，明朝的中、上层官职基本上由出身进士的人充任，举贡出身者一般只能担任中、下级员，而吏员则只能担任首领官及属官。明朝任官，文官

---

① 张廷玉等：《明史》卷七十一《选举三》，中华书局1995年版，第1715页。
② 张廷玉等：《明史》卷七十一《选举三》，中华书局1995年版，第1715页。

归吏部，武官归兵部。其中大选是指进士、举贡和吏员的初授，急选是指解决大选后的遗留问题，如改降和丁忧候补等。此外还有选授边远地区官员的远方选、选教职的岁贡、三年一次在贡监生选优任职的拣选、不定期的举人乞恩选等。无论是初授还是升任，都得有缺位才行。吏部能够初授的官员是中、下级别者，三品以上大员的任职，必须由吏部会同九卿以上官员廷推，再由皇帝"圣裁"。由于朝廷内外要求做官，尤其是做肥缺官的人太多，因而竞争十分激烈，所以极易滋生腐败，而主持任官的吏部首当其冲。为了防止请托舞弊，万历朝的吏部尚书孙丕扬创设了"掣签法"，即通过抽签解决任职的职位问题。与吏部铨选相辅而行的是保举，在洪熙、宣德、正统三朝（1425—1449）盛行一时，该办法规定布、按二司及知府有缺，即由三品以上京官保举。这种办法显然也容易滋生弊端。

清朝是少数民族满族人为皇帝的一个政权，所以其官位的设置体现了对统治民族即满族贵族和八旗子弟的优惠。它将官位分为宗室缺、满洲缺、蒙古缺、汉军缺、内务府包衣缺和汉缺。中央和地方督抚布按级的高级官吏满洲贵族八旗子弟占绝对优势，汉人只在地方府州县官员中占有优势。例如，乾隆时期中央内阁和各部院寺监，自堂官至笔帖式共有满洲缺1705个，汉军蒙古缺419个，汉缺517个，满洲、蒙古和汉军缺竟占80%以上。同时还规定，这些机构的汉官出缺，可由满洲人、汉军八旗和蒙古人替补，而满洲缺，却不能由汉人替补。还规定，满洲人和蒙古人不授地方六品以下的官员。这就保证了满洲贵族占据了朝廷中央和地方督抚中最重要的职位，从而也就保证了他们民族的利益得以长期保持。清朝任官与明朝一样，必须在官位出缺的情况下才能任用新的官吏，叫"补缺"。补缺还要分班次，科第出身的人归甲班，捐纳出身的人归捐班，京城任职称京官班，京城外任职称外官班，然后根据各官初任或再任的具体情况，定为除、补、转、改、调、升六班。通常刚任官称除，因故暂时去职，期满待补授者称补，在同一衙门转同一品位而又略高原职称转，从一个衙门转入另一衙门而品级不变者称改，因回避调任同级职务、由其他衙门兼任另一衙门主官者称调，晋升高一级职务称升。以上各种任用形式，都需经过规范化的手续。除此之外，一些官员的任职通过保荐，经皇帝下谕履职。一般二品以上官员均有权保荐其他官员。此一制度在清末颇为混乱，如同治年间镇压太平军期间，因军功被保荐者多如牛毛。清朝规定，无论是铨选还是保荐的官员，在赴任前还要经吏部会同有关部门进行各种与本人有关情况的核实查对，在确定准确无误后才能履职。

（二）回避制度的产生与完善

中国古代皇朝从西汉中叶起即在任官中实行回避制度，这是中国古代社会中一项重要的预防贪腐的制度。这个制度主要是为了避免亲友和邻里间的请托徇情，以防他们之间结党营私、互相回护、贪赃枉法。要求在官吏任命时实行地区、亲属、师生等关系的回避，即官员不得在自己的家乡或邻近地区任职；父子兄弟、姻亲不得在同一部门、同一地区和上下级之间任职；师生也不能在同一部门、同一地区和上下级之间任职。这个制度至迟在西汉中期就开始实行了，江苏东海县尹湾发现的西汉中期东海郡政府的一批简牍，可能是郡政府的档案文书，对该郡的所有朝廷命官如郡的守、丞、尉和所属各县令、长、丞、尉的里籍都有明确的记载，其中没有一个是本地人。本地人只能做郡县的小吏，而这些小吏一旦升任令、长、丞、尉等朝廷命官，立即调到外地任职。这说明当时已经严格执行了任官的地区回避制度。

汉代以后，回避制度不仅一直延续下来，而且愈来愈趋规范和严密。唐朝制定了亲属回避的条例"避亲法"，规定五服以内的亲属不得在同一系统、同一地方为官，同时规定宰相亲属不能任知制诰。宋仁宗时规定，官员五服之内的有服外亲和无服外亲都在回避之列。神宗年间，又进一步规定，掌控一个系统的官员，其以下亲属必须回避：1.本族同居五服以上亲；2.本族异居袒免以上亲（五服之外）；3.亲姑、姐妹、侄女、孙女之夫；4.女婿、媳妇之父及其亲兄弟，母、妻之亲姐妹之夫，亲姨之夫，亲外孙、外甥女之夫；5.母在时的五服之内亲属。宋代的亲属回避制度还规定，在官员举荐或被举荐时，举主与被举官之间也实行避亲法。在贡举和学校考试中，如省试和类省试、太学、各州乡试时，凡与这些考试有关的各部门考官和地方官的子弟、亲戚以及门客，都必须回避，另派官员设置专门考场考试，称"别头试"，简称"别试"。在司法领域，规定各级官署在审理民事和刑事案件时也实行避亲法，要求负责推勘的法官和此前负责推勘的法官必须"自陈回避"，以防止他们对自己的亲戚曲予回护。宋朝重视避亲法的执行，凡官员应避亲而不申报擅自赴任者，一经查实，即罚杖 100，任职时间不算入任期。仁宗时期，侍御史王素隐瞒了他哥哥曾娶御史中丞孔道辅族女的事实，当上台官后，被仁宗知悉，于是降职为都官员外郎，知鄂州。高宗时，知悉王俣任户部尚书时任命他的妻党管理酒库，立即给予罢官的处罚。宁宗时举行省试，同知贡举施康年明知儿子施清臣应试，却不肯回避，结果被按律惩罚。宋朝执行地区回避制度也很严格，各路监司、帅司官员都必须回避本籍贯。如高宗时，资州人赵雄被任命为四川制置使，御史王蔺即以资州属四川为由，上疏反对，结果赵雄被改任泸南安抚使。地区回避制度规定，各州官员实行本籍贯和寄居地回避法，不仅不能在籍贯地任职，就是住满三年的地方也不能任职。宋朝甚至规定了官员的产业回避，即凡有自家祖产和妻子田产的地方，也不能任职。如孝宗时，朱熹受命担任江东提刑使，因为他的祖居地徽州婺源隶属江东，且那里还有些田产，他就再三辞免，恳请朝廷取消这一任命。宋朝的回避制度中比前朝还多了一项"禁谒法"，北宋初年即禁止百官到宰相和枢密使私第拜谒，公事须到都堂即办公厅求见。后来这一制度不断严密完善，如规定地方文武官员没有公事不准进京，更不准到三司、御史台和开封府等重要机构拜谒；三省官员在休假日只准在家接见宾客，而不能出门拜谒；御史台和大理寺官员则禁止会见宾客和出门拜谒；各州有徒刑以上罪犯在狱，狱官不得私自出门拜谒和见客；知州、通判和县令非假日出谒和宾客受谒者，罚徒刑一年；监管仓库的官员在仓库私见宾客，与被会见者各罚徒刑二年；各级带兵官员私自出谒和会客，与被会见者各罚徒刑二年；内侍官员私自与非亲属的外朝官员往还或出谒非亲属，罚流刑 2000 里。此外，还有所谓嫌疑回避，如现任的属官、从前的授业师、从前的举主以及曾结过宿怨的人。

辽、金、西夏和元朝，可能因为是少数民族建立的政权，尽管在诸多方面移植了汉人王朝的制度，但基本上没有实行任官的回避制度，这一方面是为了延续少数民族的习俗，更重要的是使统治者的权利尽可能不受或少受限制。

明朝建立后，虽然在政治制度方面沿袭了不少元朝的旧规，但许多方面还是接续了唐、宋等汉人王朝的制度，其中包括任官的回避制度。这一制度在三个方面有着严格的规定，即亲属回避、地区回避和部门回避。关于亲属回避，在洪武元年（1368）即规定，凡父兄伯叔任北京和南京中央机关堂上官而子侄任科道官者，皆对品改调；无论是中央还是地方，凡父子、兄弟、叔侄在一个衙门任官者，皆根据以卑避尊的原则，将卑者调往其他衙门任职。关于地区回避，在洪武元年所颁发的《大明令》中，已规定地方官"回避本贯"，即不得任家乡的地方官。洪武四年（1671），在吏部铨选品官时，就遵循"南北更调"的原则，回避本省。到洪武十三年（1380），又出台了东、西、南、北更调的原则，要求吏部对品官的任用，以北平、山西、陕西、河南、四川之人去浙江、江西、湖广、直隶任职；以浙江、江西、湖广、直隶之人去北平、山西、陕西、河南、四川任职；以广西、广东、福建之人去山东、山西、陕西、河南、四川任职。由于此项规定给任职官员带来诸如水土、语言、风俗习惯和其他的许多不便，所以不久即恢复洪武元年的规定，任官地区只回避本省就可以了。关于部门回避，主要是洪武二十六年（1393）规定户部的品官不用浙江、江西和苏州、松江二府的人，原因是朱元璋等明朝主政者认为这几个地方相对富裕，国家在这里收取赋税较多，而这里民风不淳，这里的人一旦进入税收机关，难保不飞诡为奸。

清朝建立以后，在行政体制的很多方面继承了明朝的制度，回避制度是其中之一。清朝回避制度中最重要的是地区回避和亲属回避，另外还有师生回避和拣选回避，而涉及面最广最复杂的是地区回避。在地区回避中，京官和地方官又有不同。按照规定，中央的户部和刑部的司官、都察院的各道监察御史，其籍贯不得与所管省份相同。这是因为这三个部门是管理全国钱粮即经济和司法监察工作，而这三个部门又都是以省名设司设道，因而有必要回避本籍，所以浙江籍人士就不能任职户刑两部的浙江司和都察院的浙江道的监察御史。关于地方官的地区回避，清朝初年规定，自总督巡抚至州县的正印官，不仅不许本省人在本省任职，而且不能在与本人原籍相距500里之内的地方任职。到雍正十三年（1735）又下令将回避人员扩大到佐贰杂职。乾隆五十二年（1787），又下令盐大使等盐场官员也必须回避本省，甚至地方上的各级教职人员也要求回避本府。开始，清朝的地方回避不包括满洲等八旗官员，后来逐渐扩大到汉八旗和满八旗京官的司道和地方的道府、同知等官员。由于本籍一般指父祖辈的居地，有些人在父辈时就迁居到另一个地方了，当时称迁居地为"寄籍"，清初开始没有寄籍回避的规定。乾隆七年（1742）又作出了寄籍与本籍同样回避的规定。清朝的亲属回避制度规定，凡有直系血缘关系和姻亲关系的人员，不能在同一衙门、有隶属关系的衙门、互为监察的单位任职。回避的原则是，同辈者小官回避大官；同一品位者，后任回避先任；不同辈分者，京官仍是小官回避大官，若官衔相同或相近，则小辈回避大辈。地方官中的回避原则一律是小辈回避大辈。另外，对外姻亲中的母之父及其兄弟，妻之父及其兄弟，自己的女婿、嫡甥，必须严格执行回避制度。远一层的姻亲，如母亲兄弟之子、姨母之子、父系中的祖孙父子、母系中的翁舅甥孙、外姻中的女婿、嫡甥，除同任部中司官须回避外，其他官职，基本上就不须回避了。在亲属回避中，还有一项重要规定：回避的轻重与任官职司的重要程度成正比，即官位越重要，回避越严格，如京官中职司财政和司法监察的官员，地方官中职司刑名钱谷和考核纠参的官员，亲属回避的范围就较其他官员大得多，也严格得多。因为古代社会，特重师生之谊，有"师生之谊，情同父子"之说，所以在回避制度中就有了师生回避的严格规定。它要求授业师生、乡试和会试的座主和门生，在授官时应予回避。雍正七年（1729）清朝政府规定，凡乡试和会试的座主和门生中，取中之人任总督巡抚和司道官员而考官为其下属的，以小避大；若考官外任总督巡抚，其属官有其任考官时录取者，应呈吏部备案，遇举劾时，说明实情；若考官外任司道官员，其属官有其任考官时录取者，应呈督抚备案，遇有举劾，由督抚说明情况。府州以下官员有师生关系而为上所下属者，督抚司道的下属佐贰官员有师生名分者，一律按小官回避大官处理。同时还规定，各省学政不得参与保荐他属下的各府州县的教职官员。另外，在师生回避制度中，还有一项特殊规定，若遇大比之年，凡孔姓任主考官或同考官，参加考试的孔姓族人，不论籍贯，均须回避。这是因为，天下孔姓族人，不乱辈分，视为一家，实行回避，可释嫌疑。拣选回避制度出现较晚。嘉庆朝，清廷发现有的拣选大臣在拣选官员时，毫不避讳地来个"内举不避亲"，将自己的至亲之人放置于拣选之列。于是由吏部拟定限制条例，规定凡拣选官员如钦差大臣与参选人员有宗亲或姻亲关系者，一律照京官回避之例，由小官回避大官。清朝政府为了保证回避制度的严格执行，规定所有候选官员必须据实向吏部填报自己的原籍、祖籍、寄籍、祖孙三代身份、需要回避的姻亲等详细材料，吏部审核后，对有疑点者，可发文至所在省督抚补调。官员从吏部领取凭证赴任后，所在省督抚还须再予审核，并取得同乡官印结，然后咨报吏部，"以凭核办"。对违反回避制度的，轻则降级罚俸，重则革职查办，有关责任官员也连同惩罚。清朝对回避制度的执行比较严格，有时皇帝也亲自过问。如康熙皇帝一次在畅春园听取户部关于蠲免江南粮的回报，他想起户部尚书赵申乔是江苏武进人，立即要求他回避。又如乾隆时，绍兴府通判张廷泰随户部官员晋见皇帝，当他奏述自己的履历时露出绍兴乡音，引起皇帝的警觉，遂加以询问，张廷泰只得说出小时曾随父亲在绍兴居住过，皇帝认为他与绍兴的关系属于"寄籍"，于是下令闽浙总督将他调往福建任职。

总起来看，中国古代的回避制度起源于西汉，以后逐渐发展，至明清时期臻于严密和完善，在防腐和反贪中发挥了积极作用。但是，在皇帝具有绝对专制独裁权力的封建王朝时代，他既可以以自己的至尊地位督使各级官员严格执行回避制度，也能够凭自己的好恶以"特例"破坏这个制度。如皇帝"特旨补授"的汉八旗官员就可以不遵守地区回避的制度，满洲八旗道员以下官员，凡奉皇帝"特旨补授"亦可不遵地区回避的制度。这就使这个制度在执行过程中不时被打折扣，从而使这个制度效用的发挥受到一定程度的消解。

中国古代封建王朝的官吏任用制度在秦汉时期已经建立并逐步完善，发展至明清时期达到了相当严密规范的程度。其中不同任职资格的确定，除、补、转、改、调、升等的分类实施办法和程序，对任官者籍贯、学行的详备考察，回避制度的推行等，都表明中国古代官吏的任用制度具有了相当程度的法制化和规范化，基本上保证了官吏队伍所具有的德、能水准，体现了任人唯贤的原则，在很大程度上满足了对国家和社会管理的行政需求。而源远流长的回避制度则对防止和抑制腐败起了较好的作用。不过，在人治的大环境下，这些好的制度的优长并没有得到充分发挥，而一些陋规陋习如皇帝和一些权臣的任人唯亲、任人唯谄、任人随心所欲，就使贤者难居位、奸佞坐堂皇的局面一再出现。

（三）考课和监督制度的逐步完善

中国古代社会自春秋战国时期建立起官僚行政体制，对官吏的考课和监督也就随之而来。秦汉两朝在战国时期创立的上计与考课制度的基础上，逐渐损益出一套较完备的对于官吏的考核制度。这一时期对官吏的考核也主要通过上计制度进行。这一制度要求，郡守在每年年终将该地方的人口、垦田以及各种税收、粮食收入等，呈报朝廷中央以备考查。在此之前，县令、长也将该县户口、垦田和各种税收呈报各主管郡府以备考查。各郡于是在此基础上编制对朝廷的上计报告，对地方上的各级小吏，也按其职责进行考课。每年年终，由郡国上计吏携带计簿到京师上计，备受查询，叫常课。三年一考察治状，叫大课。汉代的考课制度大致有两个系统：一是由中央到郡，再由郡到县的中央到地方的垂直系统；一是由公卿守相各部门主管长官各课其掾吏属吏的上下级系统。上级对下属人员的考查主要在各级机构内部由主管长官进行，考察的主要内容是掾吏属吏的能力和功劳，以考察的结果作为迁降赏罚的依据。宣帝十分重视对官吏的考课，"自丞相以下各奉职奏事，以傅奏其言，考试功能。侍中尚书功劳当迁及有异善，厚加赏赐"[①]。对各类无具体职事的散官，也依各自情况别立条格进行考核或考试。秦汉时期对官吏的考核主要是中央对郡国、郡国对属县的垂直考核。由于事关国家大政，因而朝廷十分重视。皇帝有时亲自主持对郡国的考课，有时行幸郡国亦就地上计。如武帝就两次在封禅泰山时"受郡国计"[②]。当然，皇帝主持上计是一种特例。一般情况下，汉朝中央主管上计的机关是丞相、御史二府，所谓"考绩功课，简在两府"[③]。丞相府主要负责岁终课殿最，即功劳的等级、大小，然后上闻天子。御史府主要负责按察虚实真伪。丞相和御史大夫有时

---

① 班固：《汉书》卷八《宣帝纪》，中华书局 1962 年版，第 238—247 页。
② 班固：《汉书》卷六《武帝纪》，中华书局 1962 年版，第 196 页。
③ 班固：《汉书》卷八十三《薛宣传》，中华书局 1962 年版，第 3391 页。

也亲自过问上计事宜，但有关上计的经常事务是由专职的官吏负责的。如丞相府的计相一职，就负责此项事务。萧何任丞相时，张苍就"领主郡国上计者"①。通过上计考课，决定对郡国守相的升降奖惩。如文帝时河南守吴公上计时"治平为天下第一"②，被征为廷尉。昭帝时韩延寿为东郡太守，因"断狱大减，为天下最，入守左冯翊"③。东汉时，由于三公分掌丞相之职，所以郡国上计也由三公分管，各有所偏重。据《续汉书·百官志一》记载，太尉"掌四方兵事功课，岁尽，则奏其殿最，而行赏罚"。司徒"掌四方民事功课，岁尽，则奏其殿最，而行赏罚"。司空"掌四方水土功课，岁尽，则奏其殿最，而行赏罚"。因为上计考课以民事为主，因而司徒成为考课的主持人。史书记载："光和元年，举郡上计到京师，是时，司徒袁逢受计，计吏数百人皆拜伏庭中，莫敢仰视。"④不过，自武帝建立中朝以后，尚书权柄渐重。西汉末至东汉，上计考课的实权就逐渐落入尚书之手。据蔡质《汉仪》记载，东汉尚书"典天下岁尽集课事"⑤。在州成为一级行政机构后，对郡国也有考课权。召信臣为南阳太守时，"荆州刺史奏信臣为百姓兴利，郡以殷富，赐黄金四十斤，迁河南守，治行常为第一"⑥。不论公卿考课州郡，还是刺史考课郡守，都必须认真负责，真实地反映情况。对考课不实者，以反坐其罪加以惩罚。在实行郡县二级行政体制时，郡国既要上计中央，又要对属县进行考课。郡对县的考课一般在秋冬之交，以便郡府汇总属县情况后在年终向中央上计："秋冬岁尽，（县）各计县户口垦田、钱谷入出、盗贼多少，上其集（计）簿。丞尉以下，岁诣郡，课校其功，功多尤为最者，于廷尉劳勉之以劝其后；负多尤为殿者，于后曹别责，以纠怠慢也。"⑦西汉时，郡国考课属县，一般采取大会都试的形式："八月，太守、都尉、令、长、丞、

①　班固：《汉书》卷四十二《张苍传》，中华书局 1962 年版，第 2094 页。
②　班固：《汉书》卷四十八《贾谊传》，中华书局 1962 年版，第 2221 页。
③　班固：《汉书》卷七十六《韩延寿传》，中华书局 1962 年版，第 3212—3213 页。
④　范晔：《后汉书》卷八十下《文苑列传·赵壹》，中华书局 1965 年版，第 2632 页。
⑤　范晔：《后汉书》《志》第二十六《百官三》注《汉旧仪》，中华书局 1965 年版，第 3597 页。
⑥　班固：《汉书》卷八十九《循吏传·召信臣》，中华书局 1962 年版，第 3642 页。
⑦　范晔：《后汉书》《志》第二十八《百官五》注"胡广曰"，中华书局 1965 年版，第 362 页。

尉会都试，课殿最。"① 东汉以后，都试时，令、长不再亲自出马，主要由丞、尉参加。上计制度作为考核官吏的一种形式不仅起到了对各级官员的督责作用，而且也是上情下达、下情上传的重要渠道。郡国上计吏常驻首都，参加朝会及其他大典，了解朝廷的指示，同时备询政俗，向中央反映郡国的情况。宣帝曾"诏使丞相御史问郡国上计长吏守丞以政令得失"②。光武帝"尝召见诸郡计吏，问其风土及前后守令能否"③。光和二年（179）巴郡板楯蛮反叛时，灵帝亲自"问益州计吏，考以征讨方略"④。这些记载说明上计吏在京师是下情上传的枢纽。同时，上计吏也是上情下达即承转中央诏敕的枢纽。哀帝二年（公元前1年）敕书说：

　　丞长史归告二千石：凡民所疾苦，急去残贼；审择良吏，无任苛刻；治狱决讼，务得其中。明诏忧百姓困于衣食，二千石帅劝农桑，思称厚恩，有以赈赡之，无烦扰夺民时。公卿以下，务饬俭恪。今俗奢侈过制度日以益甚，二千石务以身帅，有以化之。民冗食者请谕以法，养视疾病，致医药务治之。诏书无饰厨传，增养食，至今未变，或更无过度，甚不称。归告二千石，务省约如法。且案不改者，长吏以闻。官寺乡亭漏败，垣墙阤坏所治，无办护者，不称任，先自劾不应法。归告二千石勿听。⑤

还有御史大夫敕上计吏的话：

　　诏书数下，布告郡国：臣下承宣无状，多不究，百姓不蒙恩被化，守、丞、长史到郡，与二千石同力为民兴利除害，务有以安之，称诏书。郡国有茂才不显者言上。残民贪污烦扰之吏，百姓所苦，务勿任

① 孙星衍等辑：《汉官六种》，中华书局1990年版，第81页。
② 班固：《汉书》卷八十九《循吏传·王成》，中华书局1962年版，第3627页。
③ 范晔：《后汉书》卷三十一《张勘传》，中华书局1965年版，第1100页。
④ 范晔：《后汉书》卷八十六《南蛮传》，中华书局1965年版，第2843页。
⑤ 孙星衍等辑：《汉官六种》，中华书局1990年版，第38—39页。

用。方察不称者也。①

上计是对地方郡县官吏考课的主要形式，因而其内容就包括了郡县行政的各个方面，其中主要是户口统计、断狱状况、宗室名籍、戍卒情况等。由于对上计内容的要求十分具体，朝廷通过上计一方面便于掌握全国民政和经济状况的基本数字，为国家的重大决策提供依据；另一方面也可以随时掌握各地官吏的政绩，作为升降奖惩的根据，也是对官吏进行督责的方法。不过，正因为上计与官吏本身的生死荣辱有着密切的联系，因而也使一些官吏经常弄虚作假，谎报成绩，冒功领赏之事不断发生。如西汉胶东王国相王成谎报"流民自占八万口，治有异等"，骗得关内侯和秩中 2000 石的封赏，后来发觉是"伪自增加"②。一些郡国甚至专门"择便巧史书习于计簿能欺上府者，以为右职"③，让其伪造计簿，欺骗朝廷。这种情况在吏治大环境变坏、腐败盛行的时候就会泛滥。如东汉后期，在外戚宦官交替擅权的情况下，对官吏的考核几乎完全废弛，结果是"令长守相不思立功，贪残专恣，不奉法令，侵冤小民。州司不治，令远诣阙上书诉讼。尚书不以责三公，三公不以让州郡，州郡不以讨县邑，是以凶恶狡猾易相冤也"④。这样一来，政治腐败的趋势就不可遏止，最后终于导致了东汉的灭亡。考课的结果，登记在案，"考绩功课，简在两府"⑤，作为迁降赏罚的依据。一般考课为"最"或"高第"者，都得到升迁。凡以积功久次循环而升者称为"平迁"，凡因特殊功绩或奇才异能而被破格躐等而超升者，称为"超迁"。如于定国在宣帝时因谏昌邑王被超迁，数年之内由御史中丞升为光禄大夫、平尚书事，再迁廷尉。朱博在哀帝时由光禄大夫数月超升大司空。东汉荀爽由平原相数月间经由光禄勋超拜司空。有的人如车千秋甚至由高祖园寝郎"旬月取宰相封侯"⑥。

① 孙星衍等辑：《汉官六种》，中华书局 1990 年版，第 41 页。
② 班固：《汉书》卷八十九《循吏传·王成》，中华书局 1962 年版，第 3627 页。
③ 班固：《汉书》卷七十二《贡禹传》，中华书局 1962 年版，第 3077 页。
④ 王符著，王健注说：《潜夫论·考绩》，河南大学出版社 2008 年版，第 123 页。
⑤ 班固：《汉书》卷八十三《薛宣传》，中华书局 1962 年版，第 3391 页。
⑥ 班固：《汉书》卷六十六《车千秋传》，中华书局 1962 年版，第 2944 页。

在考课中发现官吏有过失或犯罪，也给予不同等次的惩罚，大者处死或罢官削爵，轻者降职，称为"左转"或"左迁"；或罚俸，称为"贬秩"。如黄霸守京兆尹时为秩中 2000 石的大官，后因出现过失，被贬为颍川太守，秩亦降至 800 石。除以上奖惩形式外，还有其他一些奖惩办法，如赐爵、增秩、赐金、给予田产、奴婢、甲第、安车驷马等。对一些功勋卓著的功臣还给予特殊的荣宠，如高帝赐萧何"带剑履上殿，入朝不趋"①，赐周緤"入殿门不趋，杀人不死"②。桓帝赐梁冀"入朝不趋，剑履上殿，谒赞不名"③ 等。在罚的方面，除谋反必须处以死罪外，对贪赃枉法的处罚也特别严厉，"脏直十金，则至重罪"④，往往给予弃世之类的严惩："吏坐受赇枉法，守县官财物而盗之，已论，命复有笞罪者，皆弃市。"⑤ 即使一般性的贪吃受贿，占国家便宜，处罚也是"吏及诸有秩受其官属所监、所治、所行、所将，其与饮食计偿费，勿论。它物，若买故贱，卖故贵，皆坐赃为盗，没入脏县官，吏迁徙免罢。受其故官属所将、监、治送财物，夺爵为士伍，免之。无爵，罚金二斤，令没入所受。"⑥ 如果是脏罪，处罚更重，脏吏即使可以免死，也要禁锢终身，甚至锢及三世。如东汉安帝时清河相叔孙光坐赃抵罪，父子均遭禁锢。其次，对坐盗贼罪的处罚更加严厉，汉武帝颁布的《沈命法》规定："群盗起不发觉，发觉而捕不满品者，二千石以下至小吏主者皆死。"⑦ 另外，还有坐灾害罪、坐滥刑罪、坐选举不实罪等等。对这类罪过的惩罚，除夺爵免官、减秩罚金外，还有科罪之刑，如杖、笞、耐、髡以至弃市、族诛不等。为了保全达官贵人的面子，九卿以上的高级官吏可以免捶扑之刑，对于死罪，一般使之先期自杀。当时有一种不成文的规定，凡诏丞相诣廷尉诏狱，不论其有罪与否，受诏即须自杀。武帝丞相王嘉在受诏诣廷尉拒绝自杀，自去廷尉诏狱，最后也是"不食呕血

① 班固：《汉书》卷三十九《萧何传》，中华书局 1962 年版，第 2009 页。
② 司马迁：《史记》卷九十八《傅靳蒯列传》，中华书局 1959 年版，第 2712 页。
③ 范晔：《后汉书》卷三十四《梁统传附梁冀传》，中华书局 1965 年版，第 1183 页。
④ 班固：《汉书》卷三十九《薛宣传》注，中华书局 1962 年版，第 3388 页。
⑤ 班固：《汉书》卷二十三《刑法志》，中华书局 1962 年版，第 1099 页。
⑥ 班固：《汉书》卷五《景帝纪》，中华书局 1962 年版，第 140 页。
⑦ 班固：《汉书》卷九十《酷吏传·咸宣》，中华书局 1962 年版，第 3662—3663 页。

而死"①。

魏晋南北朝时期对官员的考课，总起来是重外官而轻内官。魏国及吴国，虽然制定官员考课规则，但执行很不严格，原因是三国鼎立年代，一切服务于战争的谋划和取得胜利，对官员的考课，要求王昶"撰百官考课事"②，确定了考课尚书、侍中的5条标准。司马炎建立晋朝后，出台了考课官吏的一系列规定。其中规定考核郡国守相要"三载一巡行郡县……见长吏，观风俗，协礼律，考度量，存问耆老，亲见百年。录囚徒，理冤狱，详察百姓所患苦……敦喻五教，劝务农功，勉励学者，思勤正典"等③。不久，杜预建议选择"积优以成陟，累劣以取黜"④ 每岁一考的考课法。不过因为晋朝的统治很快陷入混乱状态，其考课制度也基本上没有认真执行。东晋南朝时期，由于实行"举贤不出世族，用法不及权贵"，对内朝官员的考课睁一眼闭一眼，而由于州郡县的官员几乎无官不贪，所以对州郡县官员的考课也只能变成打击政敌的工具。北朝至魏孝文帝迁都洛阳后，对百官的考课逐渐重视，宣武帝时，曾组织四次对州郡县官吏的考课，但由于一方面武人专横得不到抑制，而日益加重的世族门阀观念又妨碍对高官的考核，所以终北朝近半个世纪，官员考课可能是中国历史上最差的时期。

隋唐是中国历史上最辉煌的时代之一。对官员的考课无论在制度设置，还是在具体执行方面，都是做得比较好的。这一时期的考课由吏部主管，由考功司具体负责。唐朝考课官吏的标准由德行和业务两方面的内容。德行是"四善"：德义有闻、公平可称、清慎明著、恪勤匪懈。"二十七最"是把政治、经济、司法、军事、文化、宗教等各方面的官员分为27类，对每一类规定一个考课标准。27类是：

1. 中书门下两省官员："献可替否，拾遗补阙，为近侍之最"；
2. 吏、兵两部掌铨选官员："铨衡人物，擢尽才良，为考校之最"；

---

① 班固：《汉书》卷八十六《王嘉传》，中华书局1962年版，第3502页。
② 陈寿：《三国志》卷二十七《魏书·王昶传》，中华书局1959年版，第749页。
③ 房玄龄等：《晋书》卷三《武帝纪》，中华书局1995年版，第57页。
④ 房玄龄等：《晋书》卷三十四《杜预传》，中华书局1995年版，第1027页。

3. 中央地方主管考校的官员："扬清激浊，褒贬必当，为考校之最"；

4. 太常寺、鸿胪寺部分官员："礼制仪式，动合经典，为礼官之最"；

5. 太常寺掌乐律之官："音律克谐，不失节奏，为乐官之最"；

6. 九寺、五监掌控事务之丞："决断不滞，与夺合理，为判事之最"；

其他官职分类更明晰：

7. "部统有方，警守无失，为宿卫之最"；

8. "兵士调习，戎装充备，为督领之最"；

9. "推鞫得情，处断平允，为法官之最"；

10. "雠校精审，明于刊定，为校正之最"；

11. "承教敷奏，吐纳明敏，为宣纳之最"；

12. "训导有方，生徒充业，为学官之最"；

13. "赏罚严明，攻战必胜，为将军之最"；

14. "礼义兴行，肃清所部，为政教之最"；

15. "详录典正，词理兼举，为文史之最"；

16. "访察精审，弹举必当，为纠正之最"；

17. "明于勘覆，稽失无隐，为勾稽之最"；

18. "职事修理，供承强济，为鉴掌之最"；

19. "功课皆充，丁匠无怨，为役使之最"；

20. "耕耨以时，收获成课，为屯官之最"；

21. "谨于盖藏，明于出纳，为仓库之最"；

22. "推步盈虚，究理精密，为历官之最"；

23. "占候医卜，效验多者，为方术之最"；

24. "检查有方，行旅无壅，为关津之最"；

25. "市廛弗扰，奸滥不行，为市司之最"；

26. "牧养肥硕，蕃息孳多，为牧官之最"；

27. "边境肃清，城隍修理，为镇防之最"。

对于官员考课，从品德和业务两方面综合考察，评出 9 个等级：

> 一最四善为上上，一最三善为上中，一最二善为上下；无最而有二善为中上，无最而有一善为中中，职事粗理，善最不闻为中下；爱憎任情，处断怪理，为下上；背公向私，职务废阙，为下中；居官谄诈，贪浊有状，为下下。①

对于地方州县这样的亲民官吏，又规定了户口增长、劝课农桑等政绩方面的升降标准：

> 抚育有方、户口增益者，各准见户为十分论，每加一分，刺史县令各进考一等。……抚育乖方，户口减损者，各准增户法，每减一分降一等。其劝课农田能使丰殖者，亦课见地为十分论，每加二分进一等，其有不加劝课以致减损者，每损一分降考一等。②

中唐以后，地方上设置了节度、观察、团练、防御、经略等使职的官员，对他们的考课也规定了具体标准。对其他，如将校等武职官员、流外官员等也设定了考课标准。

唐朝对官员的考课方式，一般每年进行一次，称小考，三四年进行一次称大考，小考只定等第，大考综合各次小考的成绩确定等第，同时决定对官员的赏罚黜陟。其中对四品以下京内外官员的考课，主要由吏部考功司等长官主持，对三品以上官员则由皇帝亲裁。根据考核的成绩等第，优者升赏，方式有升迁、叙勋、增秩、赐金、增资、荫子、赐姓、赐紫、赐绯、赐紫金鱼袋，还有赙赠、抚恤、赠美谥、图影凌烟阁等，当然最重要的是升迁。如武则天时期的姚崇因统理兵机有功，被超迁夏官侍郎。玄宗时张说因从驾封禅深能体察圣意，被加阶超入五品。因考课劣等而被降罚的方式有左

---

① 欧阳修、宋祁：《新唐书》卷四十六《百官一》，中华书局 1995 年版，第 1190—1191 页。
② 杜佑：《通典》卷十五《选举三》，岳麓书社 1995 年版，第 193 页。

迁、贬爵、罚俸、停任、改姓、边地服色、赠予恶谥之类，其中最主要的方式是左迁，即降级任用。

宋朝在开国后不久，就出台了对官员的考课制度，规定文臣 5 年、武臣 7 年，经考核无赃罪，才能转官。如犯有赃罪，文臣延长 7 年，武臣延长 10 年。平时对官员的考课一年一次，每满一年为一考。对知州和知县，考课的主要内容是户口和赋税的增减。每增加 10%，就增一考。太宗初年，吏部南曹将印纸历子发给州县主官，要求他们按规定填写自己的政绩得失，任满后，送有关机关评定优劣，决定升降。真宗时期，命审官院考察外任京朝官的政绩，命各路考察所属官员能否，划分三等：公勤廉干惠及民者为上等，干事而无廉誉、清白而无治者为次，畏懦贪猥为下。但因为一度考课"宽大"，无论政绩如何，每三年都可循例升官一级。后来很多官员对此弊端提出批评。神宗以后一直到南宋，考课趋严。由御史台负责对各路监司的考课，由监司负责对各州主官的考课，各州负责对县令左的考课。考课按职务分类有不同标准。如监司是"七事"：举官、劝农桑、招流亡、兴利除害、按察部吏赃罪、部内置狱及平反狱讼、机察盗贼。考核分三等。南宋时，机"七事"增至"十五事"。监司以"四善""四最"考核州县主官。"四善"是"德义有闻""清谨明著""公平可称""恪勤非懈"。"四最"是"生齿之最：民籍增益，进丁入老，批注收落，不失其实"；"治事之最：狱讼无冤，催科不扰"；"劝课之最：农桑垦殖，水利兴修"；"养葬之最：屏除奸盗，人获安居……"[①] 考课办法规定，帅臣和监司每年终各以所部知州，分臧、平、否三等考察功过，文臣审报尚书省，武臣申报枢密院。各监司亦各自申报尚书省各有关部，政府各权能单位根据考核的结果进行奖惩。明朝对官吏的考核由吏部和都察院共同负责，由吏部考功司具体主持。考核通过考满和考察相辅而行。考满是对官员的行政能力和任职业绩的常规考核，考察则是检验官员的法纪素质以实施对违纪者的行政处罚。明朝具有严格意义的考核制度的建立，以洪武二十六年（1693）颁布《诸司职掌》及《考核通例》为标志，

---

① 《庆元条法事类》卷五《考课》，转引白钢主编《中国政治制度史·宋代卷》，人民出版社 1996 年版，第 681 页。

对京官四品以上和地方督抚等高官，经三、六、九年考满，由皇帝裁决升降奖惩；地方布、按、盐运诸司官员，经都察院和吏部考核后，也由皇帝决定升降奖惩。京官五品以下由本衙门会同都察院、吏部考核；地方按察司官员由监察御史考核，各府及直隶州正官由布、按共同考核，其余官员则由主管正官考核。考核结果分称职、平常、不称职三等，再参照所任职务的繁简，按繁而称职、繁而平常、简而称职、简而平常、不称职五种情况，最后决定升降奖惩。考察对京官 6 年一次，对外官 3 年一次，主要考察官员违法违纪情况，其内容概括为"八法"或"八目"，即贪、酷、浮躁、不及、老、病、疲（罢）、不谨，处罚分四等：致仕、降调、闲住、为民。无论是考核还是考察，都是对京官宽，对外官严；对高官宽，对小官严；前期严，后期宽。

　　清朝对官吏的考核制度，分京察和大计两种。京察是考核在京官员，大计是考核地方官员。雍正时期确定子、卯、午、酉为京察期，三年一次。在京尚书、侍郎、左都御史、副都御史、内务府大臣至三品以上京官，在外总督、巡抚及盛京五部侍郎，由吏部负责，开具履历清单，呈送皇帝裁决。三品以下京堂等司级官员开具履历清单，由吏部或有关衙门负责带领引见。司级以下官员，由所在衙门长官出具考语，再由吏部会同有关官员审核并定出等次。考核京官的标准有四条，即"四格"：一是守即操守，分清、谨、平三类；二是才即才干，分长、平两类；三是政即工作态度，分勤、平两类；四是年即身体条件，分青、壮、健三类。根据这个标准，将考核的结果定为称职、勤职、供职三等，然后分别升降奖惩。大计作为对地方官员的考核，规定在寅、巳、申、亥年进行，也是 3 年一次。从州县官起，至府、道、两司，由主官层层考察属员，布、按两职，归总督、巡抚考核。大计的优等称"卓异"，标准是无加派，无滥刑，无盗案，无钱粮拖欠，没有亏空仓库银米，"境内民生得所，地方日有起色"。在京察和大计中被列为一等卓异的，一律叫"举"，在满足其他条件的前提下能够升官，还能授予世爵，给予"荫叙"，荫及子弟。不够一等或卓异的，一般降级任用或勒令退休，而对于"犯贪""犯酷"者，则革职拿问，给予不同的惩罚。清朝对于官员犯罪的惩罚，定有处罚条例，按吏、户、礼、兵、刑、工六部条目加以议定。对其定罪，还要区别公罪和私罪。所谓公罪，指因公事而犯罪；所谓私罪，指因私事犯罪，即有心做坏事。一般情况下，公罪处罚较轻，私罪处罚偏重。处罚等类，有罚俸、降级、革职、判刑等多种。

总起来看，中国古代自秦汉开始，对官吏的考课和惩罚就建立了比较严密完备的制度和法规，以后随着历史的发展，这种制度和法规进一步严密、细化、完善，这种情况在宋、明、清等朝代有着更加明显的展示。因为这些制度和法规具有充分的合理性和可操作性，因而保证了官吏的行政运作的规范化和法制化，在很大程度上限制了官吏的违法违规活动，对澄清吏治起了积极作用。西汉文、景，东汉光、明、章，唐朝太宗、武则天，宋朝太祖、太宗，明朝太祖、成祖，清朝康、雍、乾等时期，都是中国古代历史上的盛世，也是吏治最好的时代，而恰恰在这些时代，对官吏的考课得到认真执行。但是，由于封建王朝制度固有的弊端难以克服，再加上"靡不有初，鲜克有终"的惯性运动，在很多情况下，尤其是每个皇朝的后期，考课制度往往遭到破坏，赏不当赏，罚不当罚的情况必然屡屡出现，甚至"有功不赏，无德不削"①的事例层出不穷。如唐朝中后期，考课制度弊端丛生：定考不认真，不公平，除明显的大功大过外，其余往往不分贤愚优劣，一律论资排辈升迁，朝官、大官容易得上第，而外官小官则难以得上考。尤其是主持考课的官员不严格执行考课标准，完全根据自己的好恶随意取舍升降。而官吏的弄虚作假、串通作弊更是屡见不鲜。如此一来，唐朝的吏治也就一天不如一天了。再如清朝，到雍正时期，京察、大计的规定已经难以认真执行，京察时官员的考语随便填写，充塞套语假话，"才守兼优之员与循分供职者无区别，而居官庸劣之徒，转得以蒙混掩饰"②。到清朝后期，考课更是徒具形式。例如在道光朝的8次大计中，达到卓异水准的官员竟有1357人，占总数的52%还多。咸丰、同治以后，所谓京察、大计更成虚文："得卓异者多属世谊，而纠劾惟以三四佐贰，五六佐杂敷衍塞责而已。"所以有人无可奈何地叹息说："似此赏罚不明，劝惩不善，吏道所以未清，民生所以未遂

---

① 王符著，王健注说：《潜夫论·三式》，河南大学出版社2008年版，第175页。

② 《宫中档雍正朝奏折》第二十二辑，第880页，转引白钢主编《中国政治制度史·清代卷》，人民出版社1996年版，第576页。

也。"① 吏治败坏的不可挽回，是清朝最后走向灭亡的重要原因之一。

中国古代的行政体制中还包括官员的赐爵、秩俸、朝位、印绶、玺、节、舆服以及休假、致仕、优恤和涉及大量基层办事人员的吏胥等制度，从秦汉起历经两千多年，逐步发展完善，对于保证官吏生前的各种待遇和死后的荣宠都有细密而严格的规定。这些制度的认真实施对于维护官吏队伍的利益，激励他们为国家和百姓服务具有积极作用。不过由于人治大环境下从皇帝至各级官吏的随意和敷衍塞责，这些制度规定也往往变得弊端丛生，大大削弱了其本来应该发挥的良好作用。

三、行政法典与监督制度

中国古代历史上，行政法典的出现是较早的。三代的礼制中就包含着行政法典，主要规定贵族应该遵守的礼法。春秋时期，各诸侯国开始制定与礼有别的法，晋国赵盾制定的"常法"中，其"续常职"就是行政法典的内容。战国时期法家在各诸侯国主持的变法，其中主要内容是制定成文法，这些法中也包括行政法典。秦朝统一全国后，颁布了《秦律》以及其他许多律条，把国家各项事业纳入法制化的轨道。其中，特别是各项行政法典的颁布，使国家对各项事业的行政管理有了明确的法律依据。《云梦秦简》中的法律文书，虽然还不是秦的全部法律，但从中可以看出，秦皇朝已经有了较完备的行政法典。如《置吏律》和《除吏律》就是有关任免官吏的专门法典。《置吏律》是关于任免行政、财务部门官吏的法规。《除吏律》是关于任免军事官吏的法规，从中可以看出秦代官吏任免制度的若干规定。如国家官吏必须经过正式委任方能任职视事，《置吏律》："除吏，郡，已除之，乃令视事及遣之；所不当除而敢先见事，及相听以遣之，以律论之。"还规定，官吏已经任命，必须绝对服从派遣，否则，将受到惩罚。秦律并对任用官吏的权限、时间等做了明确的法律规定，大体上避免了越级侵权和互相推诿等

---

① 钟琦：《皇朝琐屑录》卷三，转引白钢主编《中国政治制度史·清代卷》，人民出版社1996年版，第577页。

问题的产生。同时，关于各级官吏的任免、考核、奖惩、俸禄、升补、调迁、休沐、致仕等等，都形成了全套法典化的制度。如选官任免中的征辟、察举、任子等都有规章可循，考核中的上计制度有更明确的程序。关于行政监督、行政处罚、行政诉讼等同样也形成了一套用法律规定下来的制度。其中，如以御史大夫——刺史——督邮等的行政督察体系就可以较好地纠正官吏的违纪行为。刺史"六条问事"的条文，就是刺史监察范围的法律规定，越权与失职由是有了明确的标准。关于对官营手工业、官营商业以及赋役和征榷的行政管理，同样有明文规定的法典。汉代田赋自从景帝下诏定下三十税一以后，终两汉之世基本上得到贯彻执行。武帝在位时，为了加强中央集权和巩固国家的统一，进一步强化对经济的行政管理，实行以"禁榷"为中心的积极改革，在全国推行盐铁官营和一系列的专卖政策，在实行"重农抑商"政策的同时，大大加强了国家对与国计民生有重大关系的工商业的行政管理。他一方面颁布《算缗令》和《告缗令》，加重对商贾财产的征税与掠夺，一方面下达贱商人的诏令，贬低商人的社会地位，对他们做官、坐车和穿着都加以严格的限制。与此同时，汉武帝又实行国家垄断铸钱以及平准、均输等项政策，通过行政法典加强中央对地方经济的控制。正是由于颁布这些管理经济的法典，保证了武帝时期的汉朝获得了较充裕的财政收入，从而支持武帝建立了震古烁今的功业。当然，管理经济的行政法规能否取得预期的效果，需要很多条件，诸如政治的清明，较高素质的官吏队伍，安定的社会环境等，都是必要的。但最根本的是这些管理经济的行政法规基本上符合当时经济发展规律的要求，否则，就是难以奏效的。西汉末年，王莽篡政，建立新朝，曾颁布了一系列关于土地、奴婢和工商政策的法令，希图通过这些改革措施挽救当时的社会危机。然而，由于这些行政法典违背了经济规律，再加上其他条件恶化，王莽的改革就只能以失败告终。与政治经济相辅相成，两汉对于文化教育和科学技术的行政管理也基本实现了法典化。如学校教育，自武帝下令设立太学以后，朝廷关于学校的行政管理、课程设置、考试和升级制度就逐步建立起相应的法律法规，从而使中国古代的教育初步纳入法制化的轨道。另外，两汉对于边疆少数民族地区的行政管理，也通过行政法典规定了一套与内地不同的制度。如在西域实行督护制，对归附的匈奴人实行典属国管理制，保存各少数民族的社会结构和政治制度，对其首领分封王侯等，都收到了较好的效果。

魏晋南北朝的行政法规大体延续两汉而有所变异，北朝则显示不少少数民族的特点。唐代的法律形式有律、令、格、式四种形式，其中律是刑事法规，而令、格、式都是行政法规。令是国家政治法律制度设立和废更的诏令，经多次修订，汇集成《唐令》30卷，共有官品、三师、三公、台省职员、寺监职员、卫府职员、东宫、王府职员、州县、镇戍、岳渎、关津职员、内外命妇职员、祠、户、选举、考课、宫卫、军防、衣服、仪制、卤簿、公式、田、赋役、仓库、厩牧、关市、医疾、狱官、营缮、丧葬、杂令等27个目，1546条。这些法规显然囊括了国家的行政机构和行政事务的方方面面。格是皇帝对国家机关分别颁行以及因人因事随时发布的敕，经过整理汇编的法规，又称敕格。其后编汇多部，主要内容是中央行政机构六部24司各自的日常办事规章和全国官吏通用的办事规章。式是国家机关的公文程式与活动细则，汇为《永徽式》《开元式》《唐式》等，大致以尚书列曹以及其他衙门为篇目，共33篇。由于记载中的唐代令、格、式等已经大部分亡佚，流传至今的《唐六典》就成为今天研究唐朝行政法典的最重要文献。该书共30卷，内容包罗了唐朝从中央到地方各级机关、机构的行政法规，其全面和细密超过此前的所有行政法典。《唐六典》的出现标志着中国古代社会的行政法规从总的法律条文中独立出来，说明国家机构的设置和运行进一步法制化了。

宋朝继承唐朝，其行政法规尽管还有一些混杂于其他法规中，但更多地集中于自成体系的完整法规中。朝廷从中央到地方的各级机构，都有自己的"一司条法"，即部门法规。如中书省有《中书省官制事目格》120卷，门下省有《门下省官制事目格》《参照卷旧文净条厘析总目目录》72册等。尚书省所属六部的行政法规最多而繁杂，仅吏部的各种法规就近1400卷、册。宋朝的各种法规包括了经济行政法、教育行政法、贡举行政法、军事行政法、司法行政法等，其完备细密程度又超过了前代。

明朝的行政法规集中于《大明会典》，较之宋朝的行政法规更加系统和完善。清朝的行政法规在明朝的基础上进一步细密严谨、全面系统。入关前，满族统治者就完全依照《大明会典》行事。入关后，开始编纂自己的《会典》，二百多年来共编纂了康熙、雍正、乾隆、嘉庆、光绪等五朝的《清会典》。康熙时期编纂的《清会典》共120卷，依次是宗人府、内阁、吏部、户部、盛京户部、礼部、盛京礼部、兵部、督捕、刑部、盛京刑部、工部、盛京工部、理藩院、都察院、通政使司、大理寺、内务部、翰林院、詹事府、左春坊、右春坊、司经局、太常寺、顺天府、奉天府、光禄寺、太仆寺、鸿胪寺、国子监、六科、中书科、行人司、钦天监、太医院、上林苑监、五城兵马指挥司、僧录司、道录司、銮仪卫、金吾六卫，包括了北京、盛京各衙门的行政法规。雍正时期的《清会典》增至250卷，重绘了礼部乐器、钦天监仪、兵部舆地图等。乾隆时期编纂的《清会典》增至280卷，内容有较大更新，并将"会典"和"会典事例"分载，删除了已经裁撤的行人寺、僧录司、道录司和四译馆，增加了领侍卫府、八旗都统、前锋护军、步军统领等门目。嘉庆《清会典》增加军机处办事章则，光绪《清会典》增加神机营、总理各国事务衙门等机构，以及垂帘听政、亲政礼制等特别内容。这说明，清朝的行政法规是不断变动、充实和调整的。与《清会典》相辅而行的是各部院寺等衙门还订有各自的则例和章程，也同属行政法规的范围。在各部院内部，还另外制定专门性或分司的则例，如吏部有《吏部处分则例》《吏部铨选则例》《吏部封验司则例》《大挑则例》；户部有《户部旗务例》《户部鼓铸则例》《户部军需则例》《大粮库则例》等。这类则例，都是各部门在行政过程中因事推出的一些条例，每年依规汇奏，编成则例后，各衙门以后办事必须遵行。这些则例每10年重修一次，修改一些不符合实际情况的内容，使之更加贴近现实。对于地方，乾隆、嘉庆、道光各朝都编有《布政司一切条例》作为统一的行政法规。但由于中国疆域辽阔，各省民俗风情、经济发展情况有较大差异，所以各省都制定自己的则例，如江苏就有《江苏省例》，山西有《晋政辑要》，京师有《顺天府则例》等。雍正时编有《州县事宜》作为州县行政法规颁布实行。此外，还有单项事务的行政法规，如《科场条例》《武场条例》《赋役全书》《金吾事例》《坛庙祀典》《皇子事例》等。中国古代行政法规的日益完备和细密，是法制逐步进步的表现，即使各级机构和官员办事有法可依，也使对各级机构和官员的监察有明确的规章可循，使行政的法制化水准日益提高。

综上所述，可以认定，中国古代社会自秦汉时期起，已经建立起比较完备的行政法规，这就使各级官府和官吏的活动基本纳入了法制化的轨道。而为了保证各类行政法典得到较好的贯彻，各级官员的活动都能遵守行政法典的规范，从秦汉时期起，各封建王朝也相应地建立起一套对官员监察的制度和法律，这在第四章"监察制度的建立、运转与变迁"中已经进行了较详细的论述。封建王朝建立和逐步强化监察机构的主要目的，就是使封建国家机器的每一个组织和个人都必须在法定的范围内活动，以防止统治集团个别机构和成员的活动造成对封建统治整体利益的损害。在秦汉时期，御史对百官的纠劾是监察活动的主要形式。秦朝开始设立的御史大夫，其主要功能就是"典正法度……总领百官"①。东汉时，御史中丞成为最高的监察官，而两汉的刺史监郡制度和郡县对属吏的监察制度也基本臻于完善。其后，魏晋南北朝承袭两汉的监察制度而有所发展。隋唐五代时期，尤其是唐朝，监察制度较之秦汉和魏晋南北朝进一步完善。如御史台已经发展成为一个完全独立的监察机构，十道御史监察州县的制度也较前更加严密。宋朝的监察制度较隋唐时期进一步完善，主要表现为朝廷中央的台谏监察系统和封驳监察系统在职能上的合一和地方上路的监司与帅司的设置，以及走马承受所和通判厅的拾遗补阙。明朝的监察机构较前更加完善，其最高监察机构是都察院，另有独立的六科，各省设按察司。都察院负责对所有部门的官员进行监察。十三道监察御史"主察纠内外百司之官"。清朝的监察制度基本承袭明朝而所有变化。都察院仍是最高监察机构，设左右都御史二人，左右副都御史四人；以下在京畿和各省设 15 道监察御史（清末增至 20 道）；同时设六科，每科置掌印给事中二人，给事中二人；六科开始仿明制为独立机构。这些监察机构形成从上到下的比较严密的监察网络，再加上谏官的设置，在正常情况下，各级机构和官员的违法犯罪活动还是能够被发现和惩处的。然而，由于封建王朝基本上实行的是人治而非法治，君主的主观意志在行政过程中有着举足轻重的作用，更由于监察权与行政权的界限不清甚至混融一体，对官吏

---

① 班固：《汉书》卷八十三《朱博传》，中华书局 1962 年版，第 3405 页。

监督的长效机制就难以形成和持续。这样一来，对各级机构和官员的有效监督就大打折扣。这就使每一个封建王朝都难以逃脱吏治相对清明——吏治逐渐昏暗——吏治严重败坏这样一个发展变化规律，最后只能在政治腐败不可收拾的情况下走向不归路。

四、人事制度的优长与局限

中国古代的人事制度经过数千年的发展完善，成为具有中国特点并且在东亚具有典型代表性的制度，不仅深刻影响了中国和周边国家如朝鲜、越南、日本历史的发展，而且也在一定程度上给西方国家的发展和进步提供过有益的启示和借鉴，对整个人类文明的发展作出了巨大贡献。

中国古代的人事制度有许多优长。首先，它有一套比较科学的选官制度，集中贯穿着选优的原则。从两汉的征辟、察举到后来的科举以及众多的荐举，都厉行选优的基本思想和机制。特别是科举的推行，更是具有平等观念的选优的制度设计。这其中应该称道的是，较早在选官进程中引进了考试的机制。两汉的举孝廉、举贤良文学对策等，都有考试一道关口。到科举制度确立，更是不断损益出一套极其严格细密的考试制度和相应的规程，其主要指向就是公平。中国古代的选官制度之所以能够较好地选拔出社会上的精英分子、优秀人才，关键就是坚持了选优的原则和与之相配套的行之有效的制度。其次，官吏的选拔、任用、考核、秩俸、升陟、奖惩、赐爵、印绶、符节、车舆、冠服、休假、致仕、优恤等，都建立了比较严密的具有极强可操作性的制度和法规，这既保证了官吏队伍的实际利益，激发他们努力发挥自己的潜能，又使他们的行政活动在制度规范的限度内进行。这些激励与惩罚相结合的制度和规范的实施，能够在很大程度上避免官吏的随意性和不作为、乱作为。再次，从秦汉时期起，中国的历代皇朝都设计了较完备的行政法典和各种办事法规，使各级官府和每一个官员的行政活动都有法可依，有规可遵，有例可循，一定程度上划定了各级官府和官员的行政边界，使他们不致越界行权。最后，中国古代封建王朝逐步建立和完善了对各级官府和官员的监察机制，使他们的活动始终在监察之中，这就在一定程度上抑制了腐败的发生和蔓延，对澄清吏治起了积极的作用。不过，中国古代的选官制度也存在明显弊端，这主要表现在，1.在基本选优的前提下，始终保存了维护贵族官僚权益的任子、荫亲等制度，使中上层统治阶级的特权和既得利益得到固化，让他们在当时财产和权力的分配中始终处于有利的地位，而这恰恰是以牺牲广大下层百姓的权益为前提的。2.由于中国古代王朝的选官制度始终是在人治的大框架下运行，皇帝、掌控实权的高官对官吏的选拔、任用、升陟、奖惩都几乎具有不受约束的权力，这必然增加选官的随意性，直接造成对公平原则的损害。3.由于监察机构不能完全独立，在一些级别上与行政机构同体，再加上皇帝和权臣的随意插手，法外奖惩，从而大大削弱了监察制度应有的效能。正因为如此，中国古代的选官制度就难以从根本上消除选官中的腐败，而在每个王朝的中后期，当这些制度中的弊端日益猖獗的时候，选官中劣币驱逐良币的现象就会一再出现，而恰恰又是这些日趋腐败的昏庸、奸佞、无能而又敢于任意胡为的权力集团，亲手将一个个王朝送进坟墓。

第七章　军事制度的建立与变迁

一、皇帝与指挥系统

（一）皇帝与军权

中国自秦汉至明清时期的军事制度也体现了专制主义中央集权的特点。所有的封建王朝都建立了庞大的武装部队，组织起复杂的军事统驭系统。皇帝是军队的最高统帅，握有对全国军队的最高控制权。军队的高级将领，从秦朝的国尉到两汉的太尉、大司马大将军，到魏晋南北朝时期的兵部尚书、都督、总管，隋唐时期的兵部尚书、行军元帅，到宋朝的枢密使、三司长官、领兵统帅，到明朝的兵部尚书、五军都督府长官，再到清朝的军机大臣、兵部尚书、八旗都统、绿营提督，再到各地方（如郡、路、省）的最高军事长官，都由皇帝亲自任免，军队的调动更必须出于皇帝的命令。秦朝规定，只有皇帝才有权调发 50 人以上的军队用于军事行动。调动时，必须执行玺、符、节等制度，即下达命令的文书上必须盖上皇帝的玺和有关将军的印，必须会符为证（即两半虎符合在一起）。一般远距离的军事行动，还需要持有朝廷特发的通行证。两汉时期的军事调动也大体仿此手续。两汉以后的历代王朝，有作为的皇帝往往亲自统率军队出征，军队的调动也更加严格地由皇帝亲自掌控。对于战争，决定战和的大权都操在皇帝手上。当然，皇帝进行大的军事行动之前，一般都会召集御前会议或其他形式的会议，听取臣下的意见，但最后还是以皇帝的意见为准。如秦汉时期数次对匈奴的战争，其决策权都在皇帝手里。当汉高帝决定对匈奴开战时，尽管娄敬提出了中肯而又正确的意见，他还是一意孤行，结果遭到白登的一场惨败。汉武帝决定对匈奴的战争时，也有不少臣子持反对意见，但当他最后决定对匈奴开战时，臣子们还是无条件地服从并意气昂扬地走上战场。不仅如此，很多皇帝还往往亲率大军出征，亲自到前线指挥战斗。创业之主的刘邦一生几乎都是在战场上度过的。他亲冒矢石，多次中流矢，及至晚年，还亲自指挥对英布叛军的战斗。刘秀为创建东汉皇朝更是经历了千百次战阵。登基以后，仍多次御驾亲征。唐太宗李世民，18岁即活跃在与群雄争夺天下的前线，做皇帝以后，仍然多次亲临与周边少数民族斗争的最前线，指挥那些决定胜负的关键战役。明太祖朱元璋以参加反元朝的农民起义开始自己的政治军事生涯，或亲临前线指挥战斗，或运筹策于后方部署指导前线的军事行动，几乎对每一场胜利的战争都打上自己的印记。清朝的努尔哈赤、皇太极，一生都在与明朝和周边敌对势力的战斗中度过，他们的后继者康熙、乾隆皇帝，在与明朝残余势力、大顺大西农民军、"三藩"和其他少数民族武装力量的战斗中，也都游刃有余地指挥和掌控着战争的进程。其他非创业之主，也都亲自掌握和战之权。如汉元帝接受呼韩邪单于的请求，恢复"和亲"政策，实现了汉匈关系史上具有重大历史意义的转折。两汉时期军队的调动仍以虎符为凭，而虎符则由皇帝指定的近臣掌管。如吕后死后，诸吕欲发动政变，丞相陈平、太尉周勃决定先发制人，以武力捕杀诸吕。为此，必须先控制北军。但由于手中无虎符，就无法进入北军营垒。正好此时掌管虎符的大臣纪通投靠周勃，才使得他得以持虎符、假托朝廷之命顺利掌控北军，从而成功地平定了叛乱，恢复了刘氏皇统。北宋时期，国家将握兵权、调兵权与统兵权分而为三：三司握兵，枢密院调兵、临时遣将统兵，三者均向皇帝负责，保证了军权属于皇帝。当统兵将领奉命出征后，必须通过驿站与皇帝保持紧密联系，及时向皇帝报告军队的行动特别是作战计划，甚至排兵作战的布阵图都要传回后方，在得到皇帝的批准后才能实施。而其产生的弊端——限制前线将领的指挥权，恰恰是北宋时期与辽和金战争屡屡失利的原因之一。明朝皇帝更是牢牢控制军权，他任命统率军队的五军都督府的左右都督，掌控军队的调遣权。全国实行卫所制度，各卫所负责军队的管理训练，但卫所军官的任命升陟则由兵部管理。凡有征战，皇帝直接委任总兵官挂将军印统率卫所军队出征，战事结束，总兵归还将军印，军队归还卫所。清朝皇帝是军队的最高统帅，无论八旗还是绿营，以及乡兵和少数民族地区的夷兵、土司兵、藏兵、番兵，最高领导权都属于皇帝。皇帝年幼未亲政时，这个权柄由与皇帝血统最近的摄政王暂时代理。协助皇帝掌控军事大权的中枢机构有议政王大臣会议、军机处、兵部，晚清改制后为陆军部、海军部和军谘处。

（二）中央和地方的军事指挥系统和军队组成

秦汉时期的军队大体上分成中央军和地方军两个系统。秦朝中央军的指挥系统是皇帝根据实际需要随时任命的将军及其幕僚组织。如灭六国时派出的军队都由临时任命的大将指挥，伐楚的60万大军由王翦指挥，北伐匈奴的30万大军由蒙恬指挥，平百越的50万大军由屠睢指挥。这些将军一旦受命，即握有指挥战争的全权，而一纸撤职查办的命令，又可立即使之变成待罪的囚徒。两汉时期，太尉虽然已经是"金印紫绶"的三公级的高级武官，但实际上不过是皇帝的高级顾问，既没有什么实权，也不是一个常设的官职。汉武帝时，改太尉为大司马，其性质是加官，也没有什么实权。后来，不少大司马大将军领、平、视、录尚书事，成为中朝官，进入决策机构，权柄就大起来，成为皇帝之下全国政务和军事的实际主持人，地位凌驾百官之上，如霍光、王莽等。东汉光武帝时，复将大司马大将军改称太尉，其权柄却进一步加重了：他既是皇帝的军事顾问，又综理全国军政事务，权力超过丞相，太尉府替代了丞相府。其原因仍在于所有太尉都领、平、视、录尚书事。两汉时期的中央军事指挥系统同样是皇帝根据需要直接任命的各类将军及其幕僚班子。自汉武帝至东汉，大司马大将军基本上都是中朝首领，协助皇帝指挥军事，与之平起平坐的尚有不常设的骠骑将军，其次是车骑将军和前、后、左、右将军等重号将军。他们作为皇帝麾下的最高级武官，经常率领一批杂号将军从事征战。高级将军之下的武官是校尉和都尉，是秩二千石或比二千石的官吏，地位相当于列卿。西汉的校尉有司隶校尉、城门校尉和中垒、屯骑、步兵、越骑、长水、胡骑、射声、虎贲八校尉。东汉除保留司隶、城门校尉外，将八校尉合并成屯骑、步兵、越骑、长水、射声五校尉。见于记载的还有其他一些校尉。史籍中记载的都尉有护军、奉车、驸马、骑、车骑、军马、强弩、复土等名号的都尉。校尉以下的基层军官，秦朝的次序是（部）司马、（曲）侯、（官）长、（队）头、（长）火子、（列）头等；两汉的次序是（部）军司马、（曲）军侯、（屯）长、（队）率、队史、（什）长、（伍）长等。

秦汉时期的军队由中央军和地方军两部分组成。秦朝的中央军由皇帝的警卫部队和首都的警卫部队组成。前者又分两部分：郎中令统率的贴身侍卫，负责禁中宿卫；卫尉统率的亲军，负责皇宫的守卫。后者是由中尉统率的首都卫戍部队，分驻京城各重要部位、官府衙门、仓库等地。汉朝的中央军是皇帝的禁卫军，其中居驻于城南的未央宫，称南军，分别由郎中令统率守护宫门内，由卫尉统率守护宫门外皇城周围，两者互不统属但又互相配合。居驻于城北的由中尉统率，称北军，负责守卫首都和三辅地区。南军士兵基本来自全国各郡县，北军士兵则来自三辅地区，这两支部队也既能互相配合又能互相牵制。除了首都的中央军外，东汉时期的中央军还有屯驻黎阳（今河北浚县东）的黎阳营，担任黄河北岸的防守；屯驻雍地（今陕西凤翔）的雍营，负责三辅守备；屯驻长安的长安营，负责长安的防卫。秦汉时期的地方军分布于各郡县，由郡守、尉和县令长、尉统率指挥。边境地区的地方军设立单独的指挥系统郡守—都卫—侯官—障尉—候长—队长。

魏晋南北朝时期的曹魏开始设置五兵尚书（后又称七兵尚书），作为皇帝之下专门掌控军事的机构，后来南北朝基本沿袭此制。这一时期的军队也是分为中央军和地方军两部分，中央军则又分为中军和外军。中军一部分担任首都卫戍，一部分屯驻首都周围附近的要冲重镇，拱卫京师或受命出征。外军是各都督府统领的军队，名义上也是中央军。这些军队一般由都督中外军事的权臣统领。地方军由州郡兵组成，他们一度由都督、校尉统领，后来都归州郡的刺史、太守指挥，这些州郡兵，成为此一时期地方割据长盛不衰的武力基础。由于此期战乱频繁，征兵制难以维持，募兵成为军队的主体，由此造成军、民户籍的分离，逐渐形成府兵制。

隋唐时期，皇帝加强了对军权的控制。隋朝军队基本由皇帝统御，兵部只是协助皇帝处理军队的日常事务，以十二卫分统禁卫军和分布在各地的军府。各卫府设大将军，直接听命于皇帝。战时由皇帝派行军元帅为最高指挥官，皇帝有时亲自指挥，如隋炀帝进兵高丽，就是亲自到前线指挥。唐初沿用隋制，进一步加强府兵制，全国共设 657 个军府，分隶 16 卫及东宫 6 率府。府兵分散全国各地，战时临时调配，由皇帝选派的元帅指挥。首都的防卫主要由南、北衙禁卫军担任，两者交叉部署，互相配合又互相牵制。隋唐时期的州郡和边郡都有一定数量的地方军、边防军以及由少数民族组成的蕃兵。唐玄宗时期，由于均田制破坏，府兵制难以维持，朝廷开始招募流民当兵，称彍骑；开始组织民兵，称团结兵；边郡募兵，称官健。而此后，因为皇帝和朝廷中央对地方尤其是边郡的控制力下降，各地节度使通过招募组成自己掌控的武装力量，称牙兵。他们拥兵自重，不受朝廷中央节制，由此形成藩镇割据，最后酿成五代十国的混乱局面。

宋朝中央设禁军，由三衙的长官统率。地方的路、州、县也都设置军事机构。路有分钤辖，一州有州钤辖，州、府、军设监，在县、镇设城、寨、关、堡。又以文臣任地方的经略使、安抚使等军职，统率武职官员，互相制衡。神宗改革军制，实施将兵法，在各路设将，统率所在地的禁军。全国总计设置了 143 将。军队编制是百人为都，5 都为营，5 营为军，10 军为厢，厢由殿前司或两侍卫司统率。

明朝初年，皇帝之下设立大都督府作为最高军事机构。后改为中、前、后、左、右五军都督府，设左右都督、都督同知、都督佥事，负责管理全国各地的卫所军队。地方的最高军事指挥机构是都指挥使司，设都指挥使、都指挥同知、都指挥佥事负责管理一省的军政，对上听命于五军都督府和兵部，对下管理卫所。卫所是明朝军队的基本编制单位，一般都置于军事要地，每卫约 5600 人，设指挥使、指挥同知、指挥佥事负责管理。每卫辖前、后、左、右、中 5 个千户所，大体上每一郡置 1 所，每所 1120 人，设正、副千户、镇抚管理。每一千户所辖 10 个百户所，每户所 112 人，设百户管理。其下又设总旗 2，小旗 10，作为最基层的单位。各地负责镇守的设总兵官、副总兵官、参将、游击将军、守备、把总等。明朝军士另立户籍，称军籍，隶于都督府，身份世袭。

清朝的主要军事力量是八旗和绿营，还有少量的乡兵、夷兵、土司兵、番兵等。其中央的领导机构是议政王大臣会议、军机处、兵部，晚清改制后为陆军部、海军部和军谘处。八旗包括满、蒙、汉各八旗共 24 旗，20 万人左右，驻防首都和全国重要战略要点，算是中央军。地方军主要是绿营兵，由汉族人组成。绿营每一至三省设一军区，最高指挥官是提督，提督有水陆之分，有水陆兼任，或由巡抚兼任。每省设一或二员提督。一省又分若干镇，每镇由总兵率领。每省设二至六镇。总兵受总督、巡抚和提督双重节制，但调动权属于皇帝。清朝末年，八旗、绿营兵腐败不堪，根本对付不了各地的民变。太平军起义爆发后，为了对付起义军，清朝政府允许地方兴办团练即地方民兵，于是出现湘军、淮军等地方军事力量。清朝的军备开始改变内重外轻的局面，地方督抚和他们力量的坐大，开启了中国近代军阀割据称雄的先声。

二、编制与管理体制

（一）兵役和编制

秦朝实行普遍的编户征兵制。《秦律》规定，男子 17 岁达到"傅籍"年龄，即开始为国家服役，有爵位者到 56 岁，无爵位者到 60 岁才达到止役年龄。秦朝的役包括徭役和兵役。徭役称更卒，每人每年服役一个月。20 岁以后转服兵役，称正卒，服役期为二年。第一年在本郡地方部队服役，主要是接受军事训练和执行警卫任务；第二年或去首都警卫部队做一年的卫士，或去边疆戍守部队做一年的戍卒。两年服役期满后转为类似近现代的预备役，并随时听从朝廷命令应召出征，直至止役年龄。西汉继承秦制，也实行普遍的征兵制。《汉律》规定男子 20 岁为"傅籍"年龄，开始为国家服役，23 岁以后开始服兵役二年。一年在郡国服役，充材官、骑士或楼船；另一年或在首都服役，作为南军成员充任卫士，或在边境部队服役，称戍卒。西汉中叶以后，因对匈奴用兵，所需兵员越来越多，于是增加募兵、选募和谪兵等办法开辟新的兵源。汉武帝时增设的八校尉，其所属士兵全部来自招募。王莽时期因大规模对匈奴用兵，兵源几乎枯竭，只得下令大募天下丁男及死囚、吏民奴，编为所谓"猪突豨勇"，驱赶他们到前线送死。东汉虽然没有废除普遍兵役制，但军队的主体基本都来自招募。由于义务兵被招募的职业兵代替，使州牧郡守通过招募获得大量兵源，拥兵自重，成为酿成东汉末年军阀割据的重要原因之一。秦汉两朝军队的编制大体相同，全军分中央军和地方军两部分。部队实行部曲编制，每一将军统帅若干部，部由校尉统帅；每部管理若干曲（步兵千人），曲由军候率领；曲下设屯（500人），屯下设队（100人），队下设什（50人），什下设伍（5人），分别由屯长、队率、队史、什长、伍长统领。将军出征时组织自己的幕府班子。

魏晋南北朝时期，曹操创设"士家制度"，实行兵民分籍管理，形成世兵制。这种制度在东晋南朝一直推行。北朝的少数民族政权基本上都是依靠世兵制建立起来，这种制度最后形成了西魏、北周实行的"府兵制"。西魏宇文泰按照鲜卑八部旧制，正式建立以八柱国为首的府兵制。其中真正开府的是六位柱国大将军，每人辖两个大将军，共12位大将军，每个大将军辖二开府，共24开府；每个开府辖二仪同，每一仪同领兵1000人。北周后来推行"均田制"，所有获得田地的农民都必须服兵役，由此又转回秦汉时期实行的编户征兵制。

隋唐继承北周的府兵制，这是一种在均田制基础上建立的兵民合一、寓兵于农的制度。农民中的青壮男子，年20入伍，60岁免役。平时在家生产，农闲训练。府兵的主要任务是护卫京师，按路途远近分番轮流。遇有战事，朝廷临时委派将帅，调动各地的府兵出征。战事结束，将归于朝，兵散于府。贞观十年（636），改军府为折冲府，盛唐时全国共设657个折冲府。折冲府以折冲都卫和果毅都卫为正副长官，下设团（300人），由校尉统领。团下设旅（100人），旅由旅帅统领。再下设队（50人）、火（10人），分别由队正、火长统领。

宋朝实行募兵制，建立起中国历史上比较规范的职业化军队。其编制是："大凡百人为都，五都为营，伍营为军，十军为厢，或隶殿前，或隶两侍卫。"[1]北宋禁军是最精锐的部队，由三司统帅，其下各级军官有四直都虞侯、指挥使、都知、副都知、都头、副都头、十将、将虞侯等。北宋禁军以外分厢、军、都、指挥四级编制。厢一级的统兵官是厢都指挥使，军一级的统兵官是军都指挥使和都虞侯，每军兵力一般是2500人，但多者可达5000

---

[1] 曹公亮：《武经总要》前集卷一《军制》，电子版《文渊阁四库全书》。

人。军以下的单位是指挥（营），兵力 500 人，统兵官是都指挥使和副指挥使。指挥以下是都，兵力是 100 人，统兵官马军是军使和副军使，步军是都头和副都头，其下还有军头、十将、都虞侯、承局、押官等军职。南宋曾将京城外的军队编为 10 支屯驻大兵，编制和军官的名号与北宋略有不同。

明朝实行世兵时，兵、民分籍，军队都遍入各卫、所。清朝的八旗兵是世兵制，绿营兵由募兵制逐渐转化为世兵制。八旗编制，以 300 丁为一牛录，由牛录额真统领。1 牛录分 4 达旦，每一达旦由一个章京统领。5 牛录为 1 甲喇，由甲喇额真统领。5 甲喇为 1 固山，即 1 旗，由固山额真统领，固山额真又称都统。绿营兵是清朝的各省地方军，由总督、巡抚、提督统帅，其下设镇，由总兵统领。总兵下设标、协、营等单位，由参将、游击、都司、守备等军官统领。

从三代起，中国古代的武装力量主要由车兵组成，辅以步兵。自秦汉时期起，主要由步兵、骑兵和水军组成，车兵退居次要位置并逐步消失。以后历朝历代，这些兵种基本上都存在，只是有的朝代突出某一兵种，如三国时期的吴国，水军比较突出，元朝和清朝骑兵比较突出。总的情况是步兵人数较多，辅以一定数量的骑兵。步兵是武装力量最基本的元素，这与中国古代以农立国的基本国情是相适应的。晚清实行军事变革，建立了新式的陆军和海军。

（二）管理体制

纵观自秦汉以来的中国古代军队，总体上实行的都是共同对皇帝负责的多头、多级、多层次的管理体制。因为皇帝是全国武装部队的最高统帅，所以秦朝的国尉、将军，汉朝的太尉、大司马大将军，魏晋南北朝的兵部尚书、总管、将军，隋唐时期的兵部尚书、十二卫的大将军、战时的行军元帅，宋朝的枢密使、三司长官，元朝的知枢密院事、各军府指挥使，明朝的大都督、五军都督、兵部尚书，清朝的军机大臣、兵部尚书、八旗都统、绿营提督，虽然都是最高的军职或高级军职，但他们仅仅是皇帝的军事顾问或某一方面的军队事务管理者，并不拥有独立管理和调动军队的权力。没有皇帝的命令，他们也无权统帅任何一支部队。这样，在皇帝之下，中国古代封建王朝对于武装部队的管理也就形成了多头、多级、多层次的管理体制。例如，秦朝的中央军分别由郎中令、卫尉、中尉等统帅和管理。西汉初年与秦朝大致相似，只是宫廷卫队和首都的卫戍部队分成南北军。皇帝对于这两支军队的如此组成、职责、部署，宋朝人山斋易氏已经看出其中的良苦用心：

> 汉之兵制，莫详于京师南北两军之屯，虽东西两京沿革不常，然皆居重驭轻，而内外自足以相制，兵制之善者也。盖是时兵农未分，而南北两军实调诸民，犹古者井田之遗意。窃疑南军以卫宫城，而乃调于郡国；北军以护京城，而乃调之于三辅，抑何远近轻重之不伦耶？尝考之司马子长作《三王世家》，载公户满意之言曰："古者天子必内有异姓大夫，所以正骨肉也；外有同姓大夫，所以正异族也。"……郡国去京师为甚远，民情无所适莫，而缓急为可恃，故以之卫宫城，而谓之南军；三辅距京师为甚迩，民情有闾里墓坟族属之爱，而利害必不相弃，故以之卫京城，而谓之北军，其防微杜渐之意深矣。[1]

到汉武帝时期，汉朝又增加直接对皇帝负责的八校尉。他们统帅的部队互不统属，都直接对皇帝负责。东汉的中央军在初期分别由光禄勋、卫尉、执金吾、五校尉等统帅，其他黎阳营、雍营、长安营以及边防、关隘兵和后来设置的八校尉则分别由校尉、都尉之类统帅管理。秦汉时期的地方军分别由郡守、尉和县令长、尉管理。无论中央军还是地方军，在将、校以下都以部、曲、屯、队、什、伍等编制进行多层次管理。遇有作战任务时，皇帝临时下令从中央和地方征调部队组成人数不等的军团，交由某将领统帅，而战争一旦结束，士兵即归还原来单位建制，该将领的管理权亦告结束。唐朝皇帝对军队的控制相当严密而有效，他不仅是名义上的最高统帅，而且在实际上牢牢掌控军队的指挥权。军队的行政管理尽管属于兵部，但征战的指挥权却由皇帝任命的诸王充任。唐朝实行府兵制，在全国设立 657 个军府，每个军府由都督管理。这些军府分属十六卫及东宫六率府。但这些军府分散全国

---

[1] 马端临：《文献通考》卷一百五十《兵考二》，中华书局 2011 年版，第 4503 页。

各道，错综交织，将不能专其兵。十六卫大将军名位虽高，其职责主要是统帅至京番上的宿卫兵。战时征调组合的府兵由皇帝临时任命的元帅指挥。表面上看，府兵似乎是地方军，实际上仍是皇帝直辖的中央军队，而在地方长官、卫府将军的相互制约下，谁都难以利用府兵形成割据势力。在首都，主要宿卫的是南衙十六卫和北衙禁军，后来又有左右羽林军。而他们的宿卫任务相互交叉，兵将互相渗透，互相牵制，共同听命于皇帝。同时，由于唐朝的军府集中于首都周围的关中地区，成内重外轻之势，就使皇帝始终处于左右军事力量的中心位置。明朝在军事上实行卫、所制度，由设置在中央的五军都督府管理训练，但军官的任免升调之权属兵部，军队调动权属皇帝。战时，由皇帝调动各卫、所军队组成出征大军，简派将帅指挥。战争结束，军队各还卫所，将帅各归其位。这样，兵部长官、五军都督、其他将帅与卫所的军官士兵互不统属，又都听命于皇帝，就使军权牢牢掌控于皇帝手中。清朝的主要军事力量是八旗兵和绿营兵。满、蒙、汉八旗驻防首都和全国各战略要地。皇帝不仅是全国军队的最高统帅，而且亲自统帅上三旗（正黄、镶黄、正白），精心组成首都的防卫力量。驻防地方战略要地的八旗兵，既具有威慑地方的功能，又具有监视周围绿营兵的作用，二者互相配合，又总揽于皇帝，使武装力量成为政权的可靠支柱。总之，中国历代军队的管理体制，尽管在形式上不尽相同，但都体现了军权必须绝对集中于皇帝之手的根本理念。

二、军队在政权中的地位、作用与影响

武装力量既是国家政权的支柱，又是国家机器的重要组成部分，它的强大和统一是各封建王朝能够稳定存在的重要因素。由于秦、两汉、唐、元、明、清等朝代都是通过激烈的武装斗争建立的，因而在这些朝代的前期，立有战功的武力功臣在政权中就占有举足轻重的地位。秦始皇所以能够削平六国、完成统一大业，除了政治、经济等方面的原因外，最重要的就是因为秦国有一支人数众多、训练有素、装备精良、所向披靡、无坚不摧的武装力量。刘邦之所以取得进军咸阳的胜利和战胜项羽集团，独占农民战争的

胜利果实，建立西汉政权，除了他有一整套顺应历史潮流的政策外，主要靠的是一支由小变大、由弱变强，由韩信、彭越、英布、曹参、周勃等足智多谋、勇敢善战的将军统帅的大军。当诸吕欲谋作乱，企图危及刘氏天下的时候，周勃专注的是如何取得对南北军的指挥权。而一旦这个目标达到，对诸吕的诛杀就犹如热汤沃雪，轻而易举地取得了胜利。汉武帝"外攘四夷，内兴功作"，搞得"海内虚耗，户口减半"，阶级矛盾十分尖锐，农民起义此起彼伏，而其统治之所以还能较巩固地存在下去，也就是因为他手中还掌握着一支由南北军和八校尉统御的强大的精锐之师。而不可一世的秦皇朝之所以在15年后走向覆灭，最直接的原因是其最精锐的武装力量在巨鹿之战中被项羽彻底消灭。王莽新朝的倒台，最直接的原因是昆阳之战使他的40万主力部队毁于一旦。东汉的江山易主，在很大程度上则是由于握有重兵的地方军阀的崛起。唐太宗李世民之所以能够通过玄武门政变杀掉自己的两个亲兄弟、逼使自己的亲生父亲让出帝位，原因在于他既因长期征战在将帅中树立了崇高威望，又掌控了唐朝最重要的军事力量。赵匡胤能够轻松地通过陈桥驿兵变黄袍加身，兵不血刃就将后周的柴氏皇统变成宋朝的赵氏皇统，也是因为他担任了殿前都点检的要职，掌控了后周的军权。明朝的建立是在激烈的反元武装斗争中实现的，朱元璋手中握有的武装力量不仅远比元朝的武力强大，而且超过所有割据群雄的实力，他正是凭借这支武装力量完成了中国的又一次统一。而明成祖同样是凭借自己手中的强大武装力量，才能够在老爹尸骨未寒之时，从法定继承人、自己的亲侄子朱允炆手上夺取帝位。清朝能够入主中原，将超过百万人的明朝军队和农民起义军一一纳在血泊中，建立统一的皇朝，而后又能维持一个庞大的帝国兴旺发达百年之久，就是因为它有一支久经战阵的八旗劲旅。而所有一个个皇朝的覆灭，或是由于作为支柱的军队腐败而丧失战斗力，或是由于皇帝已经不能掌控这支军队。你看，东汉的最后一个皇帝汉献帝之所以看似心甘情愿地"禅让"帝位给曹丕，是因为军队已经掌握在曹丕手里。东晋、南朝几个朝代的更替，更是因为权臣把控了武装力量。明朝的百万大军抵挡不了区区20万人的八旗兵，是因为这支军队已经腐败，丧失了基本的战力。而晚清的百万八旗和绿营兵在与外国侵略军的对战中之所以屡战屡败，原因是这支当年能征惯战的军队已经彻底腐败。正因为军队是各个皇朝赖以存在的重要支柱，所以历代皇帝都比较重视军队的建设，同时更注意将军队的统帅和支配权牢牢掌握在自己手里。历代皇朝所实行的中央和地方的武装部队共同对皇帝负责、多头、多级、多层次的管理体制，就是行之有效的控制武装力量的好办法。西汉时期，让来自郡县的士兵组成的南军守卫宫城，让来自三辅的士兵组成的北军守卫首都，双方互不统属，都对皇帝负责，显然是为了让其互相制约以达到便于控制的目的。后世王朝都从制度设计上让军队的管理训练、调动、军官的升陟奖惩多头负责、互相制约，共同对皇帝负责，也都是为了保证军权操控于皇帝之手而不能旁落。而军权一旦旁落，立即就会危及皇权的存在。东汉光武帝实行"精兵简政"，保留中央军，裁撤和缩小地方军，在当时自然是对减轻百姓负担和发展生产有利。然而，这一制度一开始就有很大局限。东汉后期，当地方武装力量迅速强大，朝廷又没有制定一套制约措施的时候，它就只能眼睁睁地看着地方势力坐大，而自己的皇朝也消失在军阀混战中。唐朝后期，由于皇帝失去了对地方军队的控制，藩镇割据形成，其灭亡的命运也就不可避免了。

当然，由于军队是高度机动的武装集团，尤其在战时，对前线将领的控制就不能过于死板。宋朝在对辽、金等少数民族的战争中之所以胜少败多，皇帝对军队和将领过于严苛的控制，使之难以应对瞬息万变的战场形势，就是重要原因之一。看来，皇帝既能恰到好处地控制军队而不使军权旁落，又能发挥将军和士兵的积极性取得战争的胜利，是一门高超的领导艺术。能够恰到好处地掌握和运用这门艺术的皇帝，只能是少数具有高超政治智慧和军事才能的英明君主。而在中国古代历史上，能够列入这个行列的也仅有秦始皇、汉高帝、汉武帝、汉光武帝、唐太宗、元世祖、明太祖、努尔哈赤、皇太极、康熙、乾隆而已。

第八章　中国传统政治制度的优长与缺失辨析

一、中国传统政治制度的优长

上面，我们从中国传统政治制度的建立和发展变迁、中央和地方行政体制的结构和运转、司法制度的建立和运转、监察制度的建立运转与变迁、教育与人事制度的建立与变迁、军事制度的建立与变迁等六个方面，论述了中国古代传统政治治理在制度层面的优长和缺失。其中还应该涉及税收和财务管理、外交和少数民族事务管理等问题，限于与其他专题的重复，仅在官制设置问题中稍作提及。在前面的论述中，我们已经粗略论及这些方面的利弊得失，这里再从制度的层面对这些问题做系统的辨析。

中国传统政治制度经历了很长时间的发展。中国有五千年的文明史，早在传说中的五帝时期，中国已经建立中央政府和划为十二州或九州的地方政府，开始实施对国家和社会的初步管理。夏、商、周三代是奴隶社会的王政时期，这时的中央政府是奴隶主贵族专政的王室，地方政府是经过分封的各级诸侯、卿、大夫管理的封国封邑。春秋战国时期，中国在完成奴隶社会向封建社会过渡的同时，各诸侯国也逐渐建立起专制主义中央集权的行政体制。秦朝统一六国后，进而在全国建立起统一的专制主义中央集权的行政体制，这是中国行政体制发展的历史上具有里程碑意义的大事，从此中国传统政治制度基本定型。这个体制自秦朝至明清，两千多年来虽然也有发展变化，但都没有改变专制主义中央集权的基本模式和内涵。

高度专制主义中央集权的行政体制在古代中国历史上至少在以下八个

方面显示了它存在的合理性和显著的优长之处。

第一，高度专制主义中央集权行政体制的产生和长期存在，既是历史发展的产物，又是地主土地私有制和自耕农半自耕农占人口大多数的经济基础和生产方式的要求。秦朝统一后的中国是一个幅员辽阔、人口众多的国家，国内各地区不仅存在地理、气候、物产和风俗民情的巨大差异，更有众多不同民族构成的生产和生活方式的种种不同，只有高度中央集权的行政体制才能够实现对国家和社会的有效管理和有效掌控。

第二，高度中央集权的行政体制，使政令统一，法律统一，各种规章制度统一，经常指导行政运行的以皇帝的名义发布的诏、诰、命、令、敕，能够在很短时间内通过驿站传递到中国的穷乡僻壤，实现上下联动，左右协调，能够发挥较高的行政效率，容易调动举国之力，攻坚克难，既能有效抵御外侮、平定国内反侧，维护国家的统一和稳定；又能集中庞大的人力、物力和财力，办成利在当代、功垂千秋的大事。中国自秦朝以后的历史，国家统一的时间长，分裂的时间短，在很大程度上得益于中央集权具有的强大控制力。修筑举世闻名的长城和运河，得益于举国一致的巨大人力资源和财富支撑。秦朝与后来许多王朝实行的多项政策措施，如统一各种法律规章，统一文字、度量衡、律历等，对于维护国家统一，促进全国各地的经济文化交流，都起了重要作用。

第三，高度中央集权的行政体制，对于维护国家的领土主权安全、统一稳定，对于促进各民族的融合发挥了其他行政体制难以发挥的积极作用。中国的中原王朝从建立那天起，就不时受到周边少数民族的袭扰，后来又遭受日本、沙俄等国的侵略，没有强大的中央集权的行政体制，很难聚集强大的军力抵抗侵略，制止扰乱。特别是，由于中国从来都是一个多民族国家，而正是高度中央集权的行政体制，使这个多民族国家成为民族融合的大熔炉。中央集权体制下民族融合的不断加速，就不仅使汉民族融合了数不清的其他少数民族，而且也使几乎所有现在留存于世的各少数民族，本身也都是多民族的融合体。特别重要的是，中华民族作为一个多民族共同体所产生的日益强固的凝聚力，更是紧紧将各民族永远聚合在一起。

第四，高度中央集权的行政体制，在制度的顶层设计上，体现了比较发达的政治分工与一定程度的制约机制，这既保证了行政的有序运作，又有利于抑制腐败的发生。如中央政府的三公九卿、三省六部、御史台、都察院等机构设置，都有较明确的分工，各机构专司其职；地方各级政府设立与之对口的机构，能够使政令畅通，上下互动，并且实现一定程度的互相制衡。在正常情况下，使国家行政以较高的效率有序运行，维护了社会秩序的和平与稳定。行政、司法、监察等机构也具有一定程度的独立性，它们之间也有一定程度的权力制衡作用，这显然有利于防腐反贪。再如监察制度中，除了中央设立御史台、都察院等最高监察机构外，各级地方政府都设立专门的监察机构和官员专司监察，这些地方监察机构，既接受上级监察机构的垂直领导，又受同级地方政府的领导，此外还有巡视制度、谏官制度、官吏互纠制度、回避制度、法律反贪腐制度、吏民上书制度、对官吏的奖惩制度等与之互相配合，这些制度在正常情况下都对防腐反贪发挥了不同程度的积极作用。

第五，高度中央集权的行政体制，有着比较科学的选官制度和人事任用制度，基本上保证了将社会精英选拔到各级行政岗位上。如秦汉时期实行的征辟、察举制度，隋朝开始一直到明清实行的科举制度，在制度设计上都是着眼于社会精英的选拔。尤其是科举制度，以其严格严密和公平公正享誉中国和世界，在其存在的千年岁月中，选拔了数以10万计的进士和百万左右的举人、贡生，基本上网罗了当时社会上的绝大多数知识精英，主要由他们组成的各级官僚机构，在西方的政治学上称为"文官政府"。这个政府以其众多的成员、严密的组织和较规范化的运作，保证了国家行政、军事、财政、司法和社会生活的正常运行。人事管理方面，对各级官员的选拔、试用、考课、升陟、俸禄、退休等制度的设计也比较严密、全面、系统和适合中国国情。

第六，高度中央集权的行政体制，在政府决策制度方面也有一些优长之处。如其中的信息收集与反馈制度，包括上计制度汇集的资料、各级官吏的奏章疏报、监察系统所获情报、朝廷所遣大臣出巡所获情报，纳谏及广开言路所获信息等，这些信息经过朝廷中央的互证互核，互纠互补，在正常情况下基本上能够得到和确认真实信息，为政府决策提供坚实基础。再如朝议制度，即御前会议、宰辅会议、百官会议、内侍参与决策等，也在一定程度上发挥了集思广益的积极作用，在一些问题的决策上避免了盲目性和随意性。

第七，高度中央集权的行政体制，在军队的掌控、调动、指挥和军官的升陟奖惩上实行皇帝专权和多头、多级管理的体制，既保证了军权的集中统一，又保证了各专门机构的各司其职，还使战时前线将领在皇帝授权前提下能够专断灵活的指挥，从而使军队的效能得以较好的发挥，为战争的胜利创造了条件。

第八，高度中央集权的行政体制，在对周边少数民族治理方面规划了比较适宜的制度和政策，积累了比较丰富的经验。中原王朝治理他们的制度设计和运作以扩大互补交流、限制减弱矛盾斗争为最理想目标。历代中国皇朝对少数民族地区的治理，大都遵循了这样几个原则：一是区别于对内地郡县实行的直接治理，充分照顾到各地地域与民族的不同特点，分别实行不同的治理模式；二是充分照顾少数民族，特别是他们首领的利益，基本不改变原有的治理形式和社会结构；三是设立的治理机构和官员如都护、都尉、典属国、都督、将军、大臣、参赞等，其职能在很大程度上是朝廷中央与各少数民族之间的联络与沟通，起着联络机构和联络人的作用，并不在实际上执行行政职能；四是设置的某些实际上具有行政职能的机构和官员，如唐代设置的都督、刺史之类，往往任命各该少数民族的首领担任；五是在条件成熟的地区，相机设立由朝廷直属的州县，进行直接治理。所有这些治理措施，对于朝廷有效管理边疆少数民族地区，减少阻力，缓和民族矛盾，增进民族团结，促进民族融和，都起了积极作用。其中的经验，包括某些模式，被近代中国的政府继承，同样发挥了积极作用。

正是因为有以上诸多优长，自秦汉以来建立和逐步发展完善的中央集权的行政体制，才较好地保证了一个幅员辽阔、人口众多、民族多元的东方大国的文明在没有中断的情况下的延续和发展，并在长时间内保持了世界史上的领先地位，以其数度辉煌的文化积淀在与其他文明的不断对话中坦然前行。

二、中国传统政治制度的弊端和缺失

不过，中国传统的专制主义中央集权的行政体制的弊端或者说缺失也不容讳言，它表现在诸多方面并且与其优长一样鲜明而突出。

第一，皇帝制度有着十分明显的弊端。如皇位终身，皇统世袭；皇权不可让渡，不可转移。如此家国同构，就使天下臣民没有选择最高统治者的权力，不论皇帝如何昏庸无能、荒唐无耻，你都必须推尊他为"圣上"，不能通过一定的程序撤换罢免他。皇帝永远正确，永远不用为自己的错误承担责任，又如皇权无限，不受监督和制约，必然在一些问题上造成错判和误判，往往带来不可挽回的损失。再如皇帝对臣民有着不受法律制约的生杀予夺的权力，随意草菅人命，就使一些无辜草民和忠贞臣子因他的一念之差死于非命。

第二，尽管中国的历代王朝都制定了各种法律条文，但是，中国传统政治制度下的国家和社会治理，从本质上讲却是人治而非法治。在行政过程中，总是权大于法，权高于法，权力总像冲入旷野的猛虎一样横行无忌。在权力面前，神圣的法律条文总像受气的婢女一样噤若寒蝉。凡是涉及全国的所有重大问题，无论是政治、军事、经济、文化的决策，还是立储立后和内外大臣的任免，最后由皇帝一人说了算。地方事务，最后由各级主官一人说了算。不少决策盲目而随意，既不科学亦不民主，往往出现大的失误而很难及时纠正。

第三，在中国传统政治制度下，庞大的官僚机构运行成本太高，百姓不堪重负。中国自秦以后的封建王朝，几乎都逃不过以下三个规律：一是机构、官员的增长快于人口增长，日益膨胀的官僚机构和官僚队伍势必推高行政运行成本。二是在这种情况下，统治者采取的办法就是不断增加税收，加重百姓的负担。三是贵族官僚享受欲望的增长快于正常收入的增长，解决的办法除加大税收力度外，再就是通过贪腐自法外获取。这就是为什么每到一个皇朝的中后期贪腐之风愈演愈烈的原因。

第四，在中国传统政治制度下，制约机制不完善，行政、司法、监察尽管有一定程度的独立性却不能完全独立，无法实现真正有效的权力制衡，因而不能发挥反腐败的长效作用。皇帝垄断一切，一人掌控行政、司法、监察、军事和财政的所有权力，朝廷中央的行政、司法、监察机构就无法做到真正互相制衡。郡县主官一人掌控各自负责的一级政府的行政、司法、监察权力，地方政府也无法做到行政、司法、监察等机构的权力制衡。如此一来，国家和政府的反腐败的长效机制就建立不起来，反腐败的成效往往建立在皇帝是否英明和官吏自身是否廉洁自律与敢于和善于反腐败。唐太宗、明太祖、魏征、包拯、海瑞等在反腐惩贪方面虽然都取得了令人赞叹的政绩，但人亡政息，在这种机制下，多数皇帝和官吏都无法与腐败绝缘。特别在每个皇朝的后期，当腐败之风浸透从中央到地方各级官府的机体时，个别明君和廉吏也无法改变这种趋势，而只能眼睁睁地看着这个王朝在愈演愈烈的腐败中走向灭亡。

第五，在中国传统政治制度下，官本位严重：官贵民贱、升官发财、官员秩级是一切其他行业的参照系，社会上人们最重视的是一个人的官位而不是他的贡献。官本位成为一种思维定式，其影响是几乎所有知识分子都热衷对官位的追求，这不仅淡漠了知识分子作为社会批判者的独立思考，更淡漠了他们对自然科学的兴趣，这可能是中国古代社会缺乏科学思维和在近代自然科学上落后的原因吧。

第六，在中国传统政治制度下，工商官营，大量工商利润被政府控制收取，用于行政、军事和国君贵族官僚的奢侈生活的开支，既使资本难以实现原始积累，更压制了私营工商业的发展。中国的奴隶社会是"工商食官"，这个传统被秦朝以后的历代皇朝继承下来。汉武帝实行盐铁官营、酒专卖，唐宋以后，专卖行列中又加上茶和糖，明朝以后又加上烟。尽管私营工商业一直存在并且也逐步发展，但它只能作为官营工商业的附庸存在。在城市由国家控制和存在行会制度的情况下，私营工商业很难获得长足发展，这就严重制约了商品经济的发展和资本主义萌芽的成长。在世界历史上，中国是最早出现资本主义萌芽的国度，然而，中国的资本主义萌芽却始终处于萌芽状态而不能健康成长为参天大树，原因就在于中国传统的政治制度以及它赖以存在的经济基础和社会结构严重窒息了商品经济的发展。当西方在十五六世纪经过文艺复兴猛力推进资本主义发展，开始古代社会向现代化转型的时候，中国依然在封建社会夕阳的余晖中悠然蹒跚。这就使中国在明清以后严重落后于西方欧美社会的发展，没有完成社会向现代化的转型，从而造成中国在鸦片战争之后长期处于遭受西方列强侵略奴役的状态，造成中国走向现代化的道路充满艰难和曲折。

第七，在中国传统政治制度下，信息难以保持经常畅通，时常出现肠梗阻。官员看君王眼色行事，报喜不报忧，或隐瞒真相，提供假信息，导致朝廷的不少决策一误再误，终致误国殃民，使许多本来可以避免的灾难一再重现。

中国传统政治制度在制度层面上的优长和缺失，在很大程度上影响了在政治意识方面的构建。制度和意识，长期互动，既矛盾又统一，既互相制约又互相促进，推动着政府对国家和社会的治理。

显然，中国传统政治制度的优长和缺失都是凸显而鲜明的。弘扬其优长，促使其实现现代转化；检视其缺失，清理和规避其消极影响，对于创新我国现代化的政治体制和治理模式都有不可忽视的积极意义。

第九章　大一统与多民族共同体理念

一、人心所向的大一统及其维护祖国统一稳定的作用

（一）三代至唐朝——大一统观念的日趋强固

"大一统"的观念在中国历史上很早就产生了。这种观念，最早萌芽于原始社会向奴隶社会过渡的五帝时期。那时，处于部落联盟盟主地位的五帝就将自己和自己为中心的议事机构看成天下的中心，要求其他氏族部落围绕着自己旋转，只能有一个权力中心。为了取得中心的地位，有时不惜诉诸武力。传说五帝时期黄帝对炎帝的战争，黄帝对蚩尤的战争，尧舜对三苗的战争，从一定意义上说，就是为争夺中心的位置和统一的权力。三代时期，国王成为政权的核心，夏朝不断对不臣的氏族部落用兵，商朝不断对周边各方国的征伐，周朝不断与周边各族群的兵戎相见，在在都是维护和巩固以自己为中心的统一："普天之下，莫非王土；率土之滨，莫非王臣。"① 不过，直至三代时期，中国实际上还是处于松散的方国联盟的阶段，夏商周各朝的国王们，真正能够掌控的也只能是王畿及其周围的一小片地区，因为他们当时还没有真正掌控幅员辽阔土地的物质力量和有效手段。周边各封国和氏族部落，对他们的臣服主要表现在礼仪和象征性的贡纳上。然而，就是在这种情势下，"六合同风，九州共贯"以及"天无二日，土无二王，家无二主，尊无二上"② 的统一集权意识也开始成为中原王

---

① 《诗·小雅·北山》。

② 孙希旦：《礼记集解》卷五十《坊记》，中华书局1989年版，第1283页。

朝国君及其臣民的共识。春秋战国时期五个半世纪的悠长岁月，中国是在
列国纷争的诸侯割据与频繁的战争中度过的。这一时期，一方面是各地的
经济文化联系日益加强，一方面是列国纷争对经济和社会，尤其是对百姓
的生产生活造成巨大的破坏，"析骨而炊，易子而食"的惨象深深震撼着当
时的思想家和所有头脑清醒的人们。孟子最早意识到，所有的战乱都是由
于国家不统一，所以当梁襄王问"天下恶乎定"时，孟子的回答是"定于
一"①。到孟子的时代，众多的政治家和思想家都认定，中国要摆脱战乱和动
荡的困扰，国家必须走向统一。只是对于统一道路的选择各有不同：战国
七雄中那些有为的国君，游走于列国间的那些鼓吹耕战的法家代表人物和
纵横捭阖的纵横家英豪们，都力图通过战争的手段实现国家的统一，以孟
子为代表的儒家则极力倡导以实施"仁义"的政策达到统一。从公元前230
年至公元前221年，秦王嬴政最终以武力扫灭六国，完成了中国历史上第
一次真正的国家统一。秦朝的统一具有深远的历史意义：它一方面极大地
强化了统一的标志，如专制主义中央集权的行政体制、统一律令、统一文
字、统一度量衡、齐同风俗；一方面进一步强固了统一意识，彰显了分裂的
不合法。秦始皇就极力宣扬统一的正义性与合法性："寡人以眇眇之身，兴
兵诛暴乱，赖宗庙之灵，六王咸伏其辜，天下大定。""六合之内，皇帝之
土。西涉流沙，南尽北户。东有东海，北过大夏。人迹所至，无不臣者。功
盖五帝，泽及牛马。莫不受德，各安其宇。"秦始皇在巡视全国各地留下的
刻石文中，几乎都贯穿着强烈的统一意识。你看，秦始皇二十八年的泰山刻
石文：

> 皇帝临位，作制明法，臣下修饬。……治道运行，诸产得宜，皆
> 有法式。大义休明，垂于后世，顺承勿革。皇帝躬圣，既平天下，不
> 懈于治。夙兴夜寐，建设长利，专隆教诲。训经宣达，远近毕理，咸
> 承圣志。……施于后嗣，化及无穷……

---

① 《孟子·梁惠王上》。

琅邪刻石文：

　　皇帝作始，端平法度，万物之纪。以明人事，合同父子。圣智仁义，显白道理。……皇帝之功，勤劳本事。……普天之下，抟心揖志。……日月所照，舟舆所载，皆终其命，莫不得意。应时动事，是维皇帝。匡饬异俗，陵水经地。忧恤黔首，朝夕不懈。除疑定法，咸知所辟。方伯分职，诸治经易。举错必当，莫不如画。皇帝之明，临察四方。尊卑贵贱，不逾次行。奸邪不容，皆务贞良。细大尽力，莫敢怠荒。远迩辟隐，专务肃庄。端直敦忠，事业有常。皇帝之德，存定四极。诛乱除害，兴利致福。节事以时，诸产繁殖。黔首安宁，不用兵革。六亲相保，终无盗贼。驩欣奉教，尽知法式。

之罘刻石文：

　　大圣作治，建定法度，显著纲纪。外教诸侯，光施文惠，明以义理。普施明法，经纬天下，永为仪则。大矣哉！宇县之中，承顺圣意。
　　圣法初兴，清理疆内，外诛暴强。武威旁畅，振动四极，禽灭六王。阐并天下，灾害绝息，永偃戎兵。皇帝明德，经理宇内，视听不怠。作立大义，昭设备器，咸有章旗。职臣遵分，各知所行，事无嫌疑。黔首改化，远迩同度，临古绝尤。常职既定，后嗣循业，长承圣治。

碣石刻石文：

　　遂兴师旅，诛除无道，为逆灭息。武殄暴逆，文复无罪，庶心咸服。惠论功劳，赏及牛马。恩肥土域。皇帝奋威，德并诸侯，初一泰平。堕坏城廓，决通川防，夷去险阻。地势既定，黎庶无繇，天下咸抚。男乐其畴，女修其业，事各有序。惠被诸产，久并来田，莫不安所。

会稽刻石文:

> 皇帝休烈,平一宇内,德惠修长。……秦圣临国,始定刑名,显陈旧章。初平法式,审别职任,以立恒常。六王专倍……遂起祸殃。义威诛之,殄熄暴悖,乱贼灭亡。盛德广米,六合之中,被泽无疆。皇帝并宇,兼听万事,远近毕清。……大治濯俗,天下承风,蒙被修经。皆遵法度,和安敦勉,莫不顺令。黔首休洁,人乐同则,嘉保太平。后敬奉法,常治无极,舆舟不倾。[①]

在这些刻石文中,秦始皇将统一的理念,做了详尽的不厌其烦的宣示,目的就是让天下臣民明白,国家的统一是天经地义,容不得丝毫怀疑和破坏,必须绝对严格地恪守。然而,由于秦朝的统一是经过惨烈的战争实现的,而统一之后,它又将极其残酷的压榨和剥削加在全国人民尤其是原六国的百姓头上,由此引发了东方六国百姓激烈的反抗,形成了陷秦皇朝于灭顶之灾的农民大起义。不可一世、赫赫扬扬的秦皇朝终于二世而亡,使秦始皇一世、二世传之无穷的预期变成了历史的讽刺。在秦末农民战争中脱颖而出的项羽和刘邦,一时也怀疑统一的正当性,先是项羽,接着是刘邦,都在一定程度上恢复了分封制,项羽分封了18个诸侯王,刘邦也分封了7个异性诸侯王和更多的同姓诸侯王。然而,分封诸侯王的恶果很快显现。项羽亡于他分封的汉王刘邦,刘邦的子孙却又受困于他分封的同姓诸侯王。文帝时的贾谊虽然对秦朝的制度和政策失误进行了当时最具理论色彩的深入分析,但却对秦朝高度的专制主义中央集权对维护统一的作用投去赞赏的目光。由于发生了淮南王反叛和吴王因其太子在长安死于非命而藐视皇帝的事件,贾谊已经看出诸侯王日益坐大形成的对汉朝中央和国家统一的威胁。他忧心如焚,大声疾呼未雨绸缪,及早加强汉朝中央的权力和削弱诸侯王的力量,以改变诸侯王尾大不掉的政治格局。他首先指出诸侯王坐大的危机:

---

① 司马迁:《史记》卷六《秦始皇本纪》,中华书局 1959 年版,第 243—262 页。

天下之势，方病大瘇。一胫之大几如要，一指之大几如股。臣闻尾大不掉，末大必折，恶病也。平居不可屈信，一二指搐，身固无聊也。失今弗治，必为锢疾，后虽有扁鹊，弗能为已。悲夫！枝拱苟大，弛必至心，此所以窃为陛下患也。病非徒瘇也，又苦蹠盭。元王之子，帝之从弟也。今之王者，从弟之子也。惠王，亲兄之子也。今之王者，兄子之子也。亲者或无分地以安天下，疏者或专大权以偪天子，臣故曰"非徒病瘇也，又苦蹠盭"也。①

在指出诸侯王占地广阔、实力几侔中央的同时，进而指出他们在官吏设置、宫室建制、礼仪乘舆、衣服号令等诸多方面已经与天子"等齐"，这与主尊臣卑的等级制度是完全背离的。

诸侯王具有如此优势，就很难阻止他们在时机有利时走向反叛之路。为了防患于未然，必须将他们的势力削弱到中央可控的程度，即改变他们"权重"的局面："诸侯势足以专制，力足以行逆，虽令冠处女，勿谓无敢；势不足以专制，力不足以行逆，虽生夏育，有仇雠之怨，犹之无伤也。"② 在分析了高帝刘邦对付诸侯王的策略后，贾谊提出了"众建诸侯而少其力"的方针：

切迹前事，大抵强者先反。……然则天下大计可知已。欲诸王皆忠附，则莫若令如长沙。欲臣子勿菹醢，则莫若令如樊、郦、绛、灌。欲天下之治安，天子之无忧，莫如众建诸侯而少其力。力少则易使以义，国小则无邪心。若与臣下相残，与骨肉相饮茹，天下虽危，无伤也。③

---

①　贾谊：《新书·大都》，董治安主编《两汉全书》第一册，山东大学出版社 2009 年版，第 228—229 页。

②　贾谊：《新书·权重》，董治安主编《两汉全书》第一册，山东大学出版社 2009 年版，第 234 页。

③　贾谊：《新书·藩强》，董治安主编《两汉全书》第一册，山东大学出版社 2009 年版，第 226—227 页。

贾谊认为，只要推行这个方针，将当时的各诸侯国析而解之，就会收到"海内之势，如身之使臂，臂之使指，莫不从制"，"社稷长安，宗庙久尊，传之后世，不知其所穷"① 的效果。贾谊的建议尽管带有一定的理想化的成分，然而基本上切中时弊，切实可行。这个方针，文帝时期虽然没有全面贯彻执行，但在景帝尤其是武帝时期得到较全面的贯彻执行，从而解决了长期困扰汉朝中央的诸侯王问题。贾谊对诸侯王问题的观察，不仅眼光敏锐，具有前瞻性，而且提出了具有可操作性的政策措施，对汉朝政治进程的优化发展作出了不可磨灭的贡献。

然而，贾谊的建议在文帝时却没有得到认真执行。不久发生的吴楚七国之乱给汉景帝的统一皇朝带来意想不到的麻烦，于是就有了汉武帝加强中央集权和巩固统一的一系列措施和他对统一的认知：

> 事天以礼，立身以义，事父以孝，成民以仁。四海之内，莫不为郡县，四夷八蛮，咸来贡职。与天无极，人民蕃息，天禄永得。②

与之相呼应，董仲舒继孟子之后对统一进行了又一次更深入系统的理论论证。到董仲舒进入庙堂的汉武帝时期，西汉王朝已经建立近百年，汉初黄老政治虽然在恢复发展生产方面起了积极作用，但此时其弊端也比较充分地显露出来，这就是诸侯王的坐大和地方豪强势力的膨胀。这种情况已经威胁到天子的独尊和朝廷中央政令的顺利贯彻。而消除这些弊端只有强化皇权，强化中央集权才能解决。为此，董仲舒在"举贤良文学对策"中提出了他那个著名的建议：

> 《春秋》大一统者，天地之常经，古今之通谊也。今师异道，人异论，百家殊方，指意不同，是以上亡以持一统，法制数变，下不知所守。臣愚以为诸不在六艺之科孔子之术者，皆绝其道，勿使并进。邪

---

① 贾谊：《新书·五美》，董治安主编《两汉全书》第一册，山东大学出版社 2009 年版，第 234—235 页。

② 董治安主编：《两汉全书》第四册，山东大学出版社 2009 年版，第 2297 页。

辟之说灭息，然后统纪可一而法度可明，民知所从矣。①

董仲舒这个建议，一是肯定"大一统"，即国家政治和思想的统一，认为这是孔子编订的《春秋》一书所认可和褒扬的，这就为皇帝专制下加强统一和中央集权找到了历史的和理论的根据。二是认为汉初到武帝时期思想学术界继承了战国时代"百家争鸣"传统，各说各话，争论不休，朝廷也犹豫不定，"不知所守"，这显然对政治思想上加强中央集权不利。三是建议"罢黜百家，独尊儒术"，以朝廷的命令确定国家和社会的指导思想，即主流意识形态和核心价值观念，以思想的统一促进政治的统一。对于董仲舒从政治上和思想上加强中央集权的理论，相当多的学者持否定态度，有的甚至认为其消极作用不亚于"焚书坑儒"。其实这种认识大有商榷的余地。处于自然经济条件下的幅员辽阔的中国，没有一个强有力的实行中央集权的中央政府，很难实现对国家和社会的有效管理，更难以举全国之力进行大的公共工程如长城、运河之类的建设和抵抗外敌入侵。所以，董仲舒加强中央集权的思想主导面是积极的。他的这一思想被汉武帝以后中国历代王朝的统治者所接受，而统一的中国，中央集权的中国所以历经两千多年的创造经济文化数度辉煌的悠长岁月，与他的思想影响是分不开的。"罢黜百家，独尊儒术"的思想文化政策似乎也不能一概否定。任何一个国家都有自己认同和弘扬的主流意识形态和核心价值观念，非如此不能凝聚全民共识、统一全国思想；非如此不能维持正常的社会秩序，保障国家和社会的有序运行。

此后，经过董仲舒论证的大一统观念更加深入人心，成为中国人普遍认可的政治理念。如班彪，生当两汉之际的乱世。他不仅有当时第一流的学问，而且具有第一流的政治眼光。当更始政权败亡、三辅大乱之时，他悄悄离开故乡，投奔陇西割据者隗嚣，静观时变。隗嚣认为王莽灭亡后的中国政治形势颇似战国纷争之局，自己执意做一个割据一方的霸主专威作福。班彪已看出汉室复兴的统一趋势，力劝他不要作七雄并立的迷梦。他精辟地分析说：

---

① 班固：《汉书》卷五十六《董仲舒传》，中华书局 1962 年版，第 2523 页。

汉承秦制，改立郡县，主有专已之威，臣无百年之柄。至于成帝，假借外家，哀、平短祚，国嗣三绝。故王氏擅朝，因窃位号。危自上起，伤不及下，是以即真之后，天下莫不引领而叹。十余年间，中外骚扰，远近俱发，假号云合，咸称刘氏，不谋同辞。方今雄杰带州域者，皆无七国世业之资，而百姓讴吟，思仰汉德，已可知矣。①

后来，班彪看到隗嚣不可理喻，即毅然离去，转赴河西依靠割据者窦融，并规劝他归附了刘秀。窦融作为刘秀的盟友，据守河西，有力地牵制了隗嚣和割据蜀地的公孙述，为刘秀的统一事业立下不世之功，这其中有着班彪的重要贡献。显然，班彪是服膺统一论的思想家，他高瞻远瞩地预言了刘秀的又一次统一。果然，刘秀又一次统一中国后，实行了一系列加强中央集权和维护国家统一的措施，继西汉之后创造了又一个比较清明和繁荣的时代。东汉后期，朝廷被中央专权的宦官外戚和地方割据的军阀折腾得奄奄一息。这时，一个治《公羊春秋》的思想家何休，写出《公羊春秋解诂》一书，上承董仲舒，从"天人合一"的哲学的高度，论证了"大一统"的神圣性与合理性。他同时继承孟子的"仁义"和荀子的礼乐思想，并将其政治意义与"大一统"紧密结合。他要求树立君王本位的原则，做到"一法统，尊天子"，"重本尊统"，维护以天子为中心的专制主义中央集权的绝对权威。为了做到这一点，天子必须加强自我修养，在天下臣民中树立起威严而又慈善的良好形象，时时想到上天的监视警戒作用，不要为所欲为，更不要胡作非为。身正的天子是无言的榜样，同时也是震慑权臣的无形的力量。他要求毫不妥协地反对和制止贵戚专政和大臣擅权，实际上是对东汉后期外戚专权自恣、州牧郡守分裂割据的影射抨击。这突出反映了今文经学家，尤其是公羊学家对现实的热切关照。不过，何休的"大一统"理论也有明显的局限，即将君权绝对化，失去了孟子思想中"民贵君轻"以及君臣对等的带有民主性精华的理念。

在三国两晋南北朝分裂割据的三个半世纪中，南北各朝代的统治者一

---

① 范晔：《后汉书》卷四十上《班彪列传》，中华书局 1965 年版，第 1323 页。

天也没忘记统一全国的念想。曹操"挟天子以令诸侯",一生致力于剿灭东吴和蜀汉政权,以恢复在他掌控下的全国统一。诸葛亮作为三国中实力最弱的蜀汉政权的丞相,念兹在兹地是等待时机恢复汉皇朝名义上的统一。你看他的"隆中对"所描绘的有点浪漫气息的未来展望:

> 自董卓已来,豪杰并起,跨州连郡者不可胜数。曹操比于袁绍,则名微而众寡,然操遂能克绍,以弱为强者,非惟天时,抑亦人谋也。今操已拥百万之众,挟天子而令诸侯,此诚不可与争锋。孙权据有江东,已历三世,国险而民附,贤能为之用,此可以为援而不可图也。荆州北据汉、沔,利尽南海,东连吴会,西通巴、蜀,此用武之国,而其主不能守,此殆天下所有资将军,将军岂有意乎?益州险塞,沃野千里,天府之土,高祖因之以成帝业。刘璋闇弱,张鲁在北,民殷国富而不知存恤,智能之士思得明君。将军既帝室之胄,信义著于四海,总揽英雄,思贤如渴,若跨有荆、益,保其岩阻,西和诸戎,南抚夷越,外结好孙权,内修政理;天下有变,则命一上将将荆州之军以向宛、洛,将军身率益州之众出于秦川,百姓孰敢不箪食壶浆以迎将军者乎?诚如是,则霸业可成,汉室可兴矣。①

虽然诸葛亮以蜀汉统一中国的期望最后成了一枕黄粱,但他对统一的热望却传达了中国政治家共同的心声。当时最有实力统一中国的是曹魏,因为它占据了中国黄河流域最广阔最富庶的土地,掌控最众多的人力物力资源。所以曹植在给皇帝哥哥曹丕的上书中念念不忘剿灭蜀、吴,混一区夏:

> 方今天下一统,九州晏如,而顾西有违命之蜀,东有不臣之吴,使边境未得脱甲,谋士未得高枕者,诚欲混同宇内以致太和也。……今臣居外,非不厚也,而寝不安席,食不遑味者,伏以二方未克为念。②

---

① 陈寿:《三国志》卷三十五《蜀书·诸葛亮传》,中华书局1959年版,第912—913页。
② 陈寿:《三国志》卷十九《魏书·陈思王传》,中华书局1959年版,第566页。

南北朝时期的中国，处于最严重的分裂时代，当时的君主们，无论是南朝的汉人皇帝，还是北朝的少数民族君王，都认为这种分裂不是中国社会的常态，无不梦寐以求中国的统一。如氐人苻坚建立的前秦政权，一时几乎统一了整个北中国。苻坚深具统一中国的大志，处处以中国的正统自居，大力弘扬中国的传统文化。请看下面的一段君臣对话：

> 坚亲临太学，考学生经义优劣，品而第之。问难五经，博士多不能对。坚谓博士王寔曰："朕一日三临太学，黜陟幽明，躬亲奖励，枉敢倦违，庶几周孔微言不由朕而坠，汉之二武其可追乎！"寔对曰："自刘石扰覆华畿，二都鞠为茂草，儒生罕有或存，坟籍灭而莫纪，经沦学废，奄若秦皇。陛下神武拨乱，道隆虞夏，开庠序之美，弘儒教之风，化盛隆周，垂馨千祀，汉之二武焉足论哉！"①

这些话不是如同出自汉人皇帝之口吗！再有一个撤去珠簾的故事，亦可看出其励精图治、统一中国的志向：

> 坚自平诸国之后，国内殷实，遂示人以侈，悬珠簾于正殿，以朝群臣，宫宇车乘，器物服御，悉以珠玑、琅玕、奇宝、珍怪饰之。尚书郎裴元略谏曰："臣闻尧舜茅茨，周卑宫室，故致和平，庆隆八百。始皇穷极奢丽，嗣不及孙。愿陛下则采椽之不琢，鄙琼室而不居，敷纯风于天下，流休范于无穷，贱金玉，珍谷帛，勤恤人隐，劝课农桑，损无用之器，弃难得之货，敦至道以厉薄俗，修文德以怀远人。然后一轨九州，同风天下，刑措既登，告成东岳，踪轩皇以齐美，晒二汉之徒封，臣之愿也。"坚大悦……②

显然，这里苻坚和臣子在"一轨九州，同风天下"的大目标下取得了共识。

---

① 房玄龄等：《晋书》卷一百十三《苻坚载记》，中华书局1995年版，第2888页。
② 房玄龄等：《晋书》卷一百十三《苻坚载记》，中华书局1995年版，第2904页。

不久，苻坚在北中国的统治基本趋于稳定，他的目光于是投射到长江以南的肥田沃野，明确提出统一南朝的预想让群臣讨论：

> 坚引群臣会议，曰："吾统承大业垂二十载，艾夷逋秽，四方略定，惟东南一隅未宾王化。吾每思天下不一，未尝不临食辍饣甫，今欲起天下兵以讨之。……"

当有臣子提出不同意见，认为前秦已经地广人众，要求以文德统一而不要诉诸武力时，苻坚坚持武力统一，他的理由是：

> 非为地不广、人不足也，但思混一六合，以济苍生。天生蒸庶，树之君者，所以除烦去乱，安得惮劳！朕既大运所钟，将简天心以行天罚。关辛有熊泉之役，唐尧有丹水之师，此皆著之前典，昭之后王。……且朕此行也，以义举耳，使流度衣冠之胄，还其墟坟，复其桑梓，止为济难铨才，不欲穷兵极武。①

你看他将统一南方说得多么正义凛然！最后他一锤定音，坚持以武力统一中国：

> 坚南游灞上，从容谓群臣曰："轩辕，大圣也，其仁若天，其智若神，犹随不顺者从而征之，居无常所，以兵为卫，故能日月所照，风雨所至，莫不率从。今天下垂平，惟东南未殄。朕忝荷大业，巨责攸归，岂敢优游卒岁，不建大同之业！每思桓温之寇也，江东不可不灭。今有劲卒百万，文武如林，鼓行而摧遗晋，若商风之陨秋荨。朝廷内外，皆言不可吾实未解所由。晋武若信朝士之言而不征吴者，天下何由一轨！吾计决矣，不复与诸卿议也。"②

---

① 房玄龄等：《晋书》卷一百十三《苻坚载记》，中华书局 1995 年版，第 2911—2914 页。
② 房玄龄等：《晋书》卷一百十三《苻坚载记》，中华书局 1995 年版，第 2915 页。

虽然由于苻坚没有看到自己政权所存在的致命弱点，而贸然发动了对东晋的统一战争而导致淝水之战的失利，他的前秦政权也因而分崩离析，但是，他统一的雄心却反映了当时几乎所有称帝称王的雄杰之士的愿望。不管他们出身何一族群，每人都以中国的主人自居，都梦寐以求做中华统一大业的再造者。后来隋文帝统一中国，实现了几个世纪以来人们的梦想，所以他在临终的遗诏中还不忘将其列为自己第一位的历史功绩：

> 自昔晋室播迁，天下丧乱，四海不一，以至周、齐，战争相寻，年将三百。故割疆土者非一所，称帝王者非一人，书轨不同，生人涂炭。上天降灵鉴，爰命于朕，用登大位，岂关人力！故得拨乱反正，偃武修文，天下大同，声教远被，此又是天意欲宁区夏。①

隋文帝那个不争气毁掉祖宗基业的儿子炀帝，在征伐高丽的诏书中，也不忘将隋朝的统一大吹一番：

> 粤我有隋，诞膺灵命，兼三才而建极，一六合而为家。提封所渐，细柳、盘桃之外，声教爰暨，紫舌、黄枝之域。远至迩安，罔不和会，功成治定，于是乎在。②

唐朝的开国气象阔大而雄伟，其统一的疆域空前辽阔壮美。然而，却在中期以后倍受藩镇割据之苦，所以唐朝思想锐敏精进的政治家和思想家无不思谋削弱藩镇再造统一之局。韩愈协助宰相裴度，谋划武力削平割据的淮西三州，继而又讨平淄青十二州，使唐朝取得了"元和中兴"的短暂统一。与韩愈齐名的柳宗元则一面积极投入"二王八司马"的革新运动，一面写出《封建论》，论证郡县制代替分封制是历史必然之势，有利于国家统一。

---

① 魏征等：《隋书》卷二《高祖纪》下，中华书局1995年版，第52页。
② 魏征等：《隋书》卷四《炀帝纪》下，中华书局1995年版，第79页。

（二）北宋至明清——大一统观念进一步增强

北宋结束了五代十国的混乱之局，实现了中国的短暂统一，之后又受困于契丹、女真、党项的边患。南宋偏安于江南，君臣更是日思统一的谋划。岳飞在激烈的抗金斗争中写出了气壮山河的《满江红》，抒发了"待从头收拾旧山河，朝天阙"的统一壮志。陆游的《示儿诗》"死去元知万事空，但悲不见九州同。王师北定中原日，家祭毋忘告乃翁"，则展示了一个伟大诗人临终时节对于国家统一的渴望。南宋的思想家胡安国撰《春秋传》，特别突出《春秋》"尊王攘夷"的大义，将集权与统一的理念作了明确的宣示，而朱熹在《资治通鉴纲目》一书中，通过对"辨正闰""明顺逆""严篡弑之诛"等所谓"春秋大义"的阐发，将统一的诉求发挥得淋漓尽致。

元朝创造了中国历史上的疆域之最，中统元年（1260）元世祖胡必烈在即位诏书中就表达了对这种统一之局的自豪和急迫之感：

> 朕惟祖宗肇造区宇，奄有四方……肆予冲人，渡江之后，盖将深入焉。乃闻国中重以签军之扰，黎民惊骇，若不能一朝居者。予为此惧，驲骑驰归。目前之急虽纾，境外之兵未及戢。乃会群议，以集良规，不意宗盟，辄先推戴。左右万里，名王巨臣，不召而来者有之，不谋而同者皆是。咸谓国家之大统不可久旷，神人之重寄不可暂虚。求之今日，太祖嫡孙之中，先皇母弟之列，以贤以长，止予一人。虽在征伐之间，每存仁爱之念，博施济众，实可为天下主。天道助顺，人谟与能。祖训传国大典，于是乎在，孰敢不从。朕峻辞固让，至于再三，祈恳益坚，誓以死请。于是俯徇舆情，勉登大宝。①

中统八年（1267）十一月，胡必烈在确定国号为"大元"的诏书中，对自己一朝的宏伟辽阔的统一之局更是念兹在兹，意气昂然：

> 我太祖神武皇帝，握乾符而起朔土，以神武而膺帝国，四震天声，

---

① 宋濂等：《元史》卷四《本纪四·世祖一》，中华书局 1995 年版，第 64 页。

大恢土宇，舆图之广，历古所无。顷者，耆宿诣庭，奏章申请，谓既
成于大业，宜早定于鸿名。在古制以当然，于朕心乎何有。可建国号
曰大元，盖取《易经》"乾元"之义。兹大冶流形与庶品，孰名资始之
功；一人底宁于万邦，尤切体仁之要。事从因革，道协天人。於戏！称
义而名，固匪为之溢美；孚休惟永，尚不负于投艰。嘉与敷天，共隆
大号。①

明清两代从皇帝到政治家和思想家，也都特别看重国家的统一，总是
对统一国家的帝王送上崇高的赞美词。如对明太祖朱元璋，就赞颂他"天授
智勇，统一方夏，纬武经文，为汉、唐、宋诸君所未及"②。而在对明成祖的
评价中，也突出了他的肃清漠北蒙古威胁，"威德遐被，四方宾服"的大一
统功绩：

文皇帝少长习兵，据幽燕形胜之地，乘建文孱弱，长驱内向，奄
有四海。即位之后，躬行节俭，水旱朝告夕振，无有壅蔽。知人善任，
表里洞达。雄武之略，同符高祖。六师屡出，漠北尘清。至其季年，
威德遐被，四方宾服，受朝命而入贡者殆三十国。幅陨之广，远迈汉、
唐。成功骏烈，卓乎盛矣。③

清朝以满族入主中原，成为全中国的统治者，面对中国传统意识中的
"大一统"以及与之相联系的"华夷之辨"，满族君王必须对此有一个圆满的
说法，以证明自己统治的合乎正统。雍正时期发生了著名的"吕留良案"，
雍正皇帝借机撰写了《大义觉迷录》，以阐发自己的大一统观念。他以《尚
书·蔡仲之命》的"皇天无亲，唯德是辅"为据，认为自己正是因为有德而
统一华夏为皇帝，不仅合法而且符合正义。而历史上的华夷之辨不过是地域
的不同，"本朝之为满洲，犹中国之有籍贯"，根本就不是民族区分。他进一

---

① 宋濂等：《元史》卷七《本纪七·世祖四》，中华书局 1995 年版，第 138—139 页。
② 张廷玉等：《明史》卷三《太祖本纪三》，中华书局 1995 年版，第 55 页。
③ 张廷玉等：《明史》卷七《成祖本纪三》，中华书局 1995 年版，第 105 页。

步阐述说：

> 我朝肇基东海之滨，统一诸国，君临天下。所承之统，尧舜以来
> 中外一家之统也；所用之人，大小文武，中外一家之人也；所行之政，
> 礼乐征伐，中外一家之政也。内而直隶各省之民，外而蒙古极边诸部
> 落，以及海澨山陬，梯航纳贡；异域遐方，莫不尊亲奉以为主。……孟
> 子曰："舜，东夷之人也；文王，西夷之人也。"舜，古之圣帝，而孟子
> 以为夷；文王，周室受命之祖，孟子为周之臣子，亦以文王为夷，然则
> "夷"之字样，不过方域之名，自古圣贤不以为讳也……夫满汉名色，
> 犹直省之各有籍贯，本非中外之别也。①

雍正的说辞尽管是混淆地域和民族差别的歪理，但以皇帝至尊之位发
布，其权威却是不容置疑的。不过，对于头脑中深受传统夷夏之辨影响的中
国汉族知识分子，对之仍是讳莫如深，他们唯恐触犯清朝当权者的忌讳，于
是在出版的书籍中，自作聪明地将夷狄改为同音字，或以另外的字代替，或
干脆空着。不料这更触犯了他们的禁忌，遭到雍正皇帝的痛斥。在雍正十一
年（1733）四月二十八日的上谕中，这位皇帝再一次将自己的观点作义正词
严的宣示：

> 朕览本朝人刊写书籍，凡遇胡虏夷狄等字，每作空白，或改易形
> 声，如以夷为彝，以虏为卤等字样，阅之殊不可解。揣其意，盖妄为
> 本朝之忌讳，曰避之以明其敬慎。不知此固背理犯义而不敬之甚者也！
> 夫中外地所画之境也，上下天所定之分也，我朝肇基东海之滨，统一
> 中国，君临天下，所承之统，尧舜以来中外一家之统也；所用之人，大
> 小文武中外一家之人也；所行之政，礼乐征伐，中外一家之政也。内而
> 直隶各省之臣民，外而蒙古极边诸部落，以及海澨山陬梯航纳贡之伦，
> 莫不尊亲，奉以为主，乃复追溯开创帝业之地，目为外夷，以为宜讳

---

① 《世宗宪皇帝上谕内阁》卷一三〇，电子版《文渊阁四库全书》。

于文字之间，是徒辨地境之中外而竟忘天分之上下，不且悖谬已极哉！孟子曰："舜，东夷之人也；文王，西夷之人也。"舜，古之圣帝，而孟子以为夷；文王，周室受命之祖，孟子为周之臣子，亦以文王为夷，然则"夷"之字样，不过方域之名，自古圣贤不以为讳也……夫满汉名色，犹直省之各有籍贯，本非中外之别也。①

雍正理直气壮地宣示他们满族统一天下继承的是中国久已存在的尧舜正统，而满汉分野不过是地域之别。不管雍正的中国说法在学术上是否站得住脚，他展示的统一愿望是真诚的。应该说，清朝作为少数民族对中国的统一，对中国统一观念的巩固和深入人心起了重要的积极作用。

（三）大一统的家国情怀

为什么历代帝王和政治家、思想家都一致赞誉统一呢？为什么形成了人同此心、心同此理的共识呢？其中的原因甚为明显。第一，因为中国自三代以来就形成了中国是一个统一国家的传统观念，"天无二日，民无二王"。春秋战国时期五个半世纪的诸侯国分裂争战，给国家社会特别是百姓造成的灾难使当时的政治家和思想家得出"定于一"的结论。秦朝实现中国历史上第一次真正的大统一之后，进一步强化了这种统一的观念。所以司马迁在写《五帝本纪》时，不顾传说资料中的许多互相抵牾之处，硬是将五帝时代编排成血脉紧密相接的世系，开启了统一国家历史的宏大叙事。秦汉以后，所有政治家和思想家以及天下臣民，都认定中国社会统一是常态，分裂是非常态，人人期盼统一的前景。第二，只有国家统一，才能积聚巨大的人力、物力、财力，抵御外侮，从事长城运河之类关系国家安全和经济长远发展的工程建设，造福国家和百姓的未来。第三，中国历史发展的经验和教训在在表明，只有国家统一才能实现社会稳定，只有社会稳定才能促进生产的发展和经济文化的繁荣。两汉、盛唐、明清时代中国的几度繁荣发展，都是因为国家有一个较长期的统一之局。第四，国家统一和社会稳定，二者互相促进，

---

① 《世宗宪皇帝上谕内阁》卷一三〇，电子版《文渊阁四库全书》。

互为因果。国家统一是社会稳定的基本条件和前提，社会稳定又是国家保持长久统一的基础。二者良性互动，就能够维护百姓安定的生产和生活，保证社会财富的不断增值，人口的稳定增加，促进百姓的福祉不断增进。第五，国家统一是增进民族融合的重要条件和基本保障。因为只有国家统一，才能使各民族之间实现和平并建立互相信任的关系，进行正常的经济文化交流，互通有无，互相学习，实现优势互补，促进各民族对于共同祖国的认同感，增强民族凝聚力。显然，自从孟子首次推出国家统一的观念之后，中国的统一就成为最重要的民族大义而被后世不断丰富、发展和强化。这其中所蕴含的深厚的爱国主义情怀，成为众多志士仁人前赴后继为祖国的统一、独立和富强而不惜流血牺牲、不懈奋斗的原动力，也是中国五千年文明史统一多于分裂、民族英雄得到全社会尊崇的思想理论基础。

二、多民族共同体理念的形成和强化

（一）多民族共同体意识的曲折发展

中国古代社会从步入文明始就是多民族的国家，因而，一方面大一统的理念，多民族大家庭的理念，很早就萌生了；另一方面，夷夏之分的观念也几乎同时产生并且很强固地存在。这一相互对立矛盾的观念一直伴随着中国文明史的步伐，直到多民族大家庭的理念成为全民的共识。记载夷狄两字最多的古代文献是《春秋左氏传》，达 567 处。曾经亲手整理过《春秋》经的孔子显然也受其深深的影响，因而说出"夷狄之有君，不如诸夏之亡也"[1] 的被后世不断引用的话。不过，孔子也讲过"四海之内，皆兄弟也"[2] 的话，展示出他对民族大家庭的另一种理解。在后来的历史上，对国内民族问题观点的表述，大体出现这样一种规律：每当国内民族关系紧张的时候，强调夷夏之辨的观念就比较强烈；反之，在民族关系比较缓和，特别是由少数民族建立统一王朝的时候，强调统一民族大家庭的观念就会成为舆论主

---

① 《论语·八佾》。

② 《论语·颜渊》。

轴。秦朝时期，强调夷夏之防，于是有蒙恬的北伐匈奴和万里长城的修筑。汉武帝时期，改变"和亲"政策，夷夏之防的舆论再次高涨。司马相如就是在这种情况下阐发他的夷狄观的：

> 盖闻天子之于夷狄也，其义羁縻勿绝而已。……而夷狄殊俗之国，辽绝异党之地，舟舆不通，人迹罕至，政教未加，流风犹微。内之则犯义侵礼于边境，外之则邪行横作，放弑其上。君臣易位，尊卑失序，父兄不辜，幼孤文奴，系累号泣，内向而怨。①

汉宣帝时期，汉匈关系已经渐趋缓和，匈奴单于主动要求称臣内附。宣帝要求臣下议决对单于的礼仪：

> 咸曰："圣王之制，施德行礼，先京师而后诸夏，先诸夏而后夷狄，《诗》云'率礼不越，遂视既发。相土烈烈，海外有截。'陛下圣德，充塞天地，光被四表。匈奴单于乡风慕义，举国同心，奉珍朝贺，自古未之有也。单于非正朔所加，王者所客也，礼仪宜如诸侯王，称臣昧死再拜，位次诸侯王下。"诏曰："盖闻五帝三王，礼所不施，不及以政。今匈奴单于称北藩臣，朝正月，朕之不逮，德不能弘覆，其以客礼待之，位在诸侯王上。"②

宣帝的诏书，反映了他作为中央王国统治者的恢宏气度，其中多少蕴含着天下一家的思想。而正是这种思想和政策，导致了汉匈关系的缓和，为之后元帝时恢复"和亲"政策创造了条件。汉元帝即位不久，匈奴单于即提出恢复"和亲"的要求。在未获答复的当口，单于突然去世。这时有些臣子就提出趁此时机讨伐匈奴的建议，唯有萧望之力排众议，认为汉朝不仅不应发兵讨伐，还应该遣使吊唁，借以增进感情，进一步密切双方的关系：

---

① 司马迁：《史记》卷一百一十七《司马相如列传》，中华书局1959年版，第3049—3051页。
② 班固：《汉书》卷八《宣帝纪》，中华书局1962年版，第270页。

　　望之对曰："……前单于慕化乡善称弟，遣使请求和亲，海内欣然，夷狄莫不闻，未终奉约，不幸为贼臣所杀。今而伐之，是乘乱而幸灾也。彼必奔走远遁，不以义动兵，恐劳而无功。宜遣使者吊问，辅其微弱，救其灾患，四夷闻之，咸贵中国之仁义。如遂蒙恩得复其位，必称臣服从，此德之盛也。"上从其议。后竟遣兵护辅呼韩邪单于定其国。①

元帝不仅采取了萧望之的正确建议，而且进而恢复和亲，将王昭君以汉朝公主的身份嫁于呼韩邪单于，创造了汉匈关系友好交流的佳话。与此同时，汉朝与西域和西南夷、南越等少数民族都建立了和睦相亲的关系，使民族大家庭的观念在中国历史上第一次得到较好的落实。而此时的匈奴人也自认是中国圣帝名王的后裔，"匈奴，其先夏后氏之苗裔"②，从而在血缘关系上拉近与汉民族的距离。

　　魏晋南北朝是中国历史上民族关系最复杂的时期之一。晋室南渡以后，南北对峙不仅是两个政权的拮抗而且更具有民族斗争的意义。在这种形势下，一方面是传统的夷夏之防在一批汉族政治家和思想家中高扬，其典型代表是江统和他的《徙戎论》，他从"非我族类，其心必异"的夷夏对立论出发，对西晋时期越来越多的少数民族内迁表述极大忧虑，认为那是未来中国的乱源，预防之策就是要求晋朝政府将内迁的少数民族迁回边陲地区以避祸：

　　　夫为邦者，患不在贫而在不均，忧不在寡而在不安。以四海之广，士庶之富，岂须夷虏在内，然后取足哉！此等皆可申谕发遣，还其本域，慰彼羁旅怀土之思，释我华夏纤介之忧。惠此中国，以绥四方，德施永世，于计为良。③

另一方面，则是不少少数民族政治家和君王鼓吹中国是一个多民族大家庭的

① 班固：《汉书》卷七十八《萧望之传》，中华书局1962年版，第3279—3280页。
② 司马迁：《史记》卷一百十《匈奴列传》，中华书局1959年版，第2879页。
③ 房玄龄等：《晋书》卷五十六《江统传》，中华书局1995年版，第1534页。

观念。如匈奴人刘元海，其实是地道的匈奴人，为了拉近与汉人的关系，就自称是刘邦的后代，其与汉的真实联系也就是"和亲"所形成的一丝血缘："初，汉高祖以宗女为公主，以妻冒顿，约为兄弟，故其子孙遂冒姓刘氏。"而这个刘元海究竟是不是冒顿与汉女生的儿子的后代也是无法证实的。但当他手下的谋士们劝他独立建国立号时，他就理直气壮地决定建立以"汉"为国号的政权，并明确表示他继承的是三国蜀汉政权的皇统：

> 当为崇冈峻阜，何能为培塿乎！夫帝王岂有常哉，大禹出于西戎，文王生于东夷，顾为德所授耳。今见众十余万，皆一当晋十，鼓行而摧乱晋，犹拉枯耳。上可成汉高之业，下不失为魏氏。……汉有天下世长，恩德结于人心，是昭烈崎岖于一州之地，而能抗衡于天下。吾又汉氏之甥，约为兄弟兄，亡弟绍，不亦可乎？且可称汉，追尊后主，以怀人望。①

这个十六国之一的汉国，虽然自知是匈奴人建立的政权，但它既自愿绍蜀汉之后，说明匈奴人自认可以做中国的皇帝，在这个民族大家庭里，人人都有权力争夺最高统治权。这一时期，建立后赵的石勒是一个羯人，他却自比汉光武帝刘秀，也认定自己有权参与中国统治权的争夺：

> 勒因饷高句丽、宇文屋孤使，酒酣，谓徐光曰："朕方自古开基何等主也？"对曰："陛下神武筹略迈于高皇，雄艺卓荦超绝魏祖，自三王已来无可比也，其轩辕之亚乎！"勒笑曰："人岂不自知，卿言亦以太过。朕若逢高皇，当北面而事之，与韩彭兢鞭而争先耳，脱遇光武，当并驱于中原，未知鹿死谁手。大丈夫行事当磊磊落落，如日月皎然，终不能如曹孟德、司马仲达父子，欺他孤儿寡妇，狐媚以取天下也。朕当在二刘之间耳，轩辕岂所拟乎！"②

---

① 房玄龄等：《晋书》卷一百一《刘元海载记》，中华书局 1995 年版，第 2649 页。
② 房玄龄等：《晋书》卷一百五《石勒载记下》，中华书局 1995 年版，第 2749 页。

显然，在他看来，他与汉民族根本就不存在民族的畛域。建立前秦的氐人符坚不仅本人基本汉化，具有相当的儒学修养，而且特别热衷于推行儒学教育，目的显然是拉近与汉族的距离，增加前秦政权作为中国正统政权的合法性：

> 坚亲临太学，考学生经义优劣，品而第之。问难五经，博士多不能对。坚谓博士王寔曰："朕一月三临太学，黜陟幽明，躬亲奖励，罔敢倦违，庶几周孔微言不由朕而坠，汉之二武其可追乎？"寔对曰："自刘石扰覆华夏，二都鞠为茂草，儒生罕有或存，坟籍灭而莫纪，经沦学废，奄若秦皇。陛下神武拨乱，道隆虞夏，开庠序之美，弘儒教之风，化盛隆周，垂馨千祀，汉之二武焉足论哉！"①

王寔的马屁尽管拍得有点过头，但他们君臣急于比肩汉族君主以消弭民族畛域的心情则暴露无遗。非唯如此，符坚和他的臣子，还不失时宜地将他们的目标定在统一中国的最终方向上，这一方面在前面的论述中已经涉及。

唐朝继两汉之后实现了中国又一次空前的大统一，因为疆域辽阔，周边接触的少数民族众多，如何认识和处理与周边各民族的关系自然成为朝廷决策的重要内容之一。一方面，"唐室大有胡气"，李世民父子都有浓厚的胡人血统，与少数民族有着割不断的亲缘；一方面唐朝的宏伟气魄和宽容的民族政策使唐太宗在少数民族那里获得"天可汗"的尊号，使中国作为多民族大家庭的理念更加深入人心。所以唐高祖早在武德二年（619）二月发布的《抚镇夷狄诏书》中就大唱民族和睦的调子，发出宽容对待周边少数民族的信号：

> 画野分疆，山川限其内外；遐荒绝域，刑政殊于函夏。是以昔王御世，怀柔远人，义在羁縻，无取臣属。渠搜即叙，表夏后之成功，越裳重译，羡周邦之长等。有隋季世，陆续耀兵，万乘疲于河源，三年

---

① 房玄龄等：《晋书》卷一百十三《苻坚载记上》，中华书局1995年版，第2888页。

伐于辽外，构怨连祸，力屈赀殚。朕祗膺宝图，镇抚四极，悦近来远，追革前弊。要方蕃服宜与和亲。其吐蕃浑已修职贡，高句丽送远诚欵，契丹靺鞨咸求内附，因而镇抚，允合机宜，分命行人就申好睦，静乱息民，于是乎在布告天下，明知朕意。①

唐太宗时期，通过对吐厥等构成边患的少数民族用兵，唐朝已经树立了在周边少数民族中绝对权威的地位，褚遂良于是提出缓和与他们的关系，减少国家因用兵而增加的财政负担和百姓的赋役负担。尽管他的建议不乏根深蒂固的夷夏之防的偏见，但息事安边、胡汉和睦相处的观念还是值得肯定：

遂良上疏曰："臣闻古者哲后，必先事华夏而后夷狄，务广德化，不事退荒。是以周宣薄伐至境而止，始皇远塞，中国分离。汉武负文景之聚财，斲士马之余力，始通西域。初置校尉，军旅连出，将三十年，复得天马于宛城，采蒲萄于安息。而海内虚竭，生人失所，租及六畜，算至舟车。因之凶年盗贼并起。搜粟都尉桑弘羊复希主意遣士卒，远田轮台，筑城以威西域。帝幡然追悔，情发于中，弃轮台之野，下哀痛之诏，人神感悦，海内乃康。向使武帝复用弘羊之言，天下生灵皆尽之矣。是以光武中兴，不踰葱岭；孝章即位，都护来归。陛下诛灭高昌，威加西域，收其鲸鲵以为州县。然则王师初发之岁，河西供役之年，飞刍挽粟，十室九空，数郡萧然，五年不复。陛下岁遣千余人远事屯戍，终年离别，万里思归。去者资装，自须营办，既卖菽粟，倾其机杼，经途死亡，复在其外。兼遣罪人，增其防遏。彼罪人者，生于贩肆，终朝惰业犯禁，违公止能，扰于边城，实无益于行阵。所遣之内，复有逃亡，官司捕捉，为国生事。高昌途路，沙碛千里，冬风冰冽，夏风如焚。行人去来，遇之多死。《易》云'安不忘危，理不忘乱'。设令张掖尘飞，酒泉烽举，陛下岂能得高昌一人菽粟而及事

① 《唐大诏令集》卷一百二十八，电子版《文渊阁四库全书》。

乎？终须发陇右诸州，星驰雷击。由斯而言，此河西者，方于心腹；彼高昌者，他人手足，岂得靡费中华以事无用？《书》曰'不作无益害有益'，其此之谓乎！陛下道映先天，威行无外，平颉利于沙塞，灭吐浑于西海，突厥余落为立可汗，吐浑余庇更树君长，复立高昌，非无前例，此所谓有罪而诛之，既伏而立之，四海百蛮，谁不闻见？蠕动怀生，畏威慕德。宜择高昌可立者立之，征给首领，遣还本国，负戴洪恩，长为藩翰。中国不扰既富且宁，传之子孙，以贻永世。"①

两宋是中国国内民族关系比较紧张的时期，契丹、女真、党项为代表的北方少数民族在东北、正北和西北形成威胁两宋朝廷的最严重的"边患"，所以这一时期夷狄之防的传统观念盛行朝野。不过对于如何防范所谓夷狄，意见并不一致。除主动进击和严防死守之类积极防御战略外，更多的是"不治而治"的退守之略。如大文豪苏轼在《王者不治夷狄论》中所说："夷狄不可以中国之治治也，求其大治必至于大乱。先王知其然，是故以不治治之，治之以不治者，乃所以深治之也。"② 也如梁焘在《上哲宗论四者归心之道》所说："自古以夷狄怀德畏威，为彊不务以辟地，为彊也以先制人为安，不以受制于人为安，此不可不察也。"③ 而吕大防在《上神宗苍诏论彗星上三说九宜》一文中，对这种退守之略论述得更为充分：

> 宜缓治夷狄。中国本也，夷狄末也。先王之政，内诸夏而外夷狄。夷狄之国，声教所暨，故舜之命官猾夏者治之。然则不为中国患者，王者不治也。或者谓夷狄之地可辟而郡县之，夷狄之民可冠带而赋役之，窃谓过矣。以四海九州之广而欲沙漠不毛之地以为富，以兆民多士之盛而欲左衽鴃舌之人以为众，徒见有糜敝所重，而未见其可也。④

---

① 刘昫等：《旧唐书》卷八十《褚遂良传》，中华书局 1996 年版，第 2736—2737 页。
② 《东坡全集》卷四十，电子版《文渊阁四库全书》。
③ 赵汝愚编：《宋名臣奏议》卷三，电子版《文渊阁四库全书》。
④ 赵汝愚编：《宋名臣奏议》卷四十三，电子版《文渊阁四库全书》。

不过，在两宋的政治家和思想家中，也有另外的声音。如李樗、黄櫄这样认识：

> 圣人之于夷狄，一视而同仁，岂有内外之别哉？惟先王之法，内中国而外夷狄，然夷狄之民皆吾赤子也，岂可若秦皇汉武穷兵黩武深入不毛之地开疆拓境以快一时之忿哉？此非先王之仁心也。先王之于夷狄，岂有意而征之，其所不得已而征之者。①

还有释契嵩在《非韩·中·第四》中驳斥韩愈的夷狄为禽兽之说，论证夷狄宜是人，与华夏之人同类：

> 人者夷狄禽兽之主也，主而暴之，不得其为主之道矣。是故圣人一视而同仁，笃近而举远。……人与夷狄禽兽，皆同其性命之道也。……苟谓人为血气之主，彼夷狄者亦人尔，自可主乎禽兽也，安得谓如禽兽而主乎人耶？……人者夷狄禽兽之同其生也，同生而暴其生者，不得其所以为生之道也，如此则庶几可乎？②

这里所表述的就是将华夏和夷狄一视同仁的比较平等的民族观。在那个时代，作为汉族的思想家，又处于民族矛盾比较尖锐的岁月，这样的观念就是难能可贵了。元朝以蒙古族统一中国，它虽然实行民族歧视政策，将汉族，尤其是南宋治下的汉族人贬为低于蒙古人和色目人的第三、四等人，但它自居华夏正统，实际上承认中国是一个多民族大家庭。出身于契丹贵族的耶律楚材先在金朝做官，后仕于元朝，他头脑中根本不存在华夷的畛域。他认为少数民族只要能"一统要荒"，实行中原传统的典章制度，就可以是正统王朝。而当他看到金朝日趋腐败而蒙古族统一中国之势业已形成时，他又将统一中国的希望寄托在蒙古族统治者身上。后来他转而入元朝做官，对元朝的

---

① 李樗、黄櫄：《毛诗集解》卷二十三，电子版《文渊阁四库全书》。
② 释契嵩：《镡津集》卷十八，电子版《文渊阁四库全书》。

文治武功大唱赞歌："雄材能预算，大略故难量。迭出神兵速，无故我武扬。本图服叛逆，何止剪偾张。"称颂它"勋业超秦汉，规模迈帝王"①，预言元朝将统一华夏，成为中国的正统皇朝："升平已有期，上道化九躔。九州成一统，刑赏归朝权。"② 在他看来，元朝既是华夏正统，各民族自然就是一个大家庭的成员，是应该不分彼此的。同在元朝为官的汉人郝经，也进一步打破华夷界限，认为任何少数民族入主中原，只要"能行中国之道，则中国之主"③："天之所与，不在于地，而在于人；不在于人，而在于道；不在于道，而在于必行力为之而已。"④ 从而肯定"用夏变夷"的夷狄之君可以成为中国的正统帝王，中华民族的各族人民都是一个大家庭的成员。耶律楚材和郝经的思想对于形成中华民族是一家的观念显然起了积极作用。

清朝统一中国后，多民族大家庭的观念更为强烈，它竭力泯灭汉民族与少数民族的差异，认定夷夏之别只是地域的不同。你看雍正皇帝怎么说：

> 至于夷狄之名，本朝在所不讳。孟子称舜东夷人也，文王西夷人也，岂害其为圣人乎？盖本其所生之地而言，犹夫后世籍贯之谓。粤自发祥长白，应运而兴，主宰华夏，抚育黔黎为中国者，今八十余年，实不愧汉唐宋明诸君也。又逆书夷狄异类，譬如禽兽云云，设不论仁虐，第以所生之地，妄分中外，辄比之为禽兽而轻贱之，则华夏之人无父无君殆禽兽之不若矣！侮人乎？自侮乎？且逆贼止知中国之贱夷狄，而不知夷狄之贱中国也。⑤

其实清朝皇帝作为少数民族而成为整个中国的统治者，他们对中国传统的夷夏观念是很敏感的，他们采取的办法一是将民族之别转化为地域之别；二是极力强调民族平等，将夷狄和华夏放到同一个平台上。再看乾隆皇帝怎么

---

① 《湛然居士文集》卷九《和张敏之诗七十韵三首之一》，电子版《文渊阁四库全书》。
② 《湛然居士文集》卷十一《和冯扬善韵》，电子版《文渊阁四库全书》。
③ 《郝文忠公陵川文集·与宋国两淮制置使书》，电子版《文渊阁四库全书》。
④ 《郝文忠公陵川文集·时务》，电子版《文渊阁四库全书》。
⑤ 《世宗宪皇帝硃批谕旨》卷一百七十四之九，电子版《文渊阁四库全书》。

说。他在乾隆四十二年（1764）十一月十四日的上谕中，认为修《四库全书》时擅自将古籍中的"夷狄"任意更改毫无道理：

> 前日披览四库全书馆所进《宗泽集》内，将夷字改写彝字，狄字改写敌字。昨阅《杨继盛集》内改写亦然。而此两集中又有不改者，殊不可解。夷狄二字屡见于经书，若有心改避，转为非理。如《论语》"夷狄之有君"，《孟子》"东夷西夷"又岂能改易？亦何必改易？①

这里显示了乾隆皇帝的精明之处：与其将改不胜改的夷狄改得不伦不类，还不如大度地一仍其旧。而关键是改变对夷狄的传统解释，在《通鉴纲目续编内发明广义题辞》中，他说：

> 甚矣！《周礼》等发明广义之为诬而谬也，大一统而斥偏安，内中华而外夷狄，此天地之常经，古今之通义，是故夷狄而中华则中华之，中华而夷狄则夷狄之，此亦春秋之法。司马光朱子所为亟亟也。兹发明广义，乃专以贵中华贱夷狄为事，贵中华贱夷狄犹可也，至于吹毛求疵颠倒是非则不可。而矢口谩骂诬白为黑又岂温良君子之所为哉？尝考辽金元三朝，惟金世宗、元世祖二帝最为贤明，史册具在，美不胜书。而广义则曰世宗固一世之贤君，虽中华令主何以过之，然群臣不能将顺其美以底大顺，要亦天厌其德故使之有君无臣，仅成一代之小康耳。夫贤如金世宗而又责其无臣，且谓天厌厥德，金世宗有何德之可厌？岂非中外之见芥蒂于胸腹，好议论不乐成人之美乎？②

乾隆皇帝还进一步深化雍正老子的"天下一统，华夷一家"的理论：

> 《春秋》大一统之义，尊王黜霸，所以立万世纲常，使名正言顺，

---

① 《钦定四库全书总目》卷首一，电子版《文渊阁四库全书》。
② 《圣祖仁皇帝御制文二集》卷十八，电子版《文渊阁四库全书》。

出于天命人心之正。紫阳《纲目》，义在正统，是以始皇之廿六年秦始
继周；汉始于高帝之五年，而不始于秦降之岁。三国不以魏、吴之强夺
汉统之正，《春秋》之义然也。……夫正统者，继前统，受新命也。……
至元世祖平宋，始有宋统当绝、正统当续之语，则统绪之正，元世祖
已知之稔矣。①

这里乾隆皇帝接过中国传统的"春秋之法"，将中华与夷狄的区别由族群之
别转换成文明与野蛮之别，从而泯灭族群的界限，为中华民族大家庭作为一
个统一的群体找到理论根据。不论其观点在学术上是否站得住脚，但其维护
中华民族一家亲的良苦用心是值得肯定的。

（二）共同体体现民族向心力和凝聚力

从上面对夷狄认识问题的历史变迁的梳理，我们可以看到，其实这个
问题一直困扰着中国历代的政治家和思想家。由于中国从远古时代就是一个
多元一体的多民族的国家，民族矛盾、民族斗争与民族融合一直是影响国家
政治和社会安定的重要因素。而长期占据中原王朝统治地位的华夏民族即
后来发展而成的汉族，作为中华民族中人数最多、经济文化最发达的主体
民族，其统治者在处理汉民族与其他少数民族的关系中形成了夷夏之防的
牢固观念，其核心是"内中华而外夷狄"。这个理论的正确之处是它看到了
中国境内的住民是由不同民族构成的，其不足之处是过分强调了各民族之
间，尤其是汉民族和少数民族之间的不同和对立，所谓"非我族类，其心必
异"，由此而强调了对少数民族的防范和征服。这种大汉族主义思想显然不
利于中华民族大家庭观念的推行。不过，在承认族别的前提下，有些政治家
和思想家同时承认汉族和其他少数民族同是中华民族，其所有成员都是皇帝
的子民，应该一视同仁，不应该分此疆彼界，而应该受到国家同样的善待和
爱护。这种观点是中国古代社会中最为理性、最具进步意义的理念，对于维

① 于敏中等编：《清高宗御制文二集》卷八《命馆臣录存杨维桢正统辨论》，电子版《文渊
阁四库全书》。

护国家统一和民族团结都发挥了积极作用。由于汉民族长期占据中原王朝的统治地位，而在社会发展、文明进步方面又走在各少数民族的前头，因而形成了对其他民族的巨大吸引力，所以不少少数民族的当权者，特别是其中的睿智之士，总是有意拉近自己民族与汉族的亲缘关系。为此，不少人自诩是炎黄子孙，冒认汉族的圣帝名王做自己的祖宗，竭力论证自己的族群与汉族的亲缘关系。有些在中原建立政权，尤其是一些在中国建立统一皇朝的少数民族统治者，如元朝、清朝的皇帝，为了证明自己作为全中国统治者的合法性，竭力泯灭国内各民族的区别，对汉民族与其他民族的差异仅仅在地域和文化上加以区分，以缩小各民族间的畛域。这虽然反映了他们建立中华民族大家庭的美好愿望，但在学术上并不正确。不过，随着中国历史上民族融合的不断发展，各民族在经济和文化上趋同的内容日益增多，中国是中国各民族共同祖国的观念，中华民族是一家的观念越来越为中国各民族所认可，形成强大的民族向心力和凝聚力，这对维护祖国统一、增进民族团结无疑是一笔无价的财富。

三、统治权合法性问题的阐发

（一）先秦政治家和思想家对合法性问题的阐发

在中国历史上，统治权合法性的论辩一直是政治思想方面的一个重要议题，从国家产生、历史进入文明时代起，就开始了对这个问题的探讨，直到近代仍然是争论不休。司马迁在《史记》开篇的《五帝本纪》中，记述了五帝统治权合法性的四个根据：武力征伐成功；血缘继承；帝王本人道德高尚、能力卓越；禅让。三代夏商周的统治者，特别是周公，在统治权合法性问题除了继承五帝时期的前三个根据外，进一步增加和论证了"天意所钟"和"民心所向"，特别强调了统治者的"以德配天"和"保民而王"，大体上奠定了这一理论的基础。春秋战国时期的五个半世纪，对统治权合法性的论辩主要在诸子百家中进行，大大深化和拓展了对这一理论的探索。道家创始人老子对于这个问题的论述基本上围绕"合道即合法"进行，他既没有接触统治权的来源和授受，也没有对统治权转移的合法性进行辨析，因而还难以构成比较完备的体系。特别是，老子坚持小国寡民的社会理想，将刚刚脱离原始社会、生产不发展、交换不发达、生活简单而清苦、民风淳朴而愚昧的景况加以诗化与美化，从而使统治权处于自然生发状态，这就使合法性问题没有得到应有的关注。儒家创始人的孔子似乎也没有刻意论证统治权合法性问题，只是在论及尧、舜、禹、汤、周武王时，表露了"君权天授"的观念，他更多地关注人事，即君王以自己的行政方针、政策和各项措施求得统治权的合法性。他认定，不管统治权来路如何，只要人家稳定地坐在了君王的宝座上，实现了社会秩序的稳定，他的统治权就是合法的。墨子也没有刻意论证君王统治权合法性问题，他将自己的主张归纳为十项"纲领"：尚贤、尚同、节用、节葬、非乐、非命、尊天、事鬼、兼爱、非攻，而统治权合法性的人选也就是实行这十项纲领的君王和各级政长。不过，墨子认为决定君王"立"和"选"的终极主宰者是"天"，这就给所有君王的统治都罩上了"神授"的灵光。以猛烈批判墨家和杨朱而高扬儒家旗帜的孟子，在先秦思想学术之林中，是对统治权合法性问题之重要性认识最深刻、论述最明晰的政治家和思想家，也是周公之后，在这个问题上对后世影响最大的思想家。孟子认为君主统治权的合法性来源于"天授"和"民受"，即天授予，民接受。他由此认定，统治权的继承形式，无论是武力征伐、血缘继承，还是"禅让"，体现的都是天授予、民接受的实质。孟子在统治权合法性问题上的最大贡献是将"民受之"的理念建立在仁政的理想之上，也就是说，君王统治权的合法性体现在始终不渝地实施仁政理想。而一旦背离这个理想，其合法性也就失去了依据。仁政是一个完整的思想体系。它是由民本观念、施仁百姓、尊贤使能、反对战争和君主自律等一系列内容构成的。不过，应该指出，孟子与仁政理想相联系的君王统治权合法性的理论显然是一种理想化的理论，在现实政治中，真正符合这种合法性要求的君王几乎是不存在的。然而，孟子的理论仍然具有不可忽视的积极意义。第一，他力图建立一个君王统治权合法性的标准，而这个标准主要体现了对君王品格和能力的要求，从而促使有作为的君王朝着这个目标努力。第二，君王达不到这个标准就失去了统治权的合法性，对于桀、纣这样的独夫民贼，人民起来推翻他就是合理的，这就论证了人民革命的合理性和合法性。法家是战国时代的宠儿，从严格意义上讲，在那个时代，自己学派的理想真正得以实现的就是法家。战国法家的主要代表人物是商鞅、慎到、申不害和韩非。其中，慎到讲"势"，申不害讲"术"，不怎么涉及统治合法性问题，而讲法的商鞅和熔法、术、势于一炉的韩非虽然涉及合法性问题，但论述也不充分。不过，法家在合法性问题上有一个非常集中的共同点，就是认为智能超群、力能服人者就应该占有帝王的位子。商鞅认为，不论是谁，只要靠智和力占夺了帝王的位子，他的统治就是合法的。在商鞅的字典里，帝王统治的合法性与其本人的道德水准是没有关系的。不论是尧、舜、禹、汤、文、武、周公，还是夏桀、商纣，只要占有了君王的位子，又能实行严格的法制，对天下臣民进行"以赏禁，以刑劝"的稳定统治，他就是一个合法的存在。韩非基本上接续商鞅的观点。他认为社会是不断进化的，统治权的合法性在于"圣人"的智和力。如果说有巢氏、燧人氏、尧、舜、禹"王天下"是因为"智"，那么，汤、武"王天下"则由于"力"，他们都是合法的。在韩非看来，追求权势富贵是人的天性，最具权势富贵的是作为天下共主的帝王。无论何人，无论用什么手段，只要具备"天时""人心""技能""势位"等条件，就能夺得帝王之位，他的统治也就是合法的。韩非同样摒弃一切道德，认为帝王的合法性与帝王本人的道德品格如何根本不搭界。帝王必须临势、据法、用术，娴熟地驾驭臣民百姓，让社会上的所有人都为自己服务。不仅他的帝王之位是合法的，而且他的一切作为也是合法的。在韩非眼里，忠、孝、节、义、仁、礼、智、信、贤、惠、爱、怜等等道德信条，在权势富贵、严刑峻法面前，都是一文不值的虚词。摒弃了社会的伦理，摒弃了帝王的道德人格，唯智与力是视的统治权合法性的理论，在韩非那里得到了最无遮掩的肯定。战国时期道家的代表人物是庄子。他继承老子"道法自然"的文明退化论，认为除了"至德之世"是合法的之外，文明时代的统治都是对人类自然本性的戕害，都是不合法的。庄子心目中的"至德之世"是人类进入文明社会前的"同与禽兽居，族与万物并"的状态，至迟也是刚刚进入文明社会的"邻国相望，鸡狗之音相闻，民至老死，而不相往来"的状态，后世的道德观念如贤、义、爱、仁、忠、信等还没有被认可，这时根本就不存在统治权，也就没有所谓合法不合法的问题。而及至帝王和统治权出现，社会则一步步衰败。所以，对人的本性而言，所有文明社会的所谓统治权都是不合法的。显而易见，在庄子那里，最合法的状态就是没有统治权，而一旦统治权出现，不管这个统治权打着什么圣帝名王的旗号，说着什么好听的由头，统统是不合法的。庄子的观点，就其揭示文明社会的矛盾和政治权力统治百姓的负面作用而言，具有一定的积极意义。但他不知道，文明的发展一定会催生高居于社会之上权力的出现。这种权力的副作用虽然难以避免，然而，作为文明的伴侣、秩序的守护神，其存在却是必然的，也是必要的。荀子是战国时代最后一位儒学大师，又是一位百科全书式的学者和思想家，是他通过"援法入儒"对"迂阔而远于事情"的孔孟儒学进行改造，为此后两千多年的中国古代社会找到了最适宜的统治思想。与孔子、孟子相通，荀子也是对统治权合法性问题论述最丰富和深入的思想家之一。不过，荀子基本上摆脱了孔、孟到上天那里寻求统治权合法性的倾向，而是将其与"圣人"联系起来，给出了"圣人为王即合法"的观念。不过，荀子关于统治权合法性问题的论述并没有止步于"王者必圣"，而是进一步论述了圣人为王必须遵循的行政理念。在这方面，他以"民本"为核心，认定"天之生民，非为君也。天之立君，以为民也"①。既对孔、孟的理论做了较充分的阐发，又强调了严格推行法制的重要性。圣人行政的合法性首先体现在他坚持"民本"的核心意识，以"庶人安政"、国家富强和得百姓死力作为主要目标。总起来看，先秦时期，在统治权合法性问题的论辩上，儒家学派贡献了最丰富而深刻的内容，墨家学派给了它一个最理想化的阐释，法家学派则将合法性与智、力等同起来，揭示了合法性的谜底。而道家学派在这方面的思想最为贫乏，因为他们有一个根深蒂固的观念：统治权的出现本来就是逆历史潮流而动的非法存在，它与合法性是根本不沾边的伪命题。

（二）董仲舒对合法性问题的经典阐发及其影响

尽管历史上夏、商、周三代政权的更替都是通过血腥的战争手段完成的，尽管秦朝的统一和汉朝的代秦而起也都是经过战场的拼搏实现的，他

---

① 《荀子·大略》。

们的合法性是嗜血的枪刀剑戟赢得的。然而，皇帝本人以及为他们服务的思想家们，在为这些王朝的存在寻找合法性时却几乎都转向了"君权天授"和"五德终始"之类的历史命定论和历史循环论。以武力统一六国的秦始皇，自豪地宣布他统治的合法性是武力征伐："寡人以渺渺之身，兴兵诛暴乱，赖宗庙之灵，六王咸伏其辜，天下大定。"① 刘邦步秦始皇的后尘，毫不讳言他的皇帝位子是自己提"三尺剑"取得的。但他们后来又都借天意加以伪饰，秦始皇依三统、三正、五德终始的理论神化皇权，刘邦杜撰出赤帝子杀白帝子的故事以强化自己皇统的"天命攸归"。然而，所有这些观点，都还显得粗糙直白，在理论上不够系统和深化。这种缺陷被聪明的汉武帝发现了。他在与董仲舒的举贤良文学对策中，就直接提出这个问题并要求董仲舒给予回答。而董仲舒经过对汉代以前，特别是对先秦诸子思想学术的吸收消化整合，将原始儒学推进到一个新的阶段，在理论的储备上完全具备了系统回到这个问题的能力。

董仲舒在《举贤良文学对策》和《春秋繁露》等著作中，系统地阐述了"君权天授"的理论，用"天人感应"将天意与人为沟通起来，给朝代更替和皇权转移一个较以往更合理的诠释，从而奠定了中国此后两千多年皇权亦即统治权合法性的最经典的主流意识。"君权天授"是董仲舒政治思想的重要内容，他虽不是"君权天授"论的首创者，但却是这一理论的最完备、最有深度的论证者，是这一理论的集其大成者。这一理论的第一个层次是认定"天地是万物之本"，人是天创造的：

　　天者，万物之祖，万物非天不生。②

　　天地者，万物之本，先祖之所出也。广大无极，其德昭明，历年众多，永永无疆。天出至明，众之类也，其伏无不昭也，地出至晦，

① 司马迁：《史记》卷六《秦始皇本纪》，中华书局 1959 年版，第 236 页。
② 董仲舒：《春秋繁露·顺命》，董治安主编《两汉全书》第四册，山东大学出版社 2006 年版，第 2130 页。

星日为明，不敢暗。君臣、父子、夫妇之道取之此。①

为生不能为人，为人者天也。人之人本于天，天亦人之曾祖父也。此人之所以乃上类天也。人之形体，化天数而成；人之血气，化天志而仁；人之德行，化天理而义；人之好恶，化天之暖清；人之喜怒，化天之寒暑；人之受命，化天之四时。人生有喜怒哀乐之答，春秋冬夏之类也。②

这一理论的第二个层次是认定"天子受命于天""王者配天"：

唯天子受命于天，天下受命于天子，一国则受命于君。君命顺则民有顺命，逆则民有逆命。③

天不言，使人发其意；弗为，使人行其中。名则圣人所发天意，不可不深观也。受命之君，天意之所予也。故号为天子者，宜视天如父，事天以孝道也。④

圣人副天之所行以为政，故以庆副煖而当春，以赏副暑而当夏，以罚5副凉而当秋，以刑副寒而当冬。庆赏罚刑，异事而同功，皆王者之所以成德也。庆赏罚刑与春夏秋冬，以类相应也如合符。故曰王者配天，谓其道。天有四时，王有四政，四政若四时，通累也，天人所同有也。⑤

---

① 董仲舒：《春秋繁露·观德》，董治安主编《两汉全书》第四册，山东大学出版社2006年版，第2081页。
② 董仲舒：《春秋繁露·为人者天》，董治安主编《两汉全书》，第四册，山东大学出版社2006年版，第2094页。
③ 董仲舒：《春秋繁露·为人者天》，董治安主编《两汉全书》，第四册，山东大学出版社2006年版，第2094—2095页。
④ 董仲舒：《春秋繁露·深察名号》，董治安主编《两汉全书》第四册，山东大学出版社2006年版，第2086
⑤ 董仲舒：《春秋繁露·四时之副》，董治安主编《两汉全书》第四册，山东大学出版社2006年版，第2112页。

这一理论的第三个层次是认定"君为民心""民为君体":

> 天生之，地载之，圣人教之。君者，民之心也；民者，君之体也。心之所好，体必安之；君之所好，民必从之。故君民者，贵孝弟而好礼义，重仁廉而轻财利，躬亲职此于上，而万民听生善于下矣。①

> 古之造文者，三画而连其中谓之王。三画者，天地与人也。而连其中者，通其道也。取天地与人之中以为贯而参通之，非王者孰能当是?

> 人主立于生杀之位，与天共持变化之势。②

如此一来，董仲舒就把国君变成天意所钟、为天所立、并且能够贯通天地人的地上的最高统治者，其合法性是不容置疑的。既然君权是天授的，那么，对这个君权进行监护和转移的也就只有天了。因此，天意所钟的君王只能按照天的意志即"道"所体现的真理行政，就是改朝换代的新君王也不能改变依"道"行政的本质。所以，即使新王以不同于前代的正朔、服色展示新朝的新面貌，也是"有改制之名，无易道之实"：

> 今所谓新王必改制者，非改其道，非变其理，受命于天，易姓更王，非继前王而王也。若一因前制，修故业，而无有所改，是与继前王而王者无以别。受命之君，天之所大显也。事父者承意，事君者仪，志事天亦然。今天大显已物，袭所代而率与同，则不显不明，非天志。故必徙居处，更称号，改正朔，易服色者，无他焉，不敢不顺天志而明自显也。若其大纲，人伦道理，政治教化，习俗文义尽如故，亦何

---

① 董仲舒：《春秋繁露·为人者天》，董治安主编《两汉全书》，第四册，山东大学出版社2006年版，第2095页。

② 董仲舒：《春秋繁露·王道通三》，董治安主编《两汉全书》第四册，山东大学出版社2006年版，第2098、2100页。

改哉？故王者有改制之名，无易道之实。①

既然地上的君王一切都按上天的意志行事，他就必须能够与天顺利地互通讯息，时时交流彼此的意旨和愿望，于是，经董仲舒继承和改造的"天人感应"就派上了用场。董仲舒一方面感到专制主义中央集权需要在政治上和思想上树立君主的绝对权威，因而给他安置上天这样强大的守护神；另一方面也隐隐觉察到不受限制的君主权力一旦为所欲为，也会给国家和社会带来意想不到的灾难，于是又让这个守护神时刻监督君王的行政，希望利用天公正无私、明察秋毫的眼睛来对君主的活动加以监督和约束，从而使君王的行政按照"天意"即"道"运行。否则，天就会来一次改朝换代，形式是"以有道伐无道"：

> 天人相与之际，甚可畏也。国家将有失道之败，而天乃先出灾害以谴告之。不知自省，又出怪异以警惧之，尚不知变，而伤败乃至。以此见天心之仁爱人君而欲止其乱也。②

> 且天之生民，非为王也，而天立王以为民也。故其德足以安乐民者，天予之；其恶足以贼害民者，天夺之。……言天之无常予无常夺也。……王者，天之所予也，其所伐皆天之所夺也。……故夏无道而殷伐之，殷无道而周伐之，周无道而秦伐之，秦无道而汉伐之。

> 有道伐无道，此天理也，所从来久矣。③

由此，就产生了董仲舒关于统治权合法性理论的第四个层次：天时刻监督地

---

① 董仲舒：《春秋繁露·楚庄王》，董治安主编《两汉全书》第四册，山东大学出版社 2006 年版，第 2010—2011 页。
② 班固：《汉书》卷五十六《董仲舒传》，中华书局 1962 年版，第 2498 页。
③ 董仲舒：《春秋繁露·尧舜不擅移汤武不专杀》，董治安主编《两汉全书》第四册，山东大学出版社 2006 年版，第 2065 页。

上皇权的运行，对不合天意、违背"内圣外王"原则者予以撤换，所以"汤武革命"就是"顺乎天应乎人"的合理行动。不好怀疑董仲舒的愿望有其真诚的一面，不过，必须指出，他天真地借助天神的威力限制君主滥用权力的希冀，只不过是一厢情愿而已。事实是，不仅汉代，就是以后中国历史数以百计的君王，有哪一个时刻怀着对天谴的敬畏之心？又有哪一个因天谴而改弦更张与民更始呢？当然，指出董仲舒良好愿望的虚幻并不是要谴责他，因为他的时代还不具备产生权力制衡思想的条件。

董仲舒的皇权即统治权合法性的理论尽管披着神权的外衣，但却包含着不少合理的内核，其中包括大一统、中央集权、"德主刑辅"、民为邦本、君王自律、上天监督等内容。他理解的德，也可以称之为"王道"的政治理念，要求为政者真诚地"爱民"，"教以爱，使以忠"，使之自觉"修德"，耻于犯法，特别要最大限度地减轻对百姓的索取，给他们创造一个"家给人足"的生产生活条件，使之感受"王道"之下的幸福与满足。与之相联系，他反对国君的骄奢淫逸和与之相联系的对百姓的肆意盘剥和榨取。在社会财富分配上实行"禁民二业"的制度，"使富者足以示贵而不至于骄，贫者足以养生而不至于忧"。同时，还要求帝王加强个人的品格德行修养，笃行孔子"身正，不令而行"的教诲，"正心"正身，使自己成为百官和万民的道德表率，进而要求君王识贤举贤用贤，建立起以贤才为基干的官吏队伍。这些内容，实际上是儒家统治权合法性理论的最有价值的内容。就是"君权天授"这一看似毫无可取价值的命题中，也包含着一些具有积极意义的合理内核，这就是制衡意识和监督意识。因为在董仲舒看来，让天监督君王的行政总比他毫无顾忌地独断专行更好一些。可以这样说，在中国历史上，董仲舒对于统治权合法性理论的构建起了承前启后的作用。在他之后，与"君权天授"相匹配，依血缘关系有序继承的合法性和忠君观念的正当性就几乎成为社会的共识。后来王莽的篡汉，就充分利用了"君权天授"的理论，让自己随意制造的"天意"战胜"忠君"，将一个新朝顺理成章地压到了百姓头上。刘秀同样利用了"君权天授"的理论，再补以"汉室正统"的传统观念，比较顺利地建立起一个名复其旧实则创新的东汉皇朝。东汉末期，皇权极度弱化，曹氏集团经过近30年的精心经营，已经掌控了东汉朝廷的全部权力，造成皇权转移的不可逆转的水到渠成之势。于是曹丕及其谋士们就精心设计了一出"禅让"戏，自编、自导、自演，牵着如同傀儡的汉献帝，完成了魏代汉的政权转移，再一次凸显了"禅让"的合法性。显然，秦汉时期的政治家们都是心知肚明，皇权的合法性其实在于最强大力量的支撑，合法性的观念也是随力量的转移而转移，其他任何美妙的说辞都不过是强权的婢女而已。

曹丕的"禅让"戏为后来中国所有野心家的篡政创造了一个经典的模式，这个模式经过"君权神授"的文饰，与血缘继承一起构成了统治权合法性的基本论据。东晋和南朝宋、齐、梁、陈的嬗变，五代梁之朱温代唐，北宋之赵匡胤代周，都是走的"禅让"的路子，其他朝代的更替则是走的武力夺取帝位的路子，但当事人同时都给自己制造一个"天命攸归"的证据，如赵匡胤发动的"陈桥驿兵变"，就是用"黄袍加身"的喜剧为自己的篡政罩上"天意所钟"的神圣灵光。

北宋以后的元、明、清诸朝，一方面由于在制度上进一步强化了对权臣篡弑的防范，一方面由于宋明理学对"臣事君以忠"的宣传更加深入人心，尽管权臣屡屡出现，他们挟持皇帝、权倾朝野，但始终没有发生篡政风潮。"禅让"模式的改朝换代最终退出了历史舞台。统治权的取得只剩下两种模式：武力夺取和血缘继承，但"天意所钟"的旗号则始终被高高举起，作为统治权合法性的最权威的根据不厌其烦地不断向臣民宣示。

总起来看，中国古代社会在长期的发展进程中，由于改朝换代一再重演，更由于思想家在理论上的一再强调和宣传，武力夺权的"创业"和血缘继承的"垂统"就成为统治权合法性的两个最根本的原则，而罩在二者之上的"天意"却是统治者最爱挥舞的旗帜。在对这一合法性的论述中，始终缺乏"民选"的理念，其中最具民主性的精华是"民本"，这个理念大概是勉强可以和现代民主"接轨"的东西了。

中国历史上关于统治权合法性论辩的积极意义在于，由于统治者自觉意识到此一问题的重要性，因而千方百计寻求自己统治权的合法性，而以儒家为代表的思想家又将"民本"论证为合法性的核心并使其成为社会的共识，这就使大多数当权者不管主观意愿如何，都必须将"以民为本"作为自己施政的宗旨加以考虑和宣扬，也使臣民以此为标准对统治者的施政进行评判，从而在一定程度上形成较强烈的舆论监督，这对矫正政治运行中的偏颇具有一定的积极作用。而作为合法性核心的"以民为本"理念，更是与现代治国理念有许多相通之处，能够为现代国家和社会的治理提供不少有益的资鉴。

四、深厚的爱国主义情怀

与大一统和多民族共同体观念相联系，中国古代传统的治理思想中蕴含着极其丰富而深厚的爱国主义情怀。这种情怀最早发源于对本氏族部落的归属感，进而发展成向心力极强的族群意识，进一步发展为华夏与夷狄的对立理念，再进一步发展为三代时期对于"中国"和"王权"的归属意念。春秋战国时期列国林立，一方面是"南夷与北狄交，中国之不绝如线"，从而促成"尊王攘夷"意识的高扬；一方面是各诸侯国之间的争霸战争，强化了各国臣民卫国意识的澎湃，他们都希望自己的所在国强大和永存。如《诗经·国风·鄘风·载驰》就抒发了春秋时期许穆夫人的爱国情怀：

载驰载驱，坐着车马飞奔疾驰，
归唁卫侯。我要回去吊唁戴公兄弟。
驱马悠悠，驱马踏上迢迢归路，
言至于漕。我要赶回故国漕邑。
大夫跋涉，大夫跋山涉水传来噩耗，
我心则忧。使我心中悲愁不已。
既不我嘉，你们对我总是不好，
不能旋反。使我不能返回故乡。
视尔不臧，看你待我这样不善，
我思不远。我对故国更加怀思难忘。
既不我嘉，你们总不好好待我，
不能旋济。使我难以渡水回国。

视尔不臧，看你待我这样无礼，

我思不閟。我对故国更加怀念不已。

陟彼阿丘，登上高高的山丘，

言采其虻。去采贝母，借抒我愁。

女子善怀，女子深深思念故乡，

亦各有行。也各有道理可讲。

许人尤之，许国大夫都将我责难，

众稚且狂。众人是如此幼稚轻狂。

我行其野，我在郊野踽踽独行，

芃芃其麦。看那麦苗蓬蓬青青。

控于大邦，我本想向大国奔走求告，

谁因谁极？可是向谁求援，向谁投靠？

大夫君子，你们这些大夫"君子"，

无我有尤。不要对我责难无礼。

百尔所思，我千思百虑费尽心机，

不如我所之。也难如愿回到卫地。①

诗歌抒发了许穆夫人对自己故国卫国遭遇亡君破家之难的悲愤与无奈，展现了一个弱女子深沉的家国情怀。战国时期的楚国由于君昏臣佞，国势日衰，在对秦国的战争中屡屡失败，一批又一批的爱国将士血洒疆场。爱国大诗人屈原以《国殇》一诗颂扬了他们为国献出生命的悲壮与崇高：

操吴戈兮被犀甲，车错毂兮短兵接。旌蔽日兮敌若云，矢交坠兮士争先。

凌余阵兮猎余行，左骖殪兮右刃伤。霾两轮兮絷四马，援玉枹兮击鸣鼓。

天时怼兮威灵怒，严杀尽兮弃原埜。出不入兮往不反，平原忽兮

---

① 袁梅：《诗经译注》，齐鲁书社 1985 年版，第 193—194 页。

路超远。

　　带长剑兮挟秦弓，首虽离兮心不惩。诚既勇兮又以武，终刚强兮
不可凌。

　　身既死兮神以灵，魂魄毅兮为鬼雄。①

　　在楚国被吴军攻破郢都的时候，楚大夫申包胥为哀告秦国出兵救援，
痛哭秦廷七天，"泪尽继之以血"，终于感动秦国出兵相救，使楚国亡而复
起，他由此成为与屈原一样的爱国者享誉列国。战国末期，在秦军以凌厉的
攻势灭亡六国的进程中，六国的爱国军民都进行了不同程度的抵抗。即使在
秦国统一中国后，不少六国的原有臣民仍然怀着对故国的强烈思念从事复国
的斗争。所以，当秦末农民起义的烈火燃起时，东方六国的旧贵族和原住民
立即响应，齐、楚、燕、韩、赵、魏的旗帜重新飘扬。汉朝的再一次统一，
极大地消除了战国时期的国别和民族畛域，使中国人的爱国情怀也统一到对
中原华夏政权的忠贞。不过，在中国古代社会，人们还分不清国家与政府、
国家与皇帝的区别，所以爱国往往与忠君结合在一起。两汉时期，为国家开
疆拓土的将军、不辱使命的出使者，都得到国家和社会的褒扬。卫青、霍去
病成为讨伐匈奴战争的英雄，霍去病的"匈奴未灭，何以家为"的豪言壮语
千古传颂。苏武被滞留匈奴19年，北海牧羊，九死一生，历经艰难险阻，
不忘初心，忠于故国，牢记使命，拒绝任何威胁利诱，最后终于在"须发皆
白"的垂暮之年归返祖国，获得无上荣耀。在送别苏武时，投降匈奴的李陵
也惭愧莫名：

　　于是李陵置酒贺武曰："今足下还归，扬名于匈奴，功显于汉室，
虽古竹帛所载，丹青所画，何以过子卿！陵虽驽怯，令汉且贳陵罪，
全其老母，使得奋大辱之积志，庶几乎曹柯之盟，此陵宿昔之所不忘
也。收族陵家，为世大戮，陵尚复何顾乎？已矣！令子卿知吾心耳。
异域之人，壹别长绝！"陵起舞，歌曰："径万里兮度沙幕，为君将兮奋

----

①　王逸：《楚辞章句》卷二，电子版《文渊阁四库全书》。

匈奴。路穷绝兮矢刃摧，士众灭兮名已隤。老母已死，虽欲报恩将安归!"陵泣下数行，因与武决。①

其他如凿通丝绸之路的张骞，立功西域的班超等，都以其对于祖国的忠诚和巨大功绩永垂青史。魏晋南北朝时期，中国南北分裂，江南的汉族政权与北方的少数民族政权对垒互峙。南朝君臣百姓为保卫本民族的生存发展英勇抗击来自北方少数民族的入侵，他们的言行虽不乏狭隘民族主义的局限，但其中的爱国之情还是值得珍视。如庾亮、庾翼、殷浩、桓温的数次北伐之举，谢石、谢玄在淝水之战中战胜前秦的壮举，在在都展示了高扬的爱国热情。两宋时期，宋朝与北方少数民族政权辽、西夏、金、蒙古长期对峙，汉族军民在抵抗少数民族入侵的战争中涌现出一批卫国保家的英雄。杨业、杨延昭父子为代表的杨家将，韩琦、范仲淹、李纲、宗泽，特别是岳飞、韩世忠、文天祥、陆秀夫、张世杰等抗敌将帅所建树的丰功伟绩，他们的爱国主义精神，都被世代赞颂。其中，精忠报国的岳飞，写下千古传颂的《满江红》：

怒发冲冠，凭栏处，潇潇雨歇。抬望眼，仰天长啸，壮怀激烈。三十功名尘与土，八千里路云和月。莫等闲，白了少年头，空悲切。靖康耻，犹未雪，臣子恨，何时灭？壮志饥餐胡虏肉，笑谈渴饮匈奴血。待从头，收拾旧山河，朝天阙。②

这首"怒发冲冠""壮怀激烈"的爱国辞章，后来几乎成为中国人民抵抗侵略者的战斗号角，伴随着中国人民走过了无数与入侵者搏战的日日夜夜。辽、金两政权灭亡后，南宋政权面临着蒙古入侵者更为严峻的屠戮。正是在几乎无望的抗击蒙古入侵者的斗争中，涌现出一批悲壮的民族英雄。在南宋军民与蒙古铁骑最后的崖山之战中，陆秀夫毅然背负南宋9岁的小皇帝赵昺

① 班固：《汉书》卷五十四《苏武传》，中华书局1962年版，第2466页。
② 岳飞：《岳武穆遗文·满江红》，电子版《文渊阁四库全书》。

蹈海而死。陆秀夫将忠君与爱国紧密联系在了一起，因为此时的赵昺成为汉民族的象征，他们君臣的壮烈赴死，展示的是这个民族不可征服的意志和品格。而此后的三年多时间里，远在大都（今北京）的元朝监狱里，南宋丞相文天祥度过了他生命的最后时光。在此期间，他拒绝了元朝统治者的百般威胁利诱，忍受了常人难以忍受的万般折磨，留下了震撼人心、豪气千秋的《正气歌》和《过零丁洋》：

天地有正气，杂然赋流形。下则为河岳，上则为日星；于人曰浩然，沛乎塞苍冥。皇路当清夷，含和吐明庭；时穷节乃见，一一垂丹青。在齐太史简，在晋董狐笔，在秦张良椎，在汉苏武节；为严将军头，为嵇侍中血，为张睢阳齿，为颜常山舌；或为辽东帽，清操厉冰雪；或为《出师表》，鬼神泣壮烈；或为渡江楫，慷慨吞羌羯；或为击贼笏，逆竖头破裂。是气所旁薄，凛烈万古存。当其贯日月，生死安足论！地维赖以立，天柱赖以尊。三纲实系命，道义为之根。嗟予遭阳九。隶也实不力。楚囚缨其冠，传车送穷北。鼎镬甘如饴，求之不可得。阴房阒鬼火，春院閟天黑。牛骥同一皂，鸡栖凤凰食。一朝濛雾露，分作沟中瘠。如此再寒暑，百沴自辟易。嗟哉沮洳场，为我安乐国。岂有他缪巧，阴阳不能贼。顾此耿耿在，仰视浮云白。悠悠我心悲，苍天曷有极。哲人日已远，典刑在夙昔。风檐展书读，古道照颜色。①

辛苦遭逢起一经，干戈落落四周星。山河破碎风抛絮，身世飘摇雨打萍。惶恐滩头说惶恐，零丁洋里叹零丁。人生自古谁无死，留取丹心照汗青。②

至元十九年十二月九日（1283 年 1 月），文天祥在向南长跪拜别故国后，神

---

① 文天祥：《文山集》卷二十，电子版《文渊阁四库全书》。
② 文天祥：《文山集》卷十九，电子版《文渊阁四库全书》。

色自若地在北京菜市口从容就义，终结了他 47 年的生命之旅。他死后，人们在他的衣带间发现了他以"宋丞相文天祥绝笔"名义留下的遗书：

> 吾位居丞相，不能救社稷，正天下，军败国辱，为囚虏，其当死久矣。顷被执以来，欲引决而无间。今天与之机，谨南向百拜而死。其赞曰：孔曰成仁，孟云取义，唯其义尽，所以仁至。读圣贤书，所学何事？而今而后，庶几无愧。①

作为一个伟大的爱国主义者，文天祥将个人对国家的责任担当和成仁取义的道德追求结合起来，完成了一个古代社会志士仁人光辉形象的完美塑造，使家国情怀的内涵做了进一步的提升。

如果说，明朝以前的爱国主义总是将爱国与忠君联系在一起，这是因为，中国古代社会长期遇到的以"国"与"国"展现的矛盾其实都是国内民族矛盾，所以爱国主义也总是与狭隘民族主义联系在一起，因而其局限性也是显而易见的。不过，国内民族斗争所展现的爱国主义仍然具有积极意义与合理内核。因为这时的爱国主义一般都和反抗民族入侵、民族奴役、民族压迫联系在一起，受害一方在抗争中涌现的民族英雄和他们坚持的理想无疑具有正义性。从明朝开始，中国境内各民族面对的已经不是单纯国内的民族矛盾，而是西方和东方觊觎中国领土和财富的殖民主义者。所以，明朝联合朝鲜的抗倭斗争、戚继光领导的抗倭斗争就具有了近代反抗外国侵略的意义，毋宁可以看作近代中国人民反对外国侵略的先声。

明清之际的思想家黄宗羲，第一次提出"国家"和"天下"的区别，实际上提出了国家与皇帝、政府的区别，朦胧意识到国家是指稳定的国土和居住在这片土地上的人民，爱国主义指对这片国土和人民誓死捍卫的热诚。皇帝政府可以更替，土地和人民却是永久的。1840 年鸦片战争以后，中国人民在一百多年时间内所进行的反侵略战争，进一步丰富和扩展了爱国主义的内涵，升华了爱国主义的意义。林则徐、关天培、刘永福、邓世昌，特别

---

① 《昭忠录》，电子版《文渊阁四库全书》。

是那些在抗日战争中英勇鏖战的将士，尤其是牺牲的先烈，他们是更完整意义上的民族英雄。

　　中国悠久的历史所逐步形成和积淀的爱国主义思想，是中国传统文化中最具积极意义的思想遗产。这一思想的核心，是对国家民族的担当意识，其中最重要的是为了国家民族的独立自由不惜个人的热血和生命，即使牺牲性命也决不使祖国的尊严蒙尘！正由于这一思想遗产的不断发扬光大，使中华民族能够在一次次的民族灾难中不屈抗争，英勇奋起，敢同群魔争高下，不向恶鬼让寸分，将一次次民族灾难变成一次次浴火重生的凤凰涅槃。中华民族历经磨难不仅没有灭亡，而且在一次次崛起中创造新的辉煌，成为屹立于世界民族之林的参天大树，任何暴风雷霆也难以撼动！

第十章 德法互补的治国理民意识

一、"德主刑辅"的治国理念

（一）先秦至隋唐"德主刑辅"理念的产生与发展

中国从步入文明社会的门槛之时，就形成了"德主刑辅"的治国理念。这一理念逐步丰富和发展，最后形成一个完备的体系，支撑着中华民族走过了五千年的文明征程。

在中国古代社会，"德治"思想很早就提出来了。司马迁在《史记·五帝本纪》中明确认定："天下明德皆自虞帝始。"当时，这个"德"的内容应该就是"五教"。《尚书·虞书·舜典》："慎徽五典，五典克从。""五典"也就是"五教"。《左传·文公十八年》对"五教"的解释是："布五教于四方，父义、母慈、兄友、弟恭、子孝，是布五常之教也。"甲骨文中也已经出现"德"字，《尚书·盘庚》篇中多处讲到"德"："非予自荒兹德"，"予亦不敢动用非德"，"式敷民德，永肩一心"。其意义大体上都是指的一种道德境界。不过，由于商朝统治者一味依靠上帝祖宗神的保佑过日子，对自己的道德修养极不重视，所以也就未能对"德"字做更多的发挥。真正提出"德治"的是西周初年的周公姬旦。他的"德治"说是通过"以德配天""敬天保民"加以阐发的。在他看来，"皇天无亲，唯德是辅"，即皇天上帝对谁都不偏私，只辅佑"敬德"之人。他谆谆告诫以成王为代表的最高统治者，要时时以夏殷"失德而亡"为鉴戒，"如临深渊，如履薄冰"，兢兢业业，小心翼翼地操持政柄，像文王那样，时刻抑制享受欲望，"克自抑畏"，不要贪图安逸，不要大兴游观，不要无休止地田猎，更不要聚徒狂欢，而是要不断加强个人的修养，在道德上成为万民的表率。为此，必须贯彻"任人唯贤"的原则，各级执政人选坚决摈弃无德无才的"憸人"，选取"克明俊德"的"吉士""常人"，从而达到"劢相我国家"，"以觐文王之耿光，以扬武王之大烈"①的目的。为此，还必须"保民"和"慎刑"，要"闻小人之劳"，"知稼穑之难"②，关心百姓的疾苦，使之过上温饱的生活。

春秋战国时期，"诸侯异政，百家异说"，思想界空前活跃，形成了犹如火山乍裂，波洪起涌般的"百家争鸣"思潮。儒、墨、名、法、道、阴阳、纵横、杂、农、兵各派，互相辩诘，异彩纷呈，在政治思想方面留下了极其丰富的资料。春秋时期，齐相管仲强调道德规范的意义，将其提到国家存亡的高度，"守国之度，在饰四维"，"四维不张，国乃灭亡"。他指的"四维"就是礼、义、廉、耻。他说："国有四维，一维绝则倾，二维绝则危，三维绝则覆，四维绝则灭。……何谓四维？一曰礼，二曰义，三曰廉，四曰耻。礼不逾节，义不自进，廉不蔽恶，耻不从枉。故不逾节则上位安，不自进则民无诈巧，不蔽恶则行自全，不从枉则邪事不生。"③儒家的创始人孔子继承周公的"敬德"思想，提出了"德治"的理念。他说："为政以德，譬如北辰居其所而众星拱之。"④他特别强调国君道德人格的力量："正者正也，子率以正，孰敢不正"，"子欲善，而民善矣。"⑤因此，国君应该强化自己的道德修养，成为"严于律己""薄责于人"⑥"修己以敬""修己以安人""修己以安百姓"⑦的仁人君子。在强调君主道德人格的同时，孔子也十分重视对所有人的教化作用，要求以"德"为先导，以"礼"为规范，化导百姓，使之成为自觉接受统治的顺民。他说："道之以政，齐之以刑，民免而无耻。道之德，齐之以礼，有耻且格。"⑧孔子发挥周公的"敬德保民"思想，将"保

① 《尚书·立政》。
② 《尚书·无逸》。
③ 《管子·牧民》。
④ 《论语·为政》。
⑤ 《论语·颜渊》。
⑥ 《论语·卫灵公》。
⑦ 《论语·卫灵公》。
⑧ 《论语·为政》。

民""惠民""恤民""养民""富民"作为"德政"的重要内容，要求给百姓以看得见的实际利益。孔子的"德政"思想也包括"任人唯贤"的内容，提出"尊贤而容众"，实际上是对各级执政人选的道德和能力要求。当然，孔子并不完全否定刑的作用，他认为为政最理想的运行原则应该是"宽猛相济"，对于那些敢于反抗统治秩序的恶人必须"纠之以猛"，用刑罚使他们惮于反叛。

孔子死后，在战国时期产生了两位儒学大师孟子和荀子，他们进一步丰富了"德治"的思想。孟子的"德治"思想是通过"仁政"阐发的。他发展孔子"仁"的学说，将"德治"表述为"政在得民"的"仁政"与"王道"。其思想的核心是民本，即传统的"民为邦本，本固邦宁"的理念。他强调教化的作用："善政不如善教之得民也。善政，民畏之；善教，民民爱之。善政得民财，善教得民心。"① 而得民心的关键是当政者"以德服人"。这就要求当政者首先是一个仁人君子，能以"不忍人之心行不忍人之政"②，做到"亲亲而仁民，仁民而爱物"③，在"教民"的前提下"养民"，给民以相当的生产和生活资料，"五亩之宅，树之以桑"，"百亩之田，勿夺其时"，同时还要"省刑罚，薄赋敛"，使"黎民不饥不寒"，百姓的物质生活有了保障，教化的功能更能显现出来，"谨庠序之教，申之以孝悌之义"，百姓就会上下协和，"王道"也就实现了。孟子"仁政"思想的最闪光之点是他认为推翻"虐民害物"的暴君暴政是正义的行动，所以他大力赞扬"汤放桀，武王伐纣"："贼仁者谓之贼，贼义者谓之残，残贼之人谓之一夫。闻诛一夫桀纣，未闻弑君也。"④ 荀子的"德治"思想着重阐发了"重民"与"尊贤"的理念。他第一次以舟水比喻君民关系："君者舟也，庶人者水也。水能载舟，亦能覆舟。"⑤ 由此他提出"爱民""利民""惠民""裕民""宽政"等一系列主张，并认为这是社稷长治久安之本，他说："有社稷而不能爱民，不能利

---

① 《孟子·尽心上》。
② 《孟子·梁惠王上》。
③ 《孟子·尽心上》。
④ 《孟子·梁惠王下》。
⑤ 王先谦：《荀子集解·王制》，中华书局 2016 年版，第 180 页。

民，而求民之爱己，不可得也。民不亲不爱，而求其为己用，为己死，不可得也。民不为己用，不为己死，而求兵之劲，城之固，不可得也。兵不劲，城不固，而求敌之不至，不可得也。敌至而求无危削，不可得也。敌至而求无危削，不灭亡，不可得也。"① 在"治人"与"治法"的关系上，他强调"治人"的作用："有良法而乱者，有之矣；有君子而乱者，自古及今，未尝闻也。"② 他要求国君与各级执政人选都应该是品德高尚、能力卓越的君子，所以必须打破世卿世禄的制度，坚持任人唯贤的原则，"无德不贵，无能不官"③，"论德而定次，量能而授官"④，"德必称位，位必称禄，禄必称用"⑤。

被称为杂家代表作的《吕氏春秋》中亦有丰富的"德治"思想，它始终把"德政"放在首位，强调教化的作用，"善教者，不以赏罚而教成"⑥，而"德政"的内容则是"怜人之困，哀人之穷"，"爱民""便民""利民""信于民"。对民虽然"威不可以无有，而不足专恃"⑦。然而，由于统一中国以后的秦始皇实行的严刑峻法的治国原则，"德治"的理念完全被摈弃，结果是"二世而亡"。有鉴于此，代秦而起的西汉皇朝朝野上下形成了持续很长时间的反思秦亡教训的思潮。在此背景下，"德治"思想再次得以高扬。黄老学派的陆贾尖锐指出秦朝速亡的原因是"举措暴众而用刑太极"，提倡"逆取顺守""文武并用"的长久之术。他的"德治"思想表述为"行仁义，法先王"。文帝时的青年思想家贾谊，以"行仁义""兴礼乐"来归纳自己的"德治"思想，其对"重民"理念的阐发超过了以往所有的思想家。他对"民为国本""民治则国安"作了精彩论述：

闻之于政也，民无不为本也。国以为本，君以为本，吏以为本。故国以民为安危，君以民为威侮，吏以民为贵贱，此之谓民无不为本

① 王先谦：《荀子集解·君道》，中华书局 2016 年版，第 277—278 页。
② 王先谦：《荀子集解·王制》，中华书局 2016 年版，第 179 页。
③ 王先谦：《荀子集解·王制》，中华书局 2016 年版，第 188 页。
④ 王先谦：《荀子集解·君道》，中华书局 2016 年版，第 281 页。
⑤ 王先谦：《荀子集解·富国》，中华书局 2016 年版，第 211 页。
⑥ 许维遹：《吕氏春秋·义赏》，中华书局 2016 年版，第 282 页。
⑦ 许维遹：《吕氏春秋·用民》，中华书局 2016 年版，第 458 页。

也。闻之于政也，民无不为命也。国以为命，君以为命，吏以为命。故国以民为存亡，君以民为盲明，吏以民为贤不肖，此之谓民无不为命也。闻之于政也，民无不为功也，故国以为功，君以为功，吏以为功。国以民为兴怀，君以民为弱强，吏以民为能不能，此之谓民无不为功也。闻之于政也，民无不为力也，故国以为力，君以为力，吏以为力，故夫战之胜也，民欲胜也。攻之得也，民欲得也。守之存也，民欲存也。故吏率民而守，而民不欲存，则莫能以存矣。故率民而攻，民不欲得，则莫能以得矣。故率民而战，民不欲胜，则莫能以胜矣。……知善而弗行，谓之不明。知恶而弗改，必受天殃。天有常福，必与有德。天有常菑，必与夺民时，故夫民者，至贱而不可简也，至愚而不可欺也。故自古至于今，与民为仇者，有迟有速，而民必胜之。①

贾谊认为，为了得到"民心""民力""民功"，必须实行一系列稳定百姓生产和生活秩序的措施。

西汉时期，将"德治"思想进一步理论化和系统化的儒学大师是董仲舒，他的"德治"主张以"德主刑辅"为主要内容。他以"天之任德不任刑"将"德治"与"天意"联系起来，从而使之神圣化与神秘化。董仲舒的"德治"思想有两层意思，一是执政者必须有德，国家必须以"德治"作为根本目的，"国之所以为国者，德也"②。由此，君主应该"固守其德"，始终坚持"以德治国"的原则，使自己治下的百姓能够得到福泽德惠。二是"以教化为大务"，"以德善化民"，办法是"立大学以教于国，设庠序以化于邑，渐民以仁，摩民以谊，节民以礼，故其刑罚甚轻禁不犯者，教化行而习俗美也"③。目的是使天下臣民都能实行"三纲五常"的道德信条，取得上下相

---

①　贾谊：《新书·大政上》，董治安主编《两汉全书》第四册，山东大学出版社 2006 年版，第 318—319 页。

②　董仲舒：《春秋繁露·保位权》，董治安主编《两汉全书》第四册，山东大学出版社 2006 年版，第 2052 页。

③　班固：《汉书》卷五十六《董仲舒传》，中华书局 1962 年版，第 2503—2504 页。

安、社会稳定的效果。当然，董仲舒也重视刑的作用："教，政之本也；狱，政之末也。其事异域，其用一也，不可以不相顺。"①

东汉初年的桓谭以激烈反对谶纬迷信名重一时。他政治思想的核心是王霸并用。王道喻德治，霸道喻刑罚，二者缺一不可："夫王道之治，先除人害，而足其衣食，然后教以礼仪，而威以刑诛，使知好恶去就，是故天下任四凑，天下安乐，此王者之术。霸功之大者，尊君皇臣，权统由一，政不二门，赏罚必信，法令著名，百官修理，威令必行，此霸着之术。"② 东汉末年的王符以孔子的"富而教之"表述自己的"德治"思想。他认为君主治国，"富民""教民"不可偏废，"庶则富之，既富则教之"，而教民"以道义为本"③。为了达到"富民"的目的，必须坚持"重本抑末"的政策：一方面抑制朝廷的横征暴敛，官吏的贪赃枉法和贵戚豪家的奢侈靡费；一方面"省力役而为民爱日"④，为百姓创造一个良好的生产和生活环境。还应该改变"阀阅取士"的制度，选取品学兼优、能力卓越的贤才充任各级官吏，使之既为百姓表率，又能执行"富民""教民"的政策。与王符同时代的仲长统提出"人事为本"的治国原则，要求从君主到各级官吏都要加强修养，"克己责躬"，"自省无衍"，达到"人上之公德"。同时要求"官人无私，唯勤是亲，勤勉政事，屡省功臣，赏赐期于功劳，刑罚归于罪恶"，从而达到"政平民安，各得其所"⑤的目的。

三国时代的诸葛亮是一个主张儒法并用、德刑兼施的政治家。他强调法治，更强调以德行法。他以"私不害公""赏罚公平"，以身作则，为臣民树立了一个为政者崇高的道德形象。他要求为政者严于律己，做到"非法不言，非道不行"，保持自身之正，因为"身不正则令不从，令不从则生变

---

① 董仲舒：《春秋繁露·精华》，董治安主编《两汉全书》第四册，山东大学出版社 2006 年版，第 2029 页。
② 桓谭：《新论·王霸》，董治安主编《两汉全书》第十二册，山东大学出版社 2006 年版，第 6615 页。
③ 王符著，王健注说：《潜夫论·务本》，河南大学出版社 2008 年版，第 100 页。
④ 王符著，王健注说：《潜夫论·爱日》，河南大学出版社 2008 年版，第 179 页。
⑤ 严可均校辑：《全后汉文》卷八十九，中华书局 1958 年版，第 955 页。

乱"①。他认为明君理政必须正纲理纪，以三纲六纪规范君臣百姓的言行。诸葛亮德刑兼施的治国方略取得了明显成效，蜀汉在三国中虽然地域最小、人口最少，但却是治理得最有条理的地方。陈寿赞扬它"吏不容奸，人怀自厉，道不拾遗，强不侵弱，风化肃然"②，并非过誉。魏末晋初的思想家傅玄，针对魏晋之际清谈成风、思想混乱、纲纪败坏、人心涣散的状况，忧心如焚，提出了兴学重儒、加强教化的主张。他强调教化的作用："虎至猛也，可威而服；鹿至粗也，可教而使；木至劲也，可柔而屈；石至坚也，可消而用。况人含五常之性，有善可因，有恶可改者乎! 人之所重，莫重乎身。贵教之道行，人有仗节行义，死而不顾者矣。此先王因善道义，因义而立礼者也。"③ 认定贵教必须兴学重儒，而教化的根本目的则是以三纲五常的道德信条规范所有人的言行，其关键是"正心"，通过"内省""修身"以至齐家、治国、平天下。

唐朝皇帝李世民是参与创业的一代英主，他当政的贞观时期是中国封建社会少有的清明之世。他的"德治"思想内涵丰富深刻，政治实践活动成效辉煌。他充分认识到以儒学加强教化、齐导风俗和安定人心的作用，认为只要坚持不懈地宣传三纲五常，就能收到"百姓渐知廉耻，官人奉法，盗贼日稀"的效果。李世民"德治"思想的核心是"重民"，他说："君依于国，国依于民，刻民以奉君，犹割肉以充腹，腹饱而身毙，君富而国亡。"④ 他引申荀子的话强调"舟所以比人君，水所以比黎庶，水能载舟，亦能覆舟"⑤。所以，为国之术，必须以民为本；为君之道，必须先存百姓。作为国君，应该清心寡欲，节己顺民，轻徭薄赋，发展生产。同时，为了使自己的决策减少失误，应该广开言路，求谏纳谏，做到兼听而不偏信，使"下情得以上通"，君主才不会被佞臣所蒙蔽。为了使各级官吏都能由贤人充任，他以用人唯贤、亲疏并举的政策将当代精英都网罗到自己的麾下。唐代古文运动的

---

① 王瑞功：《诸葛亮研究集成·便宜十六策·教令》，齐鲁书社 1997 年版，第 334 页。
② 陈寿：《三国志》卷三十五《蜀书·诸葛亮传》，中华书局 1965 年版，第 930 页。
③ 《傅子·贵教》，电子版《文渊阁四库全书》。
④ 司马光等：《资治通鉴》卷一百九十二《唐纪》八，中华书局 1956 年版，第 6026 页。
⑤ 《唐太宗集·论教戒太子诸王书》，电子版《文渊阁四库全书》。

领袖韩愈，以辟佛老、恢复儒学独尊为己任。他的"德治"思想将仁义道德作为个人修养的中心内容和衡量尺度，同时把正心、诚意、修身、齐家的目的定位于治国平天下。他也倡导举贤才，但认为贤才的首要条件不是能力而是品格。

（二）宋元至明清"德主刑辅"理念的丰富发展

北宋著名改革家王安石继承董仲舒"德主刑辅"的思想，他说："刑名法制，非治之本，是为吏事，非王道也。精神之运，心术之化，使人自然迁善而远罪者，王道也。"① 不过，对百姓的教化主要不是靠说教，而是靠各级理民官，尤其是高级理民官以身作则所产生的潜移默化的影响。当然，他也不认为教化是万能的，还须以刑为辅："君任德。则下不忍欺，君任察，则下不能欺，君任刑，则下不敢欺，而遂以德察刑为次。"② 南宋理学的集其大成者朱熹的"德治"思想在德、刑关系上是矛盾的。一方面，他继承孔子，将"仁"视为最高道德境界，是"众善之源，百行之本"，因而应该"汲汲于求仁"，"亲亲、仁民、爱物"；另一方面，在施政的宽、严关系上，他又提出"以严为本"的主张："教之不从，刑以督之，惩一人而天下知所劝诫，所谓辟以止辟。虽曰杀之，而仁家之实已行乎其中。今非法以求其生，则人无所惩惧，陷于法者愈众，虽曰仁之，适以害之。"③ 南宋两位反理学的思想家陈亮、叶适都有丰富的"德治"思想。陈亮主张师道与君道并举，王道与霸道兼用，而以师道、王道为主。由此出发，他强调君主必须加强自身修养，节制七情六欲，不要生杀由己，作威作福，骄奢淫逸，应该使自己德才兼备，足为世之楷模。叶适主张重德轻法，实行"仁政"，要求君主"视民如子"，"养民至厚，取之至薄，为下甚逸，为上甚劳"④。这就是所谓求上严、御下宽。

明朝中期影响最大的思想家王阳明在"德治"思想方面的最大贡献，

---

① 《临川先生文集·熙丰知遇录》，电子版《文渊阁四库全书》。
② 《临川先生文集·三不欺》，电子版《文渊阁四库全书》。
③ 丘濬：《大学衍义补》卷一百，电子版《文渊阁四库全书》。
④ 叶适：《水心集》卷十二，电子版《文渊阁四库全书》。

是在道德修养上提出了"致良知"说。尽管他是一个主张"心外无物"的主观唯心论者，但在探索道德修养上却有不少可取之处。他认为"良知"不仅是天地万物的本原，而且是先天存在于人们心中的先验知识与道德观念，同时还是判断是非的标准和规范人们行为的道德准则。而他心目中的道德无非就是忠、孝、节、义、仁、礼、智、信等信条。他的道德修养方法是"致良知在格物"，即通过"省察克治之功"祛除"私欲邪念"，"去得人欲，便识天理"①，使自己的言行完全符合"良知"的要求。虽然"致良知"不过是一种封建道德的践履，但其中关于"自律""自省"等修养方法还是具有合理内核的。明末清初的启蒙思想家黄宗羲以批判封建君主专制制度，呼唤个性解放和思想自由而闻名于世。他的"德治"思想突出表现在以"万民忧乐"作为君主和官府行为行政的标准，要求国君处处时时为百姓着想，"不以一己之利为利，而使天下受其利，不以一己之害为害，而使天下释其害"②，要求各级官吏"为天下，非为君也；为万民，非为一姓也"③。最后的结论是，天下的正气治乱"不在一姓之兴亡，而在万民之忧乐"④。与黄宗羲同时代的另一启蒙思想家王夫之，是中国古代唯物论思想的集大成者。他以主张"公天下"、反对"私天下"展开自己"宽以待民"的"德治"思想理念。他要求对百姓施以德教，反对专任刑罚，主张"柔道"与"安抚"，反对"宽猛相济"。他虽然也认为刑罚为治国所必须，但主张刑法简而宽，反对苛而繁，特别赞扬唐人杨相如对此问题恰到好处的论述："法贵简而能禁，刑贵轻而必行。小过不察则无繁苛，大罪不漏则止奸匿。"在经济上，他主张轻徭薄赋，"藏富于民"，缓和阶级矛盾，为百姓创造较好的生产生活条件。他特别主张"严以治吏"，认为"治吏以宽"必然造成对百姓的残害，因为官吏犹如鹰与獭，一旦失去控制，就会对百姓大发淫威，造成难以估量的戕害。明清之际另一大思想家顾炎武，以提倡"经世致用"的学风影响当代与后世。他首次将王朝与国家区别开来，反对君主独裁，倡导君民平等，反对

---

① 《王文成全书》卷一《传习录上》，电子版《文渊阁四库全书》。
② 黄宗羲：《明夷待访录·原君》，电子版《文渊阁四库全书》。
③ 黄宗羲：《明夷待访录·原臣》，电子版《文渊阁四库全书》。
④ 黄宗羲：《明夷待访录·原君》，电子版《文渊阁四库全书》。

以法为治，主张以教化为基本内容的"名治"。他说："法制禁令，王者所不废，而非所以为治也，基本在正人心，厚风俗而已。"① 他针对当时"无官不赂遗""无守不盗窃"的颓风积弊，认为必须在官民中弘扬名教、名节，整顿风俗，而教化纪纲之本则是礼义廉耻："'礼义廉耻，国之四维。四维不张，国乃灭亡。'……而四者之中，耻为尤要。"② 为此，他主张恢复清议对官吏的选取、行政进行强有力的监督，同时对名节突出的人物加以褒扬，以便形成人心正、风俗醇的社会风气。清朝初年的唐甄，阐发了具有独具特色的"德治"思想。他猛烈抨击封建专政制度的罪恶，认为自秦汉以来凡帝王皆贼，社会的灾难主要由他们造成。他强调"德治"必须从皇帝的自律开始，凡事以身作则，成为臣民表率："人无贤不贤，贤不贤惟君；政无善不善，善不善唯君。君唯有道，虽恒才恒法，可以为治；君唯无道，虽有大贤良法，亦以成乱。是故明哲之君，无所为恃，必责于己，知天子于民庶，过及十一，祸倍百千。"③ 同时还必须树立"民为邦本"的理念："封疆，民固之；府库，民充之；朝廷，民尊之；官职，民养之。"④ 从民本出发，他提出爱民、富民、保民的主张。为了保民，应该对那些以残民为能事的贪官污吏处以重刑。为了富民则必须帮助他们发展生产，"众为邦本，土为邦基，财用为生民之命"⑤，只要百姓富足安康，社会自然稳定。他提出的养民的 18 条善政，涉及百姓的衣、食、住、行、生、老、病、死、婚、丧、嫁、娶的方方面面，充分显示了他关心民瘼、真诚期望百姓富裕安定的良好愿望。

（三）"德主刑辅"理念的积极意义

以上简要考察表明，在中国古代以儒学为代表的政治文化中，有着极

---

① 顾炎武：《日知录》卷九《法制》，见黄汝成《日知录集释》，上海古籍出版社 2006 年版，第 488 页。

② 顾炎武：《日知录》卷十三《廉耻》，《日知录集释》，上海古籍出版社 2006 年版，第 772 页。

③ 唐甄：《潜书·远谏》，中华书局 1963 年版，第 127 页。

④ 唐甄：《潜书·明鉴》，古籍出版社 1955 年版，第 108 页。

⑤ 唐甄：《潜书·卿牧》，古籍出版社 1955 年版，第 129 页。

其丰富的"德治"思想，其中的不少精华之论构成了"以德治国"的理论资源宝库，能够为后世的"以德治国"提供良好资鉴。如：

1. 治国理民的出发点是民本理念，"民为邦本，本固邦宁"。因而为政必须为民、爱民、养民、富民、教民，为之创造良好的生产生活条件，使之弘扬正气，"有耻且格"，培育良风美俗，淳化社会环境。

2. 因为从民本出发，所以治国理民的基本原则就是"德主刑辅"，教化为先，相信绝大多数百姓能够努力向善。

3. 君主百官是社会的精英、百姓的表率，所以他们必须严于律己，宽以待人，严以治吏，宽以治民，培育良好的政风。

4. 加强全民的道德教育，特别是君王官吏的道德修养。其方法着重通过个人的"内省""慎独""苦心""劳志"达到人格的自我完善，但也注重制度法纪的制约和社会的舆论监督，形成人人奋发自励的社会氛围。

5. 刑罚不可全废，但只是作为德治的补充；刑罚只能适度使用，更不能将其作为治国理民的唯一手段。

当然，由于中国古代的"德治"思想都是在长期的奴隶社会与封建社会中产生和发展的，因而不可避免地带有时代和阶级的局限。除了它所倡导的道德信条浸透着浓厚的封建意识之外，最根本的问题在于其指向是"人治"而非法治，而且它的"人治"是以圣君贤相的"内圣外王"为前提的。可事实上，历史上称得起"内圣外王"的帝王将相实在是凤毛麟角。特别是，靠帝王将相的自律而成圣是绝对靠不住的。就是个别英明睿智、雄才大略的帝王，能够自律到底的人物也少之又少，"靡不有初，鲜克有终"者居多。再说，"德治"思想尽管极其强调皇帝和官吏加强道德修养，但更强调百姓必须接受"为民父母"的皇帝和百官的教化与管理，二者的关系是建立在不平等的前提下。所以，"德治"思想指导下的政治最好的结果也只能是开明专制。况且它鼓吹的所谓修养方法也都是脱离社会实践的心灵自省，内中有不少唯心主义的糟粕。

二、"不分贵贱亲疏一断于法"的法制意识

（一）法制意识在先秦时期的产生与发展

在中国古代的政治思想中，虽然占主流地位的是"德治"思想，但即使最讲究"德治"的思想家也不忘"刑辅"，所以与"德治"的思想始终相伴的还有"不分贵贱亲疏一断于法"的法制意识存在。

据留传至今的文献记载，虞舜从受尧试用、居摄直至接受禅让的帝位后所推行的施政方略，基本上就是"德主刑辅"。从一定意义说，虞舜也是中国法律制度最早的创建人。《尚书·舜典》记载虞舜创制刑法、惩罚"四凶"之事，刑罚中贯彻宽严结合、施教劝善的原则：

> 象以典刑，流宥五刑。鞭作官刑，扑作教刑，金作赎刑，眚灾肆刑，怙终贼刑。"钦哉！钦哉！惟刑之恤哉！"流共工于幽州，放驩兜于崇山，窜三苗于三危，殛鲧于羽山：四罪而天下咸服。

皋陶是虞舜的大法官，是五帝时期对法制建设作出最大贡献的人物。《尚书·大禹谟》就记载了虞舜和皋陶关于制定"五刑"的对话：

> 帝曰："皋陶！惟兹臣庶，罔或干予正，汝作士，明于五刑，以弼五教。期于予治，刑期于无刑，民协于中。时乃功，懋哉！"皋陶曰："帝德罔愆。临下以简，御众以宽；罚弗及嗣，赏延于世；宥过无大，刑故无小，罪疑惟轻，功疑惟重；与其杀不辜，宁失不经。好生之德，洽于民心，兹用不犯于有司。"

这里，帝舜赞扬皋陶作为主管刑狱的士官，明白用五刑来辅助五教，施用五刑的目的是为了不用五刑，这样民众就能服从于中道。皋陶则颂扬帝舜德行完美，没有过失。施政原则是对待臣下简约，对民众宽容。惩罚不连带子孙，奖赏延续至后代。如果是过失犯罪，无论多大，都可以得到宽恕；如果

是故意犯罪，无论多小，都要施用刑罚。罪行处罚轻重无法确定时，就从轻处理；功绩奖赏轻重无法确定时，就从重赏赐。与其误杀无罪的人，宁可放过不遵守常法的人。这种爱惜民众生命的德行能够和谐民心，启导民众不去触犯刑法。

在《尚书·皋陶谟》中记载了皋陶对"九德""五礼"和"五刑"的解释：

> 皋陶曰："都！亦行有九德。亦言其人有德，乃言曰，载采采。"禹曰："何？"皋陶曰："宽而栗，柔而立，愿而恭，乱而敬，扰而毅，直而温，简而廉，刚而塞，强而义，彰厥有常，吉哉！……天叙有典，勅我五典五惇哉！天秩有礼，自我五礼有庸哉！同寅协恭和衷哉！天命有德，五服五章哉！天讨有罪，五刑五用哉！政事懋哉！懋哉！天聪明，自我民聪明。天明畏，自我民明威，达于上下，敬哉有土。"

在皋陶看来，所谓"九德"就是：既宽宏大量又恭敬坚栗；既性情温和又坚定不移；既小心谨慎又严肃庄重；既处事干练又严谨有序；既虚心纳谏又刚毅果断；既行为耿直又态度温和；既着眼大局又注重小节；既刚正不阿又充实全面；既勇敢顽强又善良道义。所谓"五礼"就是君臣、父子、兄弟、夫妇、朋友之间关系的常法。所谓"五刑"就是墨、劓、剕、宫、大辟五种等级不同的刑罚。这里，皋陶是将"德""礼"和"刑"作为一个密不可分的整体加以论述的。而在《大禹谟》中，还记载了大禹率领诸侯将士以武力征伐三苗，经过30天的战争也没有使三苗屈服，之后靠虞舜"诞敷文德，舞干羽于两阶。七旬，有苗格"，就是说，由于虞舜大施文教德政，三苗就前来归顺了。《史记·五帝本纪》对虞舜事迹的记述中，明确展示了他用刑的情况：

> 于是舜归而言于帝，请流共工于幽陵，以变北狄；放驩兜于崇山，以变南蛮；迁三苗于三危，以变西戎；殛鲧于羽山，以变东夷：四罪而天下咸服。

显然，将虞舜作为中国古代社会"法制"的开山之祖应该是没有疑义的。

三代时期，特别是西周时期，礼成为人们的行为规范，礼中同样包括法，《尚书·皋陶谟》所记载的"五刑"在这一时期应该是实行过的。与此同时，在各诸侯国，法制意识潜滋暗长。如齐国的姜太公就创始了齐法家体系，其特点是礼法兼重、纲纪和刑罚并用。他说："凡用赏者贵信，用罚者贵必。赏信罚必于耳目之所闻见，则所不闻见者，莫不阴化矣。"① 又说："杀贵大，赏贵小。杀及当路贵重之臣，是刑上极也；赏及牛竖、马洗、厩养之徒，赏下通也。"② 他的思想对后来管仲、晏婴礼法观念的形成产生了重要影响。管仲的法制思想大大丰富和深化了齐学这一方面的内容。他特别重视法令的公开性和明确性，也强调法令的统一性和相对稳定性。在《牧民》篇中，他认为当国者应当"明必死之路，开必得之门"，"明必死之路者，严刑罚也；开必得之门者，信庆赏也"。即要求统治者明确赏罚标准，使他们知道自己如何远离邪恶和为国立功。同时，还必须使法令普遍传布于所有辖区，并使赏罚施行于法令公布、标准明确之后。他说："凡将举事，令必先出，曰事将为，其赏罚之数，必先明之。立事者谨守令以行赏罚，计事致令，复赏罚之所加。有不合于令之所谓者，虽有功利，则谓之专利，罪死不赦。首事既布，然后可以举事。"③ 他认为只有保证法令的公开性和周知性，才能避免赏罚的随意性。管仲也非常重视法令的稳定性和严肃性，反对朝令夕改，他说：

> 令已布而赏不从，则是使民不劝勉、不行制、不死节，民不劝勉、不行制、不死节则战不胜而守不固，战不胜而守不固则国不安矣。令已布而罚不及，则是教民不听，民不听则强者立，强者立则主位危矣。④

① 《六韬·文韬·赏罚》，电子版《文渊阁四库全书》。
② 《六韬·龙韬·将成》，电子版《文渊阁四库全书》。
③ 《管子·立政》。
④ 《管子·法法》。

　　管仲还认为，国家既要使刑罚具有足够的威慑力，又要使之合乎情理而具备可行性。这样才能使百姓养成见利思刑、"见怀思威"的习惯，从而保证统治秩序的安定与和谐。战国时期，齐国的稷下学宫汇聚了当时中国顶尖的一批思想家，其中的慎到和田骈等人发展了齐国传统的法制理论。他们理论的落脚点归结为"事断于法"。来自赵国的慎到认为，"法"是"道"的公正无私精神的体现，因而应该成为人人必须遵守的最高规范：

　　　　法虽不善，犹愈于无法，所以一人心也。夫投钩以分财，投策以分马，非钩策为均也，使得美者不知所以德，使得恶者不知所以怨，此所以塞愿望也。故著龟，所以立公识也；权衡，所以立公正也；书契，所以立公信也；度量，所以立公审也；法制礼籍，所以立公义也。凡立公，所以弃私也。①

在他们看来，法虽然不是尽善尽美的，但因为它代表着必然和公道，所以能够抑制私情和调节欲望，从而保证社会的正常和有序的运行。为了使法能够得到正确的贯彻执行，必须反对舍法而"慕贤智"：

　　　　今也国无常道，官无常法，是以国家日缪。教虽成，官不足，官不足则道理匮，道理匮则慕贤智，慕贤智则国家之政要在一人之心矣。②

还必须反对舍法而任忠臣。因为历史事实证明"忠未足以救乱世，而适足以重非"③，所以治国主要不能依靠臣子对君主的忠心，而是倚靠他们遵守法令恪尽职守：

　　　　明主之使其臣也，忠不得过职，而职不得过官。是以过修于身，

————————

①　《慎子·威德》，电子版《文渊阁四库全书》。

②　《慎子·威德》，电子版《文渊阁四库全书》。

③　《慎子·知忠》，电子版《文渊阁四库全书》。

而下不敢以善骄矜守职之吏；人务其治，而莫敢淫偷其事。官正以敬其业，和顺以事其上，如此，则至治矣。①

显然，他们并不是完全否定臣子对君主的忠心，而是防止有人以"忠君"为名超越权限，违法乱纪。进而，他们还反对"舍法而以身治"，即要求君主也必须在法的范围内活动，而不能以个人意志实施赏罚。因为如果君主以个人意志实施赏罚，则必然导致"同功殊赏，同罪殊罚"，结果是私情横行，政治混乱。反之，"大君任法而弗躬，则事断于法矣。法之所加，各以其分，蒙其赏罚而无望于君也，是以怨不生而上下和矣。"② 为了防止出现君主"舍法而以身治"的弊端，君主必须坚持"无为"的原则：

> 君臣之道，臣事事而君无事，君逸乐而臣任劳，臣尽智力以善其事，而君无与焉，仰成而已，故事无不治，治之正道然也。③

这里强调的是君主和臣下应该在法的范围内有一个职权上的明确分工，君主不应该越权干预臣下职权范围内的活动。但是，这并不是要求君主轻视势位和放弃本应属于自己的权力。慎到等人已经看到权位的重要性，他形象地说，如果君主没有居高临下的势位，就像蛇失去雾，飞龙失去云，就只能落得与蚯蚓一样任人宰割，遑论什么统治国家。慎到等的重势的思想是战国时代封建专制主义中央集权和尊君抑臣思潮不断发展的反映，后来被韩非吸收并加以发展，成为他完整的法治理论的重要组成部分。不过，慎到和田骈的道法相结合的法治思想与韩非思想还是有区别的，这主要体现在他们虽然主张"任法"和"势位"，但并不主张君主绝对专制，《慎子·威德》就认为天下、国家大于天子和国君：

> 古者立天子而贵者，非以利一人也，曰："天下无一贵，则理无由

---

① 《慎子·知忠》，电子版《文渊阁四库全书》。
② 《慎子·君人》，电子版《文渊阁四库全书》。
③ 《慎子·民杂》，电子版《文渊阁四库全书》。

通，通理以为天下也。"故立天子以为天下，非立天下以为天子也；立
国君以为国，非立国以为君也；立官长以为官（职），非立官以为长也。

慎到和田骈的黄老道法学说后来在黄老帛书《经法》《十大经》《称》和《道
原》那里得到较充分的继承和发展，形成了西汉初年"因阴阳之大顺，采儒
墨之善，撮名法之要"①的黄老刑名之学，并被统治者采纳，成为西汉前期
60 年左右的政治上的指导思想。

春秋战国时期三晋法家创立并发展了成为中国古代法家思想主流的法
制思想。其中，商鞅的"法"，申不害的"术"，再加上慎到的"势"，被韩
非综合构筑为中国古代完备的法制思想体系。三晋法家的先驱是李悝，他参
与了魏文侯的变法，奖励耕战，推行"使有能，禄有功"的任人唯贤的政
策。他综合各国的成文法，制定了一部新的法典，这就是著名的《法经》，
内容由《盗法》《贼法》《囚法》《捕法》《杂法》《具法》等 6 篇组成。他的
《法经》制定了当时所有人必须遵循的行为准则，强调社会生活必须一切遵
法，是稳定秩序的重要条件。李悝的法制思想和基本原则被后世法家继承和
弘扬。曾经做过韩国相的申不害比较要求君主牢牢掌握权柄，游刃有余地驾
驭臣下。他说："明君如身，臣如手；君若号，臣如响"；重视"术"，其实他
对法和势也同样关注。他的"术"包括循名责实、静因无为、巧于用人和权
术等内容，主要是"君设其本，臣操其末；君治其要，臣行其详；君操其柄，
臣事其常。"②他要求臣子们都要车轮辏集于辐那样围着君主转。申不害特
别重视"术"，因为在他看来，对君王最大的危险来自周围的臣下，所以必
须用"术"来防范和统御他们。这个"术"，按照韩非的解释，就是"因任
而授官，循名而责实，操杀生之柄，课群臣之能"，而且必须由"人主之所
执"③，"术"深藏胸中，秘不示人，是由君王独自掌握的驭人之术。商鞅是
卫国人，后去秦国，协助秦孝公实行了一场战国时期最彻底、最宏大并且成

---

① 司马谈：《论六家要旨》。司马迁：《史记》卷一百三十《太史公自序》，中华书局 1959 年
版，第 3289 页。

② 《艺文类聚·申子·大体》，电子版《文渊阁四库全书》。

③ 王先慎：《韩非子集解·定法》，中华书局 2013 年版，第 433 页。

效最显著的变法，使秦国后来居上，很快发展成为七国中最强大的诸侯国，为统一六国奠定了基础。他的著作汇集为《商君书》29篇，其中大部分反映了他的法制思想。他认定法制的前提是国家至上、君王至上，法是君臣共操、臣民共遵的规则，只有严格地遵守和执行法制，国家才能得到治理，社会才能得到安宁。他说："有明主忠臣产于今而散领其国者，不可须臾。"离开法，"爱人者不阿，憎人者不害，爱恶以其正，治之至也。臣故曰'法任而国治矣'。"① 法的第一个特点是"明"，即人人知道，家喻户晓，"天下之吏民无不知法者"。唯其如此，所以"吏不敢以非法遇民，民不敢犯法以干法官"，无论任何人也"不敢开一言以枉法"②。法的第二个特点是"刑无等级"："一刑者，刑无等级。自卿相将军以至于大夫庶人，有不从王令、犯国禁、乱上制者，罪死不赦。"不仅如此，而且功过不能相抵，不能将功折罪："有功于前，有败于后，不为损刑。有善于前，有过于后，不为亏法。忠臣孝子有过则以其数断。"③ 法的第三个特点是轻罪重罚，罚多赏少："故行刑重其轻者，轻者不生，则重者无从至矣。"④"不刑而民善，刑重也。刑重者，民不敢犯，故无刑也，而民莫敢为非，是一国皆善也。"⑤"治国刑多而赏少，故王者刑九而赏一，削国则赏九而刑一。"⑥ 商鞅的法制思想中尽管有"不分贵贱亲疏一断于法"的法律面前人人平等的意念，但其最终导向只能是严酷的专制主义。韩国的韩非是先秦法家的集大成者，他留下的《韩非子》一书集中展示了他的法制思想。他坚持历史进化论，认定所有人都具有趋利避害的本性，人与人之间的关系的本质是利益交换，根本不存在道德承诺。所以社会通行的最重要的法则是以力服人，"先王所期者利也，所用者力也"⑦，"力多则人朝，力寡则朝于人，故明君务力"，因而历史发展的指向是"古人

①　商鞅：《商子》卷五《定分》，电子版《文渊阁四库全书》。
②　商鞅：《商子》卷五《定分》，电子版《文渊阁四库全书》。
③　商鞅：《商子》卷四《赏刑》，电子版《文渊阁四库全书》。
④　商鞅：《商子》卷四《画册》，电子版《文渊阁四库全书》。
⑤　商鞅：《商子》卷四《画策》，电子版《文渊阁四库全书》。
⑥　商鞅：《商子》卷二《开塞》，电子版《文渊阁四库全书》。
⑦　王先慎：《韩非子集解·外储说左上》，中华书局2013年版，第282页。

亟于德，中世逐于智，当今争于力"①。他进而将国君至上论推到极致，认为君主是国家的主人，是社会的中心，国家和社会的一切，所有的臣民都必须围绕君主的利益旋转。而调动臣民的唯一动力是利益的诱惑：

> 利之所在民归之，名之所彰士死之。②

> 夫上所以陈良田大宅，设爵禄，所以易民死命也。③

> 霸王者，人主之大利也。人主挟大利以听治，故其任官者当能，其赏罚无私，使士民明焉。尽力致死，则功伐可立而爵禄可致，爵禄致而富贵之业成矣。富贵者，人臣之大利也，人臣挟大利以从事，故其行危至死，其力尽而不望。④

在利益的诱惑下，同时以轻罪重罚的法律加以严厉督责，就会使天下臣民都走向为君主尽死力的轨道，富国强兵的目的也就达到了：

> 故明主之治国也，众其守而重其罪，使民以法禁而不以廉止。母之爱子也倍父，父令之，行于子者十母。吏之于民无爱，令之行于民也万父母。父母积爱而令穷，吏用威严而民听从。……君上之于民也，有难则用其死，安平则尽其力。……君以无爱利求民之死力而令行，明主知之故不养恩爱之心，而增其威严之势。⑤

所以韩非的结论就是彻底舍弃仁义道德而专任严刑峻法、重刑厚赏：

① 王先慎：《韩非子集解·显学》，中华书局 2013 年版，第 504 页。
② 王先慎：《韩非子集解·外储说左上》，中华书局 2013 年版，第 282 页。
③ 王先慎：《韩非子集解·显学》，中华书局 2013 年版，第 502 页。
④ 王先慎：《韩非子集解·六反》，中华书局 2013 年版，第 455—456 页。
⑤ 王先慎：《韩非子集解·六反》，中华书局 2013 年版，第 456—457 页。

故法之为道，前苦而长利；仁之为道，偷乐而后穷。圣人权其轻重，出其大利，故用法之相忍，而弃仁之相怜也。学者之言，皆曰轻刑，此乱亡之术也。凡赏罚之必者，劝禁也。赏厚则所欲得也疾，罚重则所扼制禁也急。……重一奸之罪而止境内之邪，此所以为治也。重罚者盗贼也，而悼惧者良民也。欲治者奚疑于重刑？若夫厚赏者，非独赏功也又劝一国。受赏者甘利，未赏者慕业。是报一人之功而劝境内之众也。欲治者何疑于厚赏？①

韩非心目中的法第一个特点是"尊公废私"："夫吏法令者以废私也，法令行而私道废矣。私者所以乱法也。"②而这个"公"就是人主的利益，这个"私"就是与人主相对的臣民的私利。他所谓"尊公废私"就是牺牲臣民的利益而服从人主的利益。韩非所谓法的第二个特点是法必须具体、详细、明了，广而告之，让臣民百姓人人知晓：

书约而弟子辩，法省而民讼简。是以圣人之书必著论，明主之法必详事。③

法者，编著之图籍，设之于官府，而布之于百姓者也。④

韩非所谓法的第三个特点是事无巨细，一断于法，所有人都必须依法行事：

明主之国，令者，言最贵者也；法者，事最适者也。言无二贵，法不两适，故言行而不轨于法令者必禁。⑤

---

①　王先慎：《韩非子集解·六反》，中华书局 2013 年版，第 457—4588 页。
②　王先慎：《韩非子集解·诡使》，中华书局 2013 年版，第 451 页。
③　王先慎：《韩非子集解·八说》，中华书局 2013 年版，第 468 页。
④　王先慎：《韩非子集解·难三》，中华书局 2013 年版，第 415 页。
⑤　王先慎：《韩非子集解·问辩》，中华书局 2013 年版，第 429 页。

韩非这里讲的"法不两适"似乎包括所有人，其实，他实际上是把君主除外的。因为在他看来，君主作为定法者，是应该享有不受法律制约的特权的。韩非既看重"法"在治国理民中的突出功用，更重视君主据"势"而行法用术的关键意义，因为君主能否行法用术的最根本的条件是他是否据"势"。他说：

> 凡明主之治国也，任其势。①

> 有材而无势，虽贤不能治不肖。②

> 慎子曰：飞龙乘云，腾蛇游雾。云罢雾霁，而龙蛇与螾螘同矣。则失其所承也。贤人而诎于不肖者，则权轻位卑也。不肖而能服于贤者，则权重位尊也。尧为匹夫，不能治三人。而桀为天子，能乱天下。吾以此知势位之足恃，而贤智之不足慕也。夫弩弱而矢高者，激于风也。身不肖而令行者，得助于众也。尧教于隶属，而民不听。至于南面，而王天下，令则行，禁则止。由此观之，贤智未足以服众，而势位足以诎（诎）贤者也。③

韩非进而将"势"分为"自然之势"和"人为之势"，而他所看重的不是千载难逢的"自然之势"而是人自己造成的"人为之势"，即靠权力造成的势位：

> 势必于自然，则无为言于势矣。吾所为言势者，言人之所设也。今日尧舜得势而治，桀纣得势而乱，吾非以尧、桀为不然也。虽然，非一人之所得设也。夫尧舜生而在上位，虽有十桀纣不能乱者，则势治也；桀纣亦生而在上位，虽有十尧舜亦不能治者，则势乱也。故曰：

---

① 王先慎：《韩非子集解·难三》，中华书局 2013 年版，第 413 页。
② 王先慎：《韩非子集解·功名》中华书局 2013 年版，第 223 页。
③ 王先慎：《韩非子集解·难势》，中华书局 2013 年版，第 423—424 页。

'势治者则不可乱，而势乱者则不可治也。'此自然之势也，非人之所得设也。若吾所言，谓人之所得势也而已也。①

韩非看重人为之势，要求君主牢牢控制最高权力，凭"势"用"法"，操持国脉民命，独享权势带来的一切荣华富贵。韩非进一步发展丰富深化了申不害"术"的理论，其中的有些内容，如任能授官、赏罚严明、形名参验、听取众见、择善而从等都具有积极意义。但其"术"中的最重要内容是君主驾驭群臣的手段和智术，大多属于阴谋诡计："术者，藏之于胸中，以偶众端而潜御群臣者也。""法莫如显而术不欲见。""用术，则亲爱近习莫之得闻也。"② 他要求君主高拱无为，深藏不露，高深莫测，处处防范，对任何人，包括自己的妻子儿女也不能信任，用人诡秘，防之如虎，记小过，抓小辫，设置暗探，侦察群臣的违法或不忠行为，为了自身的安全，不惜采用暗杀等手段，除掉对自己形成威胁的臣子。

韩非法制思想的精华在于，他意识到纯任德治是一种不可能实现的理想主义，而维护国家和社会的正常有序运行必须依靠制度和规则。完备的法制规定了天下臣民的行动规则和轻罪重罚的惩治措施，这显然是国家和社会正常运转的必要条件。同时，在形式上，韩非的法制思想起码给人以法律面前人人平等的感觉，使"王子犯法与庶民同罪"的意念深入人心，这对后来中国古代皇朝不断颁布和实行严密的以刑法为中心的法律制度奠定了理论基础。但是，韩非法制思想的弊端也是鲜明而突出的。由于他将法制的作用极端化，完全排斥德治和教化的功能，错误地将人与人的关系简化为赤裸裸的利益交换，从而将人间各种纯真的亲情彻底污化，将人类社会降低到按丛林规则运行的动物界的水平，这显然不利于人类社会的发展和文明的进步。他将法制的功能绝对化唯一化，在揭示人类社会残酷险恶、龌龊卑劣一面的同时，否定了道德对社会矛盾的调节功能，否定了人类社会关系中美好和谐的一面，这既不符合实际，更不利于引导人类社会走向美好的未来。韩非的理

---

① 王先慎：《韩非子集解·难势》，中华书局 2013 年版，第 426—427 页。
② 王先慎：《韩非子集解·难三》，中华书局 2013 年版，第 415 页。

论被秦始皇完全接受并付诸实践，秦朝扫灭六国、统一华夏，在世界的东方建立起一个幅员辽阔、国力强盛的大帝国，显示了法制理论的生命力和立竿见影的实际功用。然而，秦朝却同时成为中国历史上最短命的王朝之一，仅仅存在了 15 个年头就寿终正寝，在一定意义上也凸现了这个理论的严重弊端。后来的历代皇朝统治者尽管也不乏强调法制理论和实践的人物，但很难找到韩非之类的极端法制派的鼓吹者，这大概因为秦朝二世而亡的教训给历史留下的印象太深刻了。

（二）秦汉至明清法制思想的丰富与发展

秦朝以后的历代皇朝，在治理国家和社会的理论选择上大都钟情于"德主刑辅"，但其间不时闪现韩非法制思想的影响。如汉朝前期，汉律大体沿着轻刑的方向不断修改，"断狱数百，几至刑措"①。但到汉武帝时期，出于加强专制统治的需要，使汉朝的法律又转向严密苛酷。《汉书·刑法志》指出：

> 及至孝武即位，外事四夷之功，内盛耳目之好，征发烦数。百姓贫耗，穷民犯法，酷吏击断，奸宄不胜。于是招进张汤、赵禹之属，条定法令，作见知故纵，监临部主之法，缓深故之罪，急纵出之诛。其后奸猾巧法，转相比况，禁罔寝密。律令凡三百五十九章，大辟四百九条，千八百八十二事，死罪决事比万三千四百七十二事，文书盈于几阁，典者不能遍睹。

与汉武帝同时代的主父偃和桑弘羊是坚持法制思想极端化的两个代表人物。主父偃极力劝谏武帝加强中央集权，桑弘羊则在经济财政领域实行法家政策。桑弘羊将其政治思想归结为彻底的法制主义，将治国完全落实到法、令之上，认为"执法者国之辔衔，刑罚者国之维楫"，认定只有实行严刑峻法才能使"民不逾矩"，只有轻罪重罚才能使百姓惮于犯法：

---

① 班固：《汉书》卷四《文帝纪》，中华书局 1962 年版，第 135 页。

　　大夫曰："令者所以教民也，法者所以督奸也。令严而民慎，法设而奸禁。网疏则兽失，法疏则罪漏。罪漏则民放佚而轻犯禁。故禁下必，法夫侥幸，诛诚，跖、跷不犯。是以古者作五刑，刻肌肤而民不踰矩。今驰道不小也，而民公犯之，以其罚罪之轻也。千仞之高，人不轻凌，千钧之重，人不轻举。商君刑弃灰于道，而秦民治。故盗马者死，盗牛者加，所以重本而绝轻疾之资也。武兵名食，所以佐边而重武备也。盗伤与杀同罪，所以累其心而责其意也。……故轻之为重，浅之为深，有缘而然。"

　　御史大夫曰："执法者国之辔衔，刑罚者国之维楫也。故辔衔不饬，虽王良不能以致远。维楫不设，虽良工不能以绝水。韩子曰：疾有国者不能明其法势，御其臣下，富国强兵，以制敌御难，惑于愚儒之文词，以疑贤士之谋，举浮淫之蠹，加之功实之上，而欲国之治，犹释阶而欲登高，无衔橛而御悍马也。今刑法设备，而民犹犯之，况无法乎？其乱必也。"①

　　御史曰："夫负千钧之重，以登无极之高，垂峻崖之峭谷，下临不测之渊，虽有庆忌之健，贲育之勇，莫不震慑悚慄者，知坠则身首肝脑涂山石也。故未尝灼而不敢握火者，见其有灼也。未尝上而不敢握刃者，见其有伤也。彼以知为非，罪之必加，而戮及父兄，必惧而为善。故立法制辟，若临百仞之壑，握火陷刃，则民畏忌，而无敢犯禁矣。慈母有败子，小不忍也。严家无悍虏，笃责急也。今不立严家之所以制下，而修慈母之所以败子，则惑矣。"②

桑弘羊更进一步论证"礼让不足禁邪，而刑法可以止暴"、治民必须"绳之以法，断之以刑"的道理：

---

① 王利器校注：《盐铁论·刑德》，中华书局 2015 年版，第 627、628、629—330 页。
② 王利器校注：《盐铁论·周秦》，中华书局 2015 年版，第 649—650 页。

御史曰："犀铫利鉏，五谷之利而间草之害也。明理正法，奸邪之所恶而良民之福也。故曲木恶直绳，奸邪恶正法。是以圣人审于是非，察于治乱，故设明法，陈严刑，防非矫邪，若檃栝辅檠之正弧剌也。故水者火之备，法者止奸之禁也。无法势，虽贤人不能以为治。无甲兵，虽孙、吴不能以制敌。"①

御史曰："严墙三仞，楼季难之。山高干云，牧竖登之。故峻则季难三仞，陵夷则牧竖易山巅。夫铄金在炉，庄蹻不顾。钱刀在路，匹妇掇之。非匹妇贪而庄跞廉也，轻重之制异，而利害之分明也。故法令可仰而不可踰，可临而不可入。《诗》云：'不敢暴虎，不敢冯河。'为其无益也。鲁好礼而有季、孟之难，燕哙好让而有子之之乱。礼让不足禁邪，而刑法可以止暴。明君据法，故能长制群下，而久守其国也。"②

大夫曰："……夫治民者，若大匠之斲，斧斤而行之，中绳则止。杜大夫、王中尉之等，绳之以法，断之以刑，然后寇止奸禁。故射者因势，治者因法。虞、夏以质，殷、周以文，异时各有所施。今欲以敦朴之时，治抗弊之民，是犹迁延而拯溺，揖让而救火也。"③

桑弘羊强调法令制度的作用显然是正确的，但是，他一方面对法令的作用做了绝对化的肯定，另一方面又对礼乐教化即德治做了绝对化的否定，认识不到二者之间的互补关系，这就走向了极端。

东汉初年，梁统与共守河西的窦融一起归附刘秀，入朝封侯，任太中大夫。他是东汉初年主张以严刑峻法治国的代表人物。他在上疏中说：

臣窃见元、哀二帝轻殊死之刑以一百二十三事，手杀人者减死一

① 王利器校注：《盐铁论·申韩》，中华书局 2015 年版，第 643—644 页。
② 王利器校注：《盐铁论·诏圣》，中华书局 2015 年版，第 660 页。
③ 王利器校注：《盐铁论·大论》，中华书局 2015 年版，第 670 页。

等，自是以后著为常准，故人轻犯法，吏易杀人。臣闻立君之道，仁义为主，仁者爱人，义者政理，爱人以除残为务，政理以去乱为心。刑罚在衷，无取于轻，是以五帝有流、殛、放、杀之诛，三王有大辟、刻肌之法。故孔子称"仁者必有勇"，又曰"理财正辞，禁民为非曰义"。高帝受命诛暴，平荡天下，约令定律，诚得其宜。文帝宽惠柔克，遭世康平，唯除省肉刑、相坐之法，他皆率由，无革旧章。武帝值中国隆盛，财力有余，征伐远方，军役数兴，豪杰犯禁，奸吏弄法，故重首匿之科，著知从之律，以破朋党，以惩隐匿。宣帝聪明正直，总御海内，臣下奉宪，无所失坠，因循先典，天下称理。至哀、平继体，而即位日浅，听断尚寡，丞相王嘉轻为穿凿，亏除先帝旧约成律，数年之间，百有余事，或不便于理，或不厌民心。谨表其尤害于体者傅奏于左。伏惟陛下包元履德，权时拨乱，功踰文武，德侔高皇，诚不宜因循季末衰微之轨。回神明察，考量得失，宣诏有司，详择其善，定不易之典，施无穷之法，天下幸甚。①

梁统看到西汉末年法纪废弛出现的问题，要求刘秀"权时拨乱"，"定不易之典，施无穷之法"，迅速恢复秩序，使国家和社会迅速进入有序运行的轨道。但是，他不了解，在"以经治国"已经成为思维定式的情况下，不加文饰地提倡赤裸裸的严刑峻法是难以被认同的。果然，"事下三公、廷尉，议者以为隆刑峻法，非明王急务，施行日久，岂一朝所釐。统今所定，不宜开可"。面对群臣的反对，梁统依然坚持自己的观点，要求面见尚书，当面陈情。刘秀让尚书听取他的意见，他于是再次申述自己的观点：

闻圣帝明王，制立刑罚，故虽尧舜之盛，犹诛四凶。经曰："天讨有罪，五刑五庸哉。"又曰："爰制百姓于刑之衷。"孔子曰："刑罚不衷，则人无所厝手足。"衷之为言，不轻不重之谓也。《春秋》之诛，不避亲戚，所以防患救乱，坐安众庶，岂无仁爱之恩，贵绝残贼之路也？

① 范晔：《后汉书》卷三十四《梁统列传》，中华书局 1965 年版，第 1166—1167 页。

自高祖之兴，至于孝宣，君明臣忠，谋谟深博，犹因循旧章，不轻改革，海内称理，断狱益少。至初元、建平，所减刑罚百有余条，而盗贼浸多，岁以万数。间者三辅从横，群辈并起，至燔烧茂陵，火见未央。其后陇西、北地、西河之贼，越州度郡，万里交结，攻取库兵，刽略吏人，诏书讨捕，连年不获。是时以天下无难，百姓安平，而狂狡之势，犹至于此，皆刑罚不衷，愚人易犯之所致也。由此观之，则刑轻之作，反生大患；惠加奸轨，而害及良善也。故臣统愿陛下采择贤臣孔光、师丹等议。①

这里，梁统力辩自己的观点并非坚持"严刑"，而是"不轻不重"，完全符合孔子的"衷"之意。西汉从高祖至宣帝，实行的正是这种"不轻不重"的法纪，结果是断狱少而秩序好。反观明帝时期，轻刑的结果却是盗贼群起，出现了严重的治安问题，所以他的结论是"刑轻之作，反生大患；惠加奸轨，而害及良善"，只有严肃法纪，才能使社会治安转好。应该说，梁统的意见不无道理，但热衷"以经治国"的刘秀却不予采纳。

东汉末年，政治日趋腐败，外戚、宦官交替擅权，社会混乱到不可收拾，"治乱世用重刑"的思潮抬头，崔寔可算其中的典型代表。他从治乱世用重刑的理论出发，揆诸历史经验，认为当时的政情国势，只能实行"重赏深罚以御之"的政策：

量力度德，春秋之义。今既不能纯法八代，故宜参以霸政，则重赏深罚以御之，明著法术以检。自非上德，严之则理，宽之则乱。何以明其然也？近孝宣皇帝明于君人之道，审于为政之理，故严刑峻法，破奸宄之胆，海内清肃，天下密如，嘉瑞并集，屡获丰年，荐勋祖庙，享号中宗，算计见效，优于孝文。元帝即位，多行宽政，卒以堕损，威权始夺，遂为汉室基祸之主。政道得失，于斯可监。昔孔子作《春秋》，褒齐桓，懿晋文，叹管仲之功。夫岂不美文、武之道哉？

---

① 范晔：《后汉书》卷三十四《梁统列传》，中华书局 1965 年版，第 1168—1169 页。

诚达权救敝之理也。故圣人能与世推移，而俗士苦不知变，以为结绳之约，可复理乱秦之绪，《干戚》之舞，足以解平城之围。夫熊经鸟伸，虽延历之术，非伤寒之理；呼吸吐纳，虽度纪之道，非续骨之膏。盖为国之法，有似理身，平则致养，疾则攻焉。夫刑罚者，治乱之药石也；德教者，兴平之粱肉也。夫以德教除残，是以粱肉理疾也；以刑罚理平，是以药石供养也。方今承百王之敝，值厄运之会。自数世以来，政多恩贷，驭委其辔，马骀其衔，四牡横奔，皇路险倾。方将柑勒鞿辔以救之，岂暇鸣和銮，清节奏哉？昔高祖令萧何作九章之律，有夷三族之令，黥、劓、斩、断舌、枭首，故谓之具五刑。文帝虽除肉刑，当劓者笞三百，当斩左趾者笞五百，当斩右趾者弃市。右趾者既殒其命，笞挞者往往至死，虽有轻刑之名，其实杀也。当此之时，民皆思复肉刑。至景帝元年，乃下诏曰："加笞与重罪无异，幸而不死，不可为民。"乃定律，减笞轻捶。自是之后，笞者得全。以此言之，文帝乃重刑，非轻之也；以严致平，非以宽致平也。必欲行若言，当大定其本，使人主师五帝而式三王。荡亡秦之俗，遵先圣之风，弃苟全之政，蹈稽古之踪，复五等之爵，立井田之制。然后选稷、契为佐，伊、吕为辅，乐作而凤凰仪，击石而百兽舞。若不然，则多为累而已。①

崔寔严刑峻法的行政理念，显示了他向刑名之学的倾斜，这反映了他希望迅速廓清东汉末年乱世之局的急迫心绪。从一定意义上看，他的对策似乎不无道理，但他开出的只能是药不对症的疗方。因为东汉末年的混乱之局之所以出现，最根本的原因乃是外戚和宦官交替擅权，上下、大小官吏竞相腐败，黎民百姓陷入水深火热之中。不去纠正从中央到地方政治权力的失衡，不去整治官场的腐败，不去源头上抑制政治混乱的生发，而幻想以严刑峻法抑制奢靡之风和弃本趋末的社会风气，实在是南辕而北辙了。不过，其后，在三国时代，治理曹魏的曹操和治理蜀汉的诸葛亮都出台了偏向以法家理念治国的政策。如曹操在《求贤令》中公开申明重用"受金盗嫂""负污辱之名，

---

① 董治安主编：《两汉全书》第二十二册，山东大学出版社 2009 年版，第 12867—12868 页。

见笑之行，或不仁不孝而有治国用兵之术"①的人才，并且特重赏罚。诸葛亮治蜀虽然强调用人以德才兼备为准并将德放在首位，但他同时主张严格执法，重罚轻赏，其理由是：

> 宠之以位，位极则贱；顺之以恩，恩竭则慢。所以致弊，实由于此。吾今威之以法，法行则知恩；限之以爵，爵加则知荣。荣恩并济，上下有节。为治之要，于斯而著。②

由于处于乱世，曹操和诸葛亮的行政原则等于对症下药，自然收到明显的效果。

一代雄主的唐太宗李世民尽管提倡儒学，虚心纳谏，但"以法理天下"的意识特别浓烈。他反复强调"国家纲纪，唯赏与罚"③，"惟奉三尺之律，以绳四海之人"④。而在他看来，国家的立法权和司法权都应该操在国君手里，"法者，人君所受于天"⑤，"人君除尊高之位，执赏罚之权"⑥，"杀生威权，帝王之所执，而宪章法律，臣下之所奉"⑦。他认为君主是唯一的"法外人"，对君主能够施以惩罚的是根本不能施以惩罚的"天"："赏罚所以代天行法……人臣有过，请罪于君，君有过，宜请罪于天。"⑧唐太宗进而认定，法律并不是固定不变的，人君可以根据实际情况随意制定法律。后来唐玄宗的话说得更明白："古者操皇纲执大象者，何尝不上稽天道，下顺人极，或变通以随时，爰损益以成务。"⑨唐朝皇帝也都重视法律惩恶扬善、威服天下的功能："禁暴惩奸，弘风阐化，安民立政，莫此为先。"⑩不过，唐代皇帝

---

①　郝经：《续后汉书》卷二十五《魏·曹操上》，电子版《文渊阁四库全书》。

②　扬时伟：《诸葛忠武书》卷八《法检》，电子版《文渊阁四库全书》。

③　司马光等：《资治通鉴·唐纪十》，中华书局1956年版，第6099页。

④　吴兢：《贞观政要》卷五《公平》，电子版《文渊阁四库全书》。

⑤　司马光等：《资治通鉴·唐纪十二》，中华书局1956年版，第6182页。

⑥　《唐太宗集·金镜》，电子版《文渊阁四库全书》。

⑦　《全唐文》卷一百四十七颜师古《论薛子云等表》，电子版《文渊阁四库全书》。

⑧　欧阳修、宋祁：《新唐书》卷五十六《刑法志》，中华书局1996年版，第1412页。

⑨　刘昫等：《旧唐书》卷八《玄宗纪上》，中华书局1995年版，第178页。

⑩　刘昫等：《旧唐书》卷五十《刑法志》，中华书局1995年版，第2134页。

大都看重法律的严肃性和公正性，尽管"引礼人法"，鲜明地维护等级制度的权威，但他们还是强调"一断以律"的表面的公正："夫刑赏之本，在乎劝善而惩恶，帝王之所以与天下为画一，不以贵贱亲疏而轻重者也。"① 这显然是继承了先秦法家的初衷。

宋代是理学奠基的时代，理学继承的主要是儒学的思孟学派，强调以德治国的重要性。以反对正统理学出现的陈亮、叶适则从事功出发，在一定程度上弘扬了法家的学说。陈亮特别指出在"仁义礼乐无所措"的情况下，"法度"在治国理政中却能发挥的作用："夫法度不正则人极不立，人极不立则仁义礼乐无所措，仁义礼乐无所措则圣人之用息矣。"② 他承认人人有私心，而在一定程度上"私"具有存在的合理性，但对"私"必须画出边界加以限制，否则，私就会违背社会的公利，影响国家和社会的稳定。而法度恰恰代表"公"对私限制而达到一种社会需要的"平衡"：

> 天下大势之所趋，天地鬼神不能易，而易之者人也。自有天地，而人立乎其中矣。人道立而天下可以无法矣。人心之多私，而以法为公，此天下大势之所以日趋而不可御也。③

> 后世立法以听人自取，惧天下之相与为私也。④

陈亮的思想发挥了法所含有的社会公正性的意义。

宋朝以后的元、明、清诸朝六个半世纪的悠长历史，是中国封建社会的最后阶段，这时，专制主义中央集权的政治制度，作为主流意识形态的理学，几乎在凝固的状态下支撑着中国封建社会的最后岁月。"德主刑辅"的理念几乎成为所有政治家、思想家的主导意识。尽管《大明律》《大清律》的细密严酷集历代之大成，但较纯粹的法家理论却基本上销声匿迹了，所以

---

① 吴兢：《贞观政要》卷一《政体》，电子版《文渊阁四库全书》。
② 《陈亮集》卷二十三《三先生论事录序》，电子版《文渊阁四库全书》。
③ 《陈亮集》卷十一《人法》，电子版《文渊阁四库全书》。
④ 《陈亮集》卷十一《任子宫观牒试之弊》，电子版《文渊阁四库全书》。

我们在这一时期就没有发现类似桑弘羊、梁统、崔寔、曹操和诸葛亮那样的鲜明强调严刑峻法的政治家。这一方面是因为，随着专制主义中央集权制的加强，各个皇朝的法律制度更加严密和完备，在正常情况下，足以维护封建国家行政体制的运转和社会秩序的稳定，没有再特别强调法制重要的必要；另一方面，由于以商鞅、慎到、申不害、韩非为代表的先秦法家理论，尽管有着"不分贵贱亲疏一断于法"的近乎"法律面前人人平等"的表述，但是，它们的缺失也十分明显：不仅对法制的作用强调过于绝对化，而且彻底否定了道德的存在价值及其维护社会正常秩序方面的功用。这既不符合事实，更使人们在感情上无法接受，从而受到社会上各阶层的普遍抵制。由此也使韩非等人蒙受了永远无法洗净的污名。特别重要的是，以孔子、孟子、荀子和董仲舒等为代表的儒家大师们所创始和坚持的"德主刑辅"的理论已经在很大程度上吸纳了法制思想的精华，其形式和内容都比较易于为社会各阶层大多数人所接受。在这种情势下，极端的法制理论就基本上没有市场了。不过，即使如此，也不应该否定法制思想所具有的合理内核和它在春秋战国时代社会转型的关键时期所发挥的历史性贡献，更不应该否定它在秦汉以后融入儒学后对中国古代法制建设所起的巨大作用。最重要的是，虽然中国古代社会各朝代的法律条文都无一例外地规定了等级秩序的合法性，但"法律面前人人平等"和"王子犯法，庶民同罪"的理念却得到了广大百姓的认同和欢迎。正因为如此，唐宋以后的"清官戏"才能在社会上广为流传，包拯、海瑞的形象才能在民间获得广泛的崇拜。而这种对"法律面前人人平等"理念的敬畏恰恰能够成为促进现代法制建设的思想资源。

第十一章　民本思想

一、"民为邦本，本固邦宁"

（一）民本思想的产生及其在先秦秦汉时期的发展

"民为邦本，本固邦宁"，是民本思想最早的经典表述。在中国古代思想史上，民本是最有价值的思想理念之一。因为一个国家之所以成为一个国家，最基本的条件不外乎一片领土和在这片领土上繁衍生息的居民所组成的社会。历史发展到一定阶段，在这片土地上产生了凌驾于社会之上的政府组织，这个政府组织对这片土地上的居民进行有效的管理，严格意义的国家也就诞生了。显然，国家成立的最基本的要件是"民"的存在，这是民本的第一层含义。在一个国家中，政府及其官员实施对民的管理，在官、民二者的关系中，民无疑居于基础的地位，这是民本的第二层含义。一个国家和社会是否稳定有序地发展，关键在于民之所愿是否得到基本的满足，亦即民生问题是否得到基本的解决，这是民本的第三层含义。因为自从国家产生之后，它时刻面对的是如何认识和治理其属下的民，在此背景下，民本思想也就应运而生了。

中国古代的民本思想最迟产生在殷周之际，《尚书·泰誓》的"天视自我民视，天听自我民听"，第一次将民与天放到等同的地位，发展到后来就是"天视自我民视，天听自我民听，天聪明自我民聪明"的完整表述。其实民本思想发展历程的第一个标志性的人物应该是西周初年鲁国的创始人周公，他提出的"敬德保民"的理念，成为民本思想的嚆矢。与他同时的姜尚是齐国的创始人，他以"天下者，非一人之天下，乃天下之天下也"①，表述了"天下乃万民之天下"的理念，其中蕴涵的民本思想是明显的。春秋时期的齐国相管仲则提出"顺民意""从民俗"和"富国先富民"的思想，对民本意识做了进一步的表述。儒家创始人孔子继承周公的"敬德保民"思想，主张仁德政治，"仁者爱人"，对民实行"富之""教之"的政策。战国时期的儒学大师孟子对先秦民本思想做了最充分的弘扬，他将孔子"仁"的理念发展为仁政理想。这个仁政理想的理论基础就是民本。他说：

> 民为贵，社稷次之，君为轻。是故得乎丘民而为天子。
> 诸侯之宝三：土地、人民、政事。②

这里，孟子之所以将被统治的百姓认定为国之本，是因为他从历史经验中悟出一个"得民心者得天下"的颠扑不破的真理，这就从理论上对民本做了进一步较为深入的探索：

> 桀纣之失天下也，失其民也；失其民者；失其心也。得天下有道：得其民，斯得天下矣；得其民有道：得其心，斯得民矣；得其心有道：所欲与之聚之，所恶勿施，尔也。民之归仁也，犹水之就下，兽之走圹也。故为渊殴鱼者，獭也；为丛殴爵者，鹯也；为汤武殴民者，桀与纣也。③

孟子这段话把民、民心与天下的关系说得再明白不过了：桀和纣的丧失天下，由于失去了百姓的支持；他们的失去百姓的支持，是由于失去了民心。获得天下的方法：获得了百姓的支持，便获得天下了；获得百姓的支持有方法：获得了民心，便获得百姓的支持了；获得民心也有方法：他们所希望的替他们聚积起来，他们所厌恶的不要加在他们头上，如此罢了。百姓向仁德仁政归附，正好比水之向下流、兽之旷野奔走一样。所以替深池把鱼赶来的

---

① 《六韬·文韬·举贤》，电子版《文渊阁四库全书》。
② 《孟子·尽心下》。
③ 《孟子·离娄上》。

是水獭，替森林把鸟雀赶来的是鹞鹰，替商汤、周武王把百姓赶来的是夏桀和商纣。这里，孟子在中国历史上第一次提出民心向背问题，使只有赢得民心才能得天下的理念成为影响整个中国历史的重要政治理论。战国时期与孟子相伯仲的另一位儒学大师荀子是最早援法入儒的百科全书式的学者，为未来的封建王朝初步找到了德刑互补的统治方略。不过，在民本问题上他没有离开儒家的基本理论倾向，并且第一次以"舟水"比喻君民关系，对后世正确认识这个关系贡献了一个经典性的表述：

> 马骇舆，则君子不安舆；庶人骇政，则君子不安位。马骇舆，则莫若静之；庶人骇政，则莫若惠之。选贤良，举笃教，兴孝悌，收孤寡，补贫穷，如是，则庶人安政矣。庶人安政，然后君子安位。传曰："君者，舟也；庶人者，水也。水则载舟，水则覆舟。此之谓也。"①

民本思想自周公提出，经孔子、孟子、荀子等儒学大师的丰富和发展，已经形成了较完备的理论体系。贾谊的贡献在于他进一步深化了对民本的认识：

> 闻之于政也，民无不为本也。国以为本，君以为本，吏以为本。故国以民为安危，君以民为威侮，吏以民为贵贱，此之谓民无不为本也。闻之于政也，民无不为命也。国以为命，君以为命，吏以为命。故国以民为存亡，君以民为盲明，吏以民为贤不肖，此之谓民无不为命也。闻之于政也，民无不为功也，故国以为功，君以为功，吏以为功。国以民为兴怀，君以民为弱强，吏以民为能不能，此之谓民无不为功也。闻之于政也，民无不为力也，故国以为力，君以为力，吏以为力，故夫战之胜也，民欲胜也。攻之得也，民欲得也。守之存也，民欲存也。故吏率民而守，而民不欲存，则莫能以存矣。故率民而攻，民不欲得，则莫能以得矣。故率民而战，民不欲胜，则莫能以胜矣。……知善而

---

① 王先谦：《荀子集解·王制》，中华书局 2013 年版，第 180 页。

弗行，谓之不明。知恶而弗改，必受天殃。天有常福，必与有德。天有常菑，必与夺民时，故夫民者，至贱而不可简也，至愚而不可欺也。故自古至于今，与民为仇者，有迟有速，而民必胜之。①

在这里，贾谊全面论述了"民无不为本"的道理：国家的安危、君主的威侮、官吏的贵贱，取决于民本；国命、君命、吏命，取决于民命；国功、君功、吏功，取决于民功；国力、君力、吏力，取决于民力；战、守、攻、取，取决于民欲。所以，国家的安危存亡，君主的生死荣辱，官吏的贵贱贤不肖，一切皆取决于民心的向背。因此，他得出结论："夫民者，万世之本也，不可欺。凡居于上位者，简士苦民者，是谓愚，敬士安民者是谓智。"②由于中国古代是一个以农业立国的社会，农民既是居民的主要组成部分，又是社会财富的主要创造者，所以"民本"有时又表述为"农本"。汉文帝、汉景帝都是强调"农本"的皇帝。在他们当国的岁月里，较好地执行了不少惠农的政策，因而创造了"文景之治"这样封建社会少有的"盛世"。汉武帝时代新儒学的代表人物董仲舒对先秦儒学进行总结，吸收其他诸子百家思想的精华，特别糅合阴阳五行和法、道等学派的理论，在民本思想上又有新的深化，这就是他提出的"君民同体"的理念，认定"君为民心""民为君体"：

　　天生之，地载之，圣人教之。君者，民之心也；民者，君之体也。心之所好，体必安之；君之所好，民必从之。故君民者，贵孝弟而好礼义，重仁廉而轻财利，躬亲职此于上，而万民听生善于下矣。③

董仲舒的"德主刑辅"和民本理论基本上为后世定下基调，对后来的影响深

---

① 贾谊：《新书·大政上》，董治安主编《两汉全书》第一册，山东大学出版社2006年版，第318—319页。
② 贾谊：《新书·大政上》，董治安主编《两汉全书》第一册，山东大学出版社2006年版，第320页。
③ 董仲舒：《春秋繁露·为人者天》，董治安主编《两汉全书》第四册，山东大学出版社2006年版，第2095页。

刻而巨大。西汉中后期的思想家如贡禹、匡衡、鲍宣、谷永等都特别强调重本抑末、轻徭薄赋、惠农恤贫。东汉开国皇帝刘秀深谙民本的底蕴，在建立新皇朝之后推行了不少诸如"假民公田"和"度田"之类的惠农措施，推动中国历史导向一个新的盛世——光武永平之治。东汉中期以后，外戚与宦官的交替擅权搞得朝政日非，民不聊生。一批社会批判思想家提出的救助之策中，不断重拾民本理论。其中的代表人物是王符，他政治思想中最珍贵的是"民本"理念。请看他的论证：

> 凡人君之治，莫大于和阴阳。阴阳者以天为本，天心顺则阴阳和，天心逆则阴阳乖。天以民为心，民安乐则天心顺，民愁苦则天心逆。民以君为统，君政善则民和治，君政恶则民冤乱。君以得臣为本，臣忠良则君政善，臣奸枉则君政恶。得臣以选为本，选举实则忠贤进，选虚伪为则邪党贡。选以法令为本，法令正则选举实，法令诈则选虚伪。法以君为主，君信法则法顺行，君欺法则法委弃。君臣法令之功，必效于民。故君臣法令善则民安乐，民安乐则天心慰，天心慰则阴阳和，阴阳和则五谷丰，五谷丰而民眉寿，民眉寿则兴于义，兴于义而无奸行，无奸行则世平，而国家宁、社稷安，而君尊荣矣。是故天心、阴阳、君臣、民氓、善恶相辅至而代相征也。夫民者国之基也，君者民之统也，臣者治之材也。工欲善其事，必先利其器。是故将致太平者，必先调阴阳；调阴阳者，必先顺天心；顺天心者，必先安其民；安其民者，必先审择其人。是故国家存亡之本，治乱之机，在于明选而已矣。圣人知之，故以为黜陟之首。①

> 且夫国以民为基，贵以贱为本。是以圣王养民，爱之如子，忧之如家，危者安之，亡者存之，救其灾患，除其祸乱。②

---

①　王符著，王健注说：《潜夫论》卷二《本政第九》，河南大学出版社 2008 年版，第 131—132 页。

②　王符著，王健注说：《潜夫论》卷五《救边第二十二》，河南大学出版社 2008 年版，第 199 页。

王符这里论述了天、君、民、臣的关系，其最重要的结论则是"天以民为心"和"民者国之基"。接下来，他就将民本引导至重本抑末的经济政策，重申中国传统经济思想的核心观念：

> 凡为治之大体，莫善于抑末而务本，莫不善于离本而饬末。夫为国者以富民为本，以正学为基。民富乃可教，学正乃得义；民贫则背善，学淫则诈伪；入学则不乱，得义则忠孝。故明君之法，务此二者，以为成太平之基，致休征之祥。夫富民者，以农桑为本，以游业为末；百工者，以致用为本，以巧饰为末；商贾者，以通货为本，以鬻奇为末。三者守本离末则民富，离本守末则民贫。贫则陑而忌善，富则乐而可教。①

他的民本思想最后归结为"力田所以富国"，因而要求"明君莅国，必崇本抑末，以遏乱危之萌"。那么，如何保证民全力从事本业呢？他认为最重要的是保证民有充裕的生产时间，因而提出"爱日"之说：

> 国之所以为国者，以有民也。民之所以为民者，以有谷也。谷之所以丰殖者，以有人功也；功之所以能建者，以日力也。治国之日舒以长，故其民闲暇而力有余；乱国之日促以短，故其民困务而力不足。②

为了保证民有充裕的生产时间，最根本的条件是"君明察""臣循正"，政治清明，赋役轻而均平。

（二）魏晋南北朝至明清民本思想的丰富和发展

魏晋南北朝是中国最混乱的时期之一，也是玄学和佛教盛行的时期。在这一时期虽然执政者遵循的基本是儒家的政治学说，但在民本问题上很少

---

① 王符著，王健注说：《潜夫论》卷一《务本第二》，河南大学出版社 2008 年版，第 100 页。
② 王符著，王健注说：《潜夫论》卷四《爱日第十八》，河南大学出版社 2008 年版，第 178 页。

展示有创意的理念。唐太宗是中国历史上对民本理论做了最典型阐发的帝王。他提出"临天下者，以人为本"的命题。他明白，赋役租税是国家政权存在的基础，而构筑这个基础的就是民，所以从君主到国家各级官吏和军队，"日所衣食，皆取诸民者也"。因此，切不可"刻民以奉君"：

> 君依于国，国依于民。刻民以奉君，犹割肉以充腹，腹饱而身毙，君富而国亡。故人君之患，不自外来，常由身出。夫欲盛则费广，费广则赋重，赋重则民愁，民愁则国危，国危则君丧矣。朕常以此思之，故不敢纵欲也。①

五代十国中的一些君臣对民本问题也有较深刻的认识，如后梁皇帝朱温就认定"隆兴邦国，必本于人民"②。后唐的吏部尚书李琪在奏疏中认为谷、地、人三者是"国之急务"："臣闻古人有言：谷者，人之司命也；地者，谷之所生也；人者，君之所理也。有其谷则国力备，定其地则人食足，察其人则徭役均，知此三者，为国之急务也。"③阐发了民本思想的要义。后汉高祖刘知远的妻子李氏也深知民本的意义，一次刘知远准备敛民财赏赐将士时，她就劝刘说："国家兴运，虽出于天意，亦土地人民福力同致耳，未能惠其众而欲夺其财，非新天子恤隐之理也。"④一席话使刘改变了主意。其他，如后唐明宗、后晋高祖石敬瑭、后周世宗柴荣等，都有一些重视民本的言论和举措。

宋朝一些著名政治家、思想家，如王安石、司马光、苏轼、朱熹、陆九渊等，都坚持传统的民本论，他们在各级官位上都尽力为民做些兴利除害的好事。在相当一批臣子中，"民为邦本，本固邦宁"的意识非常浓烈。如梁焘在奏议中说：

① 司马光、宋祁：《资治通鉴》卷一百九十二《唐纪八》，中华书局1956年版，第6026页。
② 王溥：《五代会要》卷十九，电子版《文渊阁四库全书》。
③ 薛居正等：《旧五代史》卷五十八《唐书·李琪传》，中华书局1995年版，第784页。
④ 薛居正等：《旧五代史》卷一百四《汉书·后妃列传》，中华书局1995年版，第1381页。

安国家，保社稷，莫如百姓。圣人有言曰"民为邦本，本固邦宁"，盖民定则国定，民富则国富，用度百索出于民间，常令足衣足食，无困无怨，则事事乐供于公上矣。①

又如蔡勘在《论州县科扰之弊疏》中说："臣闻民为邦本，本固邦宁。自古为国者欲固邦本，先结人心。欲结人心，先宽民力。欲宽民力，先择守令。非其人则主泽不能下流，人情无由上达，民力困则人心离，人心离则邦本危矣。"②陆九渊特别认同孟子的"民为贵"理念，说"天生民而立之君，使司牧之，张官置吏，所以为民也"，"民为大，社稷次之，君为轻"，"民为邦本，得乎丘民为天子，此大义正理也"。③又说："天以斯民付之吾君，吾君又以斯民付之守宰，故凡张官置吏者，为民设也。无以厚民之生，而反以病之，是失朝廷所以张官置吏之本意矣。"④元朝统治者对有名望的汉族知识分子还是比较礼遇，元世祖就邀请许衡任国子祭酒，主持全国教育，许衡因而成为在元朝传播理学最有成绩的大师。他特别重视对民本的宣传，认为民的安定是国家和社会安定的基础："民志定则不乱，下知分则上安。夫天下所以定者，民志定也。"⑤民志已定，则士与工商也随之安定，国家和皇帝也就安定了。否则，民志不定，国家和社会必然陷入混乱。而为了安定民心，则必须从"爱与公"两途下功夫，集中一点就是实行"仁政"。与许衡同朝的保巴在注释《周易》时，对"民为邦本，本固邦宁"从哲理上进行诠释：

君子体而用之，当以合乎天行之理，有消息盈虚，君子顺之吉，小人逆之凶。君子随时敦尚，所以事天也。事天之道，济民为先，坤为本譬民，艮为末譬物，坤厚可以载物，故曰民为邦本，本固邦宁。⑥

---

① 杨士奇等撰：《历代名臣奏议》卷四十一，电子版《文渊阁四库全书》。
② 杨士奇等撰：《历代名臣奏议》卷一百九，电子版《文渊阁四库全书》。
③ 《陆九渊集》卷五《与徐子宜》，电子版《文渊阁四库全书》。
④ 《陆九渊集》卷八《与苏宰》，电子版《文渊阁四库全书》。
⑤ 许衡：《鲁斋遗书》卷七，电子版《文渊阁四库全书》。
⑥ 保巴：《周易原旨》卷三，电子版《文渊阁四库全书》。

　　而同朝的赵汸亦借注释《周易》阐发自己的民本意识：

　　　　山至高而反附于地，山势倾颓，剥之象也。君子以地不厚不能载山，下不厚不能安上，上无宅下为之宅，故当剥时以救治必贻以休养，予以安逸以安民生，则下之民安而上之宅亦安矣。盖民为邦本，本固邦宁，剥民适以自剥也。①

这类观点在元朝出现并得到传播，显然有着从思想上纠正元朝暴虐民族统治的积极意义。

　　明朝是中国古代专制主义中央集权进一步发展的重要时期，也是越来越多的政治家和思想家进一步认识到民本重要意义的时期。如开国名臣宋濂就在其论述仁政的文章中着重阐发了民本的理念。他认定"国以民为本"②，"得天下以人心为本"③。他给朱元璋讲解《礼记·大学》时，阐述散财于民的道理，使这位农民出身的皇帝产生了这样的感悟：

　　　　人者，国之本；德者，身之本。德厚则人怀，人安则国固。人主有仁厚之德，则人归之如就父母。人心既归，有土有财，自然之理也。④

宋濂从民本出发，提出国富以民富为先的主张。明朝中期的著名政治家吕坤则提出"社稷存亡百姓操其权"的论断："昔者二帝三王之为君，岂不以崇高富贵之可持，乃曰'四海困穷，天禄永终'者何？知君身之安危，社稷之存亡，百姓操其权故耳。"⑤据此认识，他提出立君为民非生民为君的观点。同朝的马文升则对"民为邦本，本固邦宁"的理念做了新的阐发：

---

①　赵汸：《周易文诠》卷一，电子版《文渊阁四库全书》。
②　宋濂：《惜阴轩记》，《宋学士全集》卷三，电子版《文渊阁四库全书》。
③　张廷玉等：《明史》卷一百二十八《宋濂传》，中华书局 1995 年版，第 3785 页。
④　《明太祖实录》卷四十九，电子版《文渊阁四库全书》。
⑤　吕坤：《忧危疏》，《吕坤全集·去伪斋集》卷一，中华书局 2008 年版，第 8 页。

　　臣闻天命，人君居大宝之位，享天下之奉，所以为民也。人君简
贤任能，分布庶位，亦所以为民也。盖民为邦本，本固邦宁，民心之
向背，天命之去留，宗社之安危系焉。①

　　明清之际的思想家黄宗羲、顾炎武、王夫之都对中国古代的皇帝专制
制度进行批判，否定"私天下"，主张"公天下"。王夫之继承《礼记》"天
下为公"和《吕氏春秋·贵公》"天下非一人之天下也，天下之天下也"的
观点，提出"不以天下私一人"和"保民为重"的理念，深化了对民本的认
识。清朝统治者入关后，深刻反思明朝灭亡的教训，康熙皇帝对民本思想也
有自己的体认：

　　孟子曰，国所恃以立者三，曰民，曰社稷，曰君。夫君为民神之
主，贵矣。而不知国之所贵未有如民者，盖民为邦本，本固邦宁，无
可尊之势而有可畏之形，其操重固无与论矣。②

看来开国之初的清朝统治者已经认同了中国传统的民本理念并加以认真实
施，在很大程度上废除了明朝末期的弊政，因而较快稳定了形势，使中国古
代社会走向最后的犹如夕阳无限好的一段复兴之路。
　　民本思想是中国古代政治思想的核心内容之一。它认定民即百姓，主
要是农民是国本、政本、君本、官本，是国家和社会所以存在的基础。因为
在自然经济条件下，农业是国民经济的基础部门，是社会物质财富的主要创
造者，提供了整个国家和社会赖以存在和发展的物质基础。而构成这个部门
生产者的主体就是农民。没有了农民，国家和社会根本就无法存在和发展，
所以其重要性超越一切。正是在这个意义上，孟子才提出了"民为贵，社稷
次之，君为轻"的著名论断，成为民本论的核心理念。民本理论在中国古代
社会之所以被不断地重复和阐发，就是因为它是一个最普通但又是最重要的

---

① 《端肃奏议》卷四《勤恤小民以固邦本事》，电子版《文渊阁四库全书》。
② 《日讲四书解义》卷二十六（康熙朝），电子版《文渊阁四库全书》。

政治观念，统治者是否认同和认真实施这个理论决定一个皇朝的盛衰兴亡。在中国古代所有政治思想内容中，它是最具人民性、最贴近百姓生活、最关乎国家和社会稳定与长治久安的一个理念。其他政治理论，如仁政德治、好皇帝和清官、反腐与廉政、举贤与任贤、和谐社会等，基本上都是由民本出发或由民本延伸出来。而所有的重民、爱民、惠民、恤民的具体政策措施，也都是具体落实民本的意蕴。尽管民本与近代西方的民主不是一个概念，但它们却有相通之处，即都承认民作为国家和社会主体的重要性。所以，在中国古代的政治思想中，最易于同现代民主联结的就是民本。无怪乎有的学者断言民本比民主更重要。正因为如此，民本也就当之无愧地成为中国政治思想中精华之中的精华，极具开掘和弘扬的价值。当然，民本与现代民主还有本质的区别，这就是，民主是将民视为国家和社会的主人，与之相对应的官员则是公仆，其职责是为民服务。民本只是承认民对于国家和社会的重要性但并不承认她是国家和社会的主人，因而将民确切地称之为"子民"。同时它将皇帝及其属下的各级官吏视同"为民父母"，让他们承担高居于民之上的治理者和教化者的角色，这就从根本上颠倒了二者之间的关系，所以在阐发民本的精义时也不应该将其与民主等同起来。

二、"仰事父母，俯蓄妻子"

（一）从"敬德保民"到"禁民二业"

既然认识到民本的重要，随之而来，就有一个如何对待民的问题。中国古代万千的政治家和思想家对此问题有着许多深刻而精到的论述。最早提出"敬德保民"思想的周公，从"敬德"出发，主张"保民"和"慎刑"，要求统治者了解广大奴隶和平民的处境，"知稼穑之难""闻小人之劳"①，关心他们的疾苦，使他们有一个最低限度的温饱生活。要"庶狱庶慎"，有条件地运用"刑杀"，使其与怀柔政策起到相辅相成的作用。管仲的民本思想体现在他的"顺民心"理念：

---

① 《尚书·无逸》。

　　政之所兴，在顺民心；政之所废，在逆民心。民恶忧劳，我佚乐之；民恶贫贱，我富贵之；民恶危坠，我存安之；民恶灭绝，我生育之。能佚乐之，则民为之忧劳；能富贵之，则民为之贫贱；能存安之，则民为之危坠；能生育之，则民为之灭绝。……故从其四欲，则远者自亲；行其四恶，则近者叛之。故知予之为取者，政之宝也。①

管仲"顺民心"的政治理念通过"六兴"即六项具体措施加以落实。这六项措施是，1."厚其生"："辟田畴，修树艺，劝士民，勉稼穑，修墙屋。"2."输之以财"："发伏利，输滞积，修道途，便关市，慎将宿。"3."遗之以利"："导水潦，利陂沟，决潘渚，溃泥滞，通郁闭，慎津梁。"4."宽其政"："薄征敛，轻征赋，弛刑罚，赦罪戾，宥小过。"5."匡其急"："养长老，慈幼孤，恤鳏寡，问疾病，吊祸丧。"6."赈其穷"："衣冻寒，食饥渴，匡贫窭，赈罢（疲）露，资乏绝。"管仲认为，"凡此六者，德之兴也。六者既布，则民之所欲，无不得矣。夫民必得其欲，然后听上；听上，然后政可善为也"②。在管仲看来，只要君主能够"顺民心"，从民欲，"俗之所欲，因而予之；俗之所否，因而去之"，就可以做到君民同体，国家和民众高度团结，"以国守国，以民守民"，无须统治者命令，民众就会自动服从统治者的意志，保国卫民，成为坚不可摧的长城。管仲"顺民心"的思想承认了人民追求富裕生活的愿望和统治者必须满足这种愿望的责任，而且要求统治者在大力发展经济的同时实行轻徭薄赋的税收政策，并以较完善的社会保障措施使民众免除冻馁之苦。管仲进而认定"顺民意""从民俗"的重要内容是"富民"。他说：

　　凡治国之道，必先富民。民富则易治也。民穷则难治也。奚以知其然也？民富则安乡重家，安乡重家则敬上畏罪，敬上畏罪则易治也。民贫则危乡轻家，危乡轻家则敢凌上犯禁，凌上犯禁则难治也。③

―――――――――

① 《管子·牧民》。
② 《管子·牧民》。
③ 《管子·治国》。

管仲认识到民富是社会稳定的基础，也是提高道德水准的重要条件。他的话"国多财则远者来，地辟举则民留处，仓廪实则知礼节，衣食足则知荣辱"①，成为后人广泛引用的政治格言。为了实现"富民"，管仲主张大力发展生产，积极调节分配和消费，提出了一套在当时具有实践价值的财政经济政策。他同所有同时的经济学家一样，认定农业生产是"本业"，将其放在首先发展的地位。他要求统治者注重天时，发挥地利，在大力发展农业生产的同时，注意对自然环境的保护和利用。他说："不务天时则财不生，不务地利则仓廪不盈，野芜旷则民乃菅（奸）。"在强调粮食生产的同时，也重视经济作物和畜牧生产，认为"务五谷则食足，养桑麻、育六畜则民富"②。为了促进农副业生产的发展，他建议齐桓公在齐国推行了一项具有深远意义的税制改革"相地而衰征"，即按土地的好坏征收赋税。这不仅使税负趋于合理，而且在实际上承认了个体生产者对土地的占有，大大提高了他们的生产积极性，是齐国在春秋战国时期长期保持东方大国地位的重要经济条件。

孔子继承周公的"敬德保民"思想，主张仁德政治，要求"为政以德""仁者爱人"，把平民尤其是奴隶也当人看待，薄赋敛、减徭役、省刑罚，使劳动人民有一个过得去的生产和生活条件。他特别强调对人民进行教化，反对"不教而诛"，要求"道之以德，齐之以礼"，"道千乘之国，敬事而信，节用爱人，使民以时"③，"使民如承大祭"。他所以对子产大加表彰，是因为子产"有君子之道四焉：其行已也恭，其事上也敬，其养民也惠，其使民也义"④。他痛斥为季氏聚敛的冉有"小子非吾徒"，要求弟子们"鸣鼓而攻之"，显然是反对过重剥削。孔子主张对奴隶和平民采用温和的统治方法，反对一味镇压和杀伐，"子为政，焉用杀"⑤，"富之"，"教之"，"足食足兵"。这表明孔子已经认识到，劳动者只有在物质生活有了基本的保证之后，其他一切如教化、富国、强兵之类才能实现。

---

① 《管子·牧民》。
② 《管子·立政》。
③ 《论语·学而》。
④ 《论语·公冶长》。
⑤ 《论语·颜渊》。

墨子代表了"农与工肆之人"，是当时唯一代表劳动人民的学术流派。他提出"非乐""节用""节葬"的口号，要求全社会都向劳动人民的最低生活标准看齐。音乐没有实用价值，干脆弃之如敝屣；豪宅精舍、轻裘华服、山珍海味统统是浪费社会财富，必须弃之不用，而代之以低檐茅屋、粗衣芒鞋、粗茶淡饭；凿山为圹、棺椁数重、随葬器物无数的厚葬必须废止，而代之以"衣衾三领，桐棺三寸"的薄葬。这些主张自然有其反对贫富不均、要求平等平均，反对铺张浪费、要求节俭勤朴的善良愿望，但也同时反映了小生产者安于最低生活水平的局限。

孟子以强烈的社会责任感，发挥孔子"仁"的理想，提出了一整套解决当时社会矛盾的"仁政"学说。其主要内容是使百姓获得一定的土地和住宅，办法就是恢复"井田制"：

> 夫仁政必自经界始，经界不正，井田不均，谷禄不平，是故暴君污吏必漫其经界。经界既正，分田制禄，可坐而定也。夫滕壤地偏小，将为君子焉，将为野人焉，无君子莫治野人，无野人莫养君子。诸野九一而助，国中什一使自赋，卿以下必有圭田，圭田五十亩，余夫二十五亩。死徙无出乡。乡田同井，出入相友，守望相助，疾病相扶持，则百姓亲睦。方里而井，井九百亩，其中为公田，八家皆私百亩，同养公田，公事毕然后敢治私事，此其大略也。①

这种"八家共井"的制度，显然是一种劳役地租的剥削方式。不过，他的这一"井田制"的理想在当时土地占有已经比较复杂的情况下是不可能推行的。然而，与之相联系，他提倡的一系列诸如"制民之产"、轻徭役、薄赋敛、减刑罚的思想却有着不可忽视的积极意义：

> 民之为道也，有恒产者有恒心，无恒产者有恒心。苟无恒心，放僻邪侈，无不为已，及陷于罪，然后从而刑之，是罔民也。焉有仁人

---

① 《孟子·滕文公上》。

在位，罔民而可为也？是故贤君必恭俭礼下，取于民有制。①

> 明君制民之产，必使仰足以事父母，俯足以畜妻子，乐岁终身饱，凶年免于死亡。然后驱而之善，故民之从也轻。今日制民之产，仰不足以事父母，俯不足以畜妻子，乐岁终身苦，凶年不免于死亡，此惟救死而恐不赡，奚暇治礼义哉！王欲行之，则盍反其本矣。五亩之宅，树之以桑，五十者可以衣帛矣。鸡豚狗彘之畜，无失其时，七十者可以食肉矣。百亩之田，勿夺其时，八口之家可以无饥矣。谨庠序之教，申之以孝悌之义，颁白者不负戴于道路矣。老者衣帛食肉，黎民不饥不寒，然而不王者，未之有也。②

孟子认识到小农经济是封建生产关系的基础，稳定小农，给他们创造较好的生产条件和生活条件具有至关重要的意义，而制民恒产和减轻赋役与刑罚的主张的确抓住了稳定小农的关键。孟子的这些主张对后世产生了良好的影响。所有"好皇帝"和"清官"、廉吏都是继承了他的"仁政"理想，采取措施使小农与土地相结合，并以轻徭薄赋之类政策为之创造过得去的生产和生活条件，从而创造出"文景""贞观"之类封建社会的"盛世"。

荀子从儒家学说的基本原则出发，主张实行"惠民"政策：

> 马骇舆，则君子不安舆；庶人骇政，则君子不安位。马骇舆，则莫若静之；庶人骇政，则莫若惠之。选贤良，举笃教，兴孝悌，收孤寡，补贫穷，如是，则庶人安政矣。庶人安政，然后君子安位。传曰："君者，舟也；庶人者，水也。水则载舟，水则覆舟。此之谓也。"③

由此基本认识出发，他主张"爱民""利民"同时用礼乐对民进行教化，用

---

① 《孟子·滕文公上》。
② 《孟子·梁惠王上》。
③ 王先谦：《荀子集解·王制》，中华书局2013年版，第180页。

刑罚对奸民进行惩罚，把"教"与"诛"结合起来："故不教而诛，则刑繁而邪不胜；教而不诛，则奸民不惩；诛而不赏，则勤励之民不劝。"① 这样就将教化和刑罚紧密结合在一起了。

《吕氏春秋》被列为杂家的代表作。它的顺从民欲民情的主张基本上是儒家的理论。他认为，统治者必须承认民有"私欲"是合理的，也应该得到满足。君主应有爱民之心，实行德政，"圣人南面而立，以爱利民为心"②：

> 古之君民也，仁义以治之，爱利以安之，忠信以导之。务除其灾，思致其福。③

> 为天下及国，莫如以德，莫如行义，不赏而民劝，不罚而邪止，此神农、黄帝之政也。④

西汉前期，对民本思想论述最充分的莫过贾谊。在他看来，既然国、君、吏都必须以民为本，那么，君主的行政理民就应该从爱民出发，以道治民，"爱而使之附"，重德化而轻刑罚，"欲以刑罚慈民，辟其犹以鞭狎狗也，虽久弗亲矣"，"故治国家者，行道之谓，国家必宁"。⑤ 以道治民，就要像黄帝那样，"职道义，经天地，纪人伦，序万物，以信与仁为天下先"。像颛顼所说，"功莫美于去恶而为善，罪莫大于去善而为恶"。像帝喾所执着的"政莫大于信，治莫大于仁"⑥。还应该像周文王时的粥子所言，对民如阳光，初则"旭旭然如日之始出"，继而则"暵暵然如日之正中"。更应该如成王时粥子所言，"政曰：兴国之道，君思善则行之，君闻善则行之，君知善

---

① 王先谦：《荀子·富国》，中华书局 2013 年版，第 226 页。
② 许维遹：《吕氏春秋集释·精通》，中华书局 2016 年版，第 182 页。
③ 许维遹：《吕氏春秋集释·适威》，中华书局 2016 年版，第 460 页。
④ 许维遹：《吕氏春秋集释·上德》，中华书局 2016 年版，第 450—451 页。
⑤ 贾谊：《新书·大政下》，董治安主编《两汉全书》第一册，山东大学出版社 2006 年版，第 321—322 页。
⑥ 贾谊：《新书·脩政语上》，董治安主编《两汉全书》第一册，山东大学出版社 2006 年版，第 325 页。

则行之。位敬而常之，行信而长之，则兴国之道也。"① 至于以道治民的具体措施，则大体约制在轻徭、薄赋、节俭、省刑以及赈济鳏寡孤独等穷苦无告之民等诸多方面。贾谊在《过秦论》中，借指斥二世胡亥的失误，阐明了这方面的内容：

> 今秦二世立，天下莫不引领而观其政。夫寒者利裋褐，而饥者甘糟糠。天下之嗸嗸，新主之资也。此言劳民之易为仁也。乡使二世有庸主之行而任忠贤，臣主一心而忧海内之患，缟素而正先帝之过；裂地分民以封功臣之后，建国立君以礼天下，虚囹圄而免刑戮，除去收帑污秽之罪，使各反其乡里；发仓廪，散财币，以振孤独穷困之士；轻赋少事，以佐百姓之急；约法省刑，以持其后，使天下之人皆得自新，更节修行，各慎其身；塞万民之望，而以威德与天下天下集矣。即四海之内，皆欢然各自安乐其处，唯恐有变。虽有狡猾之民，无离上之心，则不轨之臣无以饰其智，而暴乱之奸止矣。二世不行此术，而重之以无道，坏宗庙与民更始作阿房宫，繁刑严诛，吏治刻深，赏罚不当，赋敛无度，天下多事，吏弗能纪，百姓困穷而主弗收恤，然后奸伪并起而上下相遁，蒙罪者众，刑戮相望于道，而天下苦之。自君卿以下至于众庶，人怀自危之心，亲处穷苦之实，咸不安其位，故易动也。是以陈涉不用汤武之贤，不藉公侯之尊，奋臂于大泽而天下响应者，其民危也。故先王见始终之变，知存亡之机，是以牧民之道，务在安之而已。②

贾谊这里对二世一系列行政措施的激烈批判，无非是说，以道治民的具体措施不过是反其道而行之罢了。

西汉新儒学的代表董仲舒认为，要建设一个安定和谐的社会，必须使

---

① 贾谊：《新书·脩政语下》，董治安主编《两汉全书》第一册，山东大学出版社 2006 年版，第 329 页。
② 贾谊：《新书·过秦论下》，董治安主编《两汉全书》第一册，山东大学出版社 2006 年版，第 221 页。

社会的所有成员都有适合自己的谋生手段。他理想的社会财富分配原则，是既要有一定的贫富差距，但又不能使这种差距太大，尤其不能使财富集中于少数富人之手而导致大量贫穷之人难以生存。为此，他提出"禁民二业"的社会财富分配论：

> 孔子曰："不患贫而患不均。"故有所积重，则有所空虚矣。大富则骄，大贫则忧。忧则为盗，骄则为暴，此众人之情也。圣者则于众人之情，见乱之所从生。故其制人道而差上下也，使富者足以示贵而不至于骄，贫者足以养生而不至于忧。以此为度而调均之，是以财不匮而上下相安，故易治也。今世弃其度制而各从其欲，欲无所穷而俗得自恣，其势无极。大人病不足于上而小民赢瘠于下，则富者愈贪利而不肯为义，贫者日犯禁而不可得止，是世之所以难治也。①

董仲舒认识到，一个时期的社会财富总量是一定的，有大富必有大贫，贫富差距过大是"乱之所从生"的根本原因。为了防止生乱而造成社会秩序的失控，就要求国家和政府制定制度与政策调节贫富，使二者虽有差距但不致生乱，这里掌握的"度"就是"使富者足以示贵而不至于骄，贫者足以养生而不至于忧"。办法是"禁民二业"："故君子仕则不稼，田则不渔，食时不力珍，大夫不坐羊，士不坐犬。"同时建立"度制"，使"贵贱有等，衣服有别，朝廷有位，乡党有序，则民有所让而民不敢争"②。在举贤良文学对策中，董仲舒进一步搬出"天意"论证"禁民二业"的合理性，同时对达官富豪肆无忌惮地聚敛财富、与民争利的贪婪行径进行毫不留情的鞭挞：

> 夫天亦有所分予，予之齿者去其角，傅其翼者两其足，是所受大者，不得取小也。古之所予禄者，不食于力，不动于末，是亦受大者

---

① 董仲舒：《春秋繁露·度制》，董治安主编《两汉全书》第四册，山东大学出版社 2006 年版，第 2068 页。

② 董仲舒：《春秋繁露·度制》，董治安主编《两汉全书》第四册，山东大学出版社 2006 年版，第 20068—20069 页。

不得取小，与天同意者也。夫已受大，又取小，天不能足，而况人虖！此民之所以嚣嚣苦不足也。身宠而载高位，家温而食厚禄，因乘富贵之资力，以与民争利于下，民安能如之哉！是故众其奴婢，多其牛羊，广其田宅，博其产业，畜其积委，务此而亡己，以迫蹴民。民日削月朘，寖以大穷。富者奢侈羡溢，贫者穷急愁苦，穷急愁苦而上不救则民不乐生；民不乐生，尚不避死，安能避罪！此刑罚之所以蕃而奸邪不可胜者也。故受禄之家，食禄而已，不与民争业，然后利可均布，而民可家足。此上天之理，而亦太古之道，天子之所宜法以为制，大夫之所当循以为行也。[①]

董仲舒清醒地意识到，"富者奢侈羡溢，贫者穷急愁苦"造成的"民不乐生"是社会矛盾和阶级矛盾激化的根本原因，所以提出自己理性化的社会财富的分配方案。这是一个既维持地主阶级对农民的剥削而又对这种剥削加以限制，既使农民接受剥削而又使他们维持最低生活水准而不犯上作乱的调和矛盾的社会改良方案，实际上是为封建统治设计的长治久安之术。在当时的社会条件下，董仲舒设计的这套方案，在正常状态下对维护农民利益、维护国家和社会的稳定还是有好处的。汉武帝当国时期达到了西汉历史的顶峰，疆域空前扩大，国力空前强大，社会空前繁荣，但这一切都是建立在劳动人民巨大牺牲的基础之上。到武帝后期，"海内虚耗，户口减半"的颓象已经显现出来，社会矛盾和阶级矛盾的激化导致的农民起义的星星之火也不时在各地闪现。董仲舒锐敏地看到土地兼并和奴婢急增引起的社会危机，又提出限田和限奴的建议：

古者税民不过什一，其求易共；使民不过三日，其力易足。民财内足以养老尽孝，外足以事上共税，下足以畜妻子极爱，故民说从上。至秦则不然。用商鞅之法，改帝王之制，除井田，民得买卖，富者田连仟伯，贫者亡立锥之地。又颛川泽之利，管山林之饶，荒淫越制，踰侈

---

① 班固：《汉书》卷五十六《董仲舒传》，中华书局 1962 年版，第 2520—2521 页。

以相高。邑有人君之尊，里有公侯之富。小民安得不困？又加月为更卒，已复为正，一岁屯戍，一岁力役，三十倍于古。田租口赋盐铁之利，二十倍于古。或耕豪民之田，见税什五，故贫民常衣牛马之衣而食犬彘之食。重以贪暴之吏，刑戮妄加，民愁亡聊。亡逃山林，转为盗贼。赭衣半道，断狱岁以千万数。汉兴，循而未改。古井田法虽难卒行，宜少近古，限民名田，以澹不足，塞并兼之路，盐铁皆归于民，去奴婢，除专杀之威。薄赋敛，省繇役，以宽民力，然后可善治也。①

董仲舒这个限田和限奴、盐铁归民、薄赋省役的建议，在武帝晚年部分得到推行，在一定程度上缓和了当时已经趋向尖锐的社会矛盾和阶级矛盾，并成为转向"昭宣中兴"的先导。

董仲舒之后，论述"保民而王"思想的政治家和思想家大都沿着孔子、孟子、荀子和董仲舒的思路展开和诠释自己的理念。西汉中期以后，尤其是所谓"昭宣中兴"之后，西汉皇朝步入每况愈下的衰败期。百姓在"七死""七亡"中被逼到死亡的边缘，铤而走险者举起了造反的旗帜。贡禹、匡衡、鲍宣、谷永等一边尖锐批评朝廷和政府的种种腐败，一边不断重申轻徭、薄赋、节俭、省刑等保民的政策措施。其中谷永锐敏地看出百姓不堪压榨盘剥之苦、举兵反抗的险峻的政况国势，要求成帝轻徭薄赋、节俭恤贫：

　　诸夏举兵，萌在民饥馑而吏不邮，兴于百姓困而赋敛重，发于下怨离而上不知。……臣愿陛下勿许加赋之奏，益减大官、导官、中御府、均官、掌畜。廪牺用度，止尚方、织室、京师郡国工服官发输造作，以助大司农。流恩广施，振赡困乏，开关梁，内流民，恣所欲之，以救其急。立春，遣使者循行风俗，宣布圣德，存邮孤寡，问民所苦，劳二千石，敕劝耕桑，毋夺农时，以慰绥元元之心，防塞大奸之隙。诸夏之乱，庶几可息。②

---

① 班固：《汉书》卷二十四上《食货志上》，中华书局 1962 年版，第 1137 页。
② 班固：《汉书》卷八十五《谷永传》，中华书局 1962 年版，第 3471—3472 页。

> 夫违天害德，为上取怨于下，莫甚乎残贼之吏。诚放退残贼酷暴之吏锢废勿用，益选温良上德之士以亲万姓，平刑释冤以理民命，务省繇役，毋夺民时，薄收赋税，毋殚民财，使天下黎元咸安家乐业，不苦踰时之役，不患苛暴之政，不疾酷烈之吏，虽有唐尧之大灾，民无离上之心。……未有德厚吏良而民畔者也。①

谷永是西汉后期对当时危殆的政治社会形势认识最清醒的思想家之一，他要求成帝从正身起，为臣民表率，任贤使能，虚心纳谏，贯彻轻徭、薄赋、节俭、省刑的惠民政策，使朝政回归正道，挽救世道人心，从而消除西汉皇朝面临的危机。

东汉后期，外戚与宦官交替擅权，搞得国事日非，民怨沸腾。一批清流派官吏、太学生和具有社会批判意识的思想家在揭露官场腐败、民不聊生的同时，也极力阐发保民的原则和理念。其中王符将自己的民本思想最后归结为"力田所以富国"，因而要求"明君莅国，必崇本抑末，以遏乱危之萌"。那么，如何保证民全力从事本业呢？他认为最重要的是保证民有充裕的生产时间，因而提出"爱日"之说：

> 国之所以为国者，以有民也。民之所以为民者，以有谷也。谷之所以丰殖者，以有人功也；功之所以能建者，以日力也。治国之日舒以长，故其民闲暇而力有余；乱国之日促以短，故其民困务而力不足。②

为了保证民有充裕的生产时间，最根本的条件是"君明察""臣循正"，政治清明，赋役轻而均平：

> 所谓治国之日舒以长者，非能谒羲和而令安行也，又非能增分度而益漏刻也；乃君明察而百官治，下循正而得其所，则民安静而力有

① 班固：《汉书》卷八十五《谷永传》，中华书局 1962 年版，第 3449 页。
② 王符著，王健注说：《潜夫论》卷四《爱日第十八》，河南大学出版社 2008 年版，第178 页。

余，故视日长也。所谓乱国之日促以短者，非谒羲和而令疾驱也，又非能减分度而损漏刻也；乃君不明则百官乱而奸宄兴，法令翳而役赋繁，则庶民困于吏政，仕者穷于曲礼，冤民鬻狱乃得直，烈士交私乃见保，奸臣肆心于上，乱化流行于下。君子载质而车驰，细民怀财而趋走，故视日短也。①

王符深情呼唤君王"为民爱日"："孔子称庶则富之，既富则教之。是故礼义生于富足，盗贼起于贫穷；富足生于宽暇，贫穷起于无日。圣人深知力者乃民之本也而国之基也，故务省役而为民爱日。"

（二）从"爱民厚生"到"均田""养民"

魏晋南北朝时期的曹操实行"屯田"政策稳定他治下的黄河流域，他这样做是基于一个基本认知："夫定国之术，在于强兵足食。秦人以急农兼天下，孝武以屯田定西域，此先代之良式也。"② 正是"屯田"政策的实施使北中国的农民获得了较好的生产与生活条件，从而促进了生产的发展和经济的繁荣，为日后西晋再一次统一中国、结束三国分裂局面奠定了基础。做过魏朝弘农太守和司隶校尉的傅玄，在保民方面特别强调均平赋役。他认为国家实施赋役制度的原则是"安上济下"，既使国家获得较充足的财政能力，也使百姓过上温饱的生活，使之"劳而不怨"。关键是国家征收的赋役控制在百姓能够承受的范围内，君王"不兴非常之赋"，"俭而有节"。北朝刘昼在《刘子》一书中不遗余力地宣传孟子的"仁政"理念，认为政治"必以仁爱为本，不以苛酷为先"，办法是"宽宥刑罚，以全民命；省彻徭役，以休民力；轻约赋敛，不匮人财；不夺农时，以足民用"③。

隋朝的王通主张君王"守道无私，爱民厚生"，要求实施行宽政，簿赋敛，重教化，轻刑罚。唐朝孔颖达编著《五经正义》，高扬"尊君重民"的

---

① 王符著，王健注说：《潜夫论》卷四《爱日第十八》，河南大学出版社2008年版，第178页。

② 房玄龄等：《晋书》卷二十六《食货志》，中华书局1995年版，第783—784页。

③ 刘昼：《刘子》卷三《爱民》，电子版《文渊阁四库全书》。

儒家基本理念。柳宗元是一个关心民瘼、办了不少利国利民好事的官员。他猛烈批判"苛政猛于虎"的中唐以后的赋役制度，抨击贿赂公行的吏治，要求制定严格约束官吏的法律，通过"定经界、核名实"，达到"均赋"而减轻百姓负担，特别要求政府将赋役限制在百姓可承受的范围，"时使而不夺其力，节用而不殚其财"①。唐朝的道教文献中也有不少关于民本思想的论述，如注释《文子》一书的《通玄真经注》就极力阐发民本思想："故为治之本，务在安人；安人之本，在于足用；足用之本，在于不夺时；不夺时之本，在于省事；省事之本在于节用；节用之本在于去骄；去骄之本，在于虚无。"②

北宋的司马光坚持重民重农论，关心百姓疾苦。他认定在当时社会上的各行业中，农民是最苦的：

> 窃唯四民之中，唯农最苦。农夫寒耕热耘，沾体涂足，戴星而作，戴星而息，蚕妇育蚕治茧，绩麻纺纬，缕缕而积之，寸寸而成之，其勤极矣。而又水旱霜雹蝗蜮间为之灾，幸而收成，则公私之债交争互夺，谷未离场，帛未下机，已非己有矣。农夫蚕妇所食者糠籺而不足，所衣者绨褐而不完，直以世服田亩，不知舍此之外有何可生之路耳。③

面对农民因灾荒铤而走险，或武装反抗，或贩卖私盐，他主张政府救民之穷，"稍弛盐禁"，给百姓一条谋生之路。作为旧党首领，他坚决反对王安石变法虽不无偏颇，但他反对的理由中却不乏理性思考。他认定新法"名为爱民，其实病民；名为益国，其实伤国；作青苗、免疫、市易、赊贷等法，以聚敛相尚，以苛刻相驱，生此厉阶，迄今为梗"④。"又况聚敛之臣，于租税之外巧取百端以邀功赏，青苗则强散重敛、给陈纳新，免疫则刻剥穷民、收养浮食，保甲则劳于非业之作，保马则困于无益之费"⑤，实际上揭示了新法

---

① 《柳河东全集》卷四十四《非国语上·不藉》，电子版《文渊阁四库全书》。
② 《文子·下德》，电子版《文渊阁四库全书》。
③ 司马光：《傅家集·乞省览农民封事扎子》，电子版《文渊阁四库全书》。
④ 司马光：《傅家集·乞去新法之病民伤国者疏》，电子版《文渊阁四库全书》。
⑤ 司马光：《傅家集·乞省览农民封事扎子》，电子版《文渊阁四库全书》。

在推行过程中变成虐民的工具。司马光这里贯穿的是减轻负担以苏民困的诉求，保民意识跃然而出。北宋道学的奠基人二程兄弟，面对朝廷不抑兼并，致使"富者跨州县而莫之止，贫者流离饿殍而莫之恤"的严酷现实，力主制民之产限制兼并，使百姓获得赖以生存的生产资料："天生蒸民，立之君使司牧之，必制其恒产，使之厚生，则经界不可不正，井地不可不均，此为治之大本也。"① 另外，针对京师"浮食之民"太多、影响社会稳定的问题，程颢提出"均多恤贫"的主张，要求在救济的基础上解决他们的生业问题。南宋理学的集其大成者朱熹，从"人君为政在得人"②、"天下之务莫大于恤民"③ 出发，要求解决农民的温饱问题，首要在于实行重农政策，促进生产发展，使他们衣食无虞："生民之木，足食为先，是以国家务农重谷。"④ 而最根本的是"均田产"，抑制兼并，同时解决赋役不均的问题："宜以口数占田为立科限，民得耕种，不得买卖，以赡贫弱，以防兼并，且为制度张本。"⑤ 南宋心学的奠基人陆九渊从"民为邦本"的基本理念出发，针对当时土地集中、赋税繁重的情况，主张"损上益下"，减轻赋税，以苏民困：

> 张官置吏，亿以为民，而今官吏日增术以朘削之，如恐不及。蹶邦本，病国脉，无复为君爱民之意，良可叹也！"百姓足，君孰与不足"，"损下益上谓之损，损上益下谓之益"，理之不易者也。⑥

这种根据实际状况提出的保民措施具有实践的价值。

明朝开国之初，君臣鉴于元朝末年吏治腐败，民不聊生，以致激起全国大起义的教训，都比较重视保民意识的弘扬和各种保民措施的实施。宋濂提出"富民"的主张，认定国富、君富与民富是相辅相成，良性互动，但民

---

① 《河南程氏文集·论十事扎子》，电子版《文渊阁四库全书》。
② 朱熹：《四书集注·中庸》，电子版《文渊阁四库全书》。
③ 脱脱等：《宋史》卷四百二十九《道学三·朱熹》，中华书局1995年版，第12753页。
④ 《朱文公文集》卷一百《劝农文》，电子版《文渊阁四库全书》。
⑤ 《朱文公文集》卷六十八《井田类说》，电子版《文渊阁四库全书》。
⑥ 《陆九渊集》卷五《与赵子直书》，电子版《文渊阁四库全书》。

富是国富的前提和基础，所以"捐利于民"是"兴邦之要道"。① 他的思想对朱元璋也深有启发，使之认识到军国之费皆出于百姓，所以能够让百姓"衣食给足""为治之先务，立国之根本"。② 明初另一名臣方孝孺提出人君应该以天下物养天下民的主张，"宁余于民，无藏府库"，使社会财富尽量藏于民间，让百姓富裕起来。为此，他要求取消盐铁茶的专卖制度，让利于民。同时建议建文帝实行轻徭薄赋的赋役制度，改变洪武时期对江南实施的重赋政策，"宁缺储积，而不忍以敛妨农"③。有万历时期三大贤之一称号的吕坤，极力弘扬民本思想，认为民众创造的财富造就了国家和社会存在的基础，所以所有统治者都应该感念民众的恩德，树立"天之生民非为君也，天之立君以为民也"④ 的观念，关心百姓疾苦，以富民养民。为此，必须促进农业发展，兴修水利，改善农民的生产条件。同时轻徭薄赋，减轻农民负担。他特别重视保住农民的"恒产"，即土地，认为实行井田制是保住恒产、解决社会不均、贫富悬殊等社会问题的唯一良策，只要恢复了井田制，就能"家给人足，俗俭伦明，盗息讼简，天下各得其所"⑤，这虽然反映了他的不切实际的幻想，但保民的感情却是真实的。他看到小农经济抵御灾荒能力的脆弱，提议从农民自身积极生产多储粮、节俭以省粮和政府建仓储以备荒等多方面着手增强防灾抗灾能力，以保证百姓在灾荒之年免于冻馁和死亡。明朝中期以后，政治腐败，阶级矛盾和社会矛盾日趋尖锐。一批政治家和思想家纷纷提出救治之策。王阳明弘扬陆九渊心学派，创立阳明心学一派，影响很大。其后学罗洪先提出为政"惠人""爱民"的理念：

> 人之生也，食饮被服，安处而和亲，此天所与我者也。圣人惧劫夺攻取，而人之饥寒不已者也，于是乎有政焉。故为政者，将以惠人也。⑥

① 丁立中：《潜溪先生宋公行状》，《潜溪录》卷二，电子版《文渊阁四库全书》。
② 杨士奇：《明太祖实录》卷一九，电子版《文渊阁四库全书》。
③ 方孝孺：《逊志斋集》卷五《隋文帝》，电子版《文渊阁四库全书》。
④ 《吕坤全集·去伪斋集》卷五《答孙月峰》，电子版《文渊阁四库全书》。
⑤ 《吕坤全集·呻吟语》卷五《治道》，电子版《文渊阁四库全书》。
⑥ 《罗洪先集》卷二《廉吏说》，电子版《文渊阁四库全书》。

> 为政有大体，以爱民为主，而防患次之。治顽梗、追捕负又次之。使人人见吾此心如青天白日，如和风庆云，时而举其大甚者治之，渐令入吾规矩，始有次第，所谓信而后劳之意也。①

> 邑无小大劳佚，惟爱民省费可以得善誉。吾尝诵古人语："欲致之民，非县令可以速达。"果尽吾心，即为令，胜作守，胜台省，唯有实心者可以语此也。②

他进而认定，只有解决了民生问题，使百姓衣食无虞，才能使他们向善，提高道德水准，阐发的是"仓廪实则知礼节，衣食足则知荣辱"的古老命题：

> 夫人之为恶，非必其性成也，要亦有以驱之矣。……三代之制，必有夫田分业定，衣食足，然后责其不肖，虽有非僻之心，不敢肆矣。夫饔飧不给，父子不能保其亲，况众人乎！是故行劫起于攘伐，攘伐起于聚积，聚积起于虑不足。无不足，则乱国之民可使由礼。③

在罗洪先看来，只要满足了百姓的食饮被服，再加以教化引导，"导其自适"，他们也就能自觉提高道德水准，社会也就太平了。他的认识至少具有相当的合理性。

明中叶的李贽是一个具有"异端"倾向的思想家，他认定"穿衣吃饭，即是人伦物理"，承认追求私利和物质生活的充裕是人们的合理需求："夫私者人之心也。人必有私而后其心乃见；若无私则无心矣。"④只有满足百姓合理的物质欲望，国家和社会才能得到有效治理。

明朝后期，阉党魏忠贤专权，政治更加腐败，挣扎于死亡线上的百姓不断在各地燃起反抗的怒火。一批关心社稷安危和民生疾苦的耿直派官吏和

---

① 《罗洪先集》卷七《答萧云皋》，电子版《文渊阁四库全书》。
② 《罗洪先集》卷九《寄李株山烟友》，电子版《文渊阁四库全书》。
③ 《罗洪先集》卷二《宗论》下，电子版《文渊阁四库全书》。
④ 李贽：《藏书·德业儒臣前论》，电子版《文渊阁四库全书》。

知识分子，组织东林、复社等团体，发出改良政治、改善百姓困境的呼声。官至左都御史的高攀龙是东林党的代表人物之一。他认为当政者必须抱定"为天下""为民"的宗旨，在国与民的关系上，民比国重，"救世"的核心是"救民"。张溥是复社的代表人物之一，他认定"致君"与"泽民"相比，"泽民"重于"致君"。他呼吁政府实行惠民之政，轻徭薄赋，与民休息，使陷于极度困苦的百姓得到喘息之机。特别在灾荒之年，政府更应该采取有效的赈济措施，将百姓的损失降到最低点，减少百姓的痛苦和死亡。他还要求调整赋役制度，减轻贫苦百姓的负担。复社的吴应箕、陈子龙等不仅大声疾呼政府改善百姓困境，而且在他们为官的地方大力实施救助之策，救活不少百姓。如陈子龙为绍兴推官并兼任诸暨县令时，正碰上该县遭遇灾荒，饥民汹汹，伏莽遍地。他一面低价出售国库存粮，一面动员富户开仓售粮，使一触即发的一场民变危机得以消弭：

> 或有减价十之三以惠乡间者，又有愿捐十之三作粥以赈下户者。坊市乡遂，皆令孝廉诸生领之。又移公帑数千金，遣贾人给符验，告籴于邻郡，价所低昂，则以其半惠民，以其半利商。补过旬日，金归库藏，不稽上供，而两利存之，民始有更生之望矣。境内帖然，无狗吠之警。①

然而，东林、复社诸君子纵有千条合理化建议，也不能从根本上改善百姓处境，更难以挽救明朝遇到的内外交困的危机。1644 年，李自成的起义军打进北京，以崇祯皇帝吊死煤山为标志，宣告了它的灭亡。

明清之际是被当时思想家称之为"天崩地解"的时代。一批思想家在探索明朝灭亡原因的冷峻思考中张扬着保民的古老意识。其中，黄道周是参加南明抗清而殉国的爱国人士，他总结历史经验，认为只有"安民"和"养民"才是"立国之根"："与百姓图危者无不安，与百姓图亡者无不存。"② 他

---

① 陈子龙：《陈子龙诗集》附录二《年谱》，电子版《文渊阁四库全书》。
② 黄道周：《黄漳浦集》卷五《出师疏》，电子版《文渊阁四库全书》。

要求免除扰民的苛捐杂税，解除百姓疾苦，使鳏寡孤独得到救济；更要发展生产，使百姓的衣食之源得到保证。清朝初年的颜元和李塨创立了颜李学派，他们激烈批判宋明理学，认为它空谈心性，无补国计民生，是断送明朝江山社稷的罪魁祸首。他们高扬"实学"的旗帜，关注百姓生产生活。针对当时土地集中，广大贫困农民生产资料匮乏的实际情况，颜元提出"第一义在均田"的观点，他们二人在对话中着重研判了这个重大问题：

> 刚主问："出将奚先？"先生曰："使予得君，第一义在均田。田不均，则教养诸政俱无措施处，纵有施为，横渠所谓'终苟道'也。"刚主曰："众议纷阻，民情惊怨，大难猝举。"先生曰："所谓'愚民不可与谋始'也。孔子犹不免麋之谤，况他人乎？吾于三代后最羡神宗、安石，但其术自不好，行成亦无济。今若行先王之道，须集百官，晓以朝廷断决大义，事在必行，官之忠勤才干者，尽心奉法，阻挠抗违者，定以乱法黜罪。……"①

为此，颜元还撰写了《井田经界图说》，诠释了实施细则。不过，秦汉以后的不少思想家都将实行"井田制"作为解决农民生计和国家长治久安的灵丹妙药，尽管是不切实际的幻想，但其中不乏他们保民兴国理想的真诚。李塨沿着颜元的思路，提出"均田为第一仁政"，要求实现孟子人人都有"恒产"的目标：

> 非均田则贫富不均，不能人人有恒产。均田为第一仁政也，但今世夺富与贫贱殊为艰难。颜先生有佃户分种之说，今思之甚妙。如一富家，有田十顷，为之留一顷，而令九家佃种九顷。耕牛子种佃户自备，无者领于官，秋收还。秋收以四十亩粮交地主，而以十亩代地主纳官。纳官者，即古什一之征也。地主用五十亩，则今日停分佃户也，而佃户自收五十亩。过三十年为一世，地主之享地利亦可已矣，则地

---

① 钟錂：《颜习斋先生言行录·三代》，《颜元集》下册，中华书局1987年版，第654页。

全归佃户。①

李塨"均田"的思想虽然渊源有自，但其制度设计却有独到之处。李塨与颜
元一样，都是理想主义者，在土地私有的情况下，在维护私有制的封建王朝
统治下，这种和平解决土地问题的方案只能停留在纸面上，甚至连皇帝的
案头也摆不上去。颜元的弟子王源比老师更激进，提出"惟农为有田"的
设想：

> 明告天下以制民恒产之义，谓民之不得其养者以无立锥之地，所
> 以无立锥之地者以豪强兼并。今之立法：有田者必自耕，毋募人以代耕
> 自耕者为农。……不为农则无田，士商工且无田，况官乎！官无大小皆
> 不可以有田，惟农为有田耳。②

这个基本上仿照先秦农家思想的"耕者有其田"的方案，更是一种空想，不
具备实践的品格。尽管如此，颜李学派对民生的关注，特别对解决农民土地
问题的执着还是值得肯定的。

唐甄是清朝初年对君主制度进行深刻反思和批判的思想家。他认定君
主政治的主要目的应该是"养民"，即保证百姓"足食"免于冻馁之苦：

> 古之贤君，举贤以图治，论功以举贤，养民以论功，足食以养民。
> 虽官有百职，职有百务，要归于养民，上非是不以行赏，下非是不以
> 效治。……天下之官皆养民之官，天下之事皆养民之事，是竭君臣之耳
> 目心思而并注之于匹夫匹妇也，欲不得治乎，诚始以是为政，五年必
> 治，十年必富，风俗必厚，讼狱必空。③

在唐甄看来，农民之所以起事反抗朝廷，酿成乱局，导致一代皇朝的

---

① 李塨：《霣太平策》卷二，《丛书集成初编》，第7页。
② 李塨：《平书订》卷七《制田》，《丛书集成初编》，第53—54页。
③ 唐甄：《潜书·考功》，中华书局1963年版，第111页。

覆灭，原因就在于"虐政亟行"，民不聊生：

> 虐政亟行，厚敛日加，又遇凶岁，米麦不登，家室罄悬，民无所顾赖。始则一人为窃，继而十人为盗；继则望风蜂起，千百为贼，剽掠乡聚；久则数万为军，称帅称王，攻城杀吏，而乱成矣。若使茅屋之中，有数石粟，数匹布，妇子饱暖，相为娱乐，孰能诱之蹈不测之祸以为奸雄之资哉？[1]

这就将民变的原因归结到统治者身上，从而将保民提升至关系君主生死存亡的更高水准上。

晚清，尤其是鸦片战争之后，中国面临着历史上空前的民族危机，一方面是外国侵略者以坚船利炮不断逼迫清政府签下屈辱的城下之盟，割地赔款；一方面是政治的日益腐败使百姓陷入苦难深渊而奋起反抗。中国第一批清醒的官吏和知识分子如林则徐、魏源、龚自珍等都提出变法图存的救治方案。龚自珍在《平均篇》和《农宗》等文章中，对由于土地高度集中造成的贫富不均所引发的阶级矛盾非常关注，设计出在农村按大宗、小宗、群宗和闲民分配土地的方案。虽然其中保留了租佃关系，但它将所有人都组织到生产活动中，使每个人都获得能够满足基本需求的生活资料，让所有人都衣食无虞，这对维持社会的正常秩序是有益的。当然，在当时的历史条件下，统治者不会理睬他的方案，而其方案的空想性也不具备实践的品格，所以龚自珍的"平均"方案亦不过是纸上谈兵之论。

从民本出发的保民思想和制度政策设计在中国历史上代代都有，层出不穷。其核心是给主要由农民组成的百姓以稳定的"恒产"，即生产资料，主要是土地。因为几乎所有思维还正常的政治家和思想家都明白，没有恒产，农民就不会稳定；而没有农民的稳定，农业生产就无法顺利进行；而没有农业生产的顺利进行，社会财富就不会稳定增长；而没有社会财富的稳定增长，国家和社会也就失去了存在的基础。在此认识的前提下，政治家和思

---

[1] 唐甄：《潜书·厚本》，中华书局 1963 年版，第 201 页。

想家围绕保民推出了一系列的理想，设计了一系列的方案，从孟子的"井田"制，董仲舒的"限田限奴"，到后来一个又一个的土地制度设计，基本上都是希图维持农民对一定数量土地的占有权或使用权。与此同时，为了保证农民有充足的生产时间和保有维持生存的生活资料，又推出轻徭、薄赋、节俭、省刑等一系列的辅助措施。所有这些思想理论、制度设计和一系列的政策措施，剔除其空想成分，凡具有实践价值的都具有一定的积极意义。但是，历史一再出现的情况却是，每个历史时期都有一个在社会财富分配中占尽便宜的既得利益集团，这个集团是保民政策措施能否实施的最大阻力，而当这个阻力占据优势并能使他们的阻碍措施得以贯彻执行时，阶级矛盾和社会矛盾就迅速走向激化。这时，农民起义往往爆发，这实际上就是农民用武力驱除阻力的斗争。而农民起义所造成的改朝换代又往往给新建皇朝实行新的土地政策和其他轻徭、薄赋、节俭、省刑等一系列措施创造必要条件，历史由此迈开新的前进步伐。应该说，中国古代社会的历史，基本上就是在农民阶级斗争和当权者不断改革的双轮驱动下前进的。在这个意义上，我们应该对所有政治家思想家的保民思想和由此出发的保民措施及各种政策给予肯定的评价。同时，还应该认识到，现在的中国是古代中国的发展，现在中国百姓所遇到的许多民生问题，与古代中国的历史也有着千丝万缕的联系。古代政治家思想家保民的理论、智慧、措施，都有对我们产生启迪和资鉴的意义。

第十二章　好皇帝意识与任人唯贤和纳谏进谏

一、好皇帝意识

（一）好皇帝意识的产生及其在先秦秦汉时期的发展

好皇帝理念是中国古代社会长期形成的政治文化意识，后来就以"内圣外王"作为这一理念的经典表述。这个理念要求，所有的君王，无论称国王还是称皇帝，他一定应该处于"圣"的位置上，即要求他在品格和才智上都是全国臣民的榜样，而只有如此，他才佩戴国王或皇帝的桂冠；也只有如此，他才能将王道政治推行久远。

传说中的三皇五帝，很早即被中国古代的政治家、思想家和历史学家神化为半神半人的圣人，后来经儒家大师一代接一代的形塑，黄帝、尧、舜、禹、汤、文、武、周公等人，就成为圣帝名王的卓越代表，肯定他们是代表上天来治理地上臣民的圣明天子。吕尚是西周初年分封到齐国的第一代国君，也是齐学的奠基人。他认为君王应该"尊贤上功"，不拘一格地提拔和任用各领域的贤能之人，奖励他们创造辉煌的功业。在相传他作的《六韬·文韬·上贤》中，他说："王人者，上贤下不肖。"在同一篇的《举贤》中，他又说君王必须"尊贤""举贤""用贤"和"利天下"，这就将"尊贤"和"尚功"统一起来。与此相联系，他认为君王也必须将追求天下的富裕作为自己施政的基本目标："故人君必从事于富，不富无以为仁。"[1] 西周初

---

[1] 《六韬·文韬·上贤》，电子版《文渊阁四库全书》。

年鲁国的第一代国君周公旦，提出君王必须"敬德保民"的理念。从"敬德"出发，他要求周王和贵族们时时以夏殷"失德而亡"为鉴戒，"如临深渊，如履薄冰"，兢兢业业，小心翼翼地操持自己的政柄，要"永念天威"，对上天怀着真诚的崇敬心情；要"迪惟前人光"，永远牢记祖宗创业的艰难，做克肖祖宗的孝子贤孙，发扬光大前人不朽的勋业。为此，就必须时刻抑制自己的欲望，像文王那样"克自抑畏"，那样"卑服，即康功田功"，"自朝至于日中昃，不遑暇食，用咸和万民"。要"以万民惟正之供，无皇曰今日耽乐"。① 不要贪图安逸，不要大兴游观，不要无休止地田猎，更不要聚徒狂欢。从"敬德"出发，周公在中国历史上较早地提出了"任人唯贤"的主张。要求"继自今立政"，必须坚决摈弃无德无才的"憸人"，选取"克明俊德"、智能卓著的"吉士""常人"，从而达到"劢相我国家""以觐文王之耿光，以扬武王之大烈"② 的目的。从"敬德"出发，周公还提出"保民"和"慎刑"的主张，要求统治者了解广大奴隶和平民的处境，"知稼穑之难""闻小人之劳"③，关心他们的疾苦，使他们有一个最低限度的温饱生活。要"庶狱庶慎"，有条件地运用"刑杀"，使其与怀柔政策起到相辅相成的作用。

春秋战国时期，一方面是社会实现了从奴隶制向封建制的过渡，一方面是思想领域的"百家争鸣"。众多的思想家提出了他们对好君王的要求。以老庄为代表的道家鼓吹"君道无为"，认为一个好的君王必须"任自然"，不要干预百姓的生产和生活。以商鞅、慎到、申不害、韩非为代表的法家则认定一个好的君王必须"独断"，自己握权、据势、用法，坚持中央集权的政治制度。而以孔子、孟子、荀子为代表的儒家则对一个好的君王的内涵做了最全面和深入的论述。他们尽管认为君王"受命于天"，但对其自身的要求却近乎苛刻。这个君王首先是一个"圣人"，具有崇高的品德和超常的智慧，在德行上是全国臣民的表率："其身正，不令而行。其身不正，虽令不从。"④ 他必须有仁爱之心，有德行道，推行"圣人之道"，"仁政"之治，任

---

① 《尚书·无逸》。
② 《尚书·立政》。
③ 《尚书·无逸》。
④ 《论语·子路》。

贤使能，以民为本，富民教民。孟子特别强调君王个人以仁、礼、智、信为的鹄的修养："天子不仁，不保四海；诸侯不仁，不保社稷；卿大夫不仁，不保宗庙；士庶不仁，不保四体。"① 他认定君王"身正而天下归之"，因为"天下之本在国，国之本在家，家之本在身"②，"君子之守，修其身而天下平"③，只有君王以身作则，才能达到修、齐、治、平的目标："君仁，莫不仁；君义，莫不义；君正，莫不正。一正君而国定矣。"④ 荀子援法入儒，将"王道"视为最高理想，一个好的君王也就必然能够达到"王者之人""王者之制""王者之论""王者之法"的境界。认识到"民水君舟""立君为民"之理，爱护百姓，立公用贤，以善服人，而君王的权势恰恰来自道德之威："聪明君子者，善服人者也。人服而势从之，人不服而势去之。"⑤ 显然，先秦儒学为后来中国古代社会的好皇帝理念确定了基本的理论框架。

秦汉时期，中国思想史上发生的一件影响深远的大事是汉武帝实行的"罢黜百家。独尊儒术"的思想文化政策，从此以后，儒家建构的好皇帝理念得到不断的丰富和强化。陆贾虽然也鼓吹"无为而治"，但他却对道、德、仁、义等儒家的基本观念在治世中的作用做了带有夸张性的肯定与歌颂："君子握道而治，据德而行，席仁而坐，杖义而强，虚无寂寞，通功无量。""德布则功兴，百姓以德附，骨肉以仁亲，夫妇以义合，朋友以义信，君臣以义序，百官以义承。"⑥ 这表明，陆贾心目中的好皇帝就是道、德、仁、义的实践者。贾谊认为好皇帝的标准是以民为本、任用贤良、帅己正人。他从儒家的"其身正，不令而行；身不正，虽令不从"出发，要求帝王加强自身的道德修养，成为全国臣民的楷模。在他心目中，明君的形象应该是这样的：

---

① 《孟子·离娄上》。
② 《孟子·离娄上》。
③ 《孟子·尽心下》。
④ 《孟子·离娄上》。
⑤ 王先谦：《荀子集解·王霸》，中华书局 2013 年版，第 255 页。
⑥ 陆贾：《新语·道基》，董治安主编《两汉全书》第一册，山东大学出版社 2006 年版，第 63—64 页。

> 明君在位可畏，施舍可爱，进退可度，周旋可则，容貌可观，作事可法，德行可象，声气可乐，动作有文，言语有章，以承其上，以接其等，以临其下，以畜其民。故为之上者敬而信之，等者亲而重之，下者畏而爱之，民者肃而乐之，是以上下和协，而士民顺一。①

在《新书·道术》篇中，他又对明君提出这样的要求：

> 人主仁而境内知矣，故其士民莫弗亲也。人主义而境内理矣，故其士民莫弗顺也。人主有礼而境内肃矣，故其士民莫弗敬也。人主有信而境内贞矣，故其士民莫弗信也。人主公而境内服矣，故其士民莫弗戴也。人主法而境内轨矣，故其士民莫弗辅也。举贤则民化善，使能则官职治，英俊在位则主尊，羽翼胜任则民显。操德而固则威立，教顺而必则令行，周听则不蔽，稽验则不惶，明好恶则民心化，窑事端则人主神。

这样的明君，自己践行作为君王的一切道德，是仁、义、礼、信、公、法的化身。他处高位而忧民之所忧，乐民之所乐，关心民瘼，疏解民困，以德化教民，以礼义抚民，使民富裕安乐。他为民选择贤才为官，表彰廉吏，严惩贪官，虚心纳谏，自奉简约。这样的君主在现实中并不存在，贾谊塑造的这种君主的形象，在很大程度上只能是一种理想化的诉求。韩婴认为一个好皇帝应该承认"民为君之天"，除了爱民任贤外，更重要的是以自己的道德人格引领百姓汲汲向善，形成良好的社会风尚：

> 上不知顺孝则民不知反本，君不知敬长则民不知贵亲。禘祭不敬，山川失时，则民无畏矣。不教而诛，则民不识劝也。故君子修身及孝则民不倍矣，敬孝达乎下则民知慈爱矣，好恶喻乎百姓则下应其上如

---

① 贾谊：《新书·兵车之容》，董治安主编《两汉全书》第一册，山东大学出版社 2006 年版，第 285 页。

影响矣。是则兼制天下，定海内，臣万姓之要法也，明王圣主之所不能须臾而舍也。①

不仅如此，作为国君，还必须有"谦德"：

天道亏盈而益谦，地道变盈而流谦，鬼神害盈而福谦，人道恶盈而好谦。谦者，抑事而损者也。持盈之道，抑而损之，此谦德之于行也，顺之者吉，逆之者凶。……故德行宽容而守之以恭者荣，土地广大而守之以俭者安位，位尊禄重而守之以卑者贵，人众兵强而守之以畏者胜，聪明睿智而守之以愚者哲，博闻强记而守之以浅者不溢。此六者，皆谦德也。②

这种所谓"谦德"带有浓重的黄老色彩。最后，韩婴告诫国君，虽然任贤用贤是良好政治的重要条件，但最可恃的还是自己，因此国君应该把握住自己，"从身始"，以自己足可为天下楷模的道德形象、超强智慧和卓越的行政能力，开创和维系一个清明繁荣的盛世：

魏文侯问狐卷子曰："父贤足恃乎？"对曰："不足。""子贤足恃乎？"对曰："不足。""兄贤足恃乎？"对曰："不足。""弟贤足恃乎？"对曰："不足。""臣贤足恃乎？"对曰："不足。"文侯勃然作色而怒曰："寡人问此五者于子，一一以为不足者，何也？"对曰："父贤不过尧，而丹朱放；子贤不过舜，而瞽瞍顽；兄贤不过舜，而象傲；弟贤不过周公，而管叔诛；臣贤不过汤、武，而桀、纣伐。望人者不至，恃人者不久。君欲治，从身始，人何可恃乎？"③

董仲舒是将先秦儒学发展到汉代新儒学的代表人物。他在强调君权神

---

① 韩婴：《韩诗外传》卷一，电子版《文渊阁四库全书》。
② 韩婴：《韩诗外传》卷八，电子版《文渊阁四库全书》。
③ 韩婴：《韩诗外传》卷八，电子版《文渊阁四库全书》。

授、德主刑辅、择用贤良、以民为本等好皇帝理念的同时，也继承孔子"身正，不令而行"的思想，要求帝王必须"正心"，使自己成为百官和万民的道德表率：

> 故为人君者，正心以正朝廷，正朝廷以正百官，正百官以正万民，正万民以正四方。四方正，远近莫敢不壹于正，而亡有邪气奸其间者。是以阴阳调而风雨时，群生和而万民殖，五谷熟而草木茂，天地之间被润泽而大丰美，四海之内闻盛德而皆徕臣，诸福之物，可致之祥，莫不毕至，而王道终矣。①

刘向是西汉末年造诣最高的学问家，他对"明君"即好皇帝的标准的认识较前进一步深化和扩展。他将中国历史上道德的黄金时代推向三皇五帝和夏、商、周三代，从而树立起黄帝、尧、舜、禹、汤、文、武、周公、孔子的圣人谱系。刘向理想的政治，首先是有一位占据道德制高点的"圣君"，一位无为、博爱、任贤、容众、寡为、广开言路、虚心纳谏、博采众长、"踔然独立"、允文允武、敬下亲民的明君：

> 晋平公问于师旷曰："人君之道，如何?"对曰："人君之道，清净无为，务在博爱，趋在任贤；广开耳目，以察万方；不固溺于流俗，不拘系于左右；廓然远见，踔然独立；屡省考绩，以临臣下。此人君之操也。"平公曰："善。"
>
> 齐宣王谓尹文曰："人君之事，何如?"尹文对曰："人君之事，无为而能容下。夫事寡易从，法省易因，故民不以政获罪也。大道容众，大德容下，圣人寡为而天下理矣。……"宣王曰："善。"
>
> 成王封伯禽为鲁公，召而告之曰："尔知为人上之道乎?凡处尊位者，必以敬下，顺德规谏，必开不讳之门，撙节安静以藉之。谏者勿振以威，毋格其言，博采其辞，乃择可观。夫有文无武，无以威下；有

---

① 班固：《汉书》卷五十六《董仲舒传》，中华书局 1962 年版，第 2502—2505 页。

武无文，民畏不亲。文武俱行，威德乃成；既成威德，民亲以服。清白上通，巧佞下塞，谏者得进，忠信乃畜。"伯禽再拜受命而辞。①

这个"圣君""明君"，必须以"民本"作为自己治国理政的出发点和落脚点，"以百姓为天"，对他们"富之""教之"，进而使百姓对自己的君王"与之""辅之"，而不是"非之""背之"：

> 齐桓公问管仲曰："王者何贵？"曰："贵天。"桓公仰而视天。管仲曰："所谓天者，非谓苍苍莽莽之天也。君人者，以百姓为天。百姓与之则安，辅之则强，非之则危，背之则亡。《诗》云：'人之无良，相怨一方。'民怨其上，不遂亡者，未之有也。"
>
> 河间献王曰："管子称：'仓廪实，知礼节；衣食足，知荣辱。'夫谷者，国家所以昌炽，士女所以姣好，礼义所以行，而人心所以安也。《尚书》五福以富为始。子贡问为政，孔子曰：'富之。'既富，乃教之也。此治国之本也。"②

刘向甚至认为，得不到百姓拥护，"纵淫"而"弃天地之性"的无良君王，被百姓驱逐也是罪有应得。那个卫献公之被逐，就是"百姓绝望"的结果。因为民是国本，所以君王必须设身处地为民着想，关心他们的饥寒、狱讼以及才尽其用等切身利益。这方面最具代表性的人物是尧和周公。在他看来，这个"圣君""明君"必须"得贤材以自辅，然后治"。再进一步，刘向认为作为拥有最高权力的君王，还必须具有清醒准确的"独断"能力，正确地决定去、取、为、罚、赏，而不能以别人之言决定去、取、为、罚、赏："不能定所去，以人言去；不能定所取，以人言取；不能定所为，以人言为；不能定所罚，以人言罚；不能定所赏，以人言赏。贤者不必用，不肖者不必退，而士不必敬。"同时，君王还必须具有精准的判断能力，在事关国家大

---

① 刘向：《说苑》卷一《君道》，电子版《文渊阁四库全书》。
② 刘向：《说苑》卷三《建本》，电子版《文渊阁四库全书》。

政方针、民生疾苦、臣下贪廉、法纪严弛等重要问题上，必须态度鲜明，不能"墨墨"装糊涂：

> 晋平公闲居，师旷侍坐平。平公曰："子生无目眹，甚矣子之墨墨也！"师旷对曰："天下有五墨墨，而臣不得与一焉。"平公曰："何谓也？"师旷曰："群臣行赂，以采名誉，百姓侵冤，无所告诉，而君不悟，此一墨墨也。忠臣不用，用臣不忠，下才处高，不肖临贤，而君不悟此，二墨墨也。奸臣欺诈，空虚府库，以其少才，覆塞其恶，贤人逐，奸邪贵，而君不悟此，三墨墨也。国贫民罢，上下不和，而好财用兵，嗜欲无厌，谄谀之人，容容在旁，而君不寤，此四墨墨也。至道不明，法令不行，吏民不正，百姓不安，而君不悟，此五墨墨也。国有五墨墨而不危者，未之有也。臣之墨墨，小墨墨耳，何害乎国家哉？"①

进而，刘向还认为君王应该坚持"尊君卑臣"的原则，牢记"势失则权倾"的古训，牢牢把握住权势，并正确地行使赏、罚的权柄。这里透出的已经是与儒家思想相悖的浓郁的法家气息了：

> 国家之危定，百姓之治乱，在君行之赏罚也。赏当则贤人劝，罚得则奸人止。赏罚不当则贤人不劝，奸人不止。奸邪比周，欺上蔽主，以争爵禄，不可不慎也。②

最后，刘向强调君王必须一生保持谦虚的心态，养成好学的习惯，不倦地向贤圣之人学习，使自己能够"达天性""全天之所生而勿败"：

> 吕子曰："神农学悉老，黄帝学大真，颛顼学伯夷父，帝喾学伯招，

---

① 刘向：《新序》卷第一，电子版《文渊阁四库全书》。
② 刘向：《说苑》卷一《君道》，电子版《文渊阁四库全书》。

帝尧州文父，帝舜学许由，禹学大成执，汤学小臣，文王、武王学太公望，周公旦、齐桓公学管夷吾、隰朋，晋文公学咎犯、隋会，秦穆公学百里奚、公孙支，楚庄王学孙叔敖、沈尹竺，吴王阖闾学伍子胥、文之仪，越王勾践学范蠡、大夫种，此皆圣王之所学也。且夫天生人而使其耳可以闻，不学，其闻则不若聋；使其目可以见，不学，其见则不若盲；使其口可以言，不学，其言则不若喑；使其心可以智，不学，其智则不若狂。故凡学非能益之也，达天性也，能全天之所生而勿败之，可谓善学者矣。"①

刘向所以在"明君"问题上如此聒噪不休，原因就在于他所处的西汉末年，皇帝一个比一个昏庸荒唐，一个比一个低能无用。作为宗室贵族，他哀其不幸，怒其不争，期望以自己的谆谆教诲，力挽颓势，再造"圣君"和清明之世。

东汉时期"以经治国"得到了认真执行，朝野上下对儒学的笃信几乎达到了迷信的程度。在这种情况下，臣民，尤其是思想家对好皇帝的要求基本上都是儒家倡导的明君论，民本、任贤、拒佞、纳谏、自律、节俭等内容一再出现。东汉末年的王符则提出君王认真学习的问题。他认为君王必须是道德学问皆可成为官民表率的"圣人"，为此，君王必须虚心向学：

　　天地之所贵者人也，圣人之所尚者义也，德义之所成者智也，明智之所求者学问也。虽有至圣，不生而智；虽有至材，不生而能。故志曰：黄帝师风后，颛顼师老彭，帝喾师祝融，尧师务成，舜师纪后，禹师墨如，汤师伊尹，文武师姜尚，周公师庶秀，孔子师老聃。若此言之而信，则人不可以不就师矣。夫此十一君者，皆上圣也，犹待学问，其智乃博，其德乃硕，而况于凡人乎？②

---

① 刘向：《新序》卷五，电子版《文渊阁四库全书》。
② 王符著，王健注说：《潜夫论》卷四《赞学第一》，河南大学出版社 2008 年版，第 94 页。

与王符同时代的徐干写了《中论》，其中比较集中的是对清明政治和君子人格修养的论述。在他看来，政治清明与否关键在于国君是英明还是愚暗，二者的区分在于是"务本"还是"详于小事而略于大道，察于近物而暗于远数"①。一个英明的君主必须眼光远大，胸怀四海，其所务必在"大道、远数"：

> 为仁足以覆帱群生，惠足以抚养百姓，明足以照见四方，智足以统理万物，权足以变应无端，义足以阜生财用，威足以禁遏奸非，武足以平定祸乱；详于听受，而审于官人；达于兴废之原，通于安危政分。如此，则君道毕矣。②

这就是说，一个英明的君主必须致力于中正之道和长远谋略。为此，要求他们仁德足以覆盖生民，慈惠足以抚养百姓，光明足以照耀四方，智慧足以管理万物，机变足以应付无穷变化，道义足以丰富财物器用，威严足以对付奸邪不法，雄武足以敉平灾祸混乱。同时，还要求他们明达国家治乱兴废的原因，熟知社会安定与危殆的区别。而且，他还应该能够虚心详尽地听取他人的意见，审慎地选取和任用人才。这里，徐干为他心目中的"圣明天子"立下了一个标准。这个标准基本上涵盖了传统儒学对一个英明君主的要求，其中包括了他的品格修养、智慧才能、威严气度和用人准则。

（二）魏晋南北朝至明清好皇帝意识的强化

魏晋南北朝时期，政治家和思想家似乎特别在意探索君臣关系，这大概因为此时期朝代更替频繁、君臣易位迅速的缘故吧。曹魏时期的刘廙特别强调"君逸臣劳"，而其中的关键是君王必须有识人之明，知人善任，选贤使能，这是因为再高明的君王也有局限："夫自足者不足，自明者不明。日月至光至大，而有所不遍者，以其高于众之上也。灯烛至微至小，而无不可

---

① 徐干：《中论·务本》，电子版《文渊阁四库全书》。
② 徐干：《中论·务本》，电子版《文渊阁四库全书》。

之者，以其明之下，能照日月所蔽也。圣人能睹往知来，不下堂而知四方。萧墙之表，有所不喻焉，诚无所以知之也。"① 与刘廙同时代的桓范则认为君王如天，承担着使百姓过上安居乐业日子的责任：

> 天，万物之覆；君，万物之焘也。怀生之类，有不浸润于泽者，天以为负；员首之民，有不沾濡于惠者，君以为耻。……体人君之大德，怀恤下之小心；阐化立教，必以其道；发言则通四海，行政则动万物；虑之于心，思之于内，布之于天下；正身于庙堂之上，而化应于千里之外。②

为了能够完成作为君王的重任，除了要具备"九虑"（戒诈、戒虚、戒嫉、戒谗、戒奸、戒欺、戒伪、戒祸、戒佞）的睿智和"七恕"（恕直、恕质、恕忠、恕公、恕贞、恕难、恕劲）的胸襟外，更需要以身作则，加强修养，成为臣民的道德表率：

> 善治国者，不尤斯民，而罪诸己；不责诸下，而求诸身。③
> 君子为政，以正己为先教禁为次。若君正于上，则吏不敢邪于下；吏正于下，则民不敢僻于野。……国无倾君，朝无邪吏，野无僻民，而政之不善者，未之有也。④

南朝的葛洪，在其所写的《抱朴子》中，有一篇《君道》，专门论述成为明君之道。要求君王在政治上道德上做全国臣民的楷模，关心百姓饥寒，公正对待臣下，虚心纳谏，勇于改过，事事出于公心，任人唯贤，不以己之好恶影响正确决策："怒不越法以加虐，喜不逾宪以厚遗。割情于所爱，而

① 《群书治要》卷四七《刘廙别传·下视》：清道光二十七至二十九年灵石杨氏刻连筠簃丛书本，第7页。
② 《群书治要》卷四七《政要论·为君难》，北京理工大学出版社2013年版，第632页。
③ 《群书治要》卷四七《政要论·臣不易》，北京理工大学出版社2013年版，第629页。
④ 《群书治要》卷四七《政要论·政务》，北京理工大学出版社2013年版，第629页。

有犯者无赦；采善于所憎，而有劳者不遗。"公平公正地对待所有的臣子。

隋唐时期，中国政治家和思想家对好皇帝理念有了进一步的丰富和发展。唐太宗写的《帝范》《金镜》《民可畏》等著作，集中反映了他对明君的理解。他认为，明君必须"以人为本"，认识"君依于国，国依于民"① 和君为民所养的道理，所以君王必须遵循"为政无为"的原则："安人宁国，唯在于君，君无为则人乐，君多欲则人苦。"② 节欲、节俭、节为，轻徭薄赋，禁暴省刑，给百姓的生产和生活创造一个宽松的环境。而魏徵的话正反映了他的心声："焚鹿台之宝衣，毁阿房之广殿，惧危亡于峻宇，思安处于卑宫，则神化潜通，无为而理，德之上也。"③ 因此，明君行政要贯彻"德主刑辅"的理念，对百姓既"广施德化"，又公正执法，礼法结合。君王虚心纳谏，任贤使能，倡导廉政，严格约束官员的活动，禁绝他们贪残虐民。特别强调"农为政本"，重视农业和农民，为国裕民富造就一个坚实的基础。宋朝的张载比较重视君王的道德修养，要求君王知错必改，正己帅人，以德政教化治国："己德性充实，人自化矣，正己而物正也。"④ 朱熹认为"君心"是决定政治成败的关键："天下事有大根本，有小根本，正君心是大根本。"⑤ "人主之心一正，则天下之事无有不正；人主之心一邪，则天下之事无有不邪。"⑥ 所以君王应该加强自我修养，推行"德主刑辅"的行政原则，关注民生，"足食为先"，抑兼并，"均田产"，使百姓获得基本的生产资料，免于冻馁之苦。

明清时期，尽管皇权专制主义空前加强，但对好皇帝的呼声也时有闪现。明朝初年的方孝孺就认定君王职责的核心是养民："人君之职，为天养民者也。"⑦ 这就要求君王以德化民，以俭爱民，轻徭薄赋，取消专卖制度。同时更要加强自身修养，时时"格君心之非"，达到以仁义礼乐治国理政的目标："明而不至于苛，宽而不流于纵，严而不迫于刻，仁而不溺于无

---

① 司马光、宋祁：《资治通鉴》卷一九二《唐纪》八，中华书局1956年版，第6026页。

② 吴兢：《贞观政要》卷八《务农》，电子版《文渊阁四库全书》。

③ 刘昫等：《旧唐书》卷七十一《魏徵传》，中华书局1955年版，第2551页。

④ 《张子语录·语录上》，电子版《文渊阁四库全书》。

⑤ 《朱子语类》卷一〇八，电子版《文渊阁四库全书》。

⑥ 《朱文公文集》卷一二《己酉拟上封事》，电子版《文渊阁四库全书》。

⑦ 《君职》，《逊志斋集》卷三，四部丛刊本，电子版《文渊阁四库全书》。

断，智而不入于诈妄，纳谏而能委任，无逸而能不变，此为政之本也。"① 丘濬在其著作《大学衍义补》一书中，专门讨论为君之道，在他心目中，一个好皇帝不能独裁，应该与众多官员"以分理之"②；不能刚愎自用，拒谏饰非，必须虚心纳谏，以免壅蔽；不可以私心行赏罚，而必须使赏罚"合天下之公论"③；不可"厉民以养己"，而应该以安民养民为宗旨；不可专利，而应该"为天守财，为民聚财"④。为此，君王必须"正心"，做到"以一人之心体天下之心，以天下人之心为一人之心"，"尽夫天理之极，而无一毫人欲之私"。⑤ 君王如此，表率的力量就显现出来。明朝中期的吕坤提出"天之立君以为民"的观点，认为君王的职责就是创造条件让百姓安居乐业："夫为君之道无他，因天地自然之利而为民开导撙节之，因人生固有之性而为民倡率裁制之，足前同欲，去其同恶，凡以安定之使无失所，而后天立君之意终矣。"⑥ 为此，他要求君王实行"礼主刑辅"的施政理念，立官为民，公正执法，任贤使能，整肃吏治，重视舆论，加强监督；"民命为先"，发展农业、兴修水利，保民恒产，轻徭薄赋，备荒救灾，赈济恤贫，提倡节俭，反对奢靡。明朝末年的刘宗周认定行政以德治为核心，要求君王"恭己无为""舍己从人""发政施仁"，正身率下，犹如北辰居而众星共之。

明末清初的李颙强调君王严格自律，正视自己的不足与错误，"悔过自新"。而黄宗羲则认为"人主受命于天"，其职责就是"兴公利而除公害"：

> 有生之初，人各自私也，人各自利也，天下有公利而莫或兴之，有公害而莫或除之。有人者出，不以一己之利为利，而使天下受其利；不以一己之害为害，而使天下释其害。⑦

---

① 《君学》，《逊志斋集》卷三，四部丛刊本，电子版《文渊阁四库全书》。
② 丘濬：《分民之牧》，《大学衍义补》卷一九，京华出版社 1999 年版，第 43 页。
③ 丘濬：《公赏罚之施》，《大学衍义补》卷三，京华出版社 1999 年版，第 20 页。
④ 丘濬：《公赏罚之施》，《大学衍义补》卷三，京华出版社 1999 年版，第 20 页。
⑤ 丘濬：《圣神功化之极》中，《大学衍义补》卷一五九，京华出版社 1999 年版，第 1387 页。
⑥ 吕坤：《治道》，《吕坤全集·呻吟语》卷五，中华书局 2008 年版，第 845 页。
⑦ 《黄宗羲全集》第一册，浙江古籍出版社 1985 年版，第 2 页。

而君王一旦不能履行"兴公利而除公害"的职责，反而为了一己之私损害百姓的利益，这样的君王就是"贼"了。王夫之也有类似的观点。他认为天下应该是天下人的天下，而不是"一姓之私"："以天下论者，必循天下之公，天下非一姓之私也。"① 所以，"一姓之兴亡"不过是"私"，而只有"生民之生死"，才能算是"公"。这样一来，黄宗羲和王夫之的观点，就在一定程度上突破了中国传统的将君主等同于国家天下的理论。他们所谓"天下非一姓之私"蕴含着天下百姓为主而君王为客的理念，这样一来，好皇帝就在实际上变成了为百姓服务的"公仆"，一家一姓的公仆可以换来换去，但百姓的主体地位却是不能动摇的。这里已经隐隐透出了一些近代民主的因素。不过，在王夫之提出的"君臣共治"的理论中，依然对明君寄予厚望，说明他们总体上难以突破儒家的传统观念。清朝初年的唐甄认为君王作为最高统治者，他的职责是"养民"，官吏的职责也是"养民"，能不能"养民"是评价君王和官吏的最重要的标准：

> 古者贤君，举贤以图治，论功以举贤，养民以论功，足食以养民。虽官有百职，职有百务，要归于养民。上非是不以行赏，下非是不以效治。②

然而，实际情况是，自秦汉以来的帝王，几乎都在压榨和盘剥百姓，所以他愤怒地谴责"凡为帝王者皆贼也"③。因为君王是政治的核心，治乱兴亡的关键也就是君王的贤明或昏聩。他说："治天下者惟君，乱天下者惟君。"④ 就是人们经常谴责的所谓乱天下的小人、女子、宦官以及奸雄盗贼，其总根源也还在君王。结论是："人无贤无不贤，贤不贤惟君；政无善不善，善不善惟君。"⑤ 既然君王一身系天下之安危治乱，那么，对君王个人的德才

---

① 王夫之：《读通鉴论》，中华书局 1975 年版，第 1107 页。

② 唐甄：《潜书·考功》，中华书局 1963 年版，第 111 页。

③ 唐甄：《潜书·室语》，中华书局 1963 年版，第 196 页。

④ 唐甄：《潜书·鲜君》，中华书局 1963 年版，第 66 页。

⑤ 唐甄：《潜书·远谏》，中华书局 1963 年版，第 127 页。

就应该有着极其严格的要求，最重要的是他必须自觉地抑尊威、躬节俭、任贤才、善纳谏，为百姓创造良好的生产生活条件。清朝文字狱中一个要案的当事人吕留良，也以"公天下"要求君王："天生民而立之君，君臣皆为生民也。"[1]"天生民而立之君，必足以济斯民而后享斯民之养。"[2]由此出发，他要求善待百姓，轻徭薄赋，不要使君王官吏与百姓的贫富差距太悬殊。

（三）好皇帝意识的积极意义

综上所述，可以看出，中国古代社会的好皇帝理念经过数千年的丰富发展，形成了内涵丰富、理义深邃的理论体系，其中不少内容具有永恒的价值和积极意义。

首先，好皇帝理念在强调"君权神授"和君王具有天下独尊地位的同时，也赋予他天下第一位的治国理民的责任，同时要求他必须具备承担这个责任的德行和能力，这就是"内圣外王"。在中国古代社会，这是对一个君王的最高要求。当然，这个要求理想化的成分多一些，但是，树立起这样一个标准，也就有了臣民观察君王德行的尺度，时时拿这个尺度警醒君王，对他们无疑是一种巨大的压力。

其次，好皇帝理念的内容尽管涉及了众多的方面，但基本内容不外乎以下数点：

第一，好皇帝必须坚持"公天下"的原则，坚持"君民共同体"和"民为邦本，本固邦宁"的基本理念，必须具有浓烈的家国情怀和明确的担当意识与责任意识，他是"民之父母"，他有着保民养民教民的责任。所有的制度设计和政策谋划，都应该以是否能为民谋福祉为前提和基本出发点。

第二，好皇帝必须坚持"德主刑辅"的治国理政原则，一方面创造良好的生产条件和社会环境，轻徭薄赋，节俭省刑，使百姓安居乐业，"仰可以事父母，俯可以蓄妻子，乐岁终身饱，凶年免于死亡"，并以教化为先，

---

① 吕留良：《吕晚村先生四书讲义》卷六《论语》三《八佾篇》，中华书局2015年版，第120页。

② 吕留良：《吕晚村先生四书讲义》卷三十九《孟子·万章下》下，中华书局2015年版，第668页。

促使人人向善；一方面严格法律制度，对社会的恶势力予以严惩，维持国家与社会的安定和有序运行。

第三，好皇帝必须坚持任人唯贤的原则，通过各种制度安排和其他适宜的通道，将社会上最优秀的人才选拔到各级官府任职，充分发挥他们治政理民的作用。同时，排除奸宄谗佞之辈，不给小人、宦竖、女宠以窃权擅势、兴风作浪的机会。

第四，好皇帝必须虚心纳谏，创造各种条件使天下臣民畅所欲言，对皇帝本人、国家大政和政府工作提出尖锐的批评和建议，使进谏和纳谏作为一种纠错机制得到充分的发挥。

再次，好皇帝理念特别强调皇帝在道德上作为臣民表率的作用。皇帝既然是"圣"，他就一定应该是道德完人，应该模范地忠实实践忠、孝、节、义、仁、礼、智、信等古代社会的核心价值观。同时，由于皇帝拥有绝对的权力、得天独厚的条件和轻而易举的手段聚敛社会财富，盘剥百姓，侵刻小民，极易在物质生活上奢侈腐化，所以特别要求他们带头节俭，拒绝奢华。

不可否认，所有这些好皇帝理念的内容，都带有强烈的理想化色彩，在现实中找不到一个完全实践这些条件的皇帝，这只是思想家和政治家悬出的一个好皇帝的最高标准，即使历史上公认的几个所谓明君，如汉朝之文帝、景帝、武帝、光武帝、明帝，唐朝之太宗皇帝，宋朝之太祖皇帝，明朝之太祖、成祖皇帝，清朝之康熙、乾隆皇帝等，也只是在某些方面接近这个标准，而他们本身都有着极其明显的局限。唐太宗差不多是一个史界公认的所谓明君中的最出类拔萃之辈了吧，可他就承认自己有不少缺陷和不足，告诫太子不要以自己为榜样。不过，好皇帝的理念仍有不可忽视的积极意义。因为经过多代政治家和思想家的丰富和发展，其中包括唐太宗这样的明君的参与，好皇帝就有了一个明晰的标准，天下臣民往往以此标准向当今皇帝提出要求，要求他们对照标准检查自己的不足之处，处处时时向这个标准看齐，这在一定程度上对他们形成无形的约束。有些皇帝真诚地相信这些标准，并且也尽上了自己的主观努力向这个标准靠拢，从而创造了几个著名的政治清明的时代，这对历史的发展和社会的进步显然是有利的。

好皇帝理念中所包括的内容，基本上都属于"良政"的范围，如民本观念，轻徭、薄赋、节俭、省刑的政策措施，任贤使能的选官原则，鼓励进谏的制度设计，对君王个人德行和才能的严格要求等，反映了天下臣民对君王的理想化要求，这些要求具有超越时空的永恒价值，对几乎所有时代的国家领导人都是适用的，因而具有普遍意义。特别是孟子代表的儒家，提出人民对桀、纣之类昏君诛杀是正义行动，这就承认了"汤武革命"的历史正当性，在一定程度上表示了对百姓反抗昏君统治的认可。

好皇帝理念是中国传统文化中的精华内容之一，重点展示了臣民对最高当国者的行政理念和个人品格的诉求。但是，好皇帝理念的局限也是不容忽视的，因为它与现代民主政治的理念有着本质的区别。这表现在，第一，现代民主政治视人民为国家的主人，视国家的各级领导人为为人民服务的公仆。而好皇帝理念却肯定皇帝是"天生圣人，为民立极"，是国家的主人，"为民父母"，百姓是他的"子民"，这就从根本上颠倒了两者的关系。第二，好皇帝理念承认皇帝对天下臣民有生杀予夺的权力，把君民置于绝对不平等的地位，将百姓的生存权看成皇帝的赐予。第三，好皇帝理念将国家和社会的治乱、百姓的福祉完全寄托在皇帝身上，从而忽视或模糊了自己的权力意识。第四，它将君王之英明完全寄托于皇帝个人的道德修养，而忽视对他的制度制约。正因为如此，历史上好皇帝理念就基本上停留在人们的幻想中，真正符合标准的好皇帝几乎一个也没有出现。而真实的历史是，百姓们抬头期盼着好皇帝的降临，却又不得不低头忍受着一个又一个坏皇帝的统治，实在忍受不了的时候就揭竿而起，推翻这个坏皇帝，更换一个新的王朝。然后进入对新王朝和新皇帝的期望，但期望往往变成失望，于是再来一次推翻这个王朝的起义。中国古代的历史仿佛就是在这样的循环往复中蹒跚前行。

二、纳谏与进谏

（一）先秦秦汉时期的进谏纳谏意识

一个英明睿智的皇帝，必然是一个鼓励臣民进谏和善于纳谏的君主。在中国古代社会，君王虚心纳谏和臣子勇于进谏，被视为清明政治的标志之一，也是中国古代思想史中属于精华的内容之一。传说中的五帝之一的虞舜，就曾莅临明堂，开四门倾听来自全国各地的意见和建议。从三代起，历代王朝都专门设置谏官，负责向君王谏议，对君王和各级臣僚提出批评意见，纠劾不正之风。商朝的伊尹，向商王武丁进谏，武丁不听，伊尹就将他流放到一个地方闭门思过。至迟至西周时期，瞽史献言可能就成为制度。而所有臣子，都可以随时向国君提出建议，这其中当然涉及防腐反贪的问题。如西周的厉王任用卫巫监视国人，搞得人人自危，见面不敢说话，只能"道路以目"。当厉王得意地宣称他能"弭谤"时，邵公讲了一番传诵千古的话：

> 是障之也。防民之口，甚于防川。川壅而溃，伤人必多，民亦如之。是故为川者决之使导，为民者宣之使言。故天子听政，使公卿至于列士献诗，瞽献曲，史献书，师箴，瞍赋，矇诵，百工谏，庶人传语，近臣尽规，亲戚补察。瞽、史教诲，耆、艾修之，而后王斟酌焉，是以事行而不悖。民之有口，犹土之有山川也，财用于是乎出；犹其有原隰衍沃也，衣食于是乎生。口之宣言也，善败于是乎兴；行善而备败，其所以阜财用、衣食也。夫民虑之于心而宣之于口，成而行之，胡可壅也？若壅其口，其与能几何？①

这里邵公的一席话，第一次阐明了君王虚心听取谏议的重要性，使"防民之口，甚于防川"的名言历代流传。厉王拒绝谏议的结果是平民起义和他被流放于彘，永远失去王位。春秋战国时期，在思想学术界"百家争鸣"的大潮中，政治家和思想家对于进谏纳谏的论述更多，其中子产不毁乡校的故事具有启发意义：

> 郑人游于乡校，以论执政。然明谓子产曰："毁乡校如何？"子产曰："何为？夫人朝夕退而游焉，以议执政之善否。其所善者，吾则行之；其所恶者，吾则改之，是吾师也，若之何毁之？我闻忠善以损怨，不闻作威以防怨。岂不遽止？然犹防川，大决所犯，伤人必多，吾不

---

① 《国语》卷一《周语上》，电子版《文渊阁四库全书》。

克救也。不如小决使道，不如吾闻而药之也。"然明曰："蔑也今而后知吾子之信可事也！小人实不才，若果行此，其郑国实赖之，岂唯二三臣。"仲尼闻是语也，曰"以是观之，人谓子产不仁，吾不信也。"①

邹忌讽齐王纳谏的故事也脍炙人口：

> 邹忌修，八尺有余，而形貌昳丽。朝服衣冠，窥镜谓其妻曰："我孰与城北徐公美？"其妻曰："君美甚，徐公何能及君也。"城北徐公，齐国之美丽者也。忌不自信，而复问其妾曰："我孰与徐公美？"妾曰："徐公何能及君也。"旦日，客从外来，与坐谈，问之："吾与徐公孰美？"客曰："徐公不若君之美也。"明日，徐公来，孰视之，自以为不如，窥镜而自视，又弗如远甚。暮寝而思之，曰："吾妻之美我者，私我也；妾之美我者，畏我也；客之美我者，欲有求于我也。"于是入朝见威王曰："臣诚知不如徐公美，臣之妻私臣，臣之妾畏臣，臣之客欲有求于臣，皆以美于徐公。今齐地方千里，百二十城，宫妇左右莫不私王，朝廷之臣莫不畏王，王四境之内莫不有求于王。由此观之，王之蔽甚矣！"王曰："善。"乃下令，群臣吏民能面刺寡人之过者，受上赏；上书谏寡人者，受中赏；能谤讥市朝，闻寡人之耳者，受下赏。令初下，群臣进谏，门庭若市。数月之后，时时而间进。期年之后，虽欲言无可进者。燕、赵、韩、魏闻之，皆朝于齐。此所谓战胜于朝廷。②

在诸子百家中，儒家是提倡进谏和纳谏最多的学派。孔子主张"以道事君"，对君王应该进谏，但又不可强谏，谏而不听则止："所谓大臣者，以道事君，不可则止。"③态度是比较消极的。孟子在进谏问题上继承孔子"以道事君"的观点，但比孔子积极得多。他说："天下有道，以道殉身；天下

---

① 杨伯峻：《春秋左传注·襄公三十一年》，中华书局 2009 年版，第 1191—1192 页。
② 刘向：《战国策》卷八《齐策一》，上海古籍出版社 1985 年版，第 324—326 页。
③ 《论语·先进》。

无道，以身殉道；未闻以道殉乎人者也。"① 臣子绝对不能对君王阿谀逢迎："长君之恶其罪小，逢君之恶其罪大。"② 臣子进谏的根本目的是"格君心之非"，要求君王行仁政，去邪恶。如果君王拒绝纳谏，异姓之卿就应该毅然离去，而同姓之卿则可以使君王"易位"："君有过则谏，反复之而不听，则去。""君有大过则谏，反复之而不听，则易位。"③ 荀子则要求君王虚心纳谏，不忌讳直言和争论。他认为"公生明，偏生暗"，只有兼听不同声音才能避免片面性，"兼听齐明则天下归之"，"兼听齐明而百事不留"④。《吕氏春秋》则要求臣子敢于直言进谏，"直言交争，而不辞其患"⑤。这些观点初步奠定了进谏和纳谏的核心理念。

秦汉时期的进谏与纳谏理论又有新的发展。西汉的贾山在强调民本的同时，还强调国君必须尊贤用贤和虚心纳谏。他说，国君持雷霆万钧之威，使具有"尧舜之智"和"孟贲之勇"的臣子也不敢进谏，这就使国君一直蒙在鼓里，无法了解真相，根本不知道社稷之危，只能在"自我感觉良好"的状态中走向灭亡。秦始皇就是如此：

> 秦皇帝居灭绝之中而不自知者何也？天下莫敢告也。其所以莫敢告者何也？亡养老之义，亡辅弼之臣，亡进谏之士，纵恣行诛，退诽谤之人，杀直谏之士，是以道谀媮合苟容，比其德则贤于尧舜，课其功则贤于汤武，天下已溃而莫之告也。⑥

在贾山看来，国君要想时时知道事实真相，发现自己的过失而及时改正，就必须实行"古者圣王之制"：

---

① 《孟子·尽心上》。

② 《孟子·告子下》。

③ 《孟子·万章下》。

④ 王先谦：《荀子集解·君道》，中华书局 2013 年版，第 282 页。

⑤ 许维遹：《吕氏春秋集释·不争》，中华书局 2016 年版，第 232 页。

⑥ 班固：《汉书》卷五十一《贾山传》，中华书局 1962 年版，第 2330 页。

古者圣王之制，史在前书过失，工诵箴谏，瞽诵诗谏，公卿比谏，士传言谏，庶人谤于道。商旅议于市，然后君得闻其过失也，闻其过失而改之，见义而从之，所以永有天下也。①

这里的关键是尊贤和用贤，即"尊养三老""立辅弼之臣""置直谏之士""学问至于刍荛"，通过广泛地接受来自各方面的意见和建议纠正君王的失误。

刘安在《淮南子》中也吸取了儒家的许多政治观念，如虚心纳谏的思想：

古者天子听朝，公卿正谏，博士诵诗，瞽箴师诵，庶人传语，史书其过，宰彻其膳。犹以为未足也，故尧置敢谏之鼓，舜立诽谤之木，汤有司直之人，武王立戒慎之鼗，过若毫厘而既已备之也。夫圣人之于善也，无小而不举；其于过也，无微而不改。尧、舜、禹、汤、文、武皆坦然天下而南面焉。②

显然，贾山和刘安基本接续先秦以来的谏诤理论，要求汉代君王能够加以实行。西汉末年的刘向是一个大学问家，他以周公为例，说明君王放低身段、虚心求贤的重要：

周公摄天子位七年，布衣之士执贽所师见者十二人，穷巷白屋所先见者四十九人，时进善者百人，教士者千人，官朝者万人，当此之时，诚使周公骄而且吝，则天下贤士至者寡矣。苟有至，则必贪而尸禄者也。尸禄之臣，不能存君矣。③

东汉末年，政治混乱，民不聊生。布衣王符在《潜夫论》中，认为君王只有虚心向学才能"明智"，不唯如此，君王要想成为明君，更必须"通

---

① 班固：《汉书》卷五十一《贾山传》，中华书局 1962 年版，第 2333 页。
② 何宁：《淮南子集释·主术训》，中华书局 1998 年版，第 691—692 页。
③ 刘向：《说苑》卷八《尊贤》，电子版《文渊阁四库全书》。

聪兼听"，即不仅听取最亲近的贵臣亲信的意见，更要听取疏远而卑贱者的意见，让各色人通过不同的方式、不同的途径，将真实的意见反映上来：

> 是以明圣之君于正道也，不专驱于贵宠，惑于嬖媚，不弃疏远，不轻幼贱，又参而任之。故有周之制也，天子听政，使三公至于列士献典，良史献书，师箴，瞍赋，矇诵，百工谏，庶人传语，近臣尽规，亲戚补察，瞽史教诲，耆艾修之，而后王斟酌焉，是以事行而无败也。[1]

同时，明君还有一个重要的表征，就是"尊贤任能，信忠纳谏"[2]，一旦偏听塞谏，明君也就成了闭目塞听的暗君，离败亡也就不远了。

（二）魏晋南北朝至明清进谏纳谏理论的发展

魏晋南北朝时期的曹魏大臣桓范，告诫君王必须警惕身边的奸佞之臣阻塞言路问题，他说："夫人君为左右所壅制，此有目而无见，有耳而无闻。积无闻见，必至乱正。故国有壅臣，祸速近邻。""人君之务，在于决壅；决壅之务，在于进下；进下之道，在于博听；博听之义，无贵贱同异，隶竖牧圉，皆得达焉。"[3] 如此阐明广开言路的重要性和基本方法。晋武帝司马炎是一个愿意听直言、纳忠谏的皇帝，他要求对进谏的臣子要宽容："言有偏善，情在忠益，虽文辞有谬误，言语有失得，皆当旷然恕之。"[4] 梁武帝萧衍也是一个倡导纳谏的皇帝，他曾数次下诏书，征求臣子直言敢谏：

> 凡厥在朝，各献谠言，政治不便于民者，可悉陈之。若在四远，刺史二千石长吏，并以奏闻，细民有言事者，咸为申达。朕将亲览，

---

① 王符著，王健注说：《潜夫论》卷二《潜叹第十》，河南大学出版社 2008 年版，第 138—139 页。

② 王符著，王健注说：《潜夫论》卷二《思贤第八》，河南大学出版社 2008 年版，第 127 页。

③ 《群书治要》卷四七《政要论·决壅》，北京理工大学出版社 2013 年版，第 636 页。

④ 房玄龄等：《晋书》卷四十七《傅玄传》，中华书局 1995 年版，第 1320 页。

以纾其过。文武在位，举尔所知。公侯将相，随才擢用，拾遗补阙，勿有所隐。①

　　唐朝的唐太宗和魏徵君臣，将中国古代进谏和纳谏的理论发展到最完备的程度。他们认为，君王只有诚心纳谏，才能使自己闻过补缺，兼听博采，集思广益，下情上传，消除壅蔽，更能使君王辨识忠奸，排拒谗佞。而历史上不少王朝的覆灭在很大程度上是由于拒谏："古之帝王，有兴有衰，犹朝之有暮。皆为蔽其耳目，至于灭亡。"②唐太宗进一步认定，纳谏必须尊师，必须以贤臣为镜："夫以铜为镜，可以正衣冠；以古为镜，可以知兴替；以人为镜，可以明得失。"③"人欲自照，必须明镜；主欲知过，必借忠臣。"④魏徵则正确指出，"兼听则明，偏听则暗"，君王只有虚心听取各方面的意见和建议，才能防止佞臣壅蔽："是故人君兼听广纳，则贵臣不得壅蔽，而下情得以上通也。"⑤然而，在君王一言九鼎、对臣下生杀予夺的威势下，臣下往往对进谏心存畏惧。所以君王必须创造使臣下敢言的条件和环境。唐太宗自己坦言："人臣欲谏，辄惧死亡之祸，与夫赴鼎镬、冒白刃，亦何异哉？故忠贞之臣，非不欲竭诚。竭诚者，乃是极难。"⑥魏徵是直言敢谏的典型，但他也坦承，自己所以敢言，是因为唐太宗的"导之使言"："陛下导之使言，臣所以敢谏。若陛下不受臣谏，岂敢数犯龙鳞？"⑦唐太宗为了使臣下畅所欲言，首先对谏言者采取宽容的态度，既不计较进谏者的态度和内容："其义可观，不责其辨；其理可用，不责其文。"⑧更不因进谏之言逆耳而施以惩罚，真正做到"言者无罪，闻者足戒"。唐太宗表态说："所以每有谏者，纵不合朕意心，朕亦不以为忤。若即嗔责，深恐人怀战惧，岂肯更

① 姚思廉：《梁书》卷三《武帝纪下》，中华书局1995年版，第80页。
② 《唐太宗集·民可畏论》，电子版《文渊阁四库全书》。
③ 吴兢：《贞观政要》卷二《任贤》，电子版《文渊阁四库全书》。
④ 吴兢：《贞观政要》卷二《求谏》，电子版《文渊阁四库全书》。
⑤ 司马光、宋祁：《资治通鉴》卷一九二，《唐纪》八，中华书局1965年版，第6047页。
⑥ 吴兢：《贞观政要》卷二《求谏》，电子版《文渊阁四库全书》。
⑦ 刘昫等：《旧唐书》卷七十一《魏徵传》，中华书局1955年版，第2549页。
⑧ 《帝范》卷二《纳谏》，电子版《文渊阁四库全书》。

言!"① 再进一步,就是以赏招谏,对那些敢谏而且提出重要合理谏议的臣民给予重赏,这就使臣民敢于放胆对那些有关国计民生的重大问题提出自己的谏议。最后,唐太宗君臣还建立了较完备的谏议制度,使进谏和纳谏进入制度化和法制化的轨道。

明清时期,中国古代社会专制主义中央集权的行政体制尽管进一步加强,但对进谏和纳谏的呼吁在朝野却一直不绝于耳。明朝的邱濬就认为,君王拒谏饰非、刚愎自用,甚至诛杀谏臣,最后必然走向灭亡。所以他认定君王从谏是"治安之原,太平之基",而将拒谏提至"弃天地生人之性,负天命立君之义,悖上天爱民之心"② 的高度,并激昂陈言说:"人君行事不当于人心,天下得而议之,岂有戮一夫、钳一喙而能沮弭之哉!"③ 明朝中期的重臣高拱也十分重视君王的纳谏,他认为只有广开言路,才能获得忠言,排拒奸佞:

> 欲兴治国,必振纪纲;欲振纪纲,必明赏罚;欲明赏罚,必决壅蔽;欲决壅蔽,必惩欺罔;欲惩欺罔,必通言路。言官之言,虽未必可尽听,然山有猛兽,藜藿不采,必使敢言,然后宄窃之辈不敢为奸。纵有不可听者,必须容之,勿遽震之威。震之威,则人皆结舌,以言为戒。倘有王莽、曹操之窃国,李林甫、秦桧之弄权,无人发觉,人主何由得知之哉?④

正因为如此,所以君王应该有容人容言之雅量,创造一个使人人敢言、乐言的环境:

> 良药苦口利于病,忠言逆耳利于行。人君于犯言极谏之臣,不可遽以怒心待之,须少宁耐回转,以观其意之所在。一回转间景象就别,

---

① 吴兢:《贞观政要》卷二《求谏》,电子版《文渊阁四库全书》。
② 邱濬:《广陈言之路》,《大学衍义补》卷四,京华出版社 1999 年版,第 33 页。
③ 邱濬:《戒滥纵之失》,《大学衍义补》卷一一三,京华出版社 1999 年版,第 973 页。
④ 高拱:《本语》卷六,《高拱全集》下册,中州古籍出版社 2006 年版,第 1291 页。

始觉可怒终觉其可嘉者有矣。此等工夫，人主不可不用。每有言至，即动此机，比其熟日，于听言何有？且此工夫，在平时用更好。盖未有言至，而先思其理当如此，则心平气和之时，见理更真。既能前定，则对景时自不觉其言之忤矣。①

这里要求把君王纳谏的态度摆正放平，从而给臣民创造一个宽松的言论环境，使忠言得以畅达无阻。明朝末年的东林巨子顾宪成也非常重视进谏和纳谏，他认为臣子不敢进谏，君王拒绝纳谏必然造成"壅蔽"，而"壅蔽"又必然造成君王的偏听偏信和权奸误国：

国家之患，莫大于壅。壅者，上下各判之象也。是故大臣持禄不肯言，小臣畏罪不敢言，则壅在下。幸而不肯言者肯言矣，究耐格而不服，则壅在上。壅在下则上孤，壅在上则下孤，之二者，皆大乱之道也。②

所以，为了不造成上下阻隔，君王必须虚心广泛纳谏：

无论大臣、小臣、近臣、远臣，而皆视之为一体；无论讽谏、直谏、法言、巽言，而皆择之以用中。乃谕大小臣工无猜无忌，自责自修。勿惜任怨之名，以逢君欲；勿希将顺之美，以便己私。③

顾宪成期望自己的忠谏能够改变明朝末年君王与忠贞臣子的阻隔，扭转朝政每况愈下的颓势，但当时的政治和社会走势已经与他的期望更行更远了。明末清初三大思想家之一的顾炎武，从收拾"人心风俗"的角度，希望将个别臣子的进谏变成士大夫群体的舆论抨击，通过"清议"使更多的意见和建议进入中枢，以便起到更大的制衡政治的作用。较顾炎武稍晚的唐甄，以君王

---

① 高拱：《本语》卷六，《高拱全集》下册，中州古籍出版社 2006 年版，第 1293—1294 页。
② 顾宪成：《万历奏议序》，《泾皋藏稿》卷七，电子版《文渊阁四库全书》。
③ 顾宪成：《疏》，《泾皋藏稿》卷一，电子版《文渊阁四库全书》。

应该"以臣民为师"的理念，要求君王广开言路，允许"士议于学"，"庶人谤于道"①："列士献诗，瞽献曲，史献书，师箴，瞍赋，矇诵，百工谏，庶人传语，近臣尽规，皆可师也。"② 如此便可达到天下大治。

（三）进谏纳谏的积极意义

显然，在中国古代社会的历史上，有着绵延不绝的谏议文化。这种谏议文化的内涵基本可以概括为以下数点：

第一，臣民，主要是臣子，应该不计个人得失，毫无顾忌地向君王和执政大臣进谏，对大到国家的大政方针，小到君王的生活作风、言谈举止，以"圣帝名王"为标准，进行劝谏。"武死战，文死谏"，敢不敢于冒死进谏，是臣子道德品格高下的重要标志。

第二，君王应该以"圣帝名王"的标准严格要求自己，虚心纳谏。能不能虚心纳谏，是一个君王品格和才智的重要表征。君王之所以必须虚心纳谏，是由诸多必然原因决定的。

首先，任何君王，即使德行睿智如五帝、禹、汤、文、武、周公，在行政中也不可能没有偏颇，没有局限，没有失误，"智者千虑，必有一失"。而只有虚心纳谏才能纠正偏颇和失误，因为天下臣民人数众多，"愚者千虑，必有一得"，何况臣民中也不乏品德高尚、才智卓越之辈，他们的进谏恰恰能够补缺救弊。

其次，国家和社会的管理千头万绪，涉及政治、经济、军事和文化的方方面面，而且复杂多变，需要各种专业知识和技能，这不是君王的独断能够解决的。只有虚心纳谏、集思广益，才能集合众智，使国家和社会的各项事业得以顺利发展。

再次，君王身居高位，一言九鼎，处于权力的巅峰，对臣民形成巨大的威慑之势，只有放低身段，虚心纳谏，臣民才能打消顾忌，愿意进谏。所以，君王虚心纳谏，既是态度，也是方法，更是综合素质的表现。

①　唐甄：《潜书·省官》，中华书局 1963 年版，第 136 页。
②　唐甄：《潜书·得师》，中华书局 1963 年版，第 71 页。

　　第三，君王为了保证进谏、纳谏经常有序地进行，首先要创造一个使人敢谏、乐谏的环境和条件，即"导之使谏"。这其中最重要的是君王宽容对待进谏之人，不计较言辞激烈，不顾忌自己颜面，容忍与自己不同甚至反对自己的意见，"言者无罪，闻者足戒"。再进一步是奖赏进谏之人，对重大进谏意见促成成功或纠正重大失误者，给予重奖。

　　第四，使进谏纳谏制度化和法制化，设置进谏的机构，任命进谏的官员，制定进谏的规则和程序，使进谏作为政治运行的一个重要方面对国家和社会的发展进步发挥积极作用。

　　中国古代丰富的谏议文化是中国政治文化中一笔优秀的遗产，其中的广开言路、虚心听取不同甚至反对意见、将进谏纳谏纳入制度化和法制化轨道等内容，与现代民主是相通的。另外的许多内容也不乏借鉴意义。在当今我国建设民主法治国家的征途中，这些民主性的精华仍然能够发挥正能量。

　　不过，中国古代的进谏纳谏还不能同现代社会的民主政治画等号。这是因为，第一，尽管中国历代王朝都有谏官机构的设置，其运作也有规章可循，但它对国家和政府的决策仅仅起咨询作用，而起不起作用，起多大作用，全凭君王的决断。第二，进谏和纳谏发挥作用的大小、程度，不决定于进谏的内容，而决定于君王的好恶。第三，由于没有约束君王必须纳谏和执行谏议的制度，有时即使完全正确的谏议也得不到采纳，谏议就被降低到可有可无的程度。

第十三章　清官理念与廉政反腐

二、贤人政治的理念

（一）先秦时期的贤人政治观

中国古代的贤人政治理念起源很早，而贤人指的是德才兼备的人才。远在五帝时期的虞舜，就有"举八元布五教"的记载。这个"八元"就是当时的贤人，而五教"父义、母慈、兄友、弟恭、子孝"即是贤人应该具备的伦理道德标准。商朝的名臣伊尹，在《尚书》中的《伊训》《太甲》和《咸有一德》诸篇中，一再申明选用贤良的为政理念。当商王太甲不理会伊尹的告诫时，伊尹甚至将太甲流放以促其觉悟。西周初年齐国的开国之君姜尚旗帜鲜明地主张"尊贤尚功"。他说："王人者，上贤下不肖。""举贤而不用，是有举贤之名而无用贤之实也。"① 所以必须尊贤、举贤、用贤。西周初年鲁国的第一代国君周公旦，首次提出"敬德保民"和"任人唯贤"的思想。他认为国君为政必须屏弃无德无才的小人，选取"克明俊德"、智能卓异的"吉士""常人"。春秋时期的齐国相管仲和晏婴都强调选贤任能，排拒谗佞阿谀之徒。儒家创始人孔子把"举贤"作为"为政"的重要内容之一，屡屡加以强调：

> 仲弓为季氏宰，问政。子曰："先有司，赦小过，举贤才。"曰："焉知贤才而举之？"子曰："举尔所知，尔所不知，人其舍诸？"②

---

① 《六韬·文韬》，电子版《文渊阁四库全书》。

② 《论语·子路》。

> 哀公问曰："何为则民服？"孔子对曰："举直错诸枉，则民服；举枉错诸直，则民不服。"①

此后，儒家成为中国历史上倡导任人唯贤理念最得力的一个政治家和思想家群体。

历史发展到战国时代，出现了由孔子"金鸡一鸣天下晓"而引发中国历史上最辉煌的思想文化上的"百家争鸣"。这一时期崛起的众多学派，绝大多数都是任人唯贤论的鼓吹者。

齐威王是田齐历史上最具雄才大略资质的君王。他识贤重贤，使各类人才得以在各自适宜的岗位上最大限度地发挥了他们的聪明才智，为打造齐国的强势政治和军事力量，铸造齐国最辉煌的时代创造了条件：

> 威王二十四年，与魏王会田于郊。魏王问曰："王亦有宝乎？"威王曰："无有。"梁王曰："若寡人国小也，尚有径寸之珠照车前后各十二乘者十枚，奈何以万乘之国而无宝乎？"威王曰："寡人之所以为宝与王异。吾臣有檀子者，使守南城，则楚人不敢寇东取，泗上十二诸侯皆来朝。吾臣有盼子者，使守高唐，则赵人不敢东渔于河。吾吏有黔夫者，使守徐州，则燕人祭北门，赵人祭西门，徙而从者七千余家。吾臣有种首者，使备盗贼，则道不拾遗。将以照千里，岂特十二乘哉！"梁惠王惭，不怿而去。②

在墨子前后所有提倡任贤使能的思想中，以墨子的"尚贤"理论视野最广阔，内涵最丰富。他的"尚贤"有两层含义：一是要求当时的王公大人坚持任人唯贤的原则，选取贤人做各级政长；二是要求从王公大人到各级政长都依照贤人的标准修养自己成为君子人格的表率。墨子列举大量事实，论证"尚贤"为"政之本"，同时猛烈批判西周以来任人唯亲、世卿世禄、"王

---

① 《论语·为政》。
② 司马迁：《史记》卷四十六《田敬仲完世家》，中华书局1959年版，第1891页。

公大人骨肉之亲、无故富贵、面目美好者，则举之"① 的弊端。要求王公大人广揽贤才，委以重任：

> 故古者圣王之为政，列德而尚贤，虽在农与工肆之人，有能则举之。高予之爵，重予之禄，任之以事，断予之令。……举三者授之贤者，非为贤赐也，欲其事之成。故当是时，以德就列，以官服事，以劳殿赏，量功而分禄。故官无常贵，而民无终贱，有能则举之，无能则下之，举公义，辟私怨。②

> 古者圣王，甚尊尚贤而任使能。不赏父兄，不偏富贵，不嬖颜色，贤者举而上之，富而贵之，以为官长。不肖者抑而废之，贫而贱之，以为徒役。是以民皆劝其赏，畏其罚，相率而为贤者。③

这里，墨子要求打破当时还残存的奴隶制等级贵贱身份的限制，以贤能面前人人平等的原则，公正地在社会各类人，包括"农与工肆之人"中选取贤能之士，给以高官，授以重禄，使之有职有权，充分发挥自己的聪明才智。同时对在职的各级官吏依政绩事功进行奖惩，"有能则举之，无能则下之"，破除终身制，防止某些人对官位的垄断。墨子的"尚贤"论反映了"农与工肆之人"参政的愿望，较之其他各家的举贤思想要进步得多。

孟子将孔子"仁"的学说发展为"仁政"理论，他认定为政必须任人唯贤，而这个贤的标准就是以实施"仁政"为鹄的君子人格。

春秋战国时期，产生了一批著名军事家，他们在将帅选拔上特别重视任人唯贤。如孙武对作为"国之司命"的将帅提出了严格要求："将者，智、信、仁、勇、严也。"④ 意思是，将帅要有智谋才干，赏罚有信，爱抚部下，勇敢果断，纪律严明。这就是对将帅之贤的要求标准。吴起在对将帅设置

① 吴毓江：《墨子校注·尚贤下》，中华书局2006年版，第95页。
② 吴毓江：《墨子校注·尚贤上》，中华书局2006年版，第66页。
③ 吴毓江：《墨子校注·尚贤中》，中华书局2006年版，第73页。
④ 《孙子·计篇》。

的贤明标准中，着重对其素质提出了特殊要求。他认为，一个高明的将帅必须是"总文武，兼刚柔"，智勇双全，具备"五情"和"四机"的军事素养。"五情"即要求具有"治众如治寡"的治军才能，"出门如见敌"的敌情观念，"临敌不怀生"的献身精神，"虽克如始战"的谨慎态度，"法令省而不烦"的治军作风。"四机"即气机、地机、事机、力机，要求将帅掌握部队的士气，充分利用地形，运用谋略，随时增强战斗力。他还指出，虽然勇敢也是将帅必备的素质，但是勇敢必须与谋略相结合。除了在临敌作战中展示英勇献身精神外，还必须果决、坚毅、沉着。因为战场是生死存亡之地，"必死则生，幸生则死"。无论出现什么情况，将帅都必须指挥若定，当机立断，"如坐漏船之中，伏烧屋之下，使智者不及谋，勇者不及怒，受敌可也"。而将帅最致命的弱点是犹豫逡巡，贻误战机："用兵之害，犹豫最大；三军之灾，生于狐疑。"① 吴起强调，一个优秀的将帅，除了以上的素养外，还要具备"威德、仁、勇"等品质，能够"率下安众，怖敌决疑"，具有凛然正气，号令一出，"下不敢犯"；挥军向前，"寇不敢敌"。这样的将帅是国之瑰宝，"得之国强，去之国亡"。吴起又认为，一个高明的将帅，还必须具备"相敌将"的智慧与方法。他应通过各种手段，侦察、了解、查明敌方将领的军事才能及其优点与缺点、长处与短处、甚至个性特征，以便找出克敌制胜的方法，收到"因形用权，则不劳而功举"的效果。孙膑认为军队的头脑是将帅，因而对将帅的贤能标准应该提出严格的要求。在《将义》中，他提出将帅必须具备义、仁、德、信、智五种品质。在《将德》残篇中，他又提出了将帅应该具备的几种美德，如爱护士卒，既不轻视弱小的敌人，也不被强大的敌人所吓倒，不骄不怯，谦虚谨慎，小心翼翼地对待每一次战争。将帅还必须具有"将在外君令有所不受"的独立精神，不受君主制约，独立判断敌情，果断地进行决策和指挥。在与敌人交战时，将帅必须具有与敌人拼个你死我活的无畏精神，他统帅的军队也必须有与敌人拼个你存我亡的牺牲精神。同时，将帅又必须大公无私，赏罚分明，对部下一视同仁。另外，还要具有一种人格的感召力，为周围所有的人所拥戴。孙膑强调将帅在战争

---

① 《吴子·治军》。

中举足轻重的作用，说明他已经认识到，在一定的物质条件下，战争的胜负更多地取决于将帅的素质，即他们的品格、谋略、学识、勇毅、果决，特别是驾驭战争发展变化的本领以及引领战争走向的才能。

（二）秦汉时期的贤人政治观

秦朝实行"以法为教""以吏为师"的人才政策，将所有的人与人的关系看成基于利益的交换关系，特别蔑视人们的道德品格，结果是在人民大起义的冲击下众叛亲离，二世而亡。西汉建立后，君臣反思秦亡之因，大力提倡任人唯贤。刘邦实行论功行赏、求贤用才的行政理念，主要体现在他对获得封爵的侯王的誓约、《布告天下诏》和《求贤令》的发布。高祖六年（前201）十二月，他发布了一个《封爵誓》："使黄河如带，泰山若厉，国以永存，爰及苗裔。"①高祖十二年（前195）三月，他又发布了一个布告天下的诏书：

> 吾立为天子，帝有天下，十二年于今矣。与天下之豪士贤大夫共定天下，同安辑之。其有功者，上致之王，次为列侯。下乃食邑。而重臣之亲，或为列侯，皆令自置吏，得赋敛，女子公主。为列侯食邑者，皆佩之印，赐大第室。吏二千石，徙之长安，受小第室。入蜀汉定三秦者，皆世世复。吾于天下贤士功臣，可谓亡负矣。②

以上两个文件，表明刘邦意识到，跟随他打天下的功臣宿将以及各级政府的官员是他统治的基础，必须给予他们物质的和荣誉的鼓励，使之无负于刘氏皇朝，继续死心塌地地为之服务。同时他更明白，随着国内和平的实现，国家应该吸收大量社会上的"贤士大夫"，即精英阶层到各级政府做官，于是在高祖十一年（前196）二月发布了《求贤诏》：

① 班固：《汉书》卷十六《高惠高后文功臣表》，中华书局1962年版，第527页。
② 班固：《汉书》卷十六《高惠高后文功臣表》，中华书局1962年版，第527页。

盖闻王者莫高于周文，伯者莫高于齐桓，皆待贤人而成名。今天下贤者智能岂特古人乎？患在人主不交故也，士奚由进！今吾以天之灵、贤士大夫定有天下，以为一家，欲其长久，世世奉宗庙亡绝也。贤人已与我共平之矣，而不与吾共安利之，可乎？贤士大夫有肯从我游者，吾能尊显之。布告天下，使明知朕意。御史大夫昌下相国，相国酂侯下诸侯王，御史中执法下郡守，其有意称明德者，必身劝，为之驾，遣诣相国府，署行、义、年。有而弗言，觉，免。①

这个《求贤诏》展示的是刘邦贤人政治的理想。他对叔孙通定朝仪的欣赏和谆谆告诫太子认真读书的敕书，可以看出，晚年的刘邦已经与法家"以法为教""以吏为师"的思想拉开了距离，与儒家思想日益亲近了。刘邦的儿子刘恒即位后，比老子更进一步，于十五年（165）九月发布了《策贤良文学诏》：

惟十有五年九月壬子，皇帝曰：昔者大禹勤求贤士，施及方外，四极之内，舟车所至，人迹所及，靡不闻命，以辅其不逮；近者献其明，远者通厥聪，比善戮力，以翼天子。是以大禹能亡失德，夏以长楙。高皇帝亲除大害，去乱从，并建豪英，以为官师，为谏争，辅天子之阙，而翼戴汉宗也。赖天之灵，宗庙之福，方内以安，泽及四夷。今朕获执天下之正，以承宗庙之祀，朕既不德，又不敏，明弗能烛，而智不能治，此大夫之所著闻也。故诏有司、诸侯王、三公、九卿及主郡吏，各帅其志，以选贤良明于国家之大体，通于人事之终始，及能直言极谏者，各有人数，将以匡朕之不逮。二三大夫之行当此三道，朕甚嘉之，故登大夫于朝，亲谕朕志。大夫其上三道之要，及永惟朕之不德，吏之不平，政之不宣，民之不宁，四者之阙，悉陈其志，毋有所隐。上以荐先帝之宗庙，下以兴愚民之休利，著之于篇，朕亲览焉，观大夫所以佐朕，至与不至。书之，周之密之，重之闭之。兴自

---

① 班固：《汉书》卷一下《高帝纪下》，中华书局1962年版，第78页。

朕躬，大夫其正论，毋枉执事。乌虖，戒之！二三大夫其帅志毋怠！①

西汉初年的臣子们，对任人唯贤的理解更是甚于君王。如在陆贾的政治思想中，特别推崇识贤和用贤，认为那是理想政治的重要表征。而忠贤之士如果弃之不用，必然是佞臣之辈大行其道。如此一来，朝廷也就只能走向倾覆一途：

> 人君莫不知求贤以自助，近贤以自辅，然贤圣或隐于田里而不预国家之事者，乃观听之臣不明于下，则闭塞之讥归于君；闭塞之讥归于君，则忠贤之士弃于野；忠贤之士弃于野，则佞臣之党存于朝；佞臣之党存于朝，则下不忠于君；下不忠于君，则上不明于下；上不明于下，是故天下所以倾覆也。②

再如贾谊倡导君主以道治民，以爱附民，行仁义信善于民，其前提是君明吏贤，"君明而吏贤，吏贤而民治矣。故苟上好之，其下必化之，此道之政也"。如何选取贤吏呢？贾谊提出了"察吏于民"的方针：

> 夫民者，贤不肖之杖也，贤不肖皆具焉。故贤人得焉，不肖者休焉。……故夫民者虽愚也，明上选吏焉，必使民与焉。故士民誉之，则明上察之，见归而举之；故士民苦之，明上察之，见非而去之。故王者取吏不妄，必使民唱，然后和之。故夫民者，吏之程也。察吏于民，然后随之。夫民至卑也，使之取吏焉，必取其爱焉。故十人爱之有归，则十人之吏也。百人爱之有归，则百人之吏也。千人爱之有归，则千人之吏也。万人爱之有归，则万人之吏也。故万人之吏也，选卿相焉。夫民者，诸侯之本也；教者，政之本也；道者，教之本也。有道然后教

---

① 班固：《汉书》卷四十九《晁错传》，中华书局 1962 年版，第 2290 页。
② 陆贾：《新语·资质》，董治安主编《两汉全书》第一册，山东大学出版社 2006 年版，第 77—78 页。

也，有教然后政治也，政治然后民劝之，民劝之然后国富也。①

　　贾谊的"察吏于民"，当然不是后世官吏民选的制度，但他认识到国君选取官吏应该体察民意，并且以民意为依归，则具有鲜明的进步意义。至于贤明官吏的标准，不外乎遵循儒家提倡的道德信条，是父慈、子孝、兄友、弟恭、友友、家和，"夫道者行之于父则行之于君矣，行之于兄则行之于长矣，行之于弟则行之于下矣，行之于身则行之于友矣，行之于子则行之于民矣，行之于家则行之于官矣。故士则未仕而能以试矣。圣王选举也，以为表也。问之然后知其言，谋焉然后知其极，任之以事然后知其信"②。要求所有官吏都是儒学所推尊的道德楷模自然是太高了，但这种理想主义的目标恰恰反映了贾谊对官吏素质的超高诉求。

　　董仲舒是西汉时期将原始儒学发展到新阶段的代表人物，他深知贤才对国家兴亡有着至关重要的作用，"任非其人，而国家不倾者，自古及今，未尝闻也。……任贤臣者，国家之兴也"③，于是更多地把注意力集中在"贤才"的选取、培植和任用上。他提出了举贤用贤的具体措施，一是兴太学，二是要郡国岁举贤良：

　　　　养士之大者，莫大虖太学；太学者，贤士之所关也，教化之本原也。……臣愿陛下兴太学，置明师，以养天下之士，数考问以尽其材，则英俊宜可得矣。……夫长吏多出于郎中、中郎，吏二千石子弟选郎吏，又以富訾，未必贤也。且古所谓功者，以任官称职为差，非所谓积日累久也。故小材虽累日，不离于小官，贤材虽未久，不害为辅佐。是以有司竭力尽知，务治其业而以赴功。今则不然。累日以取贵，积

---

① 贾谊：《新书·大政下》，董治安主编《两汉全书》第一册，山东大学出版社2006年版，第322—323页。
② 贾谊：《新书·大政下》，董治安主编《两汉全书》第一册，山东大学出版社2006年版，第323页。
③ 董仲舒：《春秋繁露·精华》，董治安主编《两汉全书》第四册，山东大学出版社2006年版，第2030页。

久以致官，是以廉耻贸乱，贤不肖浑殽，未得其真。臣愚以为使诸列侯、郡守、二千石各择其吏民之贤者，岁贡各二人以给宿卫，且以观大臣之能；所贡贤者有赏，所贡不肖者有罚。夫如是，诸侯吏二千石皆尽心于求贤，天下之士可得而官使也。徧得天下之贤人，则三王之盛易为，而尧舜之名可及也。毋以日月为功，实试贤能为上，量材而授官，录德而定位，则廉耻殊路，贤不肖异处矣。①

董仲舒举贤的建议都被武帝接受并付诸实行。此后，由郡国举贤良文学（后来又加上举孝廉等名目）和从太学生中选取官吏的制度成为两汉最重要的选官制度，改变了汉初武力功臣把持官位的局面，大大提高了官吏的文化素质，对后世的选官制度产生了重大的影响。

中国"史学之父"司马迁钟情贤人理政，他说："国之将兴，必有祯祥，君子用而小人退。国之将亡，贤人隐，乱臣贵。"② 他极力赞扬子产、子贱、西门豹作为贤人为官的政绩，说："传曰：'子产治郑民不能欺；子贱治单父，民不忍欺；西门豹治邺，民不敢欺。'三子之才能谁最贤哉？治者当能别之。"③

刘向极其重视贤才的作用，他认为圣君、明君，必须"得贤材以自辅，然后治"。他引伊尹对商汤说的一段话，说明"慎于择士，务于求贤"的重要性：

　　王者得贤材以自辅，然后治也。虽有尧、舜之明而股肱不备，则主恩不流，化泽不行。故明君在上，慎于择士，务于求贤。设四佐以自辅，有英俊以治官。尊其爵，重其禄，贤者进以显荣，罢者退而劳力。是以主无遗忧，下无邪慝；百官能治，臣下乐职；恩流群生，润泽草木。昔者虞舜左禹右皋陶，不下堂而天下治，此使能之效也。④

----

① 班固：《汉书》卷五十六《董仲舒传》，中华书局 1962 年版，第 2512—2513 页。
② 司马迁：《史记》卷五十《楚元王世家》，中华书局 1959 年版，第 1990 页。
③ 司马迁：《史记》卷一百二十六《滑稽列传》，中华书局 1959 年版，第 1213 页。
④ 刘向：《说苑》卷一《君道》，电子版《文渊阁四库全书》。

他再引晏婴的一段话，将不用贤提升至"三不祥"的高度："国有三不祥……夫有贤而不知，一不祥；知而不用，二不祥；用而不任，三不祥也。"不宁唯此，在刘向看来，君王还必须举真贤，用真贤，不用"小善"，正确对待毁誉。他引姜尚对武王说的一段话，说明君王如何处理"诽誉"：

> 君好听誉而不恶谮也，以非贤为贤，以非善为善，以非忠为忠，以非信为信。其君以誉为功，以毁为罪。有功者不赏，有罪者不罚；多党者进，少党者退。是以群臣比周而蔽贤，百吏群党而多奸；忠臣以诽死于无罪，邪臣以誉赏于无功。其国见于危亡。①

桓谭是两汉之际最清醒的具有唯物论倾向的政治家。他认为，"举纲以纲，千目皆张。振裘持领，万毛自整。治大国者，亦当如此"②。那么，这个纲举目张的"纲"究竟是什么？首先就是"明君""贤臣"：

> 臣闻国之废兴，在于政事；政事得失，由乎辅佐。辅佐贤明，则俊士充朝，而理合世务；辅佐不明，则论失时宜，而举多过事。夫有国之君，俱欲兴化建善，然而政道未理者，其所谓贤者异也。昔楚庄王问孙叔敖曰："寡人未得所以为国是也。"叔敖曰："国之有是，众所恶也，恐王不能定也。"王曰："不定独在君，亦在臣乎？"对曰："君骄士，曰士非我无从富贵；士骄君，曰君非士无从安存。人君或至失国而不悟，士或至饥寒而不进。君臣不合，则国是无从定矣。"庄王曰："善。愿相国与诸大夫共定国是也。"盖善政者，视俗而施教，察失而立防，威德更兴，文武迭用，然后政调于时，而躁人可定。昔董仲舒言"理国譬若琴瑟，其不调者则解而更张"。夫更张难行，而拂众者亡，是故贾谊以才逐，而晁错以智死。世虽有殊能而终莫敢谈者，惧于前事也。③

---

① 刘向：《说苑》卷一《君道》，电子版《文渊阁四库全书》。
② 桓谭：《新论·离事第十一》，董治安主编《两汉全书》第十二册，山东大学出版社2006年版，第6640页。
③ 范晔：《后汉书》卷二十八上《桓谭传》，中华书局1965年版，第957页。

桓谭特别强调"贤臣"的重要性，他说："治国者，辅佐之本，其任用咸得大才。大才乃主之股肱羽翮也。"①他举例说，殷朝的伊尹，周朝的姜太公，秦国的百里奚，尽管出道时都已经70多岁，但也成为"王霸师"，发挥了重要作用。相反，秦始皇、王莽都是自视高明，"不听纳谏臣谋士"，最后身死国灭。在桓谭看来，所谓治国理政，就是在明君、贤臣协和，对国是达成共识的前提下，实行"善政"，办法是"视俗而施教，察失而立防，威德更兴，文武迭用"，然后再根据形势的发展不断进行调整。再进一步说，就是根据形势决定政策，建立制度，德教与刑罚交互为用，也是王道与霸道紧密结合。

撰写《汉书》的班固认定贤才与良好政治的关系密不可分，在《汉书·公孙弘卜式兒宽传》的"赞曰"中，他对武帝和昭、宣时代的人才之盛发出了由衷的赞美，认为这是构成西汉鼎盛时代的最重要的原因：

> 赞曰：公孙弘、卜式、兒宽皆以鸿渐之翼困于燕爵，远迹羊豕之间，非遇其时，焉能致此位乎？是时，汉兴六十余载，海内艾安，府库充实，而四夷未宾，制度多阙。上方欲用文武，求之如弗及，始以蒲轮迎枚生，见主父而叹息。群士慕嚮，异人并出。卜式拔于刍牧，弘羊擢于贾竖，卫青奋于奴仆，日磾出于降虏，斯亦曩时版筑贩牛之朋已。汉之得人，于兹为盛，儒雅则公孙弘、董仲舒、兒宽，笃行则石建、石庆，质直则汲黯、卜式，推贤则韩安国、郑当时，定令则赵禹、张汤，文章则司马迁、相如，滑稽则东方朔、枚皋，应对则严助、朱买臣，历数则唐都、洛下闳，协律则李延年，运筹则桑弘羊，奉使则张骞、苏武，将率则卫青、霍去病。受遗则霍光、金日磾，其余不可胜纪。是以兴造功业，制度遗文，后世莫及。孝宣承统，纂修洪业，亦讲论六艺，招选茂异，而萧望之、梁邱贺、夏侯胜、韦玄成、严彭祖、尹更始以儒术进，刘向、王褒以文章显，将相则张安世、赵充国、

---

① 桓谭：《新论·求辅第三》，董治安主编《两汉全书》第四册，山东大学出版社2006年版，第6616页。

魏相、丙吉、于定国、杜延年，治民则黄霸、王成、龚遂、郑弘、召信臣、韩延寿、尹翁归、赵广汉、严延年、张敞之属，皆有功迹见述于世。参其名臣，亦其次也。

与明君相对应，班固认为良臣也自有其标准。从他对一些良臣的评判看，他心目中的良臣起码是对君王忠贞，对国事鞠躬尽瘁，关心百姓疾苦，刚正不阿、严正执法、清正廉明、自奉简约，道德行事足可为民表率。

东汉中期以后，在外戚和宦官交替擅权的恶浊政治氛围中，清流派官吏、太学生和具有政治批判意识的思想家都发出了任人唯贤的呼唤。布衣郎颛，"位卑未敢忘忧国"，在上书中要求君王坚持选贤任能的用人原则，因为征诸历史和现实，"得贤为功，失事为败"：

臣闻刳舟剡楫，将欲济江海也；聘贤选佐，将以安天下也。昔唐尧在上，群龙为用，文武创德，周召作辅，是以能建天地之功，增日月之耀者也。……陛下践祚以来，勤心庶政，而三九之位，未见其人，是以灾害屡臻，四国未宁。臣考之国典，验之闻见，莫不以得贤为功，失事为败。且贤者出处，翔而后集，爵以德进，则其情不苟，然后使君子耻贫贱而乐富贵矣。若有德不报，有言不酬，来无所乐，进无所趋，则皆怀归薮泽，修其故志矣。夫求贤者，上以承天，下以为人。不用之则逆天统，违人望。逆天统则灾眚降，违人望则化不行。灾眚降则下吁嗟，化不行则君道亏。四始之缺，五际之厄，其咎由此。①

在责成三公负起治国重任的同时，更要赏拔贞贤良臣："夫十室之邑，必有忠信，率土之人，岂无贞贤，未闻朝廷有所赏拔，非所以求善赞务，弘济元元。宜采纳良臣，以助圣化。"②写《中论》的徐干指出，尽管一个"务本"的"圣明天子"是清明政治的首要条件，但一个清明政府的运作却必须

---

① 桓谭：《新论·求辅第三》，董治安主编《两汉全书》第四册，山东大学出版社 2006 年版，第 6616 页。
② 范晔：《后汉书》卷三十下《郎颛传》，中华书局 1965 年版，第 1068—1069；1060 页。

有成千上万的贤才组成的官吏队伍去完成。所以，选取和任用忠贞睿智的宰辅去领导整个国家机器的运转就十分重要了。在《中论·审大臣》中，他一再阐明大臣是"治万邦之重器"，任用得人是良好政治的关键：

> 大臣者，君之股肱耳目也，所以视听也，所以行事也。先王知其如是也，故博求聪明锐哲君子，措诸上位，执邦之政令焉。执政聪明锐哲，则其事举；其事举，则百僚莫不任其职；百僚莫不任其职，则庶事莫不致其治；庶事莫不致其治，则九牧之民莫不得其所。

为了选取符合要求的执政大臣，君主不仅要看"众誉"，即众人尤其是时论对他们的评价，更必须"亲察"其品格和才能，犹如文王之识姜尚，齐桓公之拔擢宁戚。徐干还特别指出，对"众誉"不能迷信和盲从，因为"众誉"往往反映的是流俗之见，而大贤一般都居于"陋巷"，不去刻意迎合流俗。如果君主"非有独见之明，专任众人之誉，不以己察，不以事考"，就难以发现他们，就会与之失之交臂。徐干认为，大贤不但有着独特的品格和才干，而且也有着自己独特的行事原则，"诚非流俗之所豫知"。不过，只有他们执政秉权，国家才能得到有效治理：

> 大贤为行也，衰然不自见，偶然若无能，不与时争是非，不与俗辩曲直，不矜名，不辞谤，不求誉，其味至淡，其观至拙。夫如是，则何以异乎人哉？其异乎人者，谓心统乎群理而不缪，智周乎万物而不过，变故暴至而不惑，真伪丛萃而不迷。故其得志，则邦家治以和，社稷安以固，兆民受其庆，群生赖其泽，八极之内为一。①

（三）魏晋南北朝至明清的贤人政治观

魏晋南北朝时期，尽管玄学和佛教的兴起对儒学是一个很大的冲击，但儒学作为主流意识形态的地位还是稳固的，在思想多元的情势下，儒学作

---

① 徐干：《中论·审大臣》，电子版《文渊阁四库全书》。

为盟主的地位也是不可动摇的。所以，儒家主张的任人唯贤的理论在政治思想领域仍然占据主导地位。如诸葛亮就特别强调贤良之臣对国家政治的重要性："亲贤臣，远小人，此先汉所以兴隆也；亲小人，远贤臣，此后汉所以倾颓也。"[1] 在用人上他强调德才兼备，以德为先。在其推荐给后主刘禅的臣子中，每每将他们的德行作为优先条件加以介绍。汉魏之际的刘劭写了《人才志》，系统研究人才的分类与鉴别。他认为一个贤良之才必须具备仁、义、礼、智、信五种品格，其中起核心作用的是智，即聪明，因为这是一个人能否成才的最重要的条件。生活于南朝的葛洪虽是倾向玄学的思想家，但也认为贤才对君王治理国家是重要的："招贤用才者，人主之要务也。"[2] 对贤良人才的标准他将才放在首位，同时要求君王用人一定用其所长，而不能求全责备："役其所长，则事无废功；避其所短，则世无弃材矣。"[3] 因为金无足赤，人无完人，尺有所短，寸有所长，用其所长，避其所短，人才就能发挥出他最大的潜能："小疵不足以损大器，短疾不足以累长才。日月挟虫鸟之瑕，不妨丽天之景；黄河合泥滓之浊，不害凌山之流。"[4] 这种观点显然是有积极意义的。北朝的刘昼仕于北齐，有《刘子》一书传世。他强调选择贤才对国家的重要意义："国之需贤，譬车之恃轮，犹舟之倚辑也。车摧轮则无以行，舟无辑则无以济，国乏贤则无以理。""国之多贤，如托造父之乘，附越客之舟，身不劳而千里可期，足不行而蓬莱可至。"[5] 他还对如何选拔人才、使用人才提出了许多具有积极意义的见解。

隋唐时期是中国古代历史上第二个辉煌岁月，经济之发展，文化之繁荣，人才之荟萃，创造了新的高峰。此一时期的不少政治家和思想家，都对任人唯贤表达了自己的见解。如唐太宗主持编著的《帝范》，就规定贤良之吏应该秉公守法、清正廉明，爱民如子，特别应该时刻牢记"以民为本"的宗旨和"民乐则官苦，官乐则民苦"的道理。如武则天主持编著的《臣轨》，

① 陈寿：《三国志》卷三十五《蜀书·诸葛亮传》，中华书局1965年版，第920页。
② 葛洪：《抱朴子·外篇·贵贤》，电子版《文渊阁四库全书》。
③ 葛洪：《抱朴子·外篇·务正》，电子版《文渊阁四库全书》。
④ 葛洪：《抱朴子·外篇·备阙》，电子版《文渊阁四库全书》。
⑤ 刘昼：《刘子·荐贤》，电子版《文渊阁四库全书》。

在详细规定的臣子必须遵行的法规中体现出对贤良之吏的要求："夫臣者，受君之重位，牧天之甚爱，焉可不安而利之，养而济之哉！是以君子任职则思利人，事主则思安俗。故居上而下不重，处前而后不怨。"① 如维护道统、强调圣贤治国理政的韩愈，在尊君的前提下，要求选拔贤才到国家各级岗位上施展才华。提出"吏为民役"的柳宗元，则要求所有官吏都必须"蚤作而夜思，勤力而劳心"②，兢兢业业为百姓服务。再如唐末的以批判黑暗朝政为己任、投入黄巢农民军任翰林学士的皮日休，在其著作《皮子文薮》中，鼓吹仁德政治，要求君臣都是贤良之辈："圣人务安民，不先置不仁，以见其仁焉；不先用不德，以见其德焉。"③ "不行道，足以丧身；不举贤，足以亡国。"④ 显示了对贤人行政的渴望。五代时期的罗隐推出了一整套"明君论"，其中重要内容是强调君王治理天下"必资贤辅"，而能否真正得到贤臣，关键是善于识别忠奸贤愚："众之所誉者不可必谓其善也，众之所毁者不可必谓其恶也，我之所亲者不可必谓其贤也，我之所疏者不可必谓其鄙也。"⑤ 识别贤愚的最重要的办法是"试之以任事"，让他们到为官的实践中加以考察。

宋朝是理学的奠基时期，不少思想家从传统儒学出发，在政治思想上大力倡导任人唯贤论。参与庆历新政的范仲淹，重视官吏队伍的裁汰冗劣，要求通过精贡举选拔优秀人才。神宗时期主持变法的王安石，对于宋朝冗官充斥、贤良难进的政况痛心疾首，认定造成这种状况的根源是人才选拔制度出了问题。他提出效法三代加强和完善学校教育，改革科举制度，明确选才标准，开阔选才渠道，达到"众建贤才"的目的。司马光尽管站在王安石的对立面反对新法，但在任人唯贤的问题上他们是有共同语言的。他强调君王用贤的重要性：

① 《臣轨·利人》，转引刘泽华主编《中国政治思想史·隋唐卷》，中国人民大学出版社 2014年版，第 377 页。

② 《柳河东全集》卷二三《送薛存义序》，电子版《文渊阁四库全书》。

③ 皮日休：《皮作文薮》卷五《秦穆谥缪论》，电子版《文渊阁四库全书》。

④ 皮日休：《皮作文薮》卷九《鹿门隐书六十篇》，电子版《文渊阁四库全书》。

⑤ 罗隐：《两同书·真伪》，电子版《文渊阁四库全书》。

　　夫安危之本，在于任人；治乱之机，在于赏罚，二者不可不察也。若中外百官各得其人，贤能者进，不肖者退，忠直者亲，谗佞者疏，则天下何得不安？任职之臣多非其人，贤能者退，不肖者进，忠直者疏，谗佞者亲，则天下何得不危？①

司马光将贤与能加以区分，要求用其所长、避其所短，同时严格赏罚制度，使之兢兢业业为国家和百姓服务：

　　明君善用人者，博访远举，拔其殊尤。德行高人谓之贤，智勇出众谓之能。贤不必能，能不必贤。各随所长，授以位任。有功则赏，有罪则罚。其人苟贤能，虽仇必用，其人苟庸愚，虽亲必弃。赏必有所劝，罚必有所惩。赏不以喜，罚不以怒。赏不厚于所爱，罚不重于所憎。必与一国之人同好恶。②

司马光对人才的标准也有自己明确的意见：

　　智伯之亡也，才胜德也。夫才与德异，而世俗莫之能辨，通谓之贤，此所以失人也。夫聪察坚毅之谓才，正直中和之谓德。才者，德之资也；德者，才之帅也。……才德全尽谓之"圣人"，才德兼亡谓之"愚人"，德胜才谓之"君子"，才胜德谓之"小人"。凡取人之术，苟不得圣人、君子而与之，与其得小人，不若得愚人。何则？君子挟才以为善，善无不至矣；挟才以为恶者，恶亦无不至矣。……夫德者人之所严，而才者人之所爱；爱者易亲，严者易疏，是以察者多蔽于才而遗于德。自古昔以来，国之乱臣，家之败子，才有余而德不足，以至于颠覆者多矣，岂特智伯哉！故为国为家者，苟能审于才德之分而知所先后，又何失人之足患哉！③

---

① 《司马光奏议·上皇太后疏》，电子版《文渊阁四库全书》。
② 《司马光奏议·进修心治国之要扎子》，电子版《文渊阁四库全书》。
③ 司马光、宋祁：《资治通鉴·周纪一》，中华书局1956年版，第14—15页。

这里司马光区分德、才之别而以德为先的用人标准是值得珍视和借鉴的。

元代的思想家许衡认为治理国家要靠圣人行道，其中任用贤人是重要一环。他给出的贤人标准是事事出于公心，一心为民谋利："贤者以公为心，以爱为心，不为利回，不为势屈，置之周行，则庶事得其心，天下被其泽，贤者之于人国，其重故如此。"[①] 而君主用人，一方面要"任贤勿贰，去邪勿疑"[②]，一方面要广泛听取众人意见，不可"独用己意"。

明朝初年的思想家和政治家宋濂将"仁政"与任贤联系起来。他认定国家能否治理得当关键在于得到贤才为官："闻一言之当，如得万人之兵；获一士之贤，如得千乘之国。"[③] 而君王的用人原则就是让社会上的"奇俊之士"，人人能够"卓然有立，小或作州牧，大或闻国政，使德泽简在人心，声闻流于后世，然后无愧于斯名。"[④] 明朝初年另一质直之臣方孝孺也是"仁政"理念的倡导者，他也特别重视为国取贤，认为"为国之道，莫先于用人"，而贤人的标准是忠君和公廉。人才的使用一定要"各尽其才，而如其所欲"[⑤]，对那些卓有贡献的人才，应做到"任之终其身"，"爵之极其崇"[⑥]。明朝中期的政治家高拱多年在朝廷中央任职，主管吏部。他认为人才的标准是德才兼备而以德为主。而得用贤才，就能顺利治理天下，"得治天下，只在用人"[⑦]。他超越前人，从差异化和职业化的角度考虑人才的选拔，将人才分为"可用之才"和"能用之才"：

> 得百良马，不如得一伯乐；得百良剑，不如得一欧冶，得百可用之才，不如得一能用之才。得一伯乐，而良马不可胜用也；得一欧冶，而良剑不可胜用也；得一能用之才，而可用之才不可胜用也。[⑧]

---

① 许衡：《鲁斋遗书》卷一，电子版《文渊阁四库全书》。

② 许衡：《鲁斋遗书》卷七，电子版《文渊阁四库全书》。

③ 宋濂：《燕书十六首》，《宋学士全集》卷二七，四部丛刊本。

④ 宋濂：《浦阳人物记》卷上，电子版《文渊阁四库全书》。

⑤ 方孝孺：《深虑论》十，《逊志斋集》卷二，四部丛刊本。

⑥ 方孝孺：《深虑论》九，《逊志斋集》卷二，四部丛刊本。

⑦ 高拱：《本语》卷六，《高拱全集》下册，中州古籍出版社 2006 年版，第 1294 页。

⑧ 高拱：《程士集·论》，《高拱全集》下册，中州古籍出版社 2006 年版，第 1037 页。

高拱特别重视政治、经济和军事人才的选拔，认为这些关键性人才选举得人，就能保证国家的安全稳定和富裕。他十分恳切地说：

> 首相得人，则能平章天下，事务件件停当。冢宰得人，则能进贤退不肖，百官莫不称职。台长得人，则能振扬风纪，有不法者，率众台官纠治之，而政体自清。然这三人中，尤以首相为要。①

高拱还对育人选举等与选贤任能密切相关的问题提出相当有见地和具有实践价值的意见。明朝中期，以"致良知"和"知行合一"为职志的王阳明学派风靡一时。其后学何心隐极力阐发"亲亲"和"尊贤"的要义，认为"义无有不尊也，唯尊贤之为大"②。明朝末年的东林、复社中集合了一批对腐败政治进行理性批判的知识分子。他们在猛烈批判阉党专权下明朝黑暗政治的前提下，呼吁君子人格，要求选拔德才兼备的人才充实国家官吏队伍。高攀龙提出"政事本于人才"③的理念，希望"来天下之贤"④，"登用正人"。复社的张溥以"致君""泽民"相号召，陈子龙十分推崇他的人才观，将人才区分为大贤和小贤：

> 天下有小贤，有大贤。智效一能，才辨一官者，小贤也；人主用则职有所修，政有所理。德高而能下士，才广而能进善者，大贤也；人主用之，则天下之才俊并升迭进，众贤和于朝而天下大治。⑤

然而，东林、复社诸君子不仅没有阻止明末腐败的发展，他们自身也被这种腐败势力不断摧残打压，于是就有了明朝末年的农民大起义推翻明王朝和清兵入关建立清王朝等一连串"天崩地解"的大事发生。而以黄宗羲、

---

① 高拱：《本语》卷六，《高拱全集》下册，中州古籍出版社 2006 年版，第 1294 页。
② 《何心隐集·仁义》，中华书局 1960 年版，第 27 页。
③ 《高子遗书》卷一《语》，电子版《文渊阁四库全书》。
④ 《周易下经》，《周易孔义》卷二，电子版《文渊阁四库全书》。
⑤ 陈子龙：《张天如先生文集序》，《安雅堂集》卷二，清宣统元年铅印本。

顾炎武、王夫之、唐甄为代表的思想家，则创造了此一时期中国思想史的再度辉煌。他们开始区分天下和国家之别，提出"公天下"和"君臣共治"的理念。他们都呼唤贤人政治，要求改革选举制度，选出真正对国家和社会有用的人才。如唐甄认为君主识才用贤为施政的根本，"用贤为国之大事"，"治乱必于斯，兴亡必于斯"①。他特别重视宰辅的选拔，认定宰辅选对人才，则犹如网之在纲，百事得理，百官得人，国家政务才能顺利有序运行。

（四）贤人政治观的积极意义

以上列举的资料显示，在中国历史上，从传说的五帝时代起，历朝历代，几乎所有头脑清醒的政治家、思想家，包括一批帝王，都明白选贤任能对国家政治的重要性，所以他们总是不厌其烦地反复申述这一理论，丰富和发展了中国独特的贤才论的政治学说。这一学说大体包含以下内容：

1. 贤人政治是最理想的政治，只有贤人在位，国家才能得到良好治理，民生才能得到精心呵护，社会才能安宁有序，百姓才能安居乐业，帝王的江山社稷才能长治久安。

2. 贤人是指德才兼备之人，而以德为主，以才为辅。贤指德，才指能。贤才是分层次、分专业的。有大才、小才之分，"可用之才"和"能用之才"之别，政治、经济、军事、文化、教育、科学等专业人才之分类。所以君王必须识才用人，扬长避短而不求全责备。

3. 铸造聚积贤才，一在培养，二在发现。培养在教育，所以应该办好各级各类学校，将具有贤才潜能的人充分培育出来。发现在机制，所以应该有一个科学的选官制度，提供适宜的平台，让贤才将自己的才能充分展示出来。

4. 贤才只能在实践中历练，才能不断增长知识，增长才干。"宰相必起于州部，猛将必发于卒伍"。将贤才放到适宜而繁剧的重要岗位，用人不疑，放手让他们施展才干，发挥潜能，尽快成熟起来，担当更重要的职务，承担更重要的任务，为国为民作出更大贡献。

---

① 唐甄：《潜书·主进》，中华书局 1963 年版，第 151 页。

5. 发现、选拔和重用贤才，君王起关键作用。自秦朝以后的中国古代社会，实行的是专制主义中央集权的行政体制。在这个体制下，君王握有全国行政、军事、人事、司法、监察、经济和文化教育的全权，"一言兴邦，一言丧邦"。能否发现、提拔和重用贤才，君王的职责是第一位的。这就要求君王自己必须是明君，能够清楚地认识贤才的重要性，善于慧眼识才；能够设计、建立培育和选拔贤才的制度，构筑贤才施展才干和晋升的环境，让贤才不断汩汩涌流。

应该说，中国古代社会在举贤、选贤、用贤等问题上，既在制度运作方面有成功的经验，更在思想方面积累了丰富的资料。这些历史遗产中有不少具有超越时空的与现代社会相通的内容，这些珍贵遗产，不仅能够丰富现代社会的人才理论，而且能够为现代的贤才选拔提供制度和思想方面的资鉴，其积极意义是不容忽视的。

二、清官意识

（一）先秦至魏晋南北朝的循吏理念

与好皇帝和贤人政治理念相连接的是清官意识。清官的主要内涵是忠于皇帝、一心为民；忠于职守、公正执法；为官清廉，不畏强暴；公私分明，自奉简约等。在中国历史上，"清官"的概念出现较晚，只是到了明清两代的小说中，才被大量使用。在魏晋南北朝时期，有清流官和浊流官的区分，但此时的清流官与后来的清官根本不是一个概念。不过，与清官接近的"循吏"概念很早就出现了。自司马迁在《史记》中设立《循吏传》以来，直到《清史稿》，几乎在所有正史中，都设有这个专传，记载这类人物的事迹。也有的史书，以《良吏传》《能吏传》取代《循吏传》，但性质没有大的区别。其实，清官是对所有官吏的要求，只是由于能够符合这个标准的官吏太少，所以才对极少数符合标准的凤毛麟角者作专传进行表彰。

自从国家机构诞生，官吏队伍也就相伴而生，由他们组成的各级官府掌控国家行政和社会事务的运行。在很大程度上，他们的素质决定着国家实行的是良政还是恶政。所以，历史上的各个王朝，都通过制度和舆论，要求所有官吏都是循吏和清官。远在五帝时期，虞舜在他治下的中国建立中央政府，同时分地方为 12 州，设官分职进行治理。他对各级官吏都规定了职责范围和行政标准，其中就蕴含着最早的清官意识。如他任命弃担任后稷这个职务，指导百姓种植作物，使人民免于饥饿。安排契担任司徒，对百姓进行教化。任命皋陶担任司法官员，依轻重五等惩罚犯罪的吏民。商朝的权臣伊尹，毅然流放君王，表明他的公正无私。西周时期齐国第一代国君姜尚将官吏视为"贤者""有道者"和"利天下者"，鲁国第一代国君周公旦要求各级官吏都是"克明俊德"的"吉士""常人"，能够"敬德""保民"和"慎刑"，说明他们对官吏的要求已经相当的严苛了。春秋时期的齐国相管仲对官吏的要求是"顺民心"，即助民厚生、增财、得利、宽政、救急、赈穷。另一个齐国相晏婴则特别强调官吏"爱民""乐民"以及本身的节俭和自律。鲁国丞相公仪休重视官吏的"奉法循理"、以身作则和为官清廉。孔子要求官吏"身正令行""仁者爱人"和"见义勇为"。战国"百家争鸣"中的各个学派，对清官各有自己的理解和标准。墨子要求各级官吏一定是贤者，他们笃行"兼相爱，交相利"的信条，讲仁义，重事功，依法办事、忠于职守，兢兢业业，夜以继日，为官一任，造福一方，使饥者得食，寒者得衣，劳者得息，乱者得治：

> 贤者之治国也，蚤朝晏退，听狱治政，是以国家治而刑法正。贤者之长官也，夜寝夙兴，收敛关市山林泽梁之利，以实官府而财不散。贤者之治邑也，蚤出莫入，耕稼树艺，是以菽粟多而民足乎食，故国家治则刑法正，官府实则万民富。……内有以食饥息劳，将养其万民。外有以怀天下之贤人。……外者诸侯与之，内者万民亲之，贤者好之。以此谋事则得，举事则成，入守则固，出诛则强。①

齐国稷下学派的慎到和田骈认为作为臣子最重要的品格是遵守法令和忠于职守：

---

① 吴毓江：《墨子校注·尚贤中》，中华书局 2006 年版，第 74 页。

明主之使其臣也，忠不得过职，而职不得过官。是以过修于身，而下不敢以善骄矜守职之吏；人务其治，而莫敢淫偷其事。官正以敬其业，和顺以事其上，如此，则至治矣。①

他们还强调君道无为和臣道有为："君臣之道，臣事事而君无事，君逸乐而臣任劳。"②孟子的"仁政"理念奠定了好皇帝和清官意识的理论基础。他认定一个实践"仁政"理想的官员必定是一个最合格的官吏，他必定与贪腐绝缘，而成为一个"君子人格"的表率。荀子礼、法并重的政治思想中，特别强调官吏修身的重要意义。在《臣道》篇中，他力排"态臣""篡臣"等奸佞之辈，要求臣子都成为功臣，尤其是成为"圣臣"："上则能尊君，下则能爱民。政令教化，刑下如影；应卒遇变，齐给如响；推类接誉，以待无方，曲尺制象。"他们应该是国家的栋梁。

西汉的贾谊是一个特别强调"民本"的思想家，认为君主以道治民，以爱附民，行仁义信善于民，其前提是君明吏贤，"君明而吏贤，吏贤而民治矣。故苟上好之，其下必化之，此道之政也"。如何选取贤吏呢？贾谊提出了"察吏于民"的方针：

夫民者，贤不肖之材也，贤不肖皆具焉。故贤人得焉，不肖者休焉。……故夫民者虽愚也，明上选吏焉，必使民与焉。故士民誉之，则明上察之，见归而举之；故士民苦之，明上察之，见非而去之。故王者取吏不妄，必使民唱，然后和之。故夫民者，吏之程也。察吏于民，然后随之。夫民至卑也，使之取吏焉，必取其爱焉。故十人爱之有归，则十人之吏也。百人爱之有归，则百人之吏也。千人爱之有归，则千人之吏也。万人爱之有归，则万人之吏也。故万人之吏也，选卿相焉。夫民者，诸侯之本也；教者，政之本也；道者，教之本也。有道然后教也，有教然后政治也，政治然后民劝之，民劝之然后国丰

---

① 《慎子·知忠》，电子版《文渊阁四库全书》。
② 《慎子·民杂》，电子版《文渊阁四库全书》。

富也。①

贾谊的"察吏于民",当然不是后世官吏民选的制度,但他认识到国君选取官吏应该体察民意,并且以民意为依归,则具有鲜明的进步意义。至于贤明官吏的标准,不外乎遵循儒家提倡的道德信条,是父慈、子孝、兄友、弟恭、友友、家和,"夫道者行之于父则行之于君矣,行之于兄则行之于长矣,行之于弟则行之于下矣,行之于身则行之于友矣,行之于子则行之于民矣,行之于家则行之于官矣。故士则未仕而能以试矣。圣王选举也,以为表也。问之然后知其言,谋焉然后知其极,任之以事然后知其信"②。要求所有官吏都是儒学所推尊的道德楷模自然是太高了,但这种对于官吏理想主义目标的设定,恰恰反映了贾谊对官吏素质的超高诉求。刘向认为人臣是执行君王之命、具体执掌国家行政运转的关键一环,其品格和能力的好坏将深刻影响国家政治的清明和昏愦,所以对人臣的活动必须加以规范。他提出"六正"作为人臣行事的准则:

> 人臣之术,顺从而复命,无所敢专,义不苟合,位不苟尊,必有益于国,必有辅于君,故其身尊而子孙保之。故人臣之行有六正、六邪,行六正则荣,犯六邪则辱。夫荣辱者,祸福之门也。何谓六正、六邪?六正者:一曰,萌芽未动,形兆未见,昭然独见存亡之几,得失之要,预禁乎不然之前,使主超然立乎显荣之处,天下称孝焉,如此者,圣臣也。二曰,虚心白意,进善通道,勉主以礼义,谕主以长策,将顺其美,匡救其恶,功成事立,归善于君,不敢独伐其劳,如此者,良臣也。三曰,卑身贱体,夙兴夜寐,进贤不解,数称于往古之德行事,以厉主意,庶几有益,以安国家社稷宗庙,如此者,忠臣也。四曰,明察幽,见成败,早防而救之,引而复之,塞其间,绝其源,转

---

① 贾谊:《新书·大政下》,董治安主编《两汉全书》第一册,山东大学出版社 2006 年版,第 322—323 页。

② 贾谊:《新书·大政下》,董治安主编《两汉全书》第一册,山东大学出版社 2006 年版,第 323 页。

祸以为福，使君终以无忧，如此者，智臣也。五曰，守文奉法，任官
职事，辞禄让赐，不受赠遗，衣服端齐，饮食节俭，如此者，贞臣也。
六曰，国家昏乱，所为不道，然而敢犯主之颜，面言主之过失，不辞
其诛，身死国安，不悔所行，如此者，直臣也。是为六正也。①

刘向这里提出的"圣臣""良臣""忠臣""智臣""贞臣""直臣"，尽管划分
了臣子在品格和智慧上的不同层次，但达到其中的每一个层次都不容易。这
个"六正"体现的是刘向对臣子的高标准、严要求，贯穿其中的是对君王的
绝对忠贞以及才智上的超常与卓越。东汉写《汉书》的大史学家班固，对西
汉历史上的忠良之臣倾注了明显的赞誉之情，班固认为良臣也自有其标准。
从他对一些良臣的评判看，他心目中的良臣起码是对君王忠贞，对国事鞠躬
尽瘁，关心百姓疾苦，刚正不阿、严正执法、清正廉明、自奉简约，道德行
事足可为民表率。

魏晋南北朝时期，思想界呈现儒、佛、道多元共存的竞争局面。重视
臣道并给予深入论述的，多是具有儒学倾向的思想家和政治家。如诸葛亮就
以对君王的绝对忠诚展开对臣道的论述。他一生忠于偏安弱小的蜀汉政权，
对刘备、刘禅父子两代鞠躬尽瘁，死而后已，贡献了自己的全部忠诚和智
慧。他对自己和其他臣子的要求是道德重于一切，以君子人格相砥砺："夫
君子之行，静以修身，俭以养德，非淡泊无以明志，非宁静无以致远。"② 他
严于律己，一心奉公，严格执法，虚心纳谏，公正诚信，公私分明，两袖清
风，塑造了一个清官的典型形象。曹魏的桓范也强调臣子的道德操守：

事君者，竭忠义之道，尽忠义之节，服劳辱之事，当危之难，肝
脑涂地，膏液润草而不辞者，以安上治民，宣化成德，使君为一代
之圣明，已为一世之良辅。辅千乘则念过管、晏，佐天下则思丑
稷、禹。③

———————

① 刘向：《说苑》卷二《臣术》，电子版《文渊阁四库全书》。
② 《诸葛忠武书》卷九，电子版《文渊阁四库全书》。
③ 《群书治要》卷四七《政要论·臣不易》，北京理工大学出版社2013年版，第630页。

他还认为不同级别的臣子应有不同的事君之道，大臣"以道事君"，承担谋划军国大事的重任；小臣只要努力做好分内工作，"思不出其位，虑不过其责，竭力致诚"①，也就尽到了责任。而外臣即地方官，因为远离君王，许多事情在忠君爱国的前提下要敢于独断。这种认识比较细致而深入。魏朝的杜恕也对为臣之道进行了探索。他从"君臣一体"出发，认为"臣之事君，犹子之事父"，忠君自然是臣子最根本的道德操守，首先应该成为"直道之臣"：

> 称才居位，称能受禄。不面谀以求亲，不偷悦以苟合。公家之利，知无不为也。上足以尊主安国，下足以丰财阜民。谋事不忘其君，图身不忘其国；内匡其国，外扬其义，不下比以暗上，不上同以病下；见善行之如不及，见贤举之如不容；内举不避亲戚，外举不避仇雠；程功积事，而不望其报；进贤达能，而不求其赏。道途不争险易之利，见难而无苟免之心。②

他还通过"臣之体"论述了对臣子作为"正士之义""竭诚纳谋""守满以冲"的态度和区别对应不同类型君王的策略，展示了对"臣道"的深入思考。西晋的阮籍认定臣子必须固守"忠""义"的政治伦理，一心为君为国，丝毫不考虑个人得失：

> 壮士何慷慨，志欲吞八荒。驱车远行役，受命念自忘。良公挟乌号，明甲有精光。临难不顾生，身死魂飞扬。岂为全躯士？效命争战场。忠为百世荣，义使令名彰。垂声谢后世，气节故有常。③

如此昂扬向上的调子，展示的是诗化的臣子的壮士情怀。南朝的葛洪在其著作《抱朴子》中，专门写了《臣节》篇，从道德的角度论述臣子的操

---

① 《群书治要》卷四七《政要论·臣不易》，北京理工大学出版社 2013 年版，第 631 页。
② 《群书治要》卷四八，杜恕《体论》，北京理工大学出版社 2013 年版，第 641 页。
③ 陆时雍：《古诗镜》卷七，电子版《文渊阁四库全书》。

守，要求臣子绝对忠于君王，唯君命是听，事事时时以国家和君王的利益为重，"当危值难，则忘家而不顾命。挚衡执铨，则平怀而无彼此"。"进思进言以攻谬，退念推贤而不避"，"夙兴夜寐，戚庶事之不康也；俭躬约志，若策奔于薄冰也"。把忠君之志、谋国之诚、尽智戮力而为民的情怀做了充分的表述。

（二）隋唐以后清官意识的张扬

隋唐时期政治家和思想家对于"君道"和"臣道"的论述都较以前有所深入和发展。唐太宗编撰了《帝范》，武则天编撰了《臣轨》，成为中国政治思想史上相得益彰的双璧之作。所谓"臣轨"就是臣子应该遵循的规范，从一定意义上讲，即是忠臣、循吏和清官的行为规范，也就是他们行政做人的教科书，正如武则天所说是官员们"发挥德行，镕范身心，为事上之轨模，作臣下之绳准"。她尽管认为君臣是一个关系密切的利益共同体，但二者的关系是不平等的。臣子必须绝对忠于君王，"臣之事君，犹子之事父"，必须将国置于家之上，将君置于父之上：

> 欲尊其亲，必先尊于君；欲安其家，必先安于国。故古之忠臣，先其君而后其亲，先其国而后其家。何则？君者亲之本也，亲非君而不存；国者家之基也，家非国而不立。①

再进一步，她认定臣子是君王的四肢："夫人臣之于君也，犹四支（肢）之载元首，耳目之为心使也。相须而后成体，相得而后成用。"② 他们是"共其安危，同其休戚"的。他们与君王分工，君王无为，臣子有为。臣子承担大量义务和责任，他们必须冒死谏诤，以纠正君王之失；他们必须勤政爱民，劝课农桑，富民兴国；他们必须尽心尽力，任劳任怨，"竭力尽劳而不望其

---

① 《臣轨·至忠》，转引刘泽华主编《中国政治制度通史·隋唐卷》，中国人民大学出版社2014年版，第378页。

② 《臣轨·同体》，转引刘泽华主编《中国政治制度通史·隋唐卷》，中国人民大学出版社2014年版，第379页。

报，程功积事而不求其赏"，以达到"尊主安国""丰财阜人"①的目的。武则天的《臣轨》始终围绕着"忠"字做文章，她要求臣子不仅做一般的清官，而是成为忠诚义士的典范，显然是为了强化君主专制以及对臣子的思想和行动的控制。

宋朝的张载有四句传诵不衰的名言："为天地立心，为生民立命，为往世继绝学，为万世开太平。"与他同朝的范仲淹有"先天下之忧而忧，后天下之乐而乐"的嘉句。他们的思想所达到的已经不是一般的清官境界，而是一种超越时空的家国情怀，可以视为清官的最高标准。明朝的宋濂对清官的认识又提高了一步，他首先将官摆在"民仆"的位置上：

> 国之禄位，非以优仕者也，使仕者劳其心以优细民耳。故禄者出于民，所以佣我之心力；位者出于上，所以使我自别于细民。夫位高于细民之上而德不称，则为尸位；受民之佣而无功以报之，则为苟禄。②

正因为如此，所以官民应该是平等的，而为官的目的就是救民于水火，为民谋福祉，这就是最大的"公"。只有"承顺以为公，奔走而效劳"③的官吏才是清官良吏。

明朝后期的东林党人顾宪成，认定为官的最高境界是家国情怀，他说：

> 官辇毂，念头不在君父之上；官封疆，念头不在百姓之上；至于山间林下，三三两两，相与讲求性命，切磨德业，念头不在世道上，即有他美，君子不齿也。④

所以为官的志向就是"仁民爱物"，"以道事君"。与顾宪成同时代的高攀龙

---

① 《臣轨·至忠》，转引刘泽华主编《中国政治制度通史·隋唐卷》，中国人民大学出版社2014年版，第379页。
② 宋濂：《遁耕轩记》，《宋学士文集》卷七四，四部丛刊本。
③ 宋濂：《京畿乡试策问》，《宋学士文集》卷一〇，四部丛刊本。
④ 顾宪成：《小心斋扎记》卷一一，清光绪三年刻本。

认为官应该达到"仁"的境界，其核心内容就是"为天下""为民"。至于"国"和"民"孰重孰轻，也必须根据具体情况加以权衡：

> 天下之事，有益于国而损于民者，权国为重，则宜为国。有益于民而有损于国，权民为重，则宜从民。至于无损于国而有益于民，则智者不再计而决，仁者不宿诺而行矣。①

明清之际的黄宗羲、王夫之、顾炎武以及其后的颜元、李塨、唐甄等，也都坚持并升华了家国情怀，从而将清官意识的境界提升至更高层次。特别是，明清时期整个社会的清官意识得到广泛普及，这突出表现在以清官为内容的小说和戏曲空前繁荣，"包青天""海刚峰"等清官形象家喻户晓。

（三）清官意识的积极意义

在中国古代社会里，循吏、清官意识很早就产生了，并且随着历史的发展不断丰富内容和提升层次。一方面循吏和清官意识反映了广大百姓的愿望，另一方面，循吏和清官意识也是明智君王和理性臣子的共识。

循吏和清官意识实际上就是君民对官吏队伍共同要求的反映。这一意识可以概括为以下基本内容：

1. 循吏和清官基本上都是儒家学说陶冶出来的，他们行政的指导原则是"仁政"理想。这个理想的核心是忠君爱民。他们绝对忠于君王和国家，笃信家国一体、君臣一体、君民一体的理念，为了君王和国家可以毫不犹豫地付出生命。

2. 循吏和清官的行政围绕"民本"旋转，他们认为自己的使命是代表君王行使对百姓的教化和管理。他们真诚地将自己置于"父母官"的地位。明清时期的个别思想家虽然提出官民平等的观念，但在骨子里他们忘不了自己"保育者"的角色。他们关心百姓的生产和生活，千方百计创造条件改善他们的生存环境，其中最重要的是实行轻徭、薄赋、节俭、省刑的政策，遇

---

① 高攀龙：《四府公汪澄翁大司农》，《高子遗书》卷八下，电子版《文渊阁四库全书》。

有自然灾害，则全力赈济，助老恤贫，惠及鳏寡。又经常举办公益事业，兴修水利，修建道路桥梁，推广先进生产技术，为百姓谋划实实在在的利益，把"为官一任，造福一方"的箴言落到实处。

3. 循吏和清官都是"德主刑辅"施政理念的忠实实践者。他们总是从爱民出发对百姓施以教化，引导他们移风易俗，一心向善。他们重视教育，潜心办学，不遗余力地宣传忠、孝、节、义、仁、礼、智、信等核心价值观，提升百姓的道德水准和文明程度。他们谨慎用刑，对屡教不改、怙恶不悛的恶势力也毫不手软地严厉打击，目的是为了震慑整个社会，净化环境，使百姓警惕自励，拒恶扬善。

4. 循吏和清官都是廉政的典型。他们公正执法，严格治吏，一方面敢于惩办贪赃枉法的官吏，为百姓伸张正义；一方面敢于搏击地方上的恶霸豪强，维护小民等弱势群体的利益。在法律面前，不仅敢于否定来自上官的枉法之举，甚至敢于拒绝朝廷的昏聩诏令，在所到之处树立起公平正义的旗帜。

5. 循吏和清官都以"君子人格"自许，他们自觉加强自己的品德修养，刻苦自励，严于律己，公私分明，自奉简约，与贪腐绝缘。

6. 历代王朝都提倡和表彰循吏与清官，因为所有具备正常思维的君王都明白，只有循吏和清官执掌的各级官府才能既保证国家的制度得以正常有序运转，各项法律法规得到认真贯彻执行，社会秩序才能得到维护和良性运行。同时，既能使国家财政充裕，也能使百姓过上安居乐业的日子。正如汉宣帝所说："庶民所以安其田里而亡叹息愁恨之心者，政平讼理也。与我共此者，其唯良二千石乎！"①清朝的康熙皇帝就对清官于成龙大加褒奖，称颂他是"天下廉吏第一"②。

清官意识是中国传统政治文化的精华之一，其"民本"的理念，直接与"以人为本"相通；其公正执法的理念，直接与"法治"相通；其廉政的理念，直接与反腐倡廉相通；其自律意识，直接与自我约束相通。总之，其

① 班固：《汉书》卷八十九《循吏传》，中华书局1962年版，第3624页。
② 张廷玉等：《清史稿》卷二百七十七《于成龙传》，中华书局1977年版，第10087页。

中的许多理念，与现代社会对官吏的要求是一致的。循吏与清官意识中最可宝贵的思想遗产就是"民本"和"廉政"，而这正是现代社会对政府及其官员的最核心要求。

不过，清官意识并不属于现代民主政治的理论范畴，根本区别在于它倡导的"民本"不是现代民主的内容。"当官不为民做主，不如回家卖红薯！"这一广泛流传的七品芝麻官的名言，讲的是"官主"而不是民主，在清官意识中，百姓不是国家的主人，官吏更不是人民的公仆，而是百姓仰望的"青天大老爷"，他们忠于的是君王而不是百姓。清官意识一方面提出了对官吏的严格要求，一方面又在百姓中制造对清官的不切实际的幻想，将改变自己命运的希望寄托在清官身上，从而放松了对自己民主权利的追求，淡化了以法律为武器保护自己权利的维权意识。所以有的学者指出，要使现代民主的理念牢固地树立在百姓心中，就必须清除清官意识在百姓思想中的负面影响。这是不无道理的。

三、防腐反贪思想源远流长

（一）三代防腐反贪思想的提出

自从人类进入文明社会，以公权力寻租为特征的腐败就开始产生，与此同时，防腐和反贪的思想也随之产生。这种思想，在历史的进程中不断丰富和发展，由简单到复杂，由单项的提示到多项的综合，由单纯因事而发到提升至较高的理论层次，最后形成较完备的思想体系。这是中国传统思想文化中极其珍贵的遗产。

在中国古代社会刚刚跨入文明门槛的时候，明智之士就已经意识到廉政和官德的重要意义。相传虞舜时代的法官皋陶，就提出官员必须"直而清，简而廉"，"无教逸欲，有邦兢兢业业"，并且具备九德："宽而栗，柔而立，愿而恭，乱（治）而敬，扰（顺）而毅，直而温，简而廉，刚而塞（实），强而义"[1]。夏、商、周三代时期，有些头脑清醒的国君和大臣就对

---

① 《尚书·夏书·大禹谟》。

官吏提出自我约束、戒骄戒逸戒淫的忠告。如殷朝的成汤在祷雨词中提出警惕贪贿奢侈，太甲也意识到国君和官吏骄奢淫逸的危害，明确告诫臣子们"欲败度，纵败礼"①的道理。周朝的第一代国君武王曾谆谆告诫他的臣下，作福作威不仅危害自己的家，而且会败坏国家的政治。周朝的大政治家周公旦，既是勤政的典范，"一沐三握发，一饭三吐哺"，又是民本思想的首创者。他提出"敬德保民"的理念，要求周王和执政的周贵族"保民""慎刑"，了解庶人的疾苦，关心他们的生活，"知稼穑之难"，"闻小人之劳"。要时时以夏殷两朝"失德而亡"为鉴戒，"如临深渊，如履薄冰"，兢兢业业、小心翼翼地操持自己的政柄，同时时刻抑制自己的欲望，像文王那样"克自抑畏"，那样勤政，"卑服，即康功田功"，"自朝至于日中昃，不遑暇食，用咸和万民"②。不要贪图安逸，不要大兴游观，不要无休止地田猎，更不要聚徒狂欢。

（二）春秋战国诸子对防腐反贪思想的贡献

春秋战国时期（前770—前221），一方面是五霸争盟主、七国竞雄图，中国在血雨腥风中完成由奴隶社会向封建社会的转化；一方面是权力寻租日益猖獗，贪贿之风四处蔓延。在这种情况下，防腐和反贪的思想和理论也有了进一步的发展。如春秋末期齐国的晏婴就对齐景公为代表的贪贿政治进行了无情的抨击："内宠之妾，肆夺于市；外宠之臣，僭令于鄙。私欲养求，不给则应。民人苦病，夫妇皆诅。"③道家的创始人老子将奢靡无度的各级统治者直斥为强盗头子，是造成人民灾难的罪魁祸首。他愤怒地说，大道虽然很平坦，但人主却喜欢走邪门歪道。宫室很华丽，农田全部荒芜，仓库十分空虚；人主却穿着锦绣的衣裳，佩戴着锋利的宝剑，精美的食物已经吃厌，众多的财富还要霸占，这简直就是强盗头子呀！人民之所以遭受饥饿，是因为统治者收取的赋税太多；人民之所以难治，是因为统治者政令繁苛，胡作非为；人民之所以冒死轻生，是因为统治者养生过分奢厚。儒家创始人

---

① 《尚书·商书·太甲》。

② 《尚书·周书·无逸》。

③ 杨伯峻：《春秋左传注·昭公二十年》，中华书局1990年版，第1417页。

的孔子继承周公的民本思想，提倡以"仁"为本的行政理念，对百姓"富之""教之"，反对贪腐，反对横征暴敛，要求"节用而爱人，使民以时"①，"其养民也惠，其使民也义"②。同时，他要求统治者加强道德修养，约束自己的贪欲和权势欲，"帅己正人"，成为"恭宽信敏惠"的"仁人君子"。战国时代的墨子是一个代表平民百姓的思想家，他将贪婪的国君和官吏比喻为"窃国大盗"，说，有人偷窃一条狗一头猪，就斥责他"不仁"；可是那些偷窃一个国家一座大城的人，反而被赞扬为"义"了，这不是典型的颠倒黑白吗？比墨子稍晚的儒家代表人物孟子的最大贡献是将孔子"仁"的理念发展成仁政理想。他大力弘扬周公、孔子的民本思想，提出"民为贵，社稷次之，君为轻"③。要求"施仁百姓"，"制民之产"，"五亩之宅，树之以桑；百亩之田，勿夺其时"，并且"省刑罚，薄赋敛"，使他们"仰足以事父母，俯足以蓄妻子"④，过上温饱的生活。与此同时，孟子也特别强调君主的自我约束，要求他们"发政施仁""推恩及人"，"老吾老，以及人之老；幼吾幼，以及人之幼"⑤，与民同忧，与民同乐，与民同好。孟子对"残民以逞"的统治者深恶痛绝，认为百姓有权力推翻暴虐的"独夫民贼"夏桀和商纣。周公、孔子、墨子和孟子都主张在官吏的选拔和任用上"选贤使能"，在源头上减少贪官污吏。战国中晚期的庄子是继老子之后道家的最著名代表人物，他也把统治者比喻为"窃国大盗"。他说，偷窃一个小钩是死罪，可是偷窃一个国家就成人人羡慕的诸侯，这不是只有诸侯之家独占了"仁义"吗？战国晚期的儒家大师、百科全书式的学者荀子，目睹愈来愈烈的贪腐之风，对"污漫、突盗以先之，权谋倾覆以示之，俳优、侏儒、妇女之请谒以悖之"⑥的社会乱象痛心疾首，认为被置于贫穷和劳累困境的百姓已经将这些贪腐的达官贵人视为蛇蝎和恶鬼了。荀子"援法入儒"，大量吸收法家学说以补儒

① 《论语·学而》。
② 《论语·公冶长》。
③ 《孟子·尽心下》。
④ 《孟子·梁惠王上》。
⑤ 《孟子·梁惠王上》。
⑥ 王先谦：《荀子集解·王霸》，中华书局2013年版，第267页。

家学说的不足，提出礼法结合以维系社会正常秩序的观点："立君上之势以临之，明礼义以化之，起法正以治之，重刑罚以禁之。"法家的代表人物商鞅，是较早认识到官吏腐败对国家和社会造成严重危害的理论家。他在《商君书·修权》中明确指出，利用职权贪污受贿、谋取私利的"大臣"和"秩官之吏"都是社会的"蠹虫"。清除这些贪官污吏主要依靠法律和刑罚的力量："立君之道，莫胜于法；胜法之务，莫急于去奸；去奸之本，莫深于严刑。"荀子的学生韩非是战国法家思想的集大成者，他将法、术、势有机结合在一起，构筑起完备的法制理论。要求以势临国，建立强势的中央集权政府；以法临民，规范全国臣民的活动；以术察奸，预防和惩治违法的贪腐之吏。他对当时官场的黑暗和贪腐有着极为清醒的认识。他指出奸吏们以"八术"行贪腐之计，为了自己的私利，他们千方百计地迎合君主的骄奢淫逸的欲望，加剧对百姓的盘剥，"尽民力，重赋敛"，搞得民不聊生，激化社会矛盾。他痛斥当时的卖官鬻爵之风是"亡国之风"，因为它"不论贤与不肖、有无功劳"，只要有钱有关系，就能够获得高官厚禄，"故财利多者买官以为贵，有左右之交者请谒以成重"，这样必然导致"劣币驱逐良币"："是以吏偷官而外交，弃事而财亲。是以贤者懈怠而不劝，有功者堕而简其业。"[1] 对国家的危害实在太大了。韩非第一次在中国历史上提出防止官吏贪腐的办法，就是禁止他们追求法外的私利和荣耀，"处官者无私，使其利必在禄"[2]，"臣不得以行义为荣，不得以家利为功"[3]。

（三）秦汉至隋唐防腐反贪思想的发展

秦朝是一个仅存在了 15 个年头的"独尊法术"的短命王朝，坚持的是"以法为教，以吏为师"的治国理念，在防腐反贪的思想理论上没有多少新贡献。两汉时期（前 206—220）四个多世纪中，除了前期 50 年左右的时间以黄老思想作为统治思想外，其余时间都是儒学被定为一尊，其防腐反贪的思想基本上继承了孔子、孟子和荀子的仁爱、仁政、德教、任贤以及忠、

---

① 王先慎：《韩非子集解·八奸》，中华书局 1998 年版，第 62 页。
② 王先慎：《韩非子集解·八经·听法》，中华书局 1998 年版，第 480 页。
③ 王先慎：《韩非子集解·八经·主威》，中华书局 1998 年版，第 482 页。

孝、义、仁、礼、智、信等儒家理论。如董仲舒，就从民本出发，反对"食利而不肯学义"的达官贵人，主张"限民名田……去奴婢""薄赋敛，省徭役"，特别反对国家和达官贵人与民争利，因而要求废止盐铁官营，严格禁止官吏兼并土地和兼营工商业。

汉元帝时期任谏议大夫的贡禹，在其上书中无情地揭露以皇帝为首的统治者奢侈腐败的罪行："亡义而有财者显于世，欺谩而善书者尊于朝，悖逆而勇猛者贵于官。"① 要求"进真贤，举孝廉"，对选举不实、贪赃枉法的官吏"辄行其诛"，绝不宽贷。东汉前期，大思想家王充在当时政治比较清明的年代就已经看到腐败的蔓延之势，特别对文人学士进入官场的迅速腐败进行了辛辣的讽刺。他在《论衡·程才篇》中说："文吏幼则笔墨，手习而行，无篇章之诵，不闻仁义之语。长大成吏，舞文巧法，徇私为己，勉处权利。考事则受贿，临民则采渔，处右则弄权，幸上则卖将；一旦在位，鲜冠利剑；一岁典职，田宅并兼。"东汉后期，随着外戚与宦官交替擅权，官场的贪腐之风愈演愈烈。一批清醒而有正义感的知识分子掀起了一股猛烈的批判思潮，对朝廷政治的黑暗、官吏的贪腐、达官贵人的贪婪无耻和骄奢淫逸进行了猛烈的抨击。如徐干在《中论·亡国》中影射当时的皇帝，斥责君王粗恶暴虐，美丑不闻；谗谀邪僻之人在他身边，奸佞谄媚之人充斥朝廷；杀戮无辜，刑罚无度；宫室高峻侈靡，妻妾充盈后宫；击钟鸣乐，歌女曼舞，靡靡之音，日益放纵；赋税名目繁多，财力匮乏竭尽；百姓忍冻挨饿，死尸遍野；骄傲狂妄，自以为是，谏净的人被杀害；朝廷内外无不震动惊骇，远近之人都是怨声载道。所以贤明的人看我的容貌，就像是妖魅鬼怪；看我的楼台殿阁，就像是监狱；五彩礼服，就像是居丧之衣；音乐演唱，就像是号啕哭泣；美酒甘醴，就像是臭水小便；佳肴美食，就像是粪便污泥；所做之事与一举一动，几乎没有一件看得上。为了刷新政治，预防和避免贪腐，他要求君主自身是英明睿智的"圣明天子"，而选用的大臣则应该在品格修养、智慧才能、威严气度方面都是"治万邦之重器"。

左雄对当时政治腐败的状况做了入木三分的描绘："谓杀害不辜为威风，

---

① 班固：《汉书》卷七十二《贡禹传》，中华书局 1962 年版，第 3077 页。

聚敛整办为贤能，以理己安民为劣弱，以奉法循理为不化。髡钳之戮，生于睚眦，复尸之祸，成于喜怒。视民如寇仇，税之如豺虎。……见非不举，闻恶不察。……言善不称德，论功不据实。……朱紫同色，清浊不分。"① 另一个著名思想家仲长统则指斥最高统治者的皇帝在用人上的严重失误："所官者非亲属则崇幸，所爱者非美色则巧佞也，以同异为善恶，以喜怒为赏罚。"要求严加匡正："王者官人无私，唯贤是亲，勤恤政事，屡省功臣，赏赐期于功劳，刑罚归于罪恶。"② 为了挽救东汉末年危殆的政况国势，他提出 16 条纲领，其中多条与遏制日甚一日的腐败有关，如"限夫田以断兼并，定五刑以救死亡""表德行以励风俗，核才艺以叙官宜""严禁令以防僭差，信赏罚以验惩劝，纠游戏以杜奸邪，察苛刻以绝烦暴"③ 等。

魏晋南北朝时期（220—589）三个半世纪，是中国历史上南北分裂、王朝更替频繁、政治混乱、民族斗争和阶级斗争交叉纠结的时代。无论是汉族政权还是少数民族政权，都是贪腐之风盛行，因而一些清醒的政治家和思想家也不约而同地发出了防腐反贪的理性之音。其中最著名的代表是诸葛亮。作为三国时期最小最弱的蜀汉政权的丞相，他把蜀国治理成当时最有条理最少腐败的地方。他特别强调法制对建立良好秩序、形成良好政风的作用。他认为"法令不从，事乱不力"，"其国危殆"；"刑罚不中，则众恶不理，其国亡"④。当蜀郡太守法正提出治蜀的当务之急是"缓刑弛禁"时，诸葛亮解释说，由于刘璋治蜀"文法羁縻"，使各级官吏"专权自恣"，腐败形象丛生，为了扭转这种局面，必须厉行法制，"威之以法，法行则知恩；限之以爵，爵加则知荣"。他特别强调"赏罚严明"，主张"赏赐不避怨仇"，"诛罚不避亲戚"⑤。同时更大倡廉政，要求从君王，从自己做起，正己正人。官吏必须廉洁奉公，不谋私利，不追求奢侈享乐。只有这样，百姓才能安居乐业，社会才能安定协和。在选官用人方面，诸葛亮强调"举贤"，告诫刘禅

① 范晔：《后汉书》卷六十一《左雄传》，中华书局 1965 年版，第 2017 页。
② 严可均校辑：《全后汉文》卷八九，中华书局 1958 年版，第 955 页。
③ 范晔：《后汉书》卷四十九《仲长统传》，中华书局 1965 年版，第 1653 页。
④ 段熙仲、闻旭初：《诸葛亮集》卷三《喜怒》，中华书局 1960 年版。
⑤ 段熙仲、闻旭初：《诸葛亮集》卷三《赏罚》，中华书局 1960 年版。

"亲贤臣，远小人"，提出"治国之道，务在举贤"，"为人择官乱，为官择人
治"①。诸葛亮自己则树立了一个严以律己、廉洁奉公的典型形象，对蜀国的
政风产生了良好的影响。

隋唐五代时期（589—960）近四个世纪，是中国封建社会发展的第二
阶段，其中唐朝是继两汉之后中国历史发展的第二个高峰。但在隋末、唐中
叶以后和五代时期，政治腐败、贪贿公行也达到空前的程度。这一时期的一
些政治家和思想家的防腐反贪思想较前也有新的发展。如隋炀帝时的司隶从
事李文博就提出防腐反贪应该抓根本的思想："清其流者必洁其源，正其本者
必端其本。"②他认为这个"源"和"本"就是从皇帝和高官起始的道德建设和
制度与法律的完善。隋朝的礼部尚书杨玄感在起兵反对隋炀帝时就明确指出，
隋朝的一切腐败之源是隋炀帝时的败德、荒淫、亲佞、远贤和无以复加的赋
税和徭役。唐朝的唐太宗是一个对腐败认识比较清醒的君主。一次，他劝诫
臣子们说，古人曾说过，鸟栖息于树林中，唯恐占不到最高的枝头，可最高
枝头的鸟巢也可能倾覆；鱼藏在水里，唯恐不处于最深处，可最深处的鱼穴
也可能难以护身。它们之所以被人捕获，就是因为贪吃猎人放置的诱饵。现
在人臣居高位，食厚禄，只有忠正清廉才能无灾害，长守富贵。那些身陷囹
圄者，都是因为贪冒财利，这同鱼、鸟的败亡有什么两样呢？又一次，他对
公卿谆谆教诲说，你们若能小心奉法，非但百姓能够安居乐业，自身也能常
得欢乐。古人说过，"贤者多财损其志，愚者多财生其过"③。如果你们徇私
贪浊，非但坏公法，损百姓，纵使不被发觉，你们心里不害怕吗？你们的子
孙知道了不愧疚吗？终日在害怕与愧疚中过日子，能长寿吗？在唐朝做过谏
议大夫和吏部尚书的马周，继承儒家的民本意识，坚持"临天下者，以人为
本"的理念，要求朝廷选取与百姓最贴近、最能影响百姓生死祸福的刺史和
县令，同时要求所有临民的官吏，都要"务广恩化"，对百姓实行相对宽松
的"仁政德治"，自己则应"节俭于身"，杜绝奢侈浪费，以减轻百姓的赋役
负担。

---

① 段熙仲、闻旭初：《诸葛亮集》卷三《举措》，中华书局 1960 年版。

② 魏征等：《隋书》卷五十八《李文博传》，中华书局 1995 年版，第 1432 页。

③ 吴兢：《贞观政要》卷六《论贪鄙》，电子版《文渊阁四库全书》。

（四）两宋至明清防腐反贪思想的高扬

宋辽金西夏时期（960—1279）的三百多年间，一方面是民族斗争和阶级斗争的复杂纠结，先是北宋与辽、金、西夏的对立，继而是南宋与金和元的对立。一方面是在中国经济进一步发展的基础上各族统治者的不断加剧的腐败。在这种情况下，一些政治家和思想家的防腐反贪思想较前也有新的发展和深化。流传至今的大量宋人文集中，汇集了不少抨击贪污腐败的言论。如一代名相范仲淹、王安石，著名清官包拯，在其大量上书中，就有许多要求整顿吏治、严惩贪官污吏的内容。包拯在一篇《乞不用赃吏》的上书中，极力阐明"廉者民之表""贪者民之贼"的道理，同时沉痛地指出，由于朝廷宽贷贪官污吏，使之肆无忌惮，严重败坏了政风："或横贷以全其生，或推恩以除其衅。虽有重律，仅同空文。贪猥之徒，殊无畏惮。"范仲淹在主持庆历新政时，"以天下为己任"，"日夜谋虑兴致太平"。在上皇帝的《十事疏》中，将清除吏治的腐败放在首位，提出"明黜陟""抑侥幸""精贡举""择长官"等条款。朱熹对贪官污吏及其贪赃枉法的无耻行径深恶痛绝，要求士人将修德放在第一位，"识个廉退之节"。他痛斥"朝廷之上，忠邪杂进，刑赏不分；士夫之间，志趣卑污，廉耻废坏"的政风，造成奸邪不分，好坏不辨，用的是"庸缪悭巧之人"，行的是"阿私苟且之政"，结果是贪官污吏结党营私，贿赂公行，"纪纲坏于上，风俗败于下，民愁兵怨，国势日卑"。他大声疾呼，要求整肃吏治，严格法制，严惩贪赃枉法的无耻之徒。

元朝（1206—1368）是一个由蒙古族建立的统治整个中国的王朝，如果从南宋灭亡、其统治势力覆盖全中国算起，它的统治不足百年。与超过百年的两汉、两晋、唐、两宋和明、清相比，它是一个比较短命的王朝，但却是一个从头至尾都极其腐败的王朝。对这个王朝腐败的揭露和抨击主要是从汉族知识分子中发出的，其代表人物就是邓牧。他生活于宋元之际，入元以后，他拒绝朝廷的征召，坚决不做元朝的官吏，隐居山野，冷眼观察社会的运行。他写了著名的《伯牙琴》，发出了对当时封建专制制度批判的最强音。他认为"天生民而立之君"，不应该是为了君，而应该是为了民。可是，所有的君主都是成王败寇，都是欺压和掠夺百姓的"盗贼"，而分布城乡的大小官吏都是他们的走狗和爪牙，"小大之吏布于天下，取民愈广，害民愈深"，犹如贪得无厌的恶狗和佞鬼，无论百姓怎么倾其所有供奉他们，也无法满足他们贪得无厌的诛求。邓牧关心百姓的苦难，对他们的揭竿而起表示了理解和同情。

　　明朝（1368—1644）共存在了277个年头，是中国历史上历时最长的几个王朝之一。前期一百多年，由于朱元璋等几代皇帝比较坚决地坚持了防腐和反贪的政策，因而政治大体清明。中期以后，腐败之风愈演愈烈，以至于不可收拾，最后被农民起义军灭亡。在中国历史上，农民出身的皇帝朱元璋是所有皇帝中对腐败认识最深刻、坚持反腐败最坚决、最持久、力度最大的人，正因为如此，他也就创造了反腐败效果最显著的时代。因为他来自元朝的最基层，深知吏治的好坏关系国家的存亡，认识到政奢官贪必然加重百姓的赋役负担，而这正是元朝灭亡的原因。他特别认识到君主以身作则、身正而令行的意义，主奢臣必贪，主荒臣必专。他说，元朝的政况是"君则宴安，臣则跋扈，国用不经，征敛无艺，天怒人怨，盗贼蜂起"①，结果把它推向灭亡之路。他进而认识到，只有廉明的官吏才有廉明的政治，也才有国家机器的正常运转和社会秩序的正常运行，否则，一旦官吏贪墨，再好的制度和法律也会走样，变成盘剥百姓的工具，这就是所谓"法出而奸生，令下而诈起"，必然是贪贿丛生，严重损害百姓的利益。为了惩治腐败，他坚持重典治吏，连办大案要案，杀伐无数，使明初政治呈现少有的清明。明朝中叶以后，随着腐败之风的蔓延，防腐反腐思想也有新的发展。如吕坤就提出惩治腐败要以高官为重点，因为贪腐的高官是"教化风俗之大蠹"，只拍苍蝇，不打老虎是不可能扭转世风的。张居正、王廷相、刘宗周等人也有相同的认识。王廷相就说，如果贪浊的高官安然无恙地稳坐尊位，就会鼓励小官唯利是图；如果贪浊的京官平安无事，下面的地方官自然也唯利是图。由于此时的政治腐败与社会特别是官场的奢靡之风互相激荡，不少人提出"去奢止贪"的理念。如王铉就认为，"居官者奢侈则必贪，为士者奢侈则必淫"②，以致影响百姓"舍本趋末"，败坏了整个社会风气。所以他们上书皇帝，要

---

① 　夏燮：《明通鉴》卷三，中华书局2009年版，第229页。
② 　张萱：《西园闻见录》卷九三"巡按"，哈佛燕京学社印本，第15页。

求严禁奢侈，"重本抑末"。这些思想家看到商品经济的发展给社会风气造成的影响，却不明白造成腐败的根本原因并不是商品经济，他们"重本抑末"的诉求，对于止贪实在是南辕北辙了。被百姓誉为"海青天"的著名清官海瑞，认为当时造成"国病民冤""民间困苦日甚一日"原因，"第一是贪官污吏"。有鉴于此，他坚决主张对贪赃枉法者处以重刑。对万历皇帝将贪赃改为杂犯，允许花钱赎免的做法，他提出了强烈的反对意见，指出吏治所以难以臻于清明，就是因为对贪官污吏的惩罚太轻了，他力主恢复明朝初年对贪钱80贯处以绞刑的法律，甚至对朱元璋将贪官"剥皮实草"的做法也由衷赞美。

清朝（1616—1911）是中国历史上最后一个封建王朝，也是历时最长的皇朝之一，与历时290年的唐朝只少4年。清朝统治者入关前对明朝的腐败已经有所了解，进入北京后，以20万人的八旗兵为主力，比较顺利地"扫荡"了明朝残存的百万之师，使他们目睹明朝的腐败怎样使一个统治地大物博、人口众多的政权变得不堪一击。所以，清朝建立对中国的统治后，即宣布废除明朝的虐政，与民更始。摄政王多尔衮认识到贪贿罪的危害，认为国之安危，全系官之贪廉。什么罪行都可赦，只有贪官污吏，罪在不赦。顺治帝亲政后，也认识到"朝廷治国安民，首在严惩贪官"，因为如果惩罚太轻，如撤职拟罪，他们还能够安享赃资，起不到震慑作用，所以必须严加惩处。康熙皇帝继承乃祖的反腐惩贪意识，进一步认识到贪腐必然激化社会矛盾，不利封建统治，所以主张"治官莫要于惩贪"。他极力倡导"居官者以清廉为尚"，要求京中大臣以身作则，清廉自守，为全国的官吏树立榜样，大臣廉洁自律，"小臣自有所顾畏，不敢妄行"，"大官廉则小官守"，"政治行于上，民风成于下"，廉政之风自然也就容易形成。雍正和乾隆两个皇帝都强调以民为本，足民之食，所以必须严惩虐民以逞的贪腐之吏。雍正皇帝曾语重心长地说："务使万民安居乐业，无一夫不获其所。故地方一有不肖官员，不法奸民，定加惩治，盖恐奸邪一日不去，良善一日不安。"① 乾隆皇帝也说，"民足以为教化之本"，要想教化百姓，应该先足民食；而欲足民

①　《世宗宪皇帝上谕内阁》卷五十八，电子版《文渊阁四库全书》。

食，应该先端正大官之风。因为社会风气的好坏与政府大官的品行、作风有直接关系。雍正、乾隆两朝尽管惩治腐败尤其是惩治贪污的立法已经相当严密，惩治贪污的力度几乎达到极致，但贪贿之风却难以抑止。嘉庆皇帝在惩办了和珅等贪腐大案之后，更深一步认识到官吏的贪腐必然将百姓逼到造反的路上去，百姓"不顾身家性命，铤而走险，总缘亲民之吏多方娄取，竭尽膏脂"。

（五）防腐反贪思想的积极意义

总起来看，从夏朝开始，随着官吏贪腐的出现，防腐反贪的理论也就开始构建。四千多年来，这个理论的构建一直在进行。参与者从皇帝到政治家、思想家、文学家和历史学家，直到一般平民百姓。内容从贪腐产生的原因、危害，建立防腐反贪制度法律的重要性，到道德教化、选官举贤、奖廉惩贪的必要性，应有尽有，内容愈来愈丰富、全面、严整，形成比较完备的体系，是中国传统政治文化重要的组成部分，其中不少精华具有永恒的价值和历史意义。但是，中国古代的防腐反贪理论也具有明显的缺失和不足：

这个理论体系尽管对贪腐的危害和防腐反贪的意义的认识比较深刻，但对官吏产生贪腐原因的探索则比较肤浅，主要将其归结为个人道德的堕落，它还认识不到中国古代社会出现的腐败是制度的腐败，或说是结构性的腐败，只要这个制度存在，就无法抑制愈演愈烈的腐败。

这个理论体系尽管认识到制度和法律对于防腐反贪的重要性，但还认识不到权力制衡的意义。因为在中国秦汉以来的政治体制中，始终存在一个总揽一切权力的皇帝，一个至高无上的权力中心；在各级地方政府，也始终存在一个以行政首长为核心的权力中心，这种体制根本无法形成权力制衡，也就无法构筑具有长效机制的防腐反贪的制度和法律。

它过于强调道德自律在防腐反贪中的作用。的确，历史上中国的每一个朝代几乎都能产生几个著名的清官廉吏，从《史记》起的中国正史都列《循吏传》《能吏传》《良吏传》《良政传》等为他们树碑立传，作为进行官德教育的好教材。但是，具有讽刺意味的是，这种由于道德自律产生的循吏清官实在是凤毛麟角，他们几乎全被淹没在多如过江之鲫的腐吏贪官群中。显然，道德自律在防腐反贪中的作用只有在权力制衡健全的机制下才能发挥其应有的辅助性的作用。

四、廉政、反腐与长治久安

自中国步入文明社会那天起，腐败就成为它尽管讨厌至极却摆脱不了的伴侣。与此同时，廉政和反腐败的思想和机制也随之产生。有着正常理性的君王和具备正常理性的臣子，为了江山社稷的长治久安，一方面不断阐发廉政和反腐败的理论，一方面则在制度设计和实际建构上不断完善和增强廉政与反腐败的机制，其中的法律和制度构建日益严密完善，舆论氛围、社情民意倾向也日益传播着对廉政的赞颂和对腐败的斥责。在各种因素的制约下，某些王朝能够出现或长或短的政治清明时代。这种政治清明时代的特点，一是有一个或接连几个头脑清醒、励精图治、贤明睿智的国君，二是有一批勤政廉政、才能卓越、敢作敢为的官吏，三是有一套符合国情民意的制度和法律，四是有一个和平安宁的社会环境。这种时代，也恰恰是腐败相对较少而廉政相对顺利推行的时代。周朝的"成康之治"，汉朝的"文景之治"和"昭宣中兴""光武永平之治"，唐朝的"贞观之治""开元盛世"，明朝的"洪武、永乐之治"，清朝的"康乾盛世"等，就是属于这样的时代。而这种时代，也恰恰是产生循吏、清官较多的时代。然而，在中国古代历史上，这样的时代却是少之又少，可望而不可求。原因就在于，中国古代社会还没有建立起来廉政反腐的长效机制。

从中国古代防腐和反贪的历史中，我们可以得到许多有益的启示。

第一，只要公权力存在，腐败就不可避免，必须树立长期持久的反腐败理念。

在中国古代社会，无论是奴隶制的王朝还是封建制的王朝，尽管都在一定程度上认识到腐败的危害并进行反腐败的斗争，但腐败却几乎无时不在，无处不在。原因就在于，腐败是公权力的孪生姊妹。只要这个权力得不到持久有效的制约，它在运行中就必然追求法外的特权和私利，这就是腐败。不管你赋予这个公权力什么阶级属性，给它安上多么好听的由头，它追求腐败的冲动一样坚韧有力、持久不衰。因为掌握这个权力的人几乎99%的具有追求私利的欲望，正如亚里士多德在《政治学》一书中所阐明的："把权力赋予人，等于引狼入室。因为欲望具有兽性，纵使最优秀者，一旦大权在握，总倾向被欲望的激情所腐蚀。"所以，腐败会长期存在，几乎与人类社会一样"万古长青"。因此，不能期望有朝一日腐败会被彻底肃清。明朝开国皇帝朱元璋，晚年空前地加大了反腐败的力度，甚至不惜制造冤、假、错案将一批位高权重的创业功臣送上断头台，希图给孙子朱允炆即后来的建文帝做皇帝创造一个没有腐败之吏的环境。但当他看到面对他的血腥严惩官吏们依然"前腐后继"时，他不得不哀叹自己无法一劳永逸地肃清贪腐之吏："朝治而暮犯，暮治而晨亦如之，尸未移而人为继踵，治愈重而犯愈多。"[1] 又无可奈何地说："似这等愚下之徒，我这般年纪大了，说得口干了，气不相接，也说他不醒！"[2] 这反映的是朱元璋对腐败认识的误区：一是认为一次大张旗鼓的反腐惩贪能够一劳永逸地解决贪腐问题；二是将贪腐官吏仅仅视为"愚下之徒"，把贪腐简单归结为品格有缺。这种认识实在太肤浅了。1958年"大跃进"时期，北京市政府提出的"建设水晶般透明城市"，即消灭一切丑恶现象的理想，也只能是基于认识误区而产生的一种不切实际的幻想。显然，由于同公权力一起诞生的腐败将与这个权力伴随始终，所以必须树立长期持久的反腐败理念，绝对不要期望通过几个"急风暴雨"式的运动能够清除腐败，更不要天真地设想一天早上醒来腐败已经断子绝孙，世界已经水晶般透明了。谁也没有能力预言多少年后腐败可以绝迹。但有一点能够达成共识：腐败尽管可恶但可以抑制，人类有智慧使其危害减到最小的程度。这其中的关键是将权力的运行严格限制在可控的范围内。美国总统小布什形象地将其比喻为"关在笼子里的梦想"："人类千万年的历史，最为珍贵的不是令人炫目的科技，不是浩瀚的大师们的经典著作，不是政客天花乱坠的演讲，而是实现了对统治者的驯服，实现了把他们关在笼子里的梦想。因

---

① 朱元璋：《大诰续编·罪除滥没第七十四》，转引陈梧桐《洪武皇帝大传》，河南人民出版社1993年版，第444页。

② 朱元璋：《大诰·武臣序》，转引陈梧桐《洪武皇帝大传》，河南人民出版社1993年版，第444页。

为只有驯服了他们，把他们关起来，才不会害人。我现在就是站在笼子里向你们讲话。"① 如果我们不以人废言，应该承认，这位曾对中国发表过不太友好言论的美国总统的话，还是有些启发意义。对此问题，习近平总书记讲的更清楚和明确。他在 2013 年 1 月 22 日中共十八届中央纪委第二次全会上的讲话中说："要加强对权力运行的制约和监督，把权力关进制度的笼子里，形成不敢腐的惩戒机制，不能腐的防范机制，不易腐的保障机制。"②

第二，防腐和反贪的长效机制是制度和法律的完善与严格执行。

防腐和反贪是一项综合的系统工程，其长效机制的核心是制度和法律的完善与严格执行。中国古代社会的防腐和反贪的制度和法律建设，从三代算起，经历了数千年的漫长过程，到明清时期，其严整、完备、细密的程度令人叹为观止。然而，这个制度和法律却有着根本的缺陷，这主要表现在两个方面：一是制度和法律没有实现对社会的全覆盖，国王、皇帝以及依附于他们的那个核心群体始终或大多数时间处于这个制度和法律之外，而带头破坏制度和法律的正是这个群体。他们无论怎么腐败也得不到制度和法律的惩处，他们制造多少冤、假、错案仍然是"天王圣明"。秦始皇一句话，460多个儒生就被坑杀于咸阳以东的渭水河畔；慈禧太后一道诏书，"六君子"就血染菜市口。法外特权集团的存在，必然使人治之下的制度和法律的完善与严格执行要打很大的折扣。二是监察机构还没有从行政机构中完全独立出来，没有完全实现权力对权力的监督和制约。你看，最高的国王和皇帝集行政、立法、司法和监察权于一身，地方的郡守、县令长以及后来的省、道、府、州的主官，同样是集其辖区的行政、立法、司法和监察权于一身，这种"既是运动员，又是裁判员"的同体监察体制，根本就谈不上权力制衡。更为严重的是，法律惩贪也因君主的好恶和官吏的上下其手而难以准确公正地执行。明朝的严嵩、魏忠贤，清朝的和珅等，都是臣民百姓恨不得食肉寝皮的巨奸大憝，可是由于皇帝的庇护，他们的贪腐案长期得不到解决。而更多的大小贪官污吏，只要上面有人罩着，就很难受到惩罚。这样一来，防腐和

---

① 张捷：《霸权博弈》，山西人民出版社 2010 年版，第 102 页。
② 2015 年 9 月 7 日《内蒙古日报》。

反贪的长效机制就很难建立起来。经常呈现的情况是，强势而清醒的君王使制度和法律得到较严格的执行，从而创造一个"政清冤平"的清明之世，而一旦这个君王离世，则"人亡政息"，制度和法律的执行就日益荒颓，腐败之风也就迅速蔓延而不可抑止。在地方，一个强势而刚正廉直的主官，也可以使其辖区的官吏不敢肆意贪腐，创造一个"政平讼理"的清平政局，而他一旦离开，贪腐之吏就会在一个早晨卷土重来。看来，只有实现法治社会，建立权力依法制约权力的机制，才能避免"人亡政息"和人走政改，制度和法律的完善与严格执行才能得以实现。

第三，建立和完善民主机制，创造反腐倡廉的社会大环境。

在中国古代社会，防腐和反贪的长效机制之所以始终没有真正建立起来，最根本的原因是中国古代社会一直先是在国王，后是在皇帝为首的专制政治体制下运行。长期以来，中国一些学者痴迷地在中国古代社会的政治制度和政治思想中寻觅"民主性的精华"，然而，这种若断若续、不绝如缕的所谓"民主性的精华"尽管存在，但却始终未能在制度上形成民主的机制，在思想上形成法治的理念。而在专制政治体制下，防腐和反贪的长效机制是根本建立不起来的。因为世界历史发展的实践已经证明，民主的行政体制是建立防腐和反贪的长效机制的前提条件。民主，从理念上讲，它承认人民，或国民，或公民，或中国传统上讲的老百姓，是国家的主人，而国家的管理人员，从最高的行政首脑到最基层的政府办事人员，都是人民的公仆，人民是公仆的服务对象。人民有权决定公仆的去留，公仆却不能主宰人民的命运。在中国传统的政治思想文化中，公仆变成了"父母官"，他们职责的核心是"当官要为民做主"。这种观念在中国的影响持久而强固。豫剧《七品芝麻官》的名言"当官不为民作主，不如回家卖红薯"不是至今还能在基层民众中赢得普遍的喝彩吗？不久前，在一次主人与公仆问题的讨论中，不是有一位公仆还理直气壮地说自己就是主人吗？可见，在中国，人民长期缺乏主人意识，官员长期淡漠公仆理念。民主，从制度上讲，一方面，它要通过全体人民的选举产生对自己负责的各级政府及其工作人员，人民对这个政府及其工作人员的活动有权进行全方位的有效监督，并随时通过一定的程序对其中的不称职者进行罢免和撤换；另一方面，这个政府自身也必须建立起立法、行政、司法独立运行和互相监督的机制。在这种机制下，任何机构和人员的行动都处在互相监督的网络中，谁也不能、谁也无法、谁也不敢为所欲为。这种机制虽然不能完全防止腐败的发生，但却能够比较及时地发现腐败并予以惩罚，使之不至于造成大规模长时段的危害。然而，在中国古代社会，各级政府及其工作人员都是由国王或皇帝任命并对国王或皇帝负责，这个政府也不可能建立起立法、行政、司法独立运行和互相监督的机制。在这种情况下形成的行政主导机制，在监督权力不时被弱化的条件下，腐败只能是不可遏止地愈演愈烈。你看，东汉末、唐末、元末、明末和清末，朝野上下几乎都对愈演愈烈的腐败有着清醒的认识，不断发出椎心泣血的警号，然而，谁也没有办法改变这种局面，而只能眼睁睁地痛心疾首地看着自己心爱的王朝在愈演愈烈的腐败中落下帷幕。显然，只有建立和完善民主机制，创造反腐倡廉的社会大环境，才能从根本上保证防腐和反贪的长效机制持久地有效运行。在中国古代的政治思想遗产中，尽管近代意义的民主理念十分匮乏，但"民本"思想却相当丰富，它与民主理念在"重民"这一点上具有相通之处，在一定意义上，"民本"可以成为民主的基础，"民本"向民主的转化并不是特别艰难。我们应该十分珍视这一"民主性精华"的遗产。

第四，坚持不懈地进行官德教育，让各级官吏不断加强道德修养，坚持"灭心中之贼"，在品格上经得住酒、色、财、气的诱惑。

中国古代社会的历代王朝，除个别情况外，大都重视对官吏的道德教育，要求他们认真践履儒家倡导的"仁政"理想，"忠君爱民"，克己奉公，"为官一任，造福一方"，期望他们达到"所居民富，所去见思，生有荣号，死见奉祀"的境界。这种官德教育的成效虽然并不理想，但在一批清官廉吏身上还是得到体现，他们那些典型的事迹往往千百年后仍然令人动容和称颂。如：

　　时帝姊湖阳公主新寡，帝与共论朝臣，微观其意。主曰："宋公威容德器，群臣莫及。"帝曰："方且图之。"后弘被引见，帝令主坐屏风后，因谓弘曰："谚言贵易交，富易妻，人情乎？"弘曰："臣闻贫贱之交不可忘，糟糠之妻不下堂。"帝顾谓主曰："事不谐矣。"①

（杨震）四迁荆州刺史、东莱太守，当之郡，道经昌邑，故所举荆州茂才王密为昌邑令，谒见。至夜，怀金十斤以遗震，震曰："故人知君，君不知故人，何也?"密曰："暮夜无知者。"震曰："天知，神知，我知，子知，何谓无知?"密愧而出。②

这是发生在东汉时期的两则著名的故事。宋弘坚守"贫贱之交不可忘，糟糠之妻不下堂"，看似个人品格，但同时也展示了良好的官德，有如此品格的人，不可能成为贪官污吏。杨震暮夜面对学生辈重金的贿赂，说出"天知，神知，我知，子知"的铮铮警言，说明其官德的修养已经达到真金不怕烈火炼的境界。杨震一生忠君爱民，疾恶如仇，从地方郡守到太尉高官，一直坚持与腐败势力作对，屡屡与昏愦的皇帝、骄横的外戚、奸诈的宦官进行不屈不挠的斗争，最后以身殉职。在历代皇帝中，朱元璋是一个比较善于对官吏进行思想道德教育的君王，州府以上主官离京赴任时，他一般都亲自召见，谆谆劝导他们忠于职守，廉洁奉公，切不可犯下导致家破人亡的贪贿之罪。他还计算各级官吏的俸禄收入，并与中产之家的农民收入相比较，说明他们的生活已经远远超出一般农民，告诫他们不值得冒杀头的危险去攫取不义之财。朱元璋的官德教育还是取得了明显效果，明初近百年贪官污吏相对较少与此不无关系。在强调制度法纪建设和权力制衡的同时，坚持不懈地对官吏进行官德教育，使之具有正确的理想信念，强化公仆意识，严格自律观念，同样是不可或缺的一环。官吏整体的道德境界提升了，"以德治国"的理想才能落到实处，"以德治国"才能成为"以法治国"的有力补充并起到相得益彰的作用。

第五，奖廉惩贪，树立官场正气。只有奖廉惩贪，加大奖惩黜陟的力度，使廉者获荣誉，得实惠，贪者蒙耻辱，损名誉，倾家荡产，才能树立官

---

① 范晔：《后汉书》卷二十六《宋弘传》，中华书局 1965 年版，第 904—905 页。
② 范晔：《后汉书》卷五十四《杨震传》，中华书局 1965 年版，第 1760 页。

场正气。中国古代王朝，大都建立奖廉惩贪的制度和法纪，期望树立官场正气。如唐初、明初和清初，奖廉惩贪的制度和法纪得到比较认真的执行，奖廉惩贪的力度空前增强，因而出现少有的政治清明的局面。然而，由于存在难以克服的种种制度上的弊端，几乎所有封建王朝都难以将这种奖廉惩贪的势头保持下去，最后必然出现政以贿成、官以贪得的恶浊风气，这个王朝的末日也就到来了。"靡不有初，鲜克有终"。要使奖廉惩贪的官场正气持久保持下去，不仅需要有极具震慑力的可操作的制度和法纪，更要有持之以恒的坚持精神和能够排除一切干扰的运行机制。

当今之世，防腐反贪是全世界各国政府和人民面临的共同的重要课题。这是因为，你在地球的任何一个文明人类生活的角落，都找不到一块没有腐败滋生的净土；而一些地方的腐败呈愈演愈烈之势，其危害之烈更是被愈来愈多的人们所认识。因此，如何防腐反贪就不仅是一个理论和学术研究的课题，更是一个需要通过政治实践在制度、法律、道德等最重要的层面解决的问题。

从夏朝开始的中国古代社会，经历了四千多年的悠长岁月。她一直被腐败困扰，也一直进行着防腐惩贪的斗争，积累了丰富的防腐反贪的经验和教训。前事不忘，后事之师。总结这些经验和教训，从中汲取智慧和力量，对于认识当前我国的防腐反贪的斗争，增强廉政意识，树立持久的反腐惩贪理念，显然具有一定的启示和借鉴意义。

第十四章　和谐社会理念

一、"和而不同"

（一）"和而不同"理念的产生与发展

"和而不同"的理念，是中国古代历史上的先贤们建立和谐社会的理论基石。

物质世界是丰富多彩的，众多不同的物质和谐地互相组合，构成了五彩缤纷的自然界；众多面貌各异、性格不同、年龄参差、职业千差万别的男女，构成了复杂多变的人类社会。"和而不同"，正是自然界和人类社会构成的基本规则，所以，它首先是一个哲学命题；这一规则体现在人类社会的运行中，它又是一个社会学的命题；这一规则体现在政治运行中，它又变成一个政治学和历史学的命题。而以这一规则划分人群，区别君子小人，它又成为一个伦理学的命题。

在中国历史上，最早阐述"和"与"同"概念的是春秋时期一个名叫墨的史官。他说：

> 夫和实中生物，同则不继，以它平它谓之和，故能丰长而物生之。若以同裨同，尽乃弃矣。故先王以土与金、木、水、火，杂以成百物，是以和五味以调口，刚四支以卫体，和六律以聪耳，正七体以役心，平八索以成人，建九纪以立纯德，合十数以训百体，出千品具万方，计亿事材兆物收，经入行姟极。①

---

① 《国语》卷一六《郑语》，电子版《文渊阁四库全书》。

这里史墨从物质世界讲到人类社会，主要讲事物的多样性构成了事物的和谐性，展示的是这一理念的哲学意蕴。春秋晚期的齐相晏婴，在与齐景公的一次对话中，也大讲"和""同"问题：

> 景公至自畋，晏子侍于遄臺，梁丘据造焉。公曰："维据与我和夫。"晏子对曰："据亦同也，焉得为和。"公曰："和与同异乎？"对曰："异。和如羹焉，水火醯醢盐梅以烹鱼肉，燀之以薪，宰夫和之，齐之以味，济其不及，以洩其过。君子食之，以平其心。君臣亦然。君所谓可而有否焉，臣献其否，以成其可。君所谓否而有可焉，臣献其可。以去其否。是以政平而不干，民无争心。故《诗》曰：'亦有和羹，既戒且平。鬷嘏无言，时靡有争。'先王之济五味，和五声也，以平其心，成其政也。声亦如味，一气，二体，三类，四物，五声，六律，七音，八风，九歌，以相成也。清浊，小大，短长，疾徐，哀乐，刚柔，迟速，高下，出入，周疏，以相济也。君子听之，以平其心，心平德和。故《诗》曰：'德音不瑕。'今据不然，君所谓可，据亦曰可；君所谓否，据亦曰否。若以水济水，谁能食之？若琴瑟之专一，谁能听之？同之不可也如是。"①

晏婴在这里讲食物和音乐由"和"而成，进而引申至君臣关系应该"和"而不"同"。

与晏婴同时代的孔子，第一次提出"和而不同"这一概念，他及其所代表的儒家学派则进一步将"和"与"同"转换成君子小人的伦理道德区分：

> 君子周而不比，小人比而不周。②

---

① 张纯一：《晏子春秋校注》卷七《外篇·景公谓梁丘据与己和晏子谏第五》，中华书局2014年版，第328—330页。

② 《论语·为政》。

君子和而不同，小人同而不和。君子泰而不骄，小人骄而不泰。①

君子喻于义，小人喻于利。②

君子坦荡荡，小人长戚戚。③

君子成人之美，不成人之恶。小人反是。④

君子易事而难说也，说之不以道不说也，及其使人也器之。小人难事而易说也，说之虽不以道说也，及其使人也求备焉。⑤

君子而不仁者有矣夫，未有小人而仁者也，君子上达，小人下达。⑥

君子怀德，小人怀土；君子怀刑，小人怀惠。⑦

君子求诸己，小人求诸人，君子不可小知而可大受也，小人不可大受而可小知也。⑧

君子有三畏：畏天命，畏大人，畏圣人之言。小人不知天命而不畏也，狎大人，侮圣人之言。⑨

----

① 《论语·子路》。
② 《论语·里仁》。
③ 《论语·述而》。
④ 《论语·颜渊》。
⑤ 《论语·子路》。
⑥ 《论语·宪问》。
⑦ 《论语·里仁》。
⑧ 《论语·卫灵公》。
⑨ 《论语·季氏》。

　　君子固穷，小人穷斯滥矣。①

　　君子中庸，小人反中庸。君子之中庸也，君子而时中。小人之中庸也，小人而无忌惮也。②

　　君子居易以俟命，小人行险以侥幸。③

　　君子之道，阐然而日章，小人之道，的然而日亡。④

　　此后，中国历代的政治家和思想家基本上都沿着君子小人的路子论述"和"与"同"的问题，但最后一般都由君臣、君民的"和而不同"归结到政治与社会的和谐。如东汉的诸侯王刘梁就将其与国家兴衰和君子的"救过匡忠"联系在一起：

　　得由和兴，失由同起。故以可济否谓之和，好恶不殊谓之同。《春秋》传曰，和如羹焉，酸苦以剂其味，君子食之以平其心。同如水焉，若以水济水，谁能食之？琴瑟之专一，谁能听之？是以君子之行，周而不比，和而不同，以救过为正，以匡恶为忠。《经》曰："将顺其美匡救其恶，则上下和睦能相亲也。"⑤

东汉的荀悦顺此将"和而不同"理解为良好的政风之一：

　　惟察九风以定国常：一曰治，二曰衰，三曰弱，四曰乖，五曰乱，六曰荒，七曰叛，八曰危，九曰亡。君臣亲而有礼，百僚和而不同，

---

① 《论语·卫灵公》。
② 《中庸·二章》。
③ 《中庸·十四章》。
④ 《中庸·三十三章》。
⑤ 范晔：《后汉书》卷八十下《文苑列传·刘梁》，中华书局1965年版，第2636页。

让而不争，勤而不怨，无事惟职是司，此治国之风也。①

《乐府诗集》中收录了南朝时期梁朝一首无名氏的诗作《梁·雅歌·臣道曲》，主要从臣子的角度讲"和而不同"：

孝义相化，礼让为风。当官无媚，嗣民必公。谦谦君子，謇謇匪躬。谅而不讦，和而不同。诚之诚之，去骄思冲。为兹大雅，是曰至忠。

宋朝理学大兴，当时和其后的政治家、思想家更多地从哲学和君子小人的层面解释"和而不同"，如范仲淹就进一步从哲学上对其进行诠释：

和而不同，亦犹天地分而其德合，山泽乖而其气通，日月殊行在照临而相望，寒暑异数于化育以同功，则知质本相违，义常兼济，六府辩盛德之美，九鼎冶大亨之惠，分而为二，曲直相入以诚。②

显然，在他看来，天地、山泽、日月、寒暑这些看似绝然不同的事物，却因为它们的"和"而使自然界和谐地运行。由此引申，政府不同的机构，臣子不同的脾性和对问题不同的看法，互相补充，互相制衡，优势互补，长短相形，才使自然和政府得以和谐地运行。明朝的程敏政则着重从君子小人道德上的分野加以区分：

子曰：君子和而不同，小人同而不和。和是无乖戾之心，同是有阿比的意思。孔子说君子的心术公正专一尚义，凡与人相交，必同寅协恭无乖戾之心，然事当持正处又不能不与人辩论，故曰君子和而不同。小人的心术私邪专一尚利，凡与人相交便巧言令色有阿比之意。然到不得利处必至于争竞，故曰小人同而不和。圣人发明君子小人情状如

① 荀悦：《申鉴》卷一《政体》第一，电子版《文渊阁四库全书》。
② 范仲淹：《范文正别集》卷三，电子版《文渊阁四库全书》。

此，盖欲人以君子自勉，以小人为戒。①

　　清朝的皇帝对"和而不同"也很有兴趣，但在他们那里，结合君子小人之辨，将其作为臣子必须遵循的政治道德。请看康熙、乾隆祖孙两代是如何论述的吧：

　　子曰：君子和而不同，小人同而不和。此一章书是孔子严和同之辨也，孔子曰：君子小人心术不同，故其处人亦异。君子之心公，其与人也，同寅协恭，绝无乖戾之心。既不挟势以相倾，亦不争利以相害，何其和也！然虽与人和而不与人同，事当持正，则执朝廷之法，不可屈挠；理有未当，则守圣贤之道，不肯迁就。固未尝不问是非而雷同无别也。小人之心私，其与人也，曲意徇物，每怀阿比之意，屈法以合己之党，背道以顺人之情，何其同也！然外若相同而内实不和，势之所在，则挟势以相倾；利之所在，则争利以相害，固未尝一德一心而和衷相与也。此君子小人之攸分而世道污隆之所系，进退人才者，所宜慎辨也。②

　　苏轼有言，麹糵盐梅，和而不同也。盖臣之于君，不以阿谀为善，亦不以激讦为高，惟视乎理之所在而已矣。苟合乎理，君是之而臣亦是之，不入于同也。苟背乎理，君非之而臣亦非之，不入于同也。若君之所为合乎理而臣矫之以为非，固不可；倘君之所为背乎理而臣谀之以为是，不更谬哉！③

　　其实，从君臣关系看，"和而不同"作为一种施政原则，对君臣都提出了要求，而这里的两位皇帝，则将这种要求变成了臣子一方面的义务，特别强调同意君王的正确意见仍然算"和"而不能算"同"，这显然是从皇帝的

---

① 程敏政：《篁墩文集》卷二，电子版《文渊阁四库全书》。
② 康熙：《日讲四书解义》卷九，电子版《文渊阁四库全书》。
③ 乾隆：《御制日知荟说》卷一，电子版《文渊阁四库全书》。

立场上对"和而不同"的片面的理解。

（二）"和而不同"理念蕴含的合理内核

"和而不同"的理念，蕴含着许多哲学、社会学、政治学和历史学的合理内核。它要求人们与自然和谐相处，人与社会和谐相处，要求君臣、君民和谐相处，特别要求君臣之间按照"和而不同"的原则建立和谐的工作关系：君王应该放低身段，承认作为君王的局限与不足，一方面宽宏大度地容忍臣子的哪怕是错误的逆耳之言，一方面虚心听取和采纳臣子的正确意见和建议，君臣互补互纠，使国家的政治运作不出或少出错误和纰漏。同时更要求所有臣子都做堂堂正正的诤臣，而不做阿谀逢迎的奸佞之辈，敢于对君王的决策表示不同意见，特别要敢于冒死进谏，逆鳞而上，提出并纠正君王的错误和失误。"和而不同"的最核心理念应该是"真理面前人人平等"，人们只有服从真理的权利，而没有屈从强权的义务，不论这种强权打着什么冠冕堂皇的旗号。但是，这只是事情的一个方面。因为实际政治的运作是非常复杂的一个系统工程，最后总要按照有关方案运作，而这个方案是否正确，必须在未来的实践中加以检验。所以，在具体方案决策的过程中，按照"和而不同"的原则广泛征求意见，特别是让不同意见尽量表述出来，以增强决策的科学性。但决策一旦通过，君臣君民就应该统一意志，统一行动，统一步调，全力以赴，这时强调"同"也是正确的。所以，"和"与"同"的关系是辩证的，但只能在"和"的基础上"同"，而不能在"同"的前提下"和"。因为一旦如此，"和"本身就变成了"同"的附庸，就很难起到制衡和纠偏的作用。应该说，"和而不同"的理念中，蕴含着丰富深刻的民主性的精髓，便于集中多数人的智慧，但在中国古代社会，却无法将这一理念变成一种制度的设计。这种缺憾只能在民主制度下才能解决。尽管如此，我们还是应该肯定"和而不同"的积极意义，其中最重要的，是在各个领域创造和谐相处的生态，特别是创造人人能够畅所欲言的环境和条件，使各种意见能够及时表述并顺畅地上达，从而使国家的各种重大决策有一个科学民主的决策和实施程序，尽量避免和减少失误。

二、和谐与安定

　　追求社会的和谐与安定，一直是中国历史上无数圣贤的理想。而这个理想的和谐安定的社会，在不同的政治家和思想家那里是用不同的概念表述的。《礼记·礼运》最早提出"大同"的理念，将其作为和谐安定社会的定位：

　　　　大道之行也，天下为公。选贤与能，讲心修睦。故人不独亲其亲，不独子其子，使老有所终，壮有所用，幼有所长，矜寡孤独废疾皆有所养。男有分，女有归。货恶于弃于地也，不必藏于己；力恶其不出于身也，不必为己。是故谋闭而不行，盗窃乱贼而不作，故外户而不闭，是谓大同。①

这里所描绘的大同社会，"天下为公"，财产共有，人人劳动，财富共享，社会成员和睦相处，男女老幼各得其所。没有阶级，没有剥削，人人平等，贤人主政，没有权谋欺诈和盗贼劫略。人人具有高尚的道德品质，人人享受和谐安宁的生活。显然，这个大同之世的理想社会，其实是儒家知识分子对原始共产主义社会传说的理想加工，其中不乏浪漫主义的幻想。

　　道家创始人老子理想的和谐社会是"小国寡民"：

　　　　小国寡民，使有什伯之器而不用。使民重死而不远徙。虽有舟舆，无所乘之；虽有甲兵，无所陈之。使人复结绳而用之。甘其食，美其服，乐其俗。邻国相望，鸡犬之声相闻，民至老死不相往来。②

老子的理想社会其实是哲人对原始社会向文明社会过渡时期的理想化的回

---

① 孙希旦：《礼记集解》卷二十一《礼运》，中华书局1989年版，第581—582页。
② 陈鼓应：《老子今注今译》第八十章，中华书局2003年版，第345页。

忆。他认定人类美好社会是在过去而不是将来。到他的后学庄子，则干脆将
理想社会定位为"同与禽兽居，族与万物并"的"至德之世"①，更是要求退
回至人类产生前的人与动植物不分的状态。

儒家学派比较贴近现实，孔子设计了一个"博施于民而能济众"的
"老者安之，朋友信之，少者怀之"②的"仁"的理想国。到孟子那里，就进
一步变成"仁政"理想，这个理想由民本思想、施仁百姓、尊贤使能、反对
战争和君王自律等内容组成。

墨子理想的谐安定社会是一个"尚同""尚贤""兼爱""非攻""节
用""节葬""赖其力者生，不赖其力者不生""有力者疾以助人，有财者勉
以分人，有道者劝以教人"③的美好世界。

魏晋之际的鲍敬言将人类的理想社会设定为一个"无君无臣"的乌托
邦："曩古之世，无君无臣，穿井而饮，耕田而食，日出而作，日入而息，
泛然不系，恢尔自得，不竞不营，无荣无辱。"老百姓都按照自己的意愿自
由自在地生活，"身无在公之役，家无输调之费，安土乐业，顺天分地，内
足衣食之用，外无势利之争"④。人们都在一个没有城池、没有军队、没有赋
税和徭役的自由天地里过着闭塞简朴的生活。稍后于鲍敬言的大诗人陶渊
明，则幻化出一个"桃花源"的美好社会：

> 晋太元中，武陵人捕鱼为业，缘溪行，忘路之远近。忽逢桃花林，
> 夹岸数百步，中无杂树，芳草鲜美，落英缤纷。渔人甚异之。复前行，
> 欲穷其林。林尽水源，便得一山。山有小口，仿佛若有光。便舍船，从
> 口入。初极狭，才通人。才行数十步，豁然开朗。土地平旷，屋舍俨然，
> 有良田、美池、桑竹之属，阡陌交通，鸡犬相闻。其中往来种作，男女
> 衣着，悉如外人；黄发垂髫，并怡然自乐。见渔人，乃大惊，问所从来，
> 具答之。便要还家，设酒杀鸡作食。村中闻有此人，咸来问讯。自云先

---

① 陈鼓应：《庄子今注今译·马蹄》，中华书局 2009 年版，第 270 页。
② 《论语·公冶长》。
③ 吴毓江：《墨子校注》卷二《尚贤下》，中华书局 2006 年版，第 99 页。
④ 葛洪：《抱朴子·诘鲍》，电子版《文渊阁四库全书》。

世避秦时乱，率妻子邑人来此绝境，不复出焉，遂与外人间隔。问今是何世，乃不知有汉，无论魏晋。此人一一为具言所闻，皆叹惋。余人各复延至其家，皆出酒食。停数日，辞去。此中人语云："不足为外人道也。"既出，得其船，便扶向路，处处志之。及郡下，诣太守，说如此。太守即遣人随其往，寻向所志，遂迷，不复得路。南阳刘子骥，高尚士也，闻之，欣然亲往，未果。寻病终。后遂无问津者。①

这个人人"怡然自乐"的桃花源也不过是他幻化的一种和谐社会的理想。

由宋入元的邓牧在隐居中写了《伯牙琴》一书，其中设计出他自己的理想国。在他的理想社会里，虽有皇帝但"其位未尊"，是人民选举出来并为人民谋利益的"公仆"；虽有官吏但并不是享有特权的剥削者，而是协助皇帝管理公共事务的工作人员。百姓们人人劳动，各守其业，过着和平和安宁的生活："天之生斯民也，为业不同，皆所以食力也。"②在这里，君民和谐，百姓和睦，人人都具有很高的道德情操，"德尊而欲谦"，"遏恶而扬善"，没有势利之争，没有污秽之行，上下协和，其乐融融。明清之际的黄宗羲，已经具有近代民主思想的萌芽，他要求遴选一个"不以一己之利为利，而使天下受其利；不以一己之害为害，而使天下释其害"③的以"大公"为己任的君主，建立一个"兴公利、除公害"，"天下为主，君为客"的理想社会。

中国古代社会的众多关于和谐安宁社会的理想，大都带有一定的乌托邦性质，是设计者在与恶浊的现实社会对比映照中创造出来的。其中最具实践价值的还是儒家的和谐社会理想。这个理想要求，有一个"内圣外王"，实践"为民父母"理念的君王，他坚持民本思想，推行"仁政"措施，任贤使能，虚心纳谏，严格自律，轻徭薄赋，节俭省刑，为百姓创造一个良好的生产生活环境；有一群为百姓谋福利、执法严明、清正廉洁、刚正不阿的清官廉吏；而其治下的百姓则是乐意接受教化，自律自爱，遵纪守法，敬君爱国，各安本业，努力生产，贡献国家和社会。由这样的君、臣、民组成的社

① 《陶渊明集·桃花源记》，电子版《文渊阁四库全书》。
② 邓牧：《伯牙琴·吏道》，电子版《文渊阁四库全书》。
③ 黄宗羲：《明夷待访录·吏道》，电子版《文渊阁四库全书》。

会，就是一个和谐安宁的社会。

在中国古代社会，和谐安宁的社会理想基本上停留在纸面上，因为在剥削阶级掌控国家政权、控制几乎所有社会资源的条件下，特别是他们的享受欲望无止境的日益膨胀的情势下，其制度设计基本上就是以损害百姓利益为前提的，他们和利益受损的百姓是很难建立和谐的共生关系的。即使在特殊时段，由圣君贤相推行的惠民政策奏效于一时，暂时出现几个如同"文景""贞观"之类的"盛世"，最长不超过百年，一般也就是几十年，或可勉强称之为和谐安宁。而绝大多数时段，百姓都在极其艰难的条件下受煎熬，和谐安宁的社会只能是可望而不可即的画饼。不过，和谐安宁的社会理想毕竟反映了百姓的愿望，也是众多思想家和政治家的愿景，显示了中国志士仁人历久不衰的追求。这种理想和为数不多的"盛世"所创造的经验，既是中国优秀传统文化的重要资源，也能够为当今和谐社会的建设提供有益的资鉴，因而值得珍视和开掘。

结语：历史是现实的镜子

　　历史与现实有着割不断的联系，这是因为，昨天的现实成了今天的历史，而今天的现实明天也变成了历史。所以，现实中总是蕴涵着浓厚的历史基因，而这些基因又总是影响着现实的基本走向和发展变化。中国不仅是世界上五大文明古国之一，而且是唯一一个历史和文化的发展没有中断的国家。这就使中国传统文化的积累特别丰厚，在政治制度和治国理政思想方面更是留下一笔极其丰饶和珍贵的遗产。这些遗产犹如镜子般揭示着历史的真谛，将无数经验和教训展示给走在前进路上的中国人民。唐太宗说："夫以铜为镜，可以正衣冠；以古为镜，可以知兴替；以人为镜，可以明得失。"①中国传统政治制度，经过五帝时代的建立和三代至春秋战国时代的演变更迭，到秦朝统一中国后基本形成了专制主义中央集权的行政体制，在基本结构和功能稳定而不断稍有变异的情况下，延续了两千多年。这个体制，包括皇帝制度、中央和地方行政制度、司法监察制度、教育人事制度、财政税收制度和军事制度等，这些体系完整、组织严密、运作效率较高的制度，在正常情况下基本上保证了中国这个幅员辽阔、人口众多、民族多样、地理气候条件复杂的国家和社会的治理。其中很多优长，如行政管理的全覆盖和较高效能，各机构之间的细密分工和一定程度的互相制衡，决策体制的便捷和集思广益，司法制度的严密和较高效能，监察制度的完善和有效运作，办学机制的政府与民间互补，选官制度的考试平台和考课、奖惩，军事制度的中央集权和将帅的战场主导等，都展现了明显的优越性，基本上适应了中国古代

---

① 　吴兢:《贞观政要》卷二《任贤》，电子版《文渊阁四库全书》。

社会的国情民情，对维护国家统一、反击外来敌对势力的侵扰，维持国家和社会的稳定，促进经济文化的发展和社会的进步，都发挥了积极作用。这些优长基本上传递到近现代社会，并继续发挥着积极的作用。如监察制度中按地区设置的巡视机构和官员，在正常情况下，对纠察官员的贪腐、发现和纠正冤假错案，都起了良好的作用。再如选官中的考试环节，特别是科举制度的建立和运行，给广大百姓提供了一个阶层间流动的平台，对冲破阶层利益固化发挥了重要作用。所谓制度自信，也应该包括对中国传统制度中具有的精华的自信。当然，中国传统政治制度也有着与生俱来的弊端，如皇帝专制，使百姓没有选择官员的机会；等级制度和差序格局，使法律规定的不平等严重存在；人治原则，使决策的盲目性、随意性如影随形；缺乏法治和民主，使民意上达受阻，使决策的科学性大打折扣；信息梗阻，上下欺蒙，使决策失误的概率大增；而所有这一切，为腐败丛生提供了制度的土壤。这些弊端的基因也一直传递至现在的行政机体，对我国政治体制的现代转型形成了严重拖累。而消除这些弊端，只能靠制度的创新、完善和不断的改革。

与制度相联系的是治国理政的思想，这种思想在中国古代社会一直规划和影响着制度的建立，指导着制度的运行，纠劾着制度运行中的偏颇。其中很多思想理念具有超越时空的永恒的普世价值。如大一统与多民族共同体的理念，蕴涵着丰厚的爱国主义情怀，形成无比强大的民族凝聚力，是中华民族屡经磨难而不倒、面对危难而抗争、愈挫愈奋、前仆后继、敢与恶鬼争高下，不向群魔让寸分的强大的思想支撑。民本思想强调百姓在国家中的地位和作用，要求执政者时刻将"以人为本"作为自己的执政理念，不仅与民生息息相关，而且占据了民主的核心位置，与"情为民所系，利为民所谋，权为民所用"的现代执政理念相通，是中国传统文化中最具有现代意义的精华。"德主刑辅"的治国理念将德治与法治相结合，一方面要求将百姓的利益放在头等位置，千方百计改善他们的生产生活条件，一方面坚持政府的活动都在法律规定的范围内进行，有法可依，有法必依，执法必严，违法必究。任人唯贤的理念是百姓和整个社会对于官员的美好期待，它要求国家将社会的精英人才选拔到各级领导岗位，即使他们为民表率，又使他们为国家和社会最大限度地发挥聪明才智。进谏和纳谏的诉求，则要求全国臣民毫无顾忌地给国家和政府贡献自己的建议尤其是不同意见，而国家和政府更应该虚心听取各种不同意见，择善而从，创造君民、君臣协和相处的宽松的舆论环境。好皇帝与清官理念同样是臣民百姓对执政者的美好期待，它要求君主"内圣外王"，以自己崇高的道德形象和超常的智慧谋略在臣民面前树立起一盏指路明灯；要求臣子以刚正清廉、爱民惠民的执政实践为百姓创造政平讼理的生产生活环境。好皇帝与清官结合，公正执法，防腐反贪，共同为臣民百姓创造一个清明的政治局面，让百姓的头顶之上永远是一片蔚蓝的晴空。最后，臣民百姓的最大期望，是出现一个天人和谐、官民和谐、社会和谐、人人和谐的"和而不同"的美好社会。所有这些治国理政的思想，都曾在历史上起过促进社会发展和文明进步的积极作用。而今，这些思想，作为一笔优秀的传统文化遗产，作为无价之宝的历史文化资源，也能在建设当今社会主义小康社会的进程中发挥资鉴和促进作用。所谓文化自信，当然也包括对这些传统思想精华的自信。但是，也应该清醒地看到，这些思想资源都是在古代社会的条件下形成和发展的，其中一些理念，如家国不分的绝对的忠君观念，根深蒂固的等级观念，将美好政治和美好生活的理想寄托于好皇帝与清官、放弃主人权利的法治意识淡薄的顺民观念，等等，都是传统治国理政思想中的糟粕，不仅与现代民主法治的理念相悖，而且严重妨碍现代民主法治意识的建构与传播，必须认真厘清并加以剔除。特别应该警惕那些打着弘扬传统文化旗号而宣扬封建糟粕的唯古是好的倾向，揭穿他们的险恶目的和欺骗伎俩。